壹卷
YE BOOK

让思想流动起来

论世衡史
- 丛书 -

# 话语提炼与中国历史研究

蓝勇 著

四川人民出版社

图书在版编目（CIP）数据

话语提炼与中国历史研究/蓝勇著.——成都：四川人民出版社，2022.1
（论世衡史/谭徐锋主编）
ISBN 978-7-220-12562-1

Ⅰ.①话… Ⅱ.①蓝… Ⅲ.①历史地理学—中国—文集 Ⅳ.①K928.6-53

中国版本图书馆CIP数据核字（2021）第247613号

HUAYUTILIAN YU ZHONGGUOLISHI YANJIU

## 话语提炼与中国历史研究

蓝勇 著

| 出版人 | 黄立新 |
|---|---|
| 策划统筹 | 封龙 |
| 责任编辑 | 葛天 冯珺 |
| 版式设计 | 戴雨虹 |
| 装帧设计 | 周伟伟 |
| 责任印制 | 周奇 |
| 出版发行 | 四川人民出版社（成都槐树街2号） |
| 网址 | http://www.scpph.com |
| E-mail | scrmcbs@sina.com |
| 新浪微博 | @四川人民出版社 |
| 微信公众号 | 四川人民出版社 |
| 发行部业务电话 | （028）86259624　86259453 |
| 防盗版举报电话 | （028）86259624 |
| 照排 | 四川胜翔数码印务设计有限公司 |
| 印刷 | 成都东江印务有限公司 |
| 成品尺寸 | 145mm×210mm |
| 印张 | 18 |
| 字数 | 400千 |
| 版次 | 2022年1月第1版 |
| 印次 | 2022年1月第1次印刷 |
| 书号 | ISBN 978-7-220-12562-1 |
| 定价 | 99.00元 |

■版权所有·侵权必究
本书若出现印装质量问题，请与我社发行部联系调换
电话：（028）86259453

# 目 录

导　言　本土话语的提炼与中国史学的前瞻 / 001

第一章　"天地生"大背景话语与中国历史发展格局 / 009
　　一　从东亚大陆"天地生"角度看中华文明的东移南迁 / 010
　　二　中国地域方位话语嬗变与东亚大陆"天地生"背景 / 024
　　三　"天地生"背景下的"南水北调"与"北人南迁" / 053

第二章　社会发展进程与社会经济话语 / 063
　　一　巴蜀历史发展中的"唐代断痕"问题 / 064
　　二　从"蜀道"到"世道"：蜀道名实之变考与社会转借 / 088
　　三　"难言之隐"：清代内河救生慈善组织内部服务有偿化研究 / 095
　　四　近代川江木船情结与轮船"制造力""航行权""利益权"之考量 / 123

第三章　科学的历史与文化的历史的学术话语 / 137
　　一　中国历史上"遍地先贤"现象与传统"乡土历史重构" / 141

二 "地域泛化"与"情节神话"下的南北丝路地名原型
　　研究 / 193

三 从金牛道筹笔驿名实看中国传统"乡土历史重构" / 224

四 地名的"雅化"还是地名的"讹呼" / 240

五 "文化的历史"对"科学的历史"的渗透 / 246

## 第四章　传统生产力与现实关怀话语 / 272

一 亚热带山地"结构性贫困"形成与明清美洲农作物引进 / 276

二 "效益观""生态观"视阈下的刀耕火种 / 299

三 从地理环境、生产力、生产关系看中国经济史研究的
　　"倒置"与"回归" / 311

四 中国历史上"燃料换代"历史与森林分布变迁 / 319

## 第五章　资源、环境与干涉限度差异话语 / 348

一 中国环境史研究与"干涉限度差异"理论建构 / 351

二 历史上鱼类资源开发差异与"干涉限度差异" / 371

## 第六章　中国传统科技与技术传承、逻辑类分话语 / 396

一 对"先进制造技艺"与"落后传承途径"的反思 / 399

二 传统制造"名实类分无序"与技术"时代断层" / 440

## 第七章　历史地理区位地名考证与方法话语 / 466

一 文献与"田野三视阈"：中古州县治城位置考证方法
　　研究 / 468

二 唐宋历史记忆与巴蜀分界线复原 / 494

三　从古代巴蜀界山异同认知看传统地理认知"虚拟定位"的局限 / 521

四　中国古代空间认知虚拟性与区位重构 / 535

# 导　言
## 本土话语的提炼与中国史学的前瞻

改革开放以来，中国史学的发展有目共睹，特别是大量海外的学术思想、研究方法和观念传入中国大陆，极大地推动了中国史学的发展。如在中国经济史领域，施坚雅模式（Skinnerian Model）六边形经济区域理论、黄宗智江南经济发展史中的"内卷化"（Involution）话语切入、中国社会史研究领域的"地方性知识"（Local Knowledge）话语就对中国史的研究影响较大。在中国历史地理研究领域，海外的一些话语概念或名词往往替代了一些传统名词，如将形成原因机理改称"驱动因素""驱动机制"，将受影响的回应称为"响应""应对"。实际上，虽然20世纪90年代前历史环境地理的研究很多，但"中国环境史"的概念却是从海外传入的。无疑，这些话语的引入，对于深化中国史的研究起了很重要的作用。

但是，不可否认的是，四十多年的光阴过去了，我们的中国史学又有多少类似的话语被海外的历史学界认同并被广泛使用呢？答案可能令人忧虑！

大道至简，论从史出，只有对历史个案的深入研究基础上才有可能将复杂的问题讲简单，才可能有话语的提炼。当然，改革开放的四十年来，中国史学的研究不能说没有深入的研究个案，但为何没有太多话语提炼出来并影响到海外历史学界呢？

前段时期对于史学碎片化的讨论较多，有的学者担心史学研究的碎片化会影响到主体历史叙事和宏观历史把握。其实，在我看来，史学研究本来就应该是碎片化的研究与主体宏观叙事研究的结合，在当下，历史研究面临的并不是碎片化问题，而是碎片研究还远远不够而造成我们的主体宏观叙事内容残缺或内容缺乏坚实的基础支撑的问题。从另一个角度来看，当我们无法从科学意义上去把控宏观主体叙事的背景下，做一些基础的碎片研究，让更多碎片去校正一些无法正面讨论主体叙事。消解一些历史研究中的无奈、无助，可能更有积极意义。

当然，碎片的研究是需要大格局、大视角、大境界的，将碎片化的东西放在一定的宏观主体叙事背景下研究是十分必要的，所以我们首先倡导一种以小见大的个案研究。我并不反对就碎片谈碎片的研究，如一些基础性的考证是完全必要的，哪怕这些考证的问题再小也是必要的，因为不论是作为史学研究的基础性工作，还是从整体历史的把握角度都是必要的。

对于一个史学工作学者来看，早期的研究多一些基础性考证、复原性工作当然是必要的。从我个人近四十年的历史研究过程来看，20世纪的研究基本上是处于一种复原、考证的研究。但在近二十年的时段里，自己的人生阅历的感触、社会百态的影响与自己的学术研究体会融入在一起，抛开体制内的一些应对后，开始不断反思自己的学术取向和方法，思考现实社会与历史学的关系，每每遇到一个小问题也开始多有一些反思,就有更多对历史规律的总结、研究方法的检讨、现实社会的反思,并试图用话语去总结归纳,期望便于以后的研究和对话,故形成了一些自己总结的话语、概念。

历史规律的总结主要是对历史发展本体的规律性探索,有一些规律可能是区域性的,但放在历史长河中,一些区域的规律可能也具有一定社会的整体走向。如我从巴蜀地区"唐代断痕"中发现历史时期战乱的负面影响远远大于分裂割据的负面影响的话语,不仅对于我们的历史观形成有积极意义,也可能对于我们认识现实社会现状有一定价值。"天地生人"这个话语是学术界提出的一个重要话语,因为我一直认为"人"一直应该是生物的一部分,所以,我坚持认为称"天地生"可能更科学一些。我正是受此影响,在研究区域经济的客观发展轨迹后,将以前一直认为的经济重心南移的话语改称"中华文明的东移南迁""中国经济重心的东移南迁",仅仅是多了"东移"两字,透视出背后的东亚大陆人地关系的大趋势"文明向东",意义就完全不一样了。在学术界,"李约瑟难题"一直受到许多学者的关注,但有关的讨论多是从理论到理论的认知上,我们需要从一些典型历史个案去理解这个问题。当我们从川江木船技术的传承、木船类分的状况中发现"经验性传承""标准式传承""类分紊乱"等话语后,让我们对习以为常的"经史子集"四库分类提出了质疑,使我们对传统中国难以产生现代科技从传统思维方式的差异上得到启发,也使我对中国现代社会中形式逻辑教育严重缺失深感忧虑!

我们正是同时在研究经典的亚热带季风条件下的砍烧制刀耕火

种畲田与研究明清之际美洲高产旱地农作物引进的影响时,发现了唐宋到明清时期人地关系变化规律。所以,我们能在20世纪90年代初三峡工程上马后现实社会还是一片"移民后靠"发展呼声中从历史学的话语中提出了"结构性贫困"的问题,提出了三峡移民外迁前提下发展林牧业,一直影响到现实生活中的应用经济学,并促成了重庆市"一圈两翼"战略的实施,成为历史学反推经济学的一个典型个案。

历史学研究方法的思考是一个需要体验的过程,所以,我一直反对在高校硕士研究生中开设史学理论方法的研究方向,因为让一批没有一点史学研究经历的人马上进入史学前沿去总结理论显然是极不科学的。所以,一个完全没有史学个案研究的年轻人一直从事史学理论研究最多只有在介绍海外史学流派上有作为,在本土史学理论总结上是不可能有大的成就的。在我们的历史研究经历中,我开始是一直不断对自己的方法处于一种自我批判自我否定的状态。如以前我曾使用物候学方法研究过气候变化,但二十多年过去了,随着自己大量的田野实践和科学性认知后,发现物候学的研究由于传统文献记载的局限性和地域的差异性,我以往的历史气候研究的科学性整体是不高的,所以,虽然我也尝试过树木年轮测年、同位素测量的方法,但是在我看来,如果以后要进行历史气候的研究,没有现代科学技术支撑,如雪线、冰芯、岩芯之类的资料,就没有必要再做下去了。

在以往一般人的地理认知中,一直以为中国古代地理认知如何发达,对古代的地理记载深信不疑,但经过我们多年研究,特别是将大量历史文献记载在实地中去考察比对以后,发现中国古代的地理认知存在一些明显的缺陷,如我们在研究古代昌州、静南县治地、金牛道广元段路线变迁、夔门白盐山、赤甲山、巫山十二峰名突变化,巴蜀分界线的过程中发现传统历史文献地理认知存在里程计算感性、方位坐标僵化、方位指向模糊、简脱串衍明显的四大不精,所以,中国古代的地理空间认知多是一种"虚拟空间认知"。正因此,在考证古代州县治地位置时,为了保证研究的信度,须用田野考察获取的乡土历史记忆、实地山川形胜、周边文物支撑三视阈对历史文献记载进行校证,这就形成了我们提出的"田野三视阈"。我们深知,中国古代地理认知的"某某地,在某某地(东西南北)北多少里"这种标准范式本身就存在明显的技术缺陷,在现实环境中如果没有人指引,人们是很难以用这种认知去具体定位的。而一旦出现社会动荡后的"传承断层"或重大格局变化后而来的"区位重构",地理认知往往出现的误差率就会更大,就会出现前代的许多关隘、山脉、驿站重新定位而以前的位置反而被历史遗忘而无法寻找的状况,我们将这种地名的集体位移现象称为"地理认知易位",也可称"地名整体漂移"。

历史研究很多时候都会遇到史料缺乏的无米之炊,研究上古中古的历史尤为明显。一般来说从史源学角度用后代史料去研究前代往往信度不高,但由于地理认知传承相对于社会文化知识传承更稳定,我们对后代的历史记忆经过科学的分类,加上与相关史料、田野考察的互证,后代文献也一定程度上是可以利用的,所以,我们提出了"后代记忆"在历史地理研究中的价值概念,也提出了"后代记忆"方法的使用过程中的注意事项。

有一些历史现象,我们本身并不陌生,但我们并没有进行系统科学地总结。如历史时期各地的乡土历史的杜撰现象比比皆是，这种现象的形式多样、原因复杂，我们在个案研究的大量田野考察中进一步发现，这种现象还在不断重复出现中，我们将其总结为"乡土历史重构"。正是这种"乡土历史重构"使传统中国一直存在一种作为文化的历史存在，与作为科学的历史一起在不断发展。我们从"遍地先贤"现象、《西游记》故事景观原型、金牛道筹笔驿故事、重庆弹子石、呼归石得名过程中，更发现这种作为文化的历史的"乡土历史重构"的规律，如发现中国古代的"景观附会"呈现"地域泛化"和"情节神化"两个特征，而在"乡土历史重构"中，正是通过口述传说、进入文本、附会景观中完成"地域泛化"和"情节神化"的过程。在中国"乡土历史重构"中，口述的传说故事一旦有了"进入文本""景观制造"的过程，往往会经过"地域泛化"和"岁月沉淀"两个阶段，更会使作为文化的历史与作为科学的历史纠缠在一起而难辨真假。特别是在当下乡土历史情怀与地方行业利益共同驱动的背景下，作为文化的历史还在不断被重复制造着，对我们后人的历史研究提出了更大的挑战，也促使我们反思今天的历史研究范式。

在中国环境史的研究中，学术界对海外的环境史的研究和现状介绍所做的工作值得肯定，但目前在中国环境史的领域，依赖于大量田野考察基础上的环境史个案研究工作做得还远远不够，这使我们明明知道中国环境史研究是一门现实关怀最明显的学科，但社会环境部门对中国环境史的研究成果的可借鉴、可操作性一直持怀疑态度，因为我们以环境史理论介绍、笼统历史文献分析为核心的中国环境史叙事对于具体的环境管理来说大多不过仅仅是多了一些正确的废话。环境管理部门需要的是从不同经纬度、不同地形地貌下、不同生产力背景、不同社会形态背景"四大因子"下的具体资源、环境演变规律、成因、影响差异的环境史研究。正是在多年环境史田野考察过程中，我们发现了环境变化与人类关系的复杂性，进而提出了资源、环境的"干涉限度差异"的话语。在"干涉限度差异"的研究语境内，在资源面前，人类干涉的形式又分成"匠化""选择""重建"的选择。在资源的选择中我们总结出"燃料换代"对历史进程的影响巨大。在环境的"干涉限度差异"上，我们首先要注意区别"改变"与"破坏"话语的差异，这当然也就是提出了不同地区不同时代的环境"临界线"差异问题。

在话语总结中，我们可以从现实社会中总结一些话语去影响历史评价，也可以从历史语境内总结一些话语对现实产生影响。当今社会，许多现实问题与历史问题往往是纠缠在一起难以分开的。退耕还林前的亚热带山地的社会和环境问题，不过是明清以来移民山地开发形成的"结构性贫困"的继续。现代中国科技原创性的不够，也与传统中国形式逻辑弱化、科学类分紊混、技术传承落后的惯性不无关系。南水北调西线的国家环境成本与"水塘理论"总结也与历史上的东亚大陆人地关系"文明向东"总趋势关系密切。而"燃料换代""建材换代"不仅在历史上影响历史发展进程，而且至今仍成为我们在能源选择中困惑的话语。在我看来，通过历史的语境内总结的历史话语去影响现实判断，或是从关怀现实中总结的话语回到历史的语境去认知历史，都会极大地深化我们的历史认知，更会让我们学会怎样科学地认知现实社会。

对于大多数学者而言，自身从事的都是一些个案的研究，所以，就本书中提到的个案来说大家可能并不感到陌生，也不会感到困难。当下的问题是怎样从个案中总结出具有科学方法论、强烈现实关怀、深刻历史认知的话语来。在我看来，在话语的提炼中，田野考察的重要性不可替代。我们这里的史学田野考察是指走出书斋的一切现实社会感受和历史专业调查。对于历史研究来看，历史文献的比对校误、民间文献收集、景观场景的对证与感受离不开田野考察，而真正获取现实关怀的鲜活信息，田野考察也是一个重要的途径。这些年来，正是我们通过大量田野考察发现历史文献的缺陷和大量现实版中的"乡土历史重构"使我们对历史文献的可信度产生了更多的怀疑。正是通过大量的田野考察，我们发现诸多现实问题回到了历史语境，又反过来影响到我们现实决策，如"结构性贫困"的发现、传统救生制度的总结、对"乡土历史重构"遗产的重视。

史学研究应该是一个民族认知人类历史进程规律并总结历史发展经验教训的研究，不论作为史学基础上的具体考证复原，还是宏观主体叙事的研究，都有其存在的必要和价值。而在个案研究基础上的话语的提炼是我们自身总结具体规律、改进研究方法、关怀现实社会来提高历史研究信度的必由之路，更是我们从历史的语境中审视我们现实社会的重要视角。我深信，在大家的共同努力下，随着人类社会的不断进步，史学话语会被不断提炼出来，形成本土的历史学话语，去影响我们自己的历史观，更期望这些学术话语也会走出国门，影响到海外的学术界，成为世界认知历史和现实的共同文化财富。

# 第一章
# "天地生"大背景话语与中国历史发展格局

早在20世纪60年代,我国地理学界就开始了"天地生"综合研究。所谓"天地生"综合研究即是将天文、地理、生物三者视为互相联系的有机体进行的多学科研究。这种研究应用到历史学的研究中就既不仅仅局限于只在人类社会系统内部去研究社会兴衰及其原因,也不仅仅局限于研究地球表面系统与人类社会系统的人地关系,而在于探索历史时期天文系统、地球表面系统、人类系统间的有机联系,探索左右人类社会原因的不可逆转性与可逆转性、可回归性与不可回归性的辩证关系,在自然史的大背景下研究人地关系,在人地关系的原则中探索人类社会,从长时段的尺度去分析历史进程。

据"天地生"综合研究来看,就天体与地球关系而言,地球表面历史气候的周期性变化是与太阳黑子多少、九星汇聚的地心张角、地球自转变速周期、地球地极移动周期等因素有关,正是这些因素促使地球下垫面和大气环流变化,造成世界历史气候的变化。研究表明,太阳黑子增多时,地球气候则呈现寒冷时期;当九星汇聚的地心张角发生在冬半年，且地心张角小于70度时，地球气候变得干冷，若地心张角小于45度时则不仅会出现干冷现象，而且会出现自然灾害群发期。受这种变化的影响，在人类生产力不高的情形下，其对社会发展的影响肯定是十分明显的。因此，人类社会有些看来是偶然的历史事件，放在自然史的长河中往往可能是由众多偶然事件组成的必然事件，有其不可逆转性。

应该承认，直到现在，整个历史学界对"天地生"综合研究还是十分陌生的，用其探索具体的历史问题更是凤毛麟角。为了寻找一些个别历史现象的终极原因，我们的一些自然科学工作者已经做了一些开拓性的研究，为我们的进一步研究打下了基础。但是由于自然科学工作者对历史资料相对不够熟悉，有一些结论还只是建立在一种简单的事件序列对应上，缺乏对具体事实的深入研究。若会同历史学者一起做一些个案研究，其研究就会更加深入。

这里，我们将从中华文明东移南迁、中国地域方位话语嬗变、南水北调与北人南迁问题与"天地生"综合研究的关系做一些研究。

## 一　从东亚大陆"天地生"角度看中华文明的东移南迁[①]

中国最早的文明产生在黄河中下游地区，但历史时期以来中国的政治、经济和文化重心都有一个东移南迁的历史过程，历史时期能左右大的政局的移民大潮也主要是从北向南、从西向东推进，也

---

[①] 此文原名《从天地生角度看中华文明的东移南迁》，原刊于《学术研究》1995年5期。收入此书略作修改补充。

就是说，历史上中华文明有一个东移南迁的问题，这也是为学术界基本肯定了的。注意，这里是"东移南迁"，并不是以往谈的"南移"，意义并不完全一样。那么是什么原因使中国呈这样的大走势呢？个别历史人物的作用毕竟是有限的，简单地用社会等因素和人地关系来说明也是难以做出完全的解释的。那么，有没有一种终极的原因在起作用呢？回答是肯定的。如对历史时期影响中国政治、经济、文化重心东移南迁的中国的几次大的游牧民族南下的天文和地球表层原因，以往自然科学工作者曾做过对应研究，但还仅局限于一种简单的序列对应上，没有进一步推进到东亚大陆"天地生"变化对中华文明东移南迁的影响上，也没有更多地把具体历史事实作为坚实的依据。基于以上认识，本文对此问题将作更进一步的探讨。

（一）6000年来天文系统、地球表层与中华文明东移南迁的内在关系

对近6000年的历史气候研究表明：在其间存在三个严重的低温期。在这些低温期间隔的高温期里还有一些相对轻的低温期。这些低温期往往是自然灾害的群发期。

实际上在中国5000年的历史上存在四个较强烈的低温期，它们是：公元前1100年至前850年左右的低温期（欧洲历史上称冰后期的新冰期），公元100年至600年左右的低温期，公元1050年至1350年的低温期，公元1600年至1850年的低温期（欧洲历史上的现代小冰期）。这些低温期在时间上明显与许多天文现象相对应，如与太阳黑子增减、九星汇聚的地心张角大小和季节等因子相对应。同

时，这些低温期也与地球下垫面的许多因子相对应，如祁连山柏树年轮、中国受灾县数、黄河和长江的大洪水、中国雨土年频数、大地震等。

首先我们用天文现象和气候环境因子来对应有关中国社会大的起伏变化，会引发我们更进一步的思考。

研究表明，天文上九星汇聚地心张角小于45度且发生在冬半年时，正是中国6000年来的四个寒冷期，也是长江和黄河特大洪水时期及非洲撒哈拉沙漠的干旱期、世界海平面偏低、华北和川滇大地震多发期；世界古代文明的兴盛期往往是在温暖期，而寒冷期则往往中断或衰落。吴于廑教授指出世界历史上曾有三次游牧民族南下农耕地区高潮，我们也不难看出寒冷期往往是与世界性游牧民族南下农耕的高潮期相对应。

与中国历史上的大波动相对应，中国北方游牧民族和北方人口南迁时期正与寒冷期相对应，同时也与中国内战最频繁的时期相对应。这样我们可看出寒冷气候是造成中国北方民族南下的重要的自然原因，而中国历史时期的内战许多本身便是以北方民族的南下为始动力。这是来自自然科学工作者的一个统计对应序列的结论。①

为了进一步分析这个问题，我们必须从具体史料方面做更深入的研究。

一是游牧民族南下与环境的关系。早在1914年，亨廷顿认为干旱是导致中亚游牧民族向西欧迁移以及罗马帝国衰亡的主要原

---

① 任振球等：《多尺度地球异常现象的群发现象及其宇宙环境》，《天地生综合研究》，中国科学技术出版社，1989年；方金琪：《气候变化对我国历史时期人口迁移的影响》，《地理科学》1992年3期。

因。[1]1980年代，苏联学者列·古米廖夫也认为3世纪的大草荒使整个草原荒芜，无疑是蛮族入侵的重要环境背景。[2]1988年美国哈佛大学教授布雷特·辛斯基（Bret. Hinsch）撰文认为中国作为农业社会，气候的周期性的冷暖变化对农牧业民族的影响巨大，体现为温暖期经济繁荣，民族统一，国家强盛，而寒冷期经济衰退，游牧民族南侵，农民起义繁多，经济文化中心南移。[3]我国早在1950年代，蒙文通先生就提出气候变化不能不引起民族迁徙。[4]1980年代赵文林先生也提出游牧民族的东移南下"其源出于少数民族族区生产的不稳定性"，其中气候恶化是左右其南迁的一个重要原因。[5]方国瑜先生也谈到彝族从西北高原地区迁向西南地区是"从高寒地带向比较温暖和肥沃的平原地区迁移"，是为了寻求更适合的生活环境。[6]游牧民族的生存对草原生态环境有很大的依赖性，而历史上游牧民族所生存的中纬度干旱和半干旱暖温带地区生态环境往往非常脆弱，气温和降水的变化波动十分大，对其本身生存的威胁也十分大。从我国内蒙古草原地区来看，有的地方牧草产量与夏季降水量相关系数高达0.86。1980年的气温偏低和夏季少荒使牧草生长期减少了五分之三时间，加上气候寒冷，致使有的地方冬春死畜率达

---

[1] 【美】Huntington E, *Thesolar Hypothesis of Climatic Changes*, Geological Society of America Bullentin, 1914（25）: 477—590。
[2] 【苏】列·古米廖夫：《2000年内里海水平面的变化》，《咸海里海地区湿润度变迁史》，莫斯科，1980年。
[3] 【美】Bret. Hinsch, *Climatic Change and History in China*, in journal of Asian History. 22（2），Wiesbaden 1988.
[4] 蒙文通：《周秦少数民族研究》，龙门联合书局，1958年，第1页。
[5] 赵文林：《从中国人口史看人口流动律》，《人口与经济》1985年1期。
[6] 方国瑜：《彝族史稿》，四川民族出版社，1984年，第13—14页。

90%。①研究表明我国历史时期气候变化幅度年均温度幅在2—4度之间。我们知道，年均温下降1—2度即将纬度线往南推移200至300公里。这样一到历史时期的寒冷时期，往往造成草荒和各种灾荒，使人们生存难住。在这种情形下，游牧民族往往利用自己强悍善战的优势，趁中原地区内乱贫弱时，或南下向农耕民族进攻，争夺财富和更有利于生存的地盘，或大规模向西迁移后再向南迁徙到因大西洋暖流而比同纬度更温暖的欧洲大陆中南部地区。后者在世界史上表现为有名的"蛮族大迁徙"和蒙古族的大西征。需要指出的是当自己生存的地区出现大灾荒而中原地区稳定强大时，北方游牧民族则往往以内附的方式寻求生存。如成汤时，氐羌民族便因大旱而内附，匈奴因灾荒而南迁内附，九世纪回鹘族因大雪大疫而南下内附。

我国历史上几次大的北方游牧民族南迁都是与北方地区寒冷期相对应的。公元前1000年左右的寒冷期正是我国西周时期北方游牧民族南下起始的一个重要时期。从气候上来看，西周是我国较寒冷的一个历史时期，我国内蒙古地区也异常寒冷干燥。②特别是西周后期，大寒、大旱不断，有时江汉地区发生封冻，出现河川枯竭的现象，这在《古本竹书纪年》《诗经》等中多有记载。在这种情形下，连黄河流域的农耕民族都发出"旱既大甚""天降丧乱"的哀号。③在这种环境压力之下，北方的游牧戎狄民族纷纷南下，对西

---

① 内蒙古镶黄旗气象局等：《牧草生长的气候条件的研究》，《中国草原》1984年2期。
② 王文辉：《内蒙古气候》，气象出版社，1990年，第255页。
③ 《诗经·大雅·云汉》，河南大学出版社，2008年，340页。

周王朝的压力特别大，所谓"王事多难"。[1]商代原在山西北部、陕西以北地区的土方、鬼方、旨方，到了周代便迁移到了山西南部、陕西泾水、渭水上游。特别是俨允"整居焦获，侵镐及方，至于泾阳"，有称"俨允孔炽"。西周王朝多次"薄伐俨允""征伐俨允"。[2]到了周宣王时，西戎败周于千亩。到了平王时只有"东迁洛邑，避戎寇"。[3]到春秋时期，北方游牧民族更是大批南下，形成"南夷与北狄交侵"的局面。这种因气候原因引起的民族迁徙在地域上并不是孤立的。研究表明，公元前1000年左右我国青藏高原地区有一次大的冰封，气候十分寒冷。[4]公元前9世纪甘肃氐、羌民族地区"大雨雹，牛羊冻死"。[5]与此相应横断山地区发生了许多从北向南的民族迁徙，而从事畜牧的甘青寺洼居民转变成半农半畜的氐人，为了在寒冷的气候条件下生存，一部分人只有下到河谷地带从事对寒冷气候更有抵抗能力的农耕和家畜饲养。当河谷不能容下更多的人口从事农耕时，只有大批往南迁徙寻求更温暖更广大的生存环境。[6]尤需指出的是，在傣族的民间传说中，其民族从三江（金沙江、澜沧江、怒江）流域上游地区南迁时的动因与之有惊人的相似。在这个时期的公元前10世纪，西北的白马羌人沿横断山脉迁入

---

[1] 《诗经·小雅·出车》，河南大学出版社，2008年，205页。
[2] 《诗经·小雅·六月》《诗经·小雅·采芑》，河南大学出版社，2008年，第215—218页。
[3] 《史记》卷四《周本纪》，中华书局，1959年，第149页。
[4] 吴定祥、林振耀：《历史时期青藏高原气候变化特征的初步分析》，《气象学报》1981年1期。
[5] 王文辉：《内蒙古气候》，气象出版社，1990年，第255页。
[6] 杨铭：《氐族的起源、形成及与羌族的关系》，《巴渝文化》，重庆出版社，1989年。

西南地区演变成今天的纳西族,①缅甸的克钦族也是在公元前7世纪从中国北部经横断山脉迁入缅甸的。②

公元100年至500年左右的寒冷期正是我国东汉至两晋南北朝时期。在汉代,匈奴的威胁一直是汉王朝的心腹之患。之所以如此,是因为2至3世纪匈奴所处的大漠南北经历了近2000年来最严重的一次大旱灾,③这次大旱灾席卷整个欧亚大草原。这个时期我国晋代所有灾害中旱灾占48%,是中国历代灾害中旱灾比例最高的一个时期。④这个时期我国北部地区平均比现在低1.5度,鄂尔多斯高原地区公元100年至119年的20年间出现了12个灾害年,魏晋时期其地"霜""八月大雪""八月大寒"的记载甚多。这个时期,我国沙漠南进,一些城镇消失,丝绸之路南路湮灭。早在公元1世纪,匈奴所处的地区气候就十分恶劣了,连年灾荒。公元46年,大漠内外"连年旱蝗,赤地千里,草木尽枯,人畜饥疫,死耗大半",⑤公元24年,一部分匈奴人迫于这种处境,只有南迁归附汉朝。公元76年,大漠"南部苦蝗,大饥"。⑥到了公元88年,"北虏大乱,加以饥蝗,降者前后而至。"⑦匈奴在这种情形下不断分化瓦解。面对中原统一而强大的汉王朝,匈奴的一部分南下归附汉朝,一部分西迁去填补同样因大旱灾而南下的欧洲和中亚草原居民的真空地带。⑧

---

① 张增琪:《中国西南民族考古》,云南人民出版社,1990年,第89—91页。
② 秦钦峙:《中南半岛民族》,云南人民出版社,1989年,第46页。
③ 列·古米廖夫:《亚洲和欧洲的匈奴》,《苏联历史问题》1989年6、7期。
④ 陈高傭:《中国历代天灾人祸表》下册,上海书店,1986年,第195—316页。
⑤ 《后汉书》卷八九《南匈奴传》,中华书局,1965年,第2942页。
⑥ 《后汉书》卷八九《南匈奴传》,中华书局,1965年,第2950页。
⑦ 《后汉书》卷八九《南匈奴传》,中华书局,1965年,第2952页。
⑧ 吴兴勇:《匈奴人西迁的自然地理原因》,《史学月刊》1991年3期。

以后匈奴残部和鲜卑、羯、羌、氐等民族因所在地区环境恶劣等因素，趁中原大乱之时，纷纷南下中原攻城略地。晋惠帝元康中，匈奴残部度元攻上党和上郡，"自此以后，北狄渐盛，中原乱矣"。①这个时期往往中原自然灾害频繁，天灾人祸相连，这从自然环境上为游牧民族的南下又造成了一个机遇。在这种情形下，发生了中国历史上最大的一次民族迁徙，即所谓"五胡乱华"，确实不是偶然的。从区域上来讲这种现象也不是孤立的，因在这个时期横断山氏羌民族大走廊因气候条件的因素迁徙的事件也十分频繁，而居住在川西北地区的傣族先民的一支僚人也是在这个时期南迁入云南的南部地区。

公元1200至1300年左右的寒冷期正是我国的宋辽夏金时期。研究表明，早在公元10世纪蒙古草原就出现了一次特大旱灾，②中国的气候也开始逐渐转为寒冷。到12世纪，中国的年均气温比现在大约低1.8度，丝绸之路中路湮灭，北部地区气候转干，居民南迁。据《长春真人西游记》载，13世纪天山的雪线要比现在低200至300米。在这个寒冷期内，内蒙古地区300年间有13次特大的冻灾，有13年奇寒，远比隋唐时期多。宋以前鄂尔多斯地区及邻近地区百年一遇的旱灾10至15次，宋为30次。③我国东北地区结冰期比现在长。④宋代辽的地方政权东丹南迁辽东，其中一个重要的原因便是原居地寒冷异常，而辽东地区地热条件优越。⑤特别要指出的是，

---

① 《晋书》卷九七《北狄匈奴传》，中华书局，1974年，第2550页。
② 列·古米廖夫：《亚洲和欧洲的匈奴》，《苏联历史问题》1989年6、7期。
③ 王文辉：《内蒙古气候》，气象出版社，1990年，第258页。
④ 周琳：《东北气候》，气象出版社，1991年，第351页。
⑤ 杨雨舒：《东丹南迁刍议》，《社会科学战线》1993年5期。

这种寒冷和异常的气候在蒙古大草原上一直延续到13世纪,对蒙古民族的南下和西进影响十分大。也有研究表明里海水位的升高与周围高原的干缩是同时发生的,13世纪里海的水位升高了15米,表明蒙古草原的气候确实是十分寒冷干燥的。①《蒙古史》称:"那里也常有寒冷刺骨的飓风",形成"漫天飞沙",冬季不下雨,夏季的雨"连尘土和草根都没有润湿"。②13世纪中叶的鲁不鲁乞《东游记》中也谈到蒙古地区5月份冰才融化及复活节前后的大风严寒、冻死牲畜的情况。这种因寒冷而左右蒙古民族生计的现象在蒙古立国中原后还时有出现。在这种形势下,南迁的蒙古流民常达数万至数十万。③元代中国历史气候已经趋于温暖了,漠北的气候却依然寒冷。在气候干冷的宋代,其对蒙古游牧民族的压力便可想而知。地球中纬度地区欧亚大陆这次持续近300年的寒冷时期对游牧民族的影响可能是潜在的,但其在某种程度上讲是起有决定作用的。关于这一点有许多的记载。蒙古族的这次迁移与900年前匈奴的迁徙有惊人的相似,以致英国学者克里斯托·道森甚至认为马赛林奴斯对4世纪匈奴西迁的描述与帕里斯对900年后蒙古人的描述几乎可以互相交换。④

公元1500年的寒冷期正是我国女真族南下的时期。明清时期是中国历史上最寒冷的一个时期,有的学者认为是所谓明清宇宙

---

① 列·古米廖夫:《历史地理在东方学研究中的地位》,转引自《西北历史研究》,三秦出版社,1990年。
② 【英】道森编《出使蒙古记》,吕浦译,周良霄注,中国社会科学出版社,1983年,第6页。
③ 罗贤佑:《元代蒙古族人南迁活动述略》,《民族研究》1984年4期。
④ 【英】道森编《出使蒙古记》,吕浦译,周良霄注,中国社会科学出版社,1983年,第2—3页。

期。在这个时期，明代蒙古草原地区便"时冬寒草枯马饥"，[1]许多游牧民族不断进入鄂尔多斯高原地区抢掠和定居。元明时期东北地区农业大衰退，特别是东北的北部地区尤为明显。[2]在这个时期东北的许多民族纷纷南迁，改变生存方式，逐渐从事农耕。女真族一直呈现往南迁移的趋势。建州女真原居住在黑龙江北岸，后南迁。明代最北方的野人女真不断南攻，在这种形势下建州和海西女真的居所不断南移。同时女真各部还不断攻掠明代辽东地区。嘉靖时海西女真迁到了辽东东北的边界地区。这些以前主要以射猎为生的民族逐渐习惯于农耕。后来女真族南下建立清朝有许多社会因素，但历史的大势中，中国北方地理环境日趋恶劣也是一个潜在的动力。

上述民族迁徙在历史进程中肯定是由诸多因素共同作用的，不过从宏观上来看，从长时段对应来看，自然环境的变化作为一种潜在的因素对民族迁徙的影响是十分深远的。

历史时期的北方游牧民族周期性南下使中国北方农牧业界线发生南北波动，极大地破坏了中国北方农耕地区的经济，致使北方汉族人口继续南下东迁。

二是中国北方汉族人口东移南迁与天文环境的关系。历史时期北方游牧民族的南下对中国北方汉族人口东移南迁的作用不仅仅在于战乱对北方地区经济的极大破坏，更重要的是历史时期我国北方汉族地区也同样经历了一个周期性的寒冷时期，这些寒冷期同样对北方汉族地区的农耕经济造成极大的破坏，使北方地区既失去了与

---

[1] 瞿里：《万历武功录》卷八，中华书局，1962年，第5页。
[2] 景爱：《历史时期东北农业的分布与变迁》，《中国历史地理论丛》1987年2期。

更北方游牧民族南下抗衡的经济力量，又失去了北方地区成为中国经济重心的农业环境条件。

气候变化对我国北方农业地区的经济有很大的影响。在我国气温变化1度，其影响的产量为10%左右。[①]在农业区，某地年均温下降1度，就等于将这个地区向更高纬度推移了200至300多千米，同样如果减少100毫米降雨则将我国北方有些地方农业区向南退缩近500千米。倪金根先生在其《试论气候变化对我国古代北方农业经济的影响》一文中指出：历史时期我国北方气候的日趋干冷造成了我国北方湿润区和半湿润区由北向南退缩，自然灾害频繁，导致作物生长周期的缩短和熟制的减少，造成北方农业生态的恶化、水源的减少及北方水稻种植的萎缩、经济作物种植分布和经济动物分布的南迁，特别是农作物单产量的减少。[②]这种变化既使中国北方地区农业生产基础土地丧失，也危害到经济的各个领域。同时这种影响又与战乱交相作用，这就逐渐使我国北方地区失去了经济重心的地位。对此苏联学者列·古米廖夫也指出："总之亚洲耕地荒废的原因不在于河道改道，也不在于蒙古人，而在于长期的气候变化和我在专著中所描述的现象。"[③]我的《历史时期西南经济开发与生态变迁》一书也从中国西部地区（陕西、四川、云南、贵州）的经济发展地位变迁与气候等因素关系中证明了这一点。[④]当然，

---

① 张家诚：《气候变化对中国农业的影响初探》，《地理研究》1982年2期。
② 倪金根：《试论气候变迁对我国古代北方农业经济的影响》，《农业考古》1988年1期。
③ 列·古米廖夫：《历史地理在东方学研究中的地位》，转引自《西北历史研究》，三秦出版社，1990年。
④ 蓝勇：《历史时期西南经济开发与生态变迁》，云南教育出版社，1992年，第300页。

我国北方农业经济地位的下降除了历史气候的变化外还有其他一些原因，如在人地关系紧张的背景下，人为的不合理地开发，滥伐森林，不合理地运用水源，造成水土流失，土壤质地变坏，造成对农业生态环境的极大破坏等。但从某种程度上讲，由天文现象所造成的以气候为主的自然环境的变化才是促使人为不合理开发的起始原因。正是因为恶劣的生态环境才使人们进一步地滥伐森林，竭泽而渔。

从客观上来看，中国农业区重心的南北易位还在于在北方经济和环境残破的前提下，中国社会生产力已经有了较大的发展，为在南方大面积进行水稻种植提供了较好的技术条件，而历史时期中国的气候日趋干冷，但中国南方气温变幅远较北方小，地热条件好，加上便利的水陆交通，这对北方社会具有很大的吸引力。

对于中国北方农业经济区的衰退我们还可以从气候变化对亚热带和热带经济作物的影响，进而影响与之相应的产业上来看。由于历史气候的日趋干冷，使历史时期分布在黄河流域的亚热带经济作物南退，特别是竹类和桑蚕分布的南退对北方经济的影响较为明显。如我国在唐宋以前，丝织业的重心是在北方的黄河流域，一个重要的原因就是当时黄河流域的气候普遍比现在温暖湿润，适宜桑树和蚕虫的生长。而后来北方桑蚕经济地位下降让位于南方，很大程度上讲也是北方历史气候变寒冷的结果。[1]西南地区历史上由于气候变寒冷使许多亚热带和热带动植物的分布和种植南退，也曾

---

[1] 李宾泓：《我国早期丝织业的分布及其重心的形成》，《中国历史地理论丛》1991年2期。

使相应的经济产业南退,这也是造成经济重心东移南迁的一个重要原因。[①]

### (二)中华文明东移南迁的历史继承性和不可逆转性

由气候变化使北方游牧民族南下所造成的破坏和威逼、历史气候的日趋干冷、人为因素导致农业生态环境的破坏,是使我国北方经济地位丧失的十分重要的原因。北方经济重心地位的丧失同时也表现为南方经济地位的不断上升,以及中国经济政治文化重心的南北大易位。我国南方地区气候温暖湿润,虽然也有辉煌的史前文化,但是由于古文明产生的内在机制对地域的选定,加上古代黄河流域自然环境相对十分优越而开发较早,长江流域和以南的地区则开发较晚。历史时期以来由于以上所谈到的一些原因,中国北方丧失了经济重心的地位,同时也就丧失了政治和文化的重心地位。而中国南方随着整个社会生产力不断提高,南方地区复杂的土壤环境有了更好农业技术支撑,同时大量北方移民的南下,大量北方先进技术的传入,统治集团开发重心的转移,中国东南地区逐渐成为中国政治经济文化的重心。

从天地生综合研究来看,中国历史时期中纬度地区的自然环境变化是造成中华文明东移南迁的一个十分重要的原因,而中国中纬度地区的自然环境变化是由全球环境周期性变化所造成的,全球周期性变化又受更大的天文周期性现象所制约。实际上,以前我们仅

---

[①] 蓝勇:《中国西南2000年来五种热带亚热带经济作物分布变迁》,《自然资源》1991年5期;蓝勇:《历史时期西南经济开发与生态变迁》,云南教育出版社,1992年,第137—186页。

认为中国政治经济文化重心是南移，我提出了这个过程应该是东移南迁，不仅仅是南移，而这个东移南迁的过程是整个东亚大陆民族在几千年的时段中活动重心整体南移的一个组成部分。这样看来中国历史时期北方中纬度地区自然环境恶化（表现为日趋干冷）也是周期性的一环，是自然历史长河中的必然现象。由此导致的中华文明的东移南迁在某种程度上讲也是历史长河中的一环，具有一定的必然性。也可以说天文环境因素是中华文明东移南迁的终极原因。当然人类社会的发展是一个十分复杂的过程，在这种必然性之下，由于人类各种有意识的活动，使在不同的地区和不同的时间，地区发展之间存在很大的差异，其既表现为各种社会因素和自然环境因素对中国文明东移南迁的共同影响，也表现为受天文环境因素及地球自然环境终极原因制约的具体社会因素对中华文明东移南迁的影响。在人类发展史的后期，由于人类驾驭自然的能力提高，社会因素对人类社会发展的影响往往增大，但自然因素对社会制约的深度和广度也会同时增长。

必须指出的是，中华文明的东移南迁在现代中国仍表现得十分明显，东南沿海地区的经济地位日见重要，在一定的时期中国政治和文化地位也会随之向东南推移。这种东移南迁既有其历史的继承性，也有其自然的必然性，即由天文机制产生的必然性。有的学者指出："从天文背景、气候变化角度看，19世纪60年代到2000年北半球处于低温、干旱等百年尺度灾害群发期，干旱、沙漠化日趋严重不足为奇。"①几十年前中国北方农业生态环境十分脆弱，沙化日益

---

① 徐道一等：《天地生综合研究的重要意义》，《天地生综合研究》，中国科学技术出版社，1989年。

严重，水资源十分缺乏，对农业经济和工业发展、人民生活都有不少影响。在世界现代商业经济投资大战中，环境成本往往是左右投资地域去向的决定因素。这样，中国东南沿海地区由于特有的地理位置，加上历史上东移南迁重点开发的继承性，自然得开发之先。从学术研究这个角度上讲，中国政府做出首先开放东南沿海地区的决策是顺应了这种历史和自然的必然性，是十分英明的。

## 二　中国地域方位话语嬗变与东亚大陆"天地生"背景[①]

长期以来，在中国历史教学和研究中谈到中国古代经济重心的推移时，一般都是讲"中国古代经济重心的南移"，不过，早在二十多年前，我们在教学和研究中发现，如果简单以"南移"概念分析，我们无法解释元明清以来华北地区北京中心的出现，也无法解释成都平原在历史上的地位从高到低的升降轨迹。后来我们发现，如果真从区位地缘客观来看，中国古代政治经济文化重心不是简单的"南移"，而是"东移南迁"。到今天，学术界已经有许多学者接受了"东移南迁"的概念。同时，二十多年前我们也发现整个东亚大陆的民族活动舞台东移的事实。[②]

今天，我们如果从中国自然与社会视阈下认识中国历史发展这个大局，可能还可以从如下两个方面来认知这个问题：一是讨论历史时期中国地域方位话语的嬗变规律，从中发现嬗变与自然和

---

[①] 此文原刊于《江汉论坛》2013年10期。收入此书略作修改补充。
[②] 蓝勇：《从天地生角度看中华文明的东移南迁》，《学术研究》1995年第5期；蓝勇《中国历史地理学》，高等教育出版社2002年版，第42—64页。

社会的响应关系；一是从天地生综合研究角度分析这种响应关系背后更宏观的天地生背景，从而发现东亚大陆历史大格局变化的环境背景。

（一）中国地域方位话语的嬗变规律

我们知道，中国古代文明中心很长时期内都是在今天关中平原和华北平原西南部，居东亚大陆的内陆，利用东西南北方位词来界定方位的历史十分悠久。翻检中国历史文献，可以发现，这种方位词的利用可以分成两类，一类是纯粹的地域方位指向用语，一类是对地域文化认同的用语。前一种一般指向不稳定，可以随坐标点的变化灵活使用，地域指向大小差异较大，后一种一旦变成文化地域认同词后，一般在一定时期内指向的地域较稳定，并且一般所指地域都较广阔。

如果从地域方位指向词来看，早期多受中国传统五方之民分布格局的影响，形成"中土""东土""北土""南土""西土""南方""北方""西方""东方""西域"等地域指向词，在文献中广泛使用。但只有个别词汇后来逐渐发展成有一定的地域的文化认同词汇。

早在《左传》中就有周王朝的"西土""东土""南土""北土"概念，认为是西周王朝的四至。如《左传》称："王使詹桓伯辞于晋曰：'我自夏以后稷，魏、骀、芮、岐、毕，吾西土也。及武王克商，蒲姑、商奄，吾东土也；巴、濮、楚、邓，吾南土也；

肃慎、燕、亳，吾北土也。'"[1]不过，后代的"西土""东土""南土""北土"概念内涵却与《左传》的概念所指多有差异，更多演绎成纯粹的地域方位指向词，只有少许用语变为文化认同词。

在中国古代，可能更多情况下是将"南方""北方""东方""西方""西域"等作为文化认同用语。如《范子计然》曰："东方多麦，南方多稷，西方多麻，北方多菽，中央多禾，五土之所宜也。"[2]《范子计然》传为春秋时期范蠡所著，如果可信，这可能也是较早的关于中国五方地域文化认同的记载了。

在中国历史上，东南西北方位词的使用频率在不同时代却有所差异，所指向的地域也多有变化。

在先秦至唐宋时期，"东土""西土"的地理概念十分重要。

先秦两汉时期，"东土"一词使用较多，如《尚书》有"肆汝小子封，在兹东土"的记载。[3]《国语》有"桓公为司徒，甚得周众与东土之人"的记载。[4]《史记》中有"周公受禾东土"、[5]"乃抚东土，至于琅邪"、[6]"成王命唐叔以馈周公于东土"[7]等记载。《汉书》中也有"封为东土，世为汉藩辅"的记载。[8]

魏晋南北朝以来，"东土""西土"之称仍然盛行，如《晋

---

[1] 《左传·昭公九年春》，杨伯峻《春秋左传注》本，中华书局，1981年，第1307—1308页。
[2] 《太平御览》卷八三八《百谷部》引《范子计然》，嘉庆仿宋刻本。
[3] 《尚书·康诰》，王世舜《尚书译注》本，四川人民出版社，1982年，第150页。
[4] 《国语》卷一六《郑语》，上海古籍出版社1978年版，第507页。
[5] 《史记》卷四，中华书局，1982年，第132、122—123页。
[6] 《史记》卷六，中华书局，1982年，第246页。
[7] 《史记》卷三三，中华书局，1982年，第1518页。
[8] 《汉书》卷六三，中华书局，1983年，第2749页。

书》称"谭素以才学,为东土所推"、①"孙恩为乱,东土涂地"、②"时东土多赋役"、③"当今天下不普荒俭,唯独东土谷价偏贵"。④《北史》有"诏东土诸州儒生"的记载。⑤《宋书》有"东土豪家及京邑贵望并事之"记载。⑥《十六国春秋》有"思恋东土""东土之民,素怀隆惠"的记载。⑦宋代编《资治通鉴》时也多沿用了前代的东土之称,如称"思恋东土"、⑧"剽掠海盐,杀鄞令,东土大震"、⑨"东土百姓,失业非一"。⑩宋代《三朝北盟汇编》称"东土已安",⑪《续资治通鉴长编》称"所用东土兵才三万"。⑫显然,以上"东土"指向十分多元,有指关中周地以东的河南一带,也有指河南以东的山东地区,也有指江南地区或东南沿海地区。宋以后文献中关于"东土"的使用越来越少,《大明一统志》记载"负山阻河,控制东土",⑬是宋以后一则十分少见的"东土"之名使用。这里的"东土"实际上指今东北地区,即明代的关东地区。

汉晋南北朝时期,"西土"一词使用也较多,如《史记》"西土

---

① 《晋书》卷五二,中华书局,1974年,第1452页。
② 《晋书》卷六四,中华书局,1974年,第1739页。
③ 《晋书》卷七三,中华书局,1974年,第1932页。
④ 《晋书》卷七八,中华书局,1974年,第2065页。
⑤ 《北史》卷十,中华书局,1974年,第369页。
⑥ 《宋书》卷一〇〇,中华书局,1983年,第2445页。
⑦ 崔鸿:《十六国春秋》卷三二、四一、九七、一五,文渊阁四库全书本。
⑧ 《资治通鉴》卷一〇一,中华书局,1982年,第3180、3189页。
⑨ 《资治通鉴》卷一三二,中华书局,1982年,第4150页。
⑩ 《资治通鉴》卷一四八,中华书局,1982年,第4638页。
⑪ 徐梦莘:《三朝北盟汇编》卷一六四,文渊阁四库全书本。
⑫ 李焘:《续资治通鉴长编》卷四九二,文渊阁四库全书本。
⑬ 《大明一统志》卷二五,文渊阁四库全书本。

之人""以役西土"的记载。①《汉书》称"曰有大难于西土,西土之人亦不靖",②这里的"西土"是指关中平原。《汉书》还有称"西土忠臣孝子莫不奋怒"。③《后汉书》也有"于是西土咸悦,莫不归心焉"的记载,④《三国志》则称"西土不宁"、⑤"是以西土咸服诸葛亮"。⑥这里的"西土"有的是指今西北地区,也有指今四川西部以西的地区。

《晋书》中多有"西土"的记载,如称"巴蜀屡侵,西土不靖"、⑦"势倾西土"、⑧"有名于西土"。⑨《华阳国志》称"秦擅西土"、⑩"邓艾伐蜀,破诸葛瞻于绵竹,威振西土诸县"。⑪《十六国春秋》有"祖偡,有名西土"的记载。⑫《旧唐书》有"以安西土,迁西州都督"、⑬"西土未宁"的记载,⑭《新唐书》有"西土树神"之称,⑮《元和郡县图志》记载"武德元年,西土平定,置瓜州"。⑯以上"西土"所指十分混乱,有的指关中京畿

---

① 《史记》卷四,中华书局,1982年,第132、122—123页。
② 《汉书》卷八四,中华书局,1983年,第3429页。
③ 《汉书》卷九九,中华书局,1983年,第4089页。
④ 《后汉书》卷一三,中华书局,1982年,第544页。
⑤ 《三国志》卷二八,中华书局,1975年,第778页。
⑥ 《三国志》卷四一,中华书局,1975年,第1014页。
⑦ 《晋书》卷二,中华书局,1974年,第39页。
⑧ 《晋书》卷八六,中华书局,1974年,第2332页。
⑨ 《晋书》卷一○○,中华书局,1974年,第2636页。
⑩ 常璩:《华阳国志》卷一,刘琳:《华阳国志校注》本,巴蜀书社,1984年,第31页。
⑪ 常璩:《华阳国志》卷一一,刘琳:《华阳国志校注》本,巴蜀书社,1984年,第844页。
⑫ 崔鸿:《十六国春秋》卷三二、四一、九七、一五,文渊阁四库全书本。
⑬ 《旧唐书》卷九三,中华书局,1975年,第2978页。
⑭ 《旧唐书》卷九七,中华书局,1975年,第3048页。
⑮ 《新唐书》卷八一,中华书局,1986年,第3600页。
⑯ 李吉甫:《元和郡县图志》卷四○,中华书局,2005年,第1025页。

所在，有的指川西地区，有的特指凉州，有的指中国西部地区、西北地区、西安以西地区，有的则指今敦煌、印度中亚一带。宋以后"西土"之名使用较少。《资治通鉴》称"总关东之众，以图西土"、①"吾家世以忠孝著于西土"，②多是对前代文献的传承。

秦汉至隋唐时期也多使用"南土""北土"之名。汉晋南北朝对"南土"的使用较多，如《史记》称"封于南土，世为汉藩辅"③《汉书》称"楚跨有南土，带甲百万"，④《三国志》称"及曹公破荆州，威振南土"。⑤《晋书》中关于"南土"的使用较多，如称"南土人士咸崇敬之"、⑥"南土温湿，多有毒气"、⑦"（顾荣）为南土著姓"、⑧"欲避地南土"、⑨"尽徙汉中人于蜀，先是南土频岁饥疲，死者十万计"。⑩到了唐代张九龄《东湖临泛饯王司马》一诗有"南土秋虽半"之句，⑪而张说《和朱使欣二首》一诗也有"南土多为寇"之句。⑫宋代《资治通鉴》仍多有"南土"的称谓，如称"南土称之"、⑬"南土寒士"、⑭"先是欧阳顾，声

---

① 《资治通鉴》卷一〇四，中华书局，1982年，第3294页。
② 《资治通鉴》卷一〇九，中华书局，1982年，第3453页。
③ 《史记》卷六〇，中华书局，1982年，第2113页。
④ 《汉书》卷八二，中华书局，1983年，第3380页。
⑤ 《三国志》卷五六，中华书局，1975年，第1304页。
⑥ 《晋书》卷五一，中华书局，1974年，第1418页。
⑦ 《晋书》卷五七，中华书局，1974年，第1560页。
⑧ 《晋书》卷六八，中华书局，1974年，第1811页。
⑨ 《晋书》卷七二，中华书局，1974年，第1911页。
⑩ 《晋书》卷一二一，中华书局，1974年，第3027页。
⑪ 张九龄：《曲江集》卷四，文渊阁四库全书本。
⑫ 张说：《张燕公集》卷七，两淮马裕家藏本。
⑬ 《资治通鉴》卷七四，中华书局，1982年，第2348页。
⑭ 《资治通鉴》卷一三〇，中华书局，1982年，第4083页。

著南土"、①"经略南土",②但多是对前代情景称谓的传承。以上"南土"分别指荆州、吴地、广州、南昌、衡州、岭南、蜀中等地,称谓指向并不固定。

汉晋南北朝对于"北土"的称谓也较多,《史记》称"建尔国家,封于北土,世为汉藩辅",③《三国志》称"以君信著北土"。④《晋书》中对于"北土"的使用也较多,如称"北土多寒,胡人常以貂皮温额"、⑤"北土不宜畜牧"、⑥"北土之性,难以托根"。⑦《魏书》有"主上雄隽,率服北土"之称。⑧《资治通鉴》称"夫江淮之有猛兽,犹北土有鸡豚也"、⑨"北土萧条,人情疑惧"。⑩《十六国春秋》称"故北土土人,闻风至者,无虚日",⑪唐代孟浩然《秦中感秋寄远上人》有"北土非吾愿"之句。⑫

宋代仍有"北土"的使用,如《会稽志》记载"盖松之不生北土,犹橘柚之变于淮北",⑬《三朝北盟汇编》有"今使北土已安""今北土既未平定"的记载,⑭《尔雅翼》称"北土以大麻为

---

① 《资治通鉴》卷一六七,中华书局,1982年,第5163页。
② 《资治通鉴》卷二八八,中华书局,1982年,第9398页。
③ 《史记》卷六〇,中华书局,1982年,第2111页。
④ 《三国志》卷六,中华书局,1975年,第947页。
⑤ 《晋书》卷二五,中华书局,1974年,第768页。
⑥ 《晋书》卷五一,中华书局,1974年,第1431页。
⑦ 《晋书》卷九二,中华书局,1974年,第2378页。
⑧ 《魏书》卷二四,中华书局,1974年,第609、609页。
⑨ 《资治通鉴》卷四五,中华书局,1982年,第1445页。
⑩ 《资治通鉴》卷一〇一,中华书局,1982年,第3180、3189页。
⑪ 崔鸿:《十六国春秋》卷三二,四一、九七、一五,文渊阁四库全书本。
⑫ 《全唐诗》卷一六〇,中华书局,1983年,第1634页。
⑬ 施宿等:《嘉泰会稽志》卷一七,文渊阁四库全书本。
⑭ 《资治通鉴》卷一四八,中华书局,1982年,第4638页。

油"。①以上"北土"有的是指北方游牧地区内蒙一带,也指华北地区、黄河流域,称谓指向并不固定。宋以后文献中较少使用"北土"之词了。文献中出现"北土"也非"北土"本义。如宋以后王士性在《广志绎》中曾谈到:"南土湿,北土燥,南宜稻,北宜黍",但这里的"土"主要是指土地、土壤。②

实际上,在中国历史上更多是使用"南方""北方""东方""西方"来作为地域指向,总的来看用方位词后加"方"普遍比用方位词后加"土"更晚,但在方位词后加"方"才逐渐更多地具有稳定的地域文化认同的色彩。

如《礼记·王制》称:"东方曰夷……南方曰蛮……西方曰戎……北方曰狄",③子思《中庸》记载:"宽柔以教,不报无道,南方之强也,君子居之;衽金革,死而无厌,北方之强也,而强者居之。"④《魏书》称:"南方所以疲敝,而北方之所常胜也。"⑤《通典》称:"大抵南方遐阻,人强吏懦。"⑥《老学庵笔记》称:"北方多石炭,南方多木炭",⑦《橘水集》记载:"如东方多痈疡,而砭刺自东方来。西方多内病,而毒药自西方来。南方多挛痹,而九针自南方来。北方多满病,而灸焫自北方来。"⑧《路史》

---

① 罗愿:《尔雅翼》卷七,石云孙点校本,黄山书社,1991年,第80页。
② 王士性:《广志绎》,中华书局,1981年,第19页。
③ 《礼记·王制》,崔高荣点校本,辽宁教育出版社,2000年,第44页。
④ 子思:《中庸》,王云五《中庸今注今释》本,台湾商务印书馆,1977年,第14—15页。
⑤ 《魏书》卷二四,中华书局,1974年,第609、609页。
⑥ 杜佑:《通典》卷一八四,中华书局,1984年,第984页。
⑦ 陆游:《老学庵笔记》卷一,中华书局,1979年,第12页。
⑧ 李复:《橘水集》卷六《虁州药记》,文渊阁四库全书本。

称:"故东方多龙,南方多凤,西方多虎,而麟游乎中土。"①郭祥正《徐子美杨君倚李元翰小酌言旧》有"南方多苦热,北地尤苦寒"之句。②《宋史》称:"北方之人养生之具不求于人,是以无甚富、甚贫之家。南方多末作,以病农而兼并之患兴,贫富斯不侔矣"。③

元明清以来,"南方""北方"等用语越来越普遍,如王桢《农书》称:"南方惟种大麦,则点种,其余粟豆麻小麦之类,亦用漫种。北方多用耧种""北方多以石,南人用木盖,水陆异用,亦各从其宜也""北方多用铧,南方皆用镵"。④《广群芳谱》称:"南方多水芋,北方多旱芋",⑤《图书编》称:"天下之田,南方多水,北方多陆"。⑥这里的"南""北"实际也是中国南北方的概念。《农政全书》称:"蔓菁,北方多获其利,而南方罕有之。芦菔,南方所通美者,生熟皆可食,淹藏腊豉以助时馔,凶年亦可济饥,功用甚广。"⑦明薛已《薛氏医案》载:"又北方多寒,南方多热,江湖多湿,岭南多瘴,谓其得此气多,故亦多生此病,非谓北病无热,南病无寒也。至于治寒以热治,热以寒治,五方皆同,岂有南北之异耶。"⑧《山堂肆考》称:"南方多桂,故曰桂海。北方多冰,故曰冰天"。⑨《日知录》载:"南北学者之病。饱食终日,无所用心,

---

① 罗泌:《路史》卷二三,文渊阁四库全书本。
② 郭祥正:《青山集》卷六,文渊阁四库全书本。
③ 《宋史》卷四〇一,中华书局,1977年,第12165页。
④ 王桢:《农书》,中华书局,1956年,第18、165、187页。
⑤ 汪灏等:《广群芳谱》,上海书店,1985年,第379页。
⑥ 章潢:《图书编》卷九一,文渊阁四库全书本。
⑦ 徐光启:《农政全书》卷二七,文渊阁四库全书本。
⑧ 薛已:《薛氏医案》卷二二,文渊阁四库全书本。
⑨ 彭大翼:《山堂肆考》卷二二九,文渊阁四库全书本。

难矣哉，今日北方之学者是也；群居终日不及义，好行小慧，难矣哉，今日南方之学者是也。"①《格致镜原》载："南方多用之，其绵外图内空，谓之猪肚，绵有用大竹筒，谓之筒子绵。北方大小用瓦，然用木矩者最为得法。"②清代《兼济堂文集》载："如南方多种稻，而稻地有厚薄之不同。北方多种麦谷，而麦谷地亦有厚薄之不同。"③清代《思辨录辑要》载："中土之人多喉音，南方之人多舌音，西方多齿，北方多唇，东方多牙。"④《钦定授时通考》载："南方以竹为之，或以木，或以油皮纸，直可盛水不漏。北方多屈荆条为之。"⑤《尚书七篇解义》载："北方之地多壤，东方多坟，南方多涂泥，盖土性使然。"⑥显然，以上众多南北方的概念大多数都是指中国南北的概念，地域指向稳定，文化认同色彩明显。

在中国古代"东方"一词使用相对较少，又多为一种方位指向词，随地域坐标而指向地域变化不断，往往是指坐标地以东的地区，如《五礼通考》称："大概东方多风，西方多阴尔"，⑦这里的"东方""西方"方位并不确定。但"东土""东方"在古代对西方而言又特指中国，是一种文化地域认同词，地域相对固定。如《穆天子传》称："天子答之曰：'予归东土，和治诸夏，万民平均，吾顾见汝。'"⑧《西游记》第八回称："今领如来法旨，上东土寻取

---

① 顾炎武：《日知录》卷一三，《日知录集释》本，世界书局，1936年，第327页。
② 陈元龙：《格致镜原》卷四八，文渊阁四库全书本。
③ 魏裔介：《兼济堂文集》卷一四，文渊阁四库全书本。
④ 陆世仪：《思辨录辑要》卷二二，文渊阁四库全书本。
⑤ 《钦定授时通考》卷三五，马宗申《授时通考校注》本，农业出版社，1992年，第273页。
⑥ 李光地：《尚书七篇解义》卷二，文渊阁四库全书本。
⑦ 秦蕙田：《五礼通考》卷一八四，文渊阁四库全书本。
⑧ 《穆天子传》卷三，岳麓书社，1992年，第223页。

经人去。"清马建忠《上李伯相言出洋工课书》："而东土之人，独未有考取文词秀才者，有之则自忠始也"。①茅盾《雨天杂写之二》载："佛法始来东土，排场实在相当热闹"。②在中国历史典籍中"西域"之词出现较多，往往多是一种文化地域指示词，特指今新疆及以西的印度、中亚等地。

从中国历史上来看，在地域指向词后加上"人"，其地域文化认同色彩就可能更明显了。不过，在中国古代虽然"南人""北人""东人""西人"都有使用，但更多是使用"南人""北人"概念。在唐宋后，当"东土""西土""南土""北土"等地域词较少使用后，"南人""北人""南方""北方"的概念继续使用，一直贯穿一千多年的历史，使用最为频繁。而且，往往将南北并称比较，显现出更为明显的地域文化认同色彩。

早在《论语·子路》中就有称，"南人有言曰：人而无恒，不可以作巫医"。③北齐颜之推《颜氏家训·风操》："南人宾至不迎，相见捧手而不揖，送客下席而已；北人迎送并至门，相见则揖，皆古之道也"。④《世说新语》则称："北人学问渊综广博，孙答曰：南人学问深通简要……北人看书如显处视月，南人学问如牖中窥日。"⑤《魏书》称："卿辈北人无刚甲利器，敌弱则进，强即退走，安能并兼。凤曰：北人壮悍，上马持三仗，驱驰若飞""南人

---

① 马建忠：《适可斋纪言纪行》卷二，近代中国史料丛刊本（第16辑），台湾文海出版社，1966年。
② 《茅盾散文》，浙江文艺出版社，1999年，第315页。
③ 《论语·子路》，毛冰水《论语今译今释》本，重庆出版社，2009年，第224页。
④ 颜之推：《颜氏家训·风操》，华夏出版社，2002年，第39页。
⑤ 刘义庆：《世说新语》，上海古籍出版社，1982年，第125—126页。

长于守城,苻氏攻襄阳,经年不拔"。《陈书》称:"魏人以南人嗜鱼,大设罟网"。①

唐宋以来,"南人""北人"概念更是使用频繁。《隋书》称:"南北所治章句好尚互有不同……大抵南人简约,得其英华;北人深芜,穷其枝叶"。②唐刘禹锡《竹枝词》称"南人上来歌一曲,北人莫上动乡情"。③元稹《送岭南崔侍御》称:"我是北人长北望,每嗟南雁更南飞"。④《月波洞中记》卷下称:"人有五象,南人似北人贵,北人似南人贱,南人面如鸡子,北人面如斗底。"⑤《封氏闻见记》记载:"(茶)南人好饮之,北人初不多饮"。⑥程大昌《禹贡论》称:"南人呼小水为江,特后世语尔。"⑦沈括《梦溪笔谈》记载:"大抵南人嗜咸,北人嗜甘,鱼蟹加糖蜜盖便于北俗也,如今之北方人喜用麻油煎物,不问何物皆用油煎。"⑧《宋朝事实类苑》称:"杜太监植尝言:南方无好羊湩酪,惟鱼稻为佳,故南人嗜之,北方鱼稻不多,而肉面佳,故北人嗜之。易地则皆然,不必相非笑也"、⑨"(河豚)南人嗜之不已"、⑩"南方之人谓江水皆曰江,北方之人谓水皆曰河"。⑪《景定建康志》记载:"南人善步战

---

① 《陈书》卷二一,中华书局,1972年,第282页。
② 《隋书》卷七五,中华书局,1973年,第1705页。
③ 刘禹锡:《刘宾客文集》卷二七《竹枝词》,文渊阁四库全书本。
④ 元稹:《元氏长庆集》卷一七《送岭南崔侍御》,文渊阁四库全书本。
⑤ 《月波洞中记》卷下,文渊阁四库全书本。
⑥ 封演:《封氏闻见记》卷六,赵贞信《封氏闻见记校注》本,中华书局,2005年,第51页。
⑦ 程大昌:《禹贡论》卷上,文渊阁四库全书本。
⑧ 沈括:《梦溪笔谈》卷二四,辽宁教育出版社,1997年,第138页。
⑨ 江少虞:《宋朝事实类苑》卷六〇,上海古籍出版社,1981年,第787页。
⑩ 江少虞:《宋朝事实类苑》卷六一,上海古籍出版社,1981年,第810页。
⑪ 江少虞:《宋朝事实类苑》卷六二,上海古籍出版社,1981年,第828页。

而少马,庆之能麋北兵于平原旷野……南人善射"。①《三朝北盟会编》有"南人喜暖而恶寒"记载,②蔡修《铁围山丛谈》有"今南人喜祀雷神者"记载,③薛季宣《浪语集》称"南人喜鹊而恶乌,北人喜乌而恶鹊,好恶之不同有若是,故南北更相笑而无有订焉,于是南人以北人好恶为正"。④韩彦直《橘录》称:"北人未之识者,一见而知其为真柑矣……非真柑,北人喜把玩之,香气馥馥,可以熏袖。"⑤马永卿《嬾真子》记载:"仆自南渡以来始信前人言之可信也,盖北人长于骑射。"⑥《容斋随笔·四笔》称:"北人重甘蔗,甘蔗只生于南方,北人嗜之而不可得。"⑦《墨客挥犀》称:"北人喜鸦声而恶鹊声,南人喜鹊声而恶鸦声"。⑧罗愿《尔雅翼》载:"但古人多言兕,今人多言犀;北人多言兕,南人多言犀"。⑨姜夔《绛贴平》称:"尔后北人多用魏体,南人多用吴体,皆有碑可证"。⑩《会稽志》称"北人嗜甘,故鱼蟹加糖蜜,皆非也。好食蜜渍鲗鱼乃宋明帝,岂北人"。⑪元人郝经《古长城吟》有"北人长笑南人哭"之句,⑫胡助《戏作东门竹枝词五首》有"南人不似北

---

① 《景定建康志》卷三四,文渊阁四库全书本。
② 徐梦莘:《三朝北盟会编》卷七六,台湾大化书局,1977年,第199页。
③ 蔡修:《铁围山丛谈》卷四,中华书局,1983年,第75页。
④ 薛季宣:《浪语集》卷二,文渊阁四库全书本。
⑤ 韩彦直:《橘录》卷上,中华书局,1985年,第1页。
⑥ 马永卿:《嬾真子》卷三,文渊阁四库全书本。
⑦ 洪迈:《容斋随笔·四笔》卷二,中华书局,2005年,第655页。
⑧ 彭乘:《墨客挥犀》卷二,文渊阁四库全书本。
⑨ 罗愿:《尔雅翼》卷一八,石云孙点校本,黄山书社,1991年,第193页。
⑩ 姜夔:《绛贴平》卷一,文渊阁四库全书本。
⑪ 施宿等:《嘉泰会稽志》卷一七,文渊阁四库全书本。
⑫ 郝经:《陵川集》卷一〇《古长城吟》,文渊阁四库全书本。

人多"之句。①在宋代,"南方之人""北方之人"的称谓也使用较多,如杨万里称:"南方之人喜闻楚语,北方之人喜闻燕语"。②袁燮称:"大抵北方土厚水深,南方土薄水浅,故北方之人多沉厚,南方之人多轻扬"。③

明清以来这种称呼仍然较多,王士性《广游志》中称:"南北寒暑,以大河为界"。④秦夔《东安道中》有"南人喜乘舟,鞍马非所便"之句。⑤明黄训《名臣经济录》有"而北人长于野战"的记载。⑥《明史》记载:"初王翱为吏部,专抑南人,北人喜之,至夔颇右南人"。⑦明人编《宋史纪事本末》称,"天祥曰:'南之揖,北之跪,予南人,行南礼,可赘跪乎?'"⑧清昭梿《啸亭杂录》称:"侍郎性爽朗,少随文端公居两江久,习染南人风度"。⑨清赵一清《水经注释》记载:"欧阳原功谓:郭璞作经,郦善长作注,璞南人,善长北人,当时南北分裂,故闻见有所不逮。"⑩《周易孔义集说》称:"杨诚斋曰南人喜楚语,北人喜燕语,方以类聚也。"⑪王夫之《诗经稗疏》称:"北人喜乌而恶鹊,南人喜鹊而恶乌。"⑫清

---

① 胡助:《纯白斋类稿》卷二〇《戏作东门竹枝词五首》,文渊阁四库全书本。
② 杨万里:《诚斋易传》卷一七,文渊阁四库全书本。
③ 袁燮:《絜斋家塾书钞》卷一,文渊阁四库全书本。
④ 王士性:《广游志》卷上,周振鹤点校《王士性地理书三种》,上海古籍出版社,1993年,第214页。
⑤ 《御选明诗》卷二二,秦夔:《东安道中》,文渊阁四库全书本。
⑥ 黄训:《名臣经济录》卷四二,文渊阁四库全书本。
⑦ 《明史》卷一七七,中华书局,1974年,第4716页。
⑧ 陈邦瞻:《宋史纪事本末》卷一〇九,中华书局,1977年,第1185页。
⑨ 昭梿:《啸亭杂录》卷四《广赓虞之死》,中华书局,1980年,第109页。
⑩ 赵一清:《水经注释》附录卷下,文渊阁四库全书本。
⑪ 沈起元:《周易孔义集说》卷一八,文渊阁四库全书本。
⑫ 王夫之:《诗经稗疏》卷一,文渊阁四库全书本。

代《易小帖》："而北人读字又有去无入，是以汉晋以前多读异，隋唐以后多读亦，北人多读异，南人多读亦，其实一也。"[1]清《渊鉴类涵》称："（鹰）北人多取雏养之，南人八九月以媒取之，乃鸟之疏暴者。"[2]近代鲁迅《花边文学·北人与南人》称："据我所见，北人的优点是厚重，南人的优点是机灵。"[3]显然，唐宋以来"南人""北人"相称已经多为一种地域文化认同指示词被广泛使用，而且大多是以长江、淮河秦岭为界来认同南北，指向较为稳定。

不过，在中国古代使用"东人""西人"频率并不高，近代以来"西人"多为西方人的代称，但出现相对较晚。

在中国古代，交叉方位词"西南""西北""东南""东北"都有使用，其中"西北"与"东南"不仅使用繁多，而且并称比较使用也较多，"西南"方位也多有使用，"东北"使用最少，而且很少将"西南"与"东北"并称比较的。早在《列子·汤问》中就谈到："故天倾西北，日月星辰就焉；地不满东南，百川水潦归焉。"[4]后来，如《文献通考》卷三一记载：

> 见每次科场东南进士得多，而西北进士得少，故欲改法使多取西北进士尔……东南之俗好文，故进士多而经学少。西北之人尚质，故进士少而经学多。所以科场取士东南多取进士，西北多取经学者……今东南州军进士取解者，二三千人处只解二三十人，是百人取一人，盖已痛裁抑之矣。西北州军取解至多处不过

---

[1] 毛奇龄：《易小帖》卷一，文渊阁四库全书本。
[2] 《渊鉴类涵》卷四二二引《本草集解》，文渊阁四库全书本。
[3] 鲁迅：《花边文学·北人与南人》，人民文学出版社，1958年，第15页。
[4] 《列子》，上海书店，1986年，第52页。

百人，而所解至十余人，是十人取一人，比之东南十倍假借之矣。若至南省又减东南而增西北，则是已裁抑者又裁抑之，已假借者又假借之。此其不可者二也。东南之士于千人中解十人，其初选已精矣，故至南省，所试合格者多。西北之士，学业不及东南，当发解时又十倍优假之，盖其初选已滥矣。①

林至《易裨传》有"西北多山，东南多水"之称，②《荆川稗编》卷一〇三有"东南多丝纩，西北多织皮"之称，③也是将西北与东南比较的案例。特别是《广舆记·提要》中更是有较多关于西北、东南地域特征的比较记载，如称：

西北之风浑，其失也悍；东南之俗偷，其得也和，故西北以强胜而多失之乱，东南以治隆而多失之弱，此风俗之各有得失也。西北之人直，其失也狠；东南之人诈，其失也易，故西北之政宜以严致平，东南之政宜以宽为治，人民之各有得失。西北之地沃而不勤种植，东南之地瘠而善治田畴，故西北裕于财而恒患饥，东南苦于贫而足食，此食货之名有得失也。西北之兵劲，其失也肆，东南之兵嚣，其得也锐。故西北之兵便于持久，东南之兵利于速战，此兵革之各有得失也。④

可见以上"东南"则主要指今天的东南沿海地区，而"西北"

---

① 马端临：《文献通考》卷三一，中华书局，1986年，第232页。
② 林至：《易裨传》，文渊阁四库全书本。
③ 唐顺之：《荆川稗编》卷一〇三引陈祥道《周贡》，文渊阁四库全书本。
④ 蔡方炳增辑《重订广舆记·提要》，嘉庆七年刻本。

并非指今天中国的西北地区,而是主要指今天黄河中下游地区,所以,这里的"东南""西北"实际是整个东亚大陆上民族舞台东移背景下的南北概念。

综上所述,中国历史上早期"西土""东土""北土""南土""中土"使用繁多,但地域特指不明显,除"东土"曾特指中国,"西域"特指中国新疆、中亚、印度等地外,多为地域坐标指示词。在传统社会后期,"西土""东土""北土""南土""中土"使用较少,而"南人""北人""南方""北方"的概念使用一直贯穿二千多年的历史,使用最为频繁。但作为地域文化认指示词使用更多的是"南方"和"北方",故中国古代更多用"南方""北方"并称比较,较少用"西方""东方"来比较。只是在近代西方、东方才较多用作西方文化圈、东亚文化圈的代称。在中国历史上虽然"南人""北人""东人""西人"都有使用,但更多的是使用"南人""北人"概念,并且地域文化认同色彩明显。在中国历史上交叉方位词"西北""东南""东北""西南"等都有使用,但其中"东北"使用较少,作为文化地域认同词汇则"西北"与"东南"并称比较更多。

总的来看,中国历史上早期东、南、西、北的概念均较多使用,但唐宋以后,更多使用"南方""北方""南人""北人"概念,即更多使用南、北概念。所以,我们发现,从宋以后,关于"南北风土""南北风俗""南北风气"等话语不绝于世间,但很少见"东西风土"之类的话语。所以,近代以来人们的中国地域认同中最常用的也是南北话语,如刘师培、梁启超、王国维、林语堂、鲁迅、潘光旦、任继愈等在谈中国文化地域差异时,都是以南北为界划分的。50多年前张家驹《两宋经济重心的南移》一书出版后,人们常提的是中国经济重心南移、中国文化重心的南移、中国科技重心南移等话语。现代地理学者的话语体系中也多是南北的话语更多，如陈正祥《中国文化地理》一书中"南北地位的转换"成为书中的核心，①胡兆量《中国文化地理概述》中有17个标题是南、北并称比较的，只有2个标题是以东、西并称比较的。②显然，在中国人的潜意识里更多是南北的话语，这是一千多年来历史传承的结果。

不过，我们也应该看到，近几十年来，由于经济发展上的东西差距更加明显，社会中关于"东部""西部"的话语大为增多，大有取代"南方""北方"话语之势。当然，今天我们提出中国经济重心不是"南移"，而是"东移南迁"时，并不主要针对现实的诉求，更是对文明客观推移过程的认同。所以，我们有必要进一步讨论更深层次的地域方位语嬗变与自然和社会的响应关系，并从天地生综合研究角度分析这种响应关系背后更宏观的天地生背景。

（二）中国地域名方位话语嬗变与天地生关系

中国地域方位话语嬗变规律与中国历史发展的宏观背景相关，也与东亚大陆近几千年来天地生大背景的演变有关。

夏商周时期，中原王朝位居黄河中下游地区关中平原和华北平原西南角，居东亚大陆的核心地区，这是文明产生所需的生产力背景决定的地理区位格局。由于居东亚大陆核心区，形成东、南、西、北、中五方地域，出现了五方之民的分布格局，故中国历史上早期"西土""东土""北土""南土""中土"使用相对繁多。相应

---

① 陈正祥：《中国文化地理》，三联书店，1983年。
② 胡兆量：《中国文化地理概述》，北京大学出版社，2001年。

的是在《礼记·王制》中就有南巡、东巡、西巡、北巡之礼。①

春秋战国时期,中原统一王朝下五方格局的局面打破,出现诸侯林立的局面,以中原核心区为核心坐标的"五服""四服"之类的意识相对削弱,但以文明中心为坐标的东、南、西、北方向用词使用增多。秦汉时期,政治军事格局仍然处于东西南北的混沌状态,秦从西统一全国,汉从东一统天下,但秦汉的经济开发过程却多是南北纵横,故东、南、西、北的地域指向用语使用都较多。在某种程度上讲,当时的山东、山西概念是一个十分流行的地域话语,此所谓"秦汉已来,山东出相,山西出将",②后来又流行"关东出相,关西出将""三秦饶俊异,汝颖多奇士",③显现了秦汉时期东西地域话语。就是到了三国鼎立时,魏蜀对抗、魏吴对抗、吴蜀对抗,也显现了南北东西政治的对抗。

两晋南北朝时期,中国历史的格局更多体现为南北对峙,南北对峙成为中国历史发展中的政治、军事、文化的主要流向。从东晋南北朝以来,中国历史发展形成了北方群雄与南方群雄的对峙局面,东晋十六国和南北朝时期,南北话语一直是十分重要的政治军事文化中的重要话语,"永嘉之乱""五胡乱华""侨置州郡",大多以南北空间流动为主流。而从历史文献来看,这个时期"南方""北方""南人""北人"是使用相对更多的时期,二十四史中特别是《晋书》中南北概念使用最为繁多。隋唐时期,中国又一次进入大一统国度,这个时期南北的话语仍然较多,东西的话语也多

---

① 《礼记·王制》,崔高荣点校本,辽宁教育出版社,2000年,第42页。
② 《汉书》卷六九,中华书局,1983年,第2998页。
③ 《晋书》卷一一八,中华书局,1974年,第3000页。

有存在，如有东西向的"逐食东都""扬一益二"等东西话语，也有南北向的"衣冠南走""随玄宗入""随僖宗入"等南北话语。同时，唐代在科举上既有"南选"，也有"东选"之称。①

五代两宋时期，中国又进入南北对峙的大格局，南方、北方、南人、北人的使用相对于唐代更多起来，"南渡""靖康之乱""南选""北选"等成为社会生活中重要的话语。②到元代由于特殊的政治背景，甚至出现专门特指的"南人"称谓。从宋开始，"东南财赋"一词频繁见于经济话语之中，如《续资治通鉴长编》称"远取东南财赋以赡关中"、③《咸淳遗事》称："本朝恃兵立国，东南财赋大半耗于养兵。"④《文献通考》称："而东南财赋所出则反弃于要荒"。⑤明清时期，"东南财赋"这个经济话语的使用更是频繁。

明清时期，南北对峙仍是中国政治经济的主要话语。明代的都城是南北变动，北方鞑靼、瓦剌等民族的威胁最大，"南北运河""南巡""征南调北"成为这个时期重要的话语。应该看到，元代和清代本身是中国南北政治抗衡的产物，所以南北的政治、文化生态的话语本来就多。清代本身有北祭、南巡、西狩、东幸之游，但只有"南巡""北祭"最显政治彩色，也最为频繁，影响最大。所以，明清两朝，南方、北方、南人、北人概念仍是使用较多的时期。

---

① 《唐六典》卷二："其岭南、黔中三年一置选补使，号为南选"，又《新唐书》卷四五："太宗时，以岁旱谷贵，东人选者集于洛州，谓之东选。"故《日知录》卷二八称："唐时有东选、南选。"
② 《金史》卷五一："国朝设科始分南北两选。"《春明梦旧录》卷四一："天眷三年，令大河以南别开举场，谓之南选。"
③ 李焘：《续资治通鉴长编》卷三二六，文渊阁四库全书本。
④ 佚名：《咸淳遗事》卷下，文渊阁四库全书本。
⑤ 马端临：《文献通考》卷二六〇，中华书局，1986年，第2063页。

近代以来，南北仍是最重要的政治军事话语，北伐南巡、南北政权、南北统一、划江而治，一直是中国近代的重要政治话语。近代文化人心中也多只有南北文化认同的差异，如刘师培《南北文学不同论》讨论学术领域的南北文化，梁启超《中国地理大势论》《论中国学术思想变迁之大势》谈论南北文化中的学派，王国维《屈子文学之精神》也谈到南北文化，林语堂《中国人》将中国人分成南北两种人，鲁迅专门写有《北人与南人》一文，潘光旦也写有《北中国与南中国》一文，而任继愈《中国古代哲学发展的地区性》则认为中国南北文化对抗特征最突出的时期是先秦、魏晋南北朝、明清三个时期。

当然，以上我们仅简单分析地域方位有关话语嬗变与中国四千多年政治经济文化大格局的对应关系还不够，还需要从天地生综合研究角度去分析大格局变化的环境背景。所谓天地生人综合研究，即是将天文、地球、生物和人类几者视为互相联系的有机体进行多学科的综合研究，早在20世纪80年代便开始了这种研究，三十多年来开过多次天地生人学术讨论会，在20世纪90年代其影响逐渐扩大。[1]

近几十年来，中外学者对东亚大陆游牧民族的周期性南下与中国历史气候的冷暖周期性变化问题较为关注。早在20世纪初，美国气候地理学家亨廷顿（Huntington E.）在《亚洲的脉动》[2]一书中提出中国历史上气候变迁与外患内乱有关，认为东晋五胡乱华、北宋

---

[1] 中国科学技术出版社1989年出版了《天地生综合研究》论文集，宋正海等在1993年《地理研究》上发表了《天地生综合研究崛起及其深远的地理学意义》一文，1994年学苑出版社出版了宋正海主编的《历史自然学的理论与实践——天地生人综合研究论文集》，1995年安徽教育出版社出版了刘波的《天地生人巨系统》一书。

[2] Huntington E., *The Pules of Asia*, Boston, 1907.

时契丹女真寇边、明末流寇和清军入关，都与中国北方、中原和中亚气候的转旱有关，气候变化是北方游牧民族不得不铤而走险，四处劫掠的潜在原因。不过这种观点在以后几十年内并没引起太多中国学者的注意。只是在20世纪40年代出版的陈高庸的《中国历代天灾人祸表》一书深受其影响，对亨廷顿的思想有所发挥。但50年代以后的30多年时间里，由于政治气氛等原因，这个观点并未引起国内学者的注意。直到1982年程洪才提出中国历史上的四个寒冷期与几次北方游牧民族南侵时间和方位上吻合，体现为自然条件的"长期的趋势性的感应"。① 不久，赵文林、隆国强、徐蕾如、张善余、方金琪、俞伟超、王会昌、潘玉君、余同元、于希贤和笔者等从不同角度讨论了这个问题。② 美国哈佛大学教授布雷特·辛斯基（Bret Hinsch）在《气候变化与中国历史》一文中更是详细讨论了中国气候变化与中国历史发展格局的关系。③ 综合以上研究可以看出，实

---

① 程洪：《新史学：来自自然科学的挑战》，《晋阳学刊》1982年第6期。
② 赵文林：《从中国人口史看人口压力流动律》，《人口与经济》1985年第1期；隆国强：《内忧外患与气候变迁》，《地理知识》1989年第6期；徐蕾如：《我国历史时期几次气候变动对社会的影响》，《大自然探索》1990年第1期；张善余：《中国历史人口周期性巨大波动的自然原因初探》，《人口研究》1991年第5期；张善余：《全球变化和中国历史的发展》，《华东师范大学学报》1992年第5期；方金琪：《气候变化对我国历史时期人口迁移的影响》，《地理科学》1992年第3期；俞伟超：《考古学新理解论纲》，《中国社会科学》1992年第6期；王会昌：《中国文化地理》，华中师范大学出版社1992年版、王会昌：《2000年来中国北方游牧民族南迁与气候变化》，《地理科学》1996年第3期；潘玉君：《中国历史上农牧冲突的地理解释》，《齐齐哈尔师范学院学报》1994年第1期；余同元：《中国历史气候变迁的时空差异性及其影响》，《安徽教育学院学报》1996年第3期；于希贤：《历史时期气候变迁的周期性与中国地震活动期问题的探索》，《中国历史地理论丛》1997年第4期；蓝勇：《从天地生综合研究角度看中华文明东移南迁的原因》，《学术研究》1995年第6期；蓝勇：《唐代气候变化与唐代历史兴衰》，《中国历史地理论丛》2001年第1期。
③ Bret Hinsch, "Climati Change and History in China", Journal of And Asian History, Wiesbaden, 1988, 22（2）.

际上历史上北方游牧民族在大的气候变化背景影响下，体现为一种长时段对生存环境的选择取向，而不在于哪一次民族南下中原战争的直接因果。

最新气候变迁研究表明，中国东经105度以东的地区过去2000年温度距平变化序列显示，13世纪以来气候进入频繁的低温期，而干湿变化的总趋势是公元280年以前相对湿润，以后逐渐变干，1230年以后维持在一个相对较干的水平上。①也有研究表明，公元880年以后，中国北方季风气候缩短，中国北方沙漠化加剧，总的来看，在近2000年间，以1230年为界，前期相对温暖，后期相对寒冷。②最新研究表明，中国近2000多年来，前1000年相对温暖期更长，寒冷期较短，而后1000年相反。具体讲就是两汉温暖，南北朝寒冷，隋唐温暖，唐后期到两宋冷暖交替，属暖干，明清寒冷。③在东亚大陆高纬度地区气候变干旱的背景下，高纬度地区游牧民族南下与中国黄河流域汉族南迁形成的是多米诺骨牌的效应。在近2000年的时间内，前1000年北方游牧民族往往入主中原建立较小的割据政权，但五代以后，北方建立了辽、金、西夏等较大的区域割据政权，到后来蒙古、女真入主中原建立统一的多民族的元朝和清朝政权。对于上述情况，葛全胜等将其总结为偏居塞外、割据中原、分庭抗礼、入主中原四个时期。④而中原的汉族一方面受北方游牧民族战争的直接挤压，而另一方面北方经济区域本身受自然和人为因素的影响地

---

① 秦大河主编《中国气候变化与环境演变》上卷，科学出版社，2005年，第74、76页。
② 王铮：《历史气候变化对中国社会发展的影响》，《地理学报》1996年第4期。
③ 葛全胜等：《中国历代气候变化》，科学出版社，2011年，第65页及书后附图。
④ 葛全胜等：《中国历代气候变化》，科学出版社，2011年，第122—123页。

位下降，人口大量南迁到长江流域、珠江流域。在这种背景下，首先体现为有游牧历史背景的民族建立的政权其南界纬度上的不断向南变化趋势。我们从表1-1中便可看出这种趋势。

表1-1 历代游牧民族政权疆域南界纬度变化表[①]

| 阶段 | 时代 | 政权界线（北/南） | 纬度（N） | 相当于今地名 |
|---|---|---|---|---|
| I | 秦<br>西汉<br>东汉 | 匈奴/上谷郡<br>乌桓/幽州刺史部上谷郡<br>鲜卑/幽州刺史部上谷郡 | 41° 42′<br>41° 18′<br>40° 56′ | 内蒙古自治区锡林郭勒盟太仆寺旗炮台营子<br>河北省张家口市二台东<br>河北省张家口市东北 |
| II | 三国<br>西晋<br>东晋<br>南北朝 | 鲜卑/魏·幽州上谷郡<br>鲜卑/幽州上谷郡<br>前秦/东晋·豫州弋阳郡<br>北朝·北齐/南朝·陈 | 40° 56′<br>40° 56′<br>32° 18′<br>30° 24′ | 河北省张家口市东北<br>同上<br>河南省息县临河乡<br>湖北省浠水县下巴河镇 |
| 间歇期 | 隋唐 | 突厥/涿郡<br>回纥/河北道·妫州 | 44° 00′<br>43° 30′ | 内蒙古自治区锡林郭勒盟阿巴嘎旗南<br>内蒙古自治区锡林郭勒盟查干诺尔 |
| III | 五代十国<br>北宋<br>南宋 | 契丹/后周<br>辽/北宋<br>金/南宋 | 39° 24′<br>39° 60′<br>32° 18′ | 河北省涞源县塔崖驿<br>河北省易县南管头<br>河南省息县临河乡 |
| IV | 元<br>明<br>清 | 中国大陆南缘<br>鞑靼/京师开平卫<br>中国大陆南缘 | 22° 30′<br>42° 40′<br>22° 30′ | 广东省惠东县港口<br>内蒙古自治区锡林郭勒盟正镶白旗北<br>广东省惠东县港口 |

注：（1）以东经115° 00′ E经线上的纬度变化为准；（2）元、清两朝只取中国大陆纬度。

---

[①] 王会昌：《2000年来中国北方游牧民族南迁与气候变化》，《地理科学》1996年第3期。

不过，南宋以来，文献中南北话语几乎都是以黄河下游华北平原与长江下游为背景的南北概念，即元明清时期的南北话语更多是指中国东部区域内的南北，而不是宋以前是指整个东中西地区而言的南北。

就是宋以来流行的"西北""东南"话语，也是多指华北与江南的概念，如前面《文献通考》《广舆记》中的"西北"多指华北地区，"东南"多指长江下游一带。再如王质《诗总闻》称："西北妇人大率以厚重为美，东南妇人以轻盈为美。"①从其上下文看，"西北"是指燕赵地区，而"东南"主要指吴越地区，也包括巴蜀。但明代顾炎武《日知录》称："江南之士轻薄奢淫，梁陈诸帝之遗风也。河北之人斗狠劫杀，安史诸凶之余化也。"②这里的"江南""河北"分别明显是指中国东部地区的南北之分。明代沈德符《万历野获编》中谈到向来宫女子"俱系北产"，从洪武年间开始在江南苏州、杭州、湖州、南京等地选择，所谓"命内臣选南方女妇"。③这里的南北概念，实际上也是华北和长江下游的概念。所以，汉唐时期的"江南"概念是指整个长江中下游以南的地区，到明清时期，所谓"江南"仅局限指长江下游的南部地区了。

近代以来"西北"与"东南"话语使用更多的时候是着眼于经济视阈，由于中国东西部在经济上的差异明显，东部与西部的话语才开始显现重要。近代在大多数人的潜意识里"中国西部"更多指中国西北，所以，一度西部大开发人们多将其认同为西北大开发。

---

① 王质：《诗总闻》卷六，文渊阁四库全书本。
② 顾炎武：《日知录》卷一三，《日知录集释》本，世界书局，1936年，第327页。
③ 沈德符：《万历野获编·补遗》卷一，中华书局，1980年，第805页。

这就引出我们的另一个话语，东亚大陆的近几千年发展的大格局演变，可能更多是"西北"与"东南"格局话语。这就要引入"东移"在中国历史上的地位。

实际上，东亚大陆东南临海，西北内陆纵深广阔，东南的亚热带季风深入十分有限，而印度洋热带季风又受喜马拉雅山阻隔，对大陆中部的影响十分小。这样，中国西北部地区的气候从近一万年来看，相对于东南地区就显得更加干燥。如果从近五千年大的人地背景来看，由于气候的周期性变化和东亚大陆由于海岸成陆因素的大陆向东拓展，东亚大陆内陆气候大陆度增加在学术界得到许多学者的认同。所以，如果从自然环境和区位地缘角度来看，中国历史应该是"东南""西北"的实际易位，而不是简单的"南北易位"。

东亚大陆人类舞台东移，除了东亚大陆气候背景的变化外，与东亚大陆东南面海的地缘与生产力背景差异也有关系。在传统农业文明主导的社会里，大陆中部土壤疏松的平原成为文明最发达的地区是生产力背景所致。但随着人类生产力水平的提高，航海技术的突破，特别是在现代工业文明背景下，面海而居成为与现代文明汇通的最理想区位，东向面海成为人类主流文明的物质流向，中国出现"文明向东"的趋势顺理成章。

近2000年来中国历史经济的开发客观规律也证明了这一点。汉代三大农业经济区是关东、关西、成都平原，其中关西、成都平原两大区都在今天中国的西部；唐代从黄河流域的两京到长江流域的扬益，东西相对平衡；宋代长江流域巴蜀、东南并盛，引领中国经济；明清江南独盛，"东南向海"趋势明显；到近代环渤海、长江三角洲、珠江三角洲面海全盛，"文明向东"式强，所以才有了"曾经辉煌的西部""八百多年来，西部衰落了"的话语。①

表1-2 中国历史上南下中原农业区的游牧民族影响范围变化表

| 朝代 | 民族 | 活动区（经纬度） | 变迁 |
| --- | --- | --- | --- |
| 秦 | 匈奴 | 东经95°—115°<br>北纬42°—51° | |
| 西汉 | 匈奴 | 东经80°—115°<br>北纬40°—57 | 北移西迁 |
| 东汉 | 鲜卑 | 东经90°—123°<br>北纬40°—55° | 南移东迁 |
| 西晋 | 鲜卑 | 东经90°—123°<br>北纬40°—55° | 南移东迁 |
| 东晋 | 多民族 | | 南迁 |
| 隋 | 东突厥<br>西突厥 | 东经83°—120° 北纬44°—58°<br>东经98°—50° 北纬35°—50° | 西迁北移 |
| 唐 | 回纥 | 东经85°—117°<br>北纬43°—58° | 北移 |
| 五代 | 契丹 | 东经115°—125°<br>北纬41°—48° | 南移东迁 |
| 北宋 | 辽（契丹） | 东经81°—140°<br>北纬39°—55° | 南移东迁 |
| 南宋 | 金（女真） | 东经102°—144°<br>北纬32.50°—55° | 南迁东移 |
| 元 | 蒙古 | 东经60°—144°<br>北海至南海 | 北移<br>四面扩张 |
| 明 | 瓦剌、鞑靼、女真 | 东经80°—120° 北纬38°—60°<br>东经124°—140° 北纬40°—56° | 南移 |
| 清 | 满族 | 东经70°—144°<br>北纬56°至南海 | 南移 |

注：此表资料据谭其骧《中国历史地图集》的有关图幅整理而成。

① 蓝勇主编《西三角历史发展溯源》，西南师范大学出版社，2011年，第1—3页。

从东亚大陆高纬度地区来看，五代以后，入主中原的北方民族核心区也越来越靠近东部，威胁中国南方的北方游牧民族也在向东推移。对此，很早陈正祥先生就注意到这一点，他认为："中国历史上的主要外患，早期多偏在西北……唐代末年以后，中国的边患主要来自东北。"①从表1-2中我们也可看出其中的趋势，即整个东亚大陆高纬度地区游牧民族活动影响范围大大东移南迁的趋势明显。

从东亚大陆中纬度地区看，中国历代政权王朝的政治核心区的流向并不主要显现为南迁，更明显的流向应该是东移。夏商周三代控制范围在关中平原至河南中州平原一带，秦汉政治核心区也是在关中平原与河南中州平原间，北宋东移到中州平原东南汴京，南宋虽然向东南推移了临安，但明清又北移到北京、南京一线，这个政治核心区的推移轨迹绝不简单是一种南移轨迹，实际上严格讲是一种东移背景下的南北波动，所以，有的学者认为中国古代都城实际以南宋为界分成两个时期，前期为中原期，后期是近海期，是比较符合实际的。②同样，如果从经济发展来看，黄河流域经济最发达的地区最初是在关中平原、涑水和汾水平原，后才东移中州、齐鲁地区的。近代以来，这种趋势更加明显。

从东亚大陆低纬度地区看，长江流域的社会经济地位更是有一个客观上地位东西变化的过程。从下表1-3中可看出在长江流域即是如此。

---

① 陈正祥：《中国文化地理》，三联书店，1983年，第106页。
② 谭其骧：《中国历史上的七大首都》，《历史教学问题》1983年3期。

表1-3　历代长江流域人口密度比较表（人/平方千米）[1]

| 地区＼时代 | 上游地区 | 中游地区 | 下游地区 |
| --- | --- | --- | --- |
| 西汉 | 15.3 | 10.1 | 13.6 |
| 东汉 | 16.0 | 14.2 | 12.4 |
| 唐代 | 13.99 | 9.81 | 15.87 |
| 北宋 | 21.4 | 13.8 | 23.6 |
| 南宋 | 27.2 | 14.8 | 22.7 |
| 明代 | 11.1 | 24.2 | 93.6 |
| 清代 | 65.6 | 132.8 | 326.8 |

　　传统农业社会里人口的多少往往是一个地区经济发展的重要标志。从表1-3中可以看出，长江流域的发展也是先西部后东部。在汉代，成都平原是中国经济发达的三大农业经济区之一，其他两个发达地区都在黄河流域，长江中下游还处于火耕水耨的较落后状态。唐代长江下游经济地位有所显现，所以有"扬一益二"之称。到宋以来，长江上游经济文化地位衰落，而江南地区在宋代有"苏湖熟，天下足"之称，经济地位明显上升。到明代有"湖广熟，天下足"之称，长江中游发展起来，长江下游成为中国经济最发达的地区，而西部长江上游成为经济最落后的地区。实际上前人的研究已经表明，"江南"的概念本身在历史上也有一个从西向东的推移轨迹，[2]印证了长江流域发展的从西向东的文明地位流向轨迹。值得

---

[1] 谢元鲁：《长江流域交通与经济格局的历史变迁》，《中国历史地理论丛》1995年第1期。
[2] 周振鹤：《释江南》，《随无涯之旅》，三联书店，2007年，第308—319页。

注意的是，长江流域的这种东西易位是以前学术界较少关注的。

由上我们不难看出，近几千年来东亚民族的活动的舞台都整体东移了，所谓南迁，不过是在整体东移背景下的南迁，并不是简单的中国文明中心先东移后南迁。所以，如果从地域话语角度看，从早期的"东南西北"并重到宋以后"南北"话语强势，再到近代"西北""东南"话语明显的过程，正好与这种发展轨迹相符合。我们认同中国经济重心不应该是南迁，而是东移南迁，首先是对历史发展客观轨迹的一种认同。这种客观发展过程，既是东亚大陆气候和陆地环境变化的大背景所使，也有从传统农业经济到现代工业经济进程中生产力发展与区位环境的关系变化的原因。当然，今天我们从天地生角度提这个问题，也有一种对现实东西部差距问题的客观诉求。今天中国的南北差异更多体现为一种文化差异，而东西差异更多体现为一种经济差距，强化东西的话语可能对中国东西部的整体发展更为有益。

## 三 "天地生"背景下的"南水北调"与"北人南迁"①

我们知道，"南水北调"已经成为我们解决黄河流域经济开发中水资源危机的一个重要举措。对此，虽然已经有许多学者提出了一些异议，但更多的是从对长江流域生态环境的负面影响角度展开的，即讨论这种重大举措对长江流域生态环境影响的环境成本。

其实，我认为对于"南水北调"这样涉及南北人地关系的重大

---

① 此文原刊于《天府新论》2007年5期。收入此书略作修改补充。

工程，远不应仅局限在一个工程修建得失的讨论范围内，更需要从历史地理的长时段的角度来分析其对社会、经济、环境等方面的影响，也需要从国家经济成本的角度来分析这种重大举措的投入与产出效益。

（一）"南水北调"与中国政治经济文化重心东移南迁发展趋势相悖

东亚大陆东南面海，典型的季风气候变化对东亚大陆的历史文明的推进影响十分明显。从历史气候的发展变化来看，近一万年东亚大陆的气候显现越来越寒冷干燥，气候大陆度有所增加。由于人类早期文明产生对生产力和环境的双重要求，东亚大陆早期文明主要在中国内陆的黄河流域和长江流域上游地区。所以，汉唐时期黄河流域一度辉煌，影响深远，汉唐时期长江上游的成都平原也是中国经济最发达的地区之一。但是，随着高纬度地区历史气候越来越寒冷，北方游牧民族周期性南下，北方农耕地区受到气候变化和北方游牧民族南下的双重压力的影响，生态环境不断恶化，人口大量南迁。而在生产力发展的条件下，南方地区得到更有效的开发，宋明以来，中国政治经济文化重心发生了东移南迁，中国东南地区社会经济文化发展起来，西北内陆地区相对衰落下来。

实际上这种发展趋势在整个东亚大陆都表现得十分明显。我们发现近两千多年来，东亚大陆的中高纬度地区民族的活动的空间都有一个东移的趋势。[1]也就是说中国政治、经济、文化中心的东

---

[1] 蓝勇：《中国历史地理学》，高等教育出版社，2005年，第58页。

移南迁是在东亚大陆人类活动空间东移的大背景下的必然产物,而二十多年前东南沿海得开放和发展之先,也是这种长时段大背景下的必然产物。

虽然在历史时期,会因军事、政治等因素对东移南迁进程产生一时的影响,如20世纪三四十年代抗日战争时期的内陆发展、20世纪六七十年代的"三线建设"的西进,会使这种进程呈现相反的发展,但一旦承平走向正轨,中国东南地区的发展领先趋势便为大势所趋。

显然,东亚大陆人类活动的东移南迁从长时段来看是不可逆转和不可回归的。可以说,近几十年来中国经济文化的东移南迁正是客观上顺应了这种大的人地发展趋势。问题在于在这种大背景下的"南水北调"正好是一定程度上影响长江流域的生态环境来解决华北的生态环境中最严重的水资源问题,这显然与东亚大陆人地关系发展的大背景是相冲突的。

需要强调的是,从天地生角度和长时段来看,地理环境对人类社会起到决定性的作用,只是在一定的时间和地域里,人类可以加速和延缓历史发展进程,在一些具体问题上起决定作用。[1]也就是说如果人类社会在大的人地背景下,一定要遵从地理环境的基本规律,体现人与自然的协调和谐发展。所以,兴建如此规模巨大的改变人地关系的工程,首先应该充分考虑工程的各种影响,特别是要考虑这种改变所带来的长远的环境成本。

---

[1] 蓝勇:《中国历史地理学》,高等教育出版社,2005年,第26页。

## （二）"南水北调"需要考虑"国家区域投入的经济成本"

其实，抛开南水北调工程对长江流域的环境影响成本不说，这里我们还必须充分从国家角度考虑"国家区域投入的经济成本"。

国家投入的效益与公平问题是一个十分复杂的社会问题。改革开放前期，在"梯度理论"的影响下，国家考虑投入与产出效益，只是兼顾公平来发展东南地区，这是充分考虑了国家的区域投入成本的。在当时，西部地区有许多意见。因为这种种投入倾斜并不主要考虑环境成本，主要是考虑经济基础的差异，这有讨论总结的必要。实际上我认为在一个国家内体现对人的公平应是针对每个公民本体，而不应是针对每个大的区域。因为一个地区的经济基础是可以改变和逆转的，而区域的环境差异往往是不可能完全改变和逆转的，所以区域开发中绝不可能不考虑区域投入环境成本而简单以公平论之，这应是国家在投入效益上必须永远遵从的基本原则。

不过，近二十多年来在西部大开发的大背景下，西部的许多大工程都是对于西部开发有益的，如西气东输、西电东输，因为西部地区并没有充分利用这些资源的环境可能和经济基础，东输是一种双赢的举措。这不仅符合国家经济成本角度，也与前面中国经济文化重心东移南迁趋势相符合。

但是"南水北调"却与上面的工程有本质上的区别。特别是南水北调西线工程的水是流向生态环境基础和经济基础差的西北地区，这是与国家的整体效益利益不相符的。

我们知道，"南水北调"工程从开修到管理维护都是十分巨大的工程。专家估计，仅西线工程投资可能就在3040亿以上，有的专家认为动态投入要达6000亿以上。同时，每年的管理支出也是一笔不小的开支，有的专家指出，按10%计算，管理成本每年达300亿，按195亿立方计算，每平方米达1.5元。如果再加上工程修建成本，用这些水来发展北方经济文化无疑是相当用油当水来发展经济！显然，这些支出应算在水资源缺乏地区经济开发成本和人居成本上。我们应该算一算，将南水北调工程的支出算在这些地区开发和人居的成本上，这些地区的经济开发从国家的投入与产出来看，还有多少利益可言。还有人认为将水调到黄河流域有利于黄河许多水电站增大发电量。但我们试想，如果不搞南水北调工程，是将长江水就地发电节约成本，还是将水调到黄河流域发电节约成本，这是一个连小学生都能回答的问题了。

（三）"北人南迁"是顺应东亚大陆人地关系大背景的重要举措

是选择迁居于便于取水的水塘边，还是开渠将水塘水引到缺水的居住地区，这是一个"水塘理论"问题，它既是一个哲学问题，也是一个现实问题。

谈到这里，我们要提出一个经济核心区与"环境宽容区"的空间重合度问题。实际上人类开发历史进程表明，经济核心区与自然环境较为宽容的地区重合，一方面有富足的自然资源作为支撑，一方面也不会对脆弱的生态环境造成较大的影响，不论是从环境成本还是经济成本来说都是合算的。实际上，环境成本本质也是一种经济成本，就像前面谈到南水北调的经济成本应算到北方开发的经济成本上一样。这种成本是由政府买单，体现为一种"国家区域开发经济成本"。这样，可能任何地区的经济开发都应充分考虑让经济开发区与环境宽容区尽量重合,这应是一条基本原则。对此,我早就提出在西部大开发中要注意区域开发的环境成本问题,提出在西部开发中在"西南""西北"的战略选择中,要充分考虑西北地区生态脆弱问题,控制经济规模和人口规模,将开放的重点放在生态环境宽容度更大的西南地区。①近来有的学者提出:缺水的北方仍然在不顾水资源短缺的现状大兴工业项目,既然我国水资源分布的特点是北方缺水,为何不尊重自然的方式来布局我们的工业和经济呢?为何不将工业重心适当转向水资源丰富且有相当工业基础和条件的南方和长江流域呢?我认为,这绝不是一种区域情感的体现,这是一种敬畏自然的理性考量,这是一种注重区域开发环境成本的科学思考!

我们知道,经济学中有一个"自然障区"概念,指的是一些基本的自然条件不适合人类居住的地区。其实我认为,这个"自然障区"是有一个从量变到质变的度的,黄河流域,特别是黄河上游的西北地区从"自然障区"的度来看显然较高,是应该严格控制人口规模和经济规模的地区。

遵循这条原则,我们就要充分考虑南水北调工程对南方地区生态环境的影响和国家经济成本问题。

早在改革开放前期,许多西部学者就对"梯度理论"下的东南开发的公平问题提出质疑。这种对经济发展基础差异是否有政策倾斜的差异的质疑,是有一定讨论基础的。不过,现在支持南水北调工程的人也提出长江流域人士反对南水北调是狭隘区域情感,

---

① 蓝勇:《西部开发史的反思与"西南""西北"的战略选择》,《西南师范大学学报》,2000年第4期。

是对黄河流域缺水地区的一种不公平，显然是对反对南水北调人的一种误读。因为前面我们谈到，区域公平应是针对人的，不是针对地区的。任何社会都不可能不顾区域的环境差异来讲求公平。试想如果居住在基本生存都存在问题的无人区的几个人，非要国家在其地区发电输电输水来生存，反对迁居到适宜人居住的地区，这对国家的资源和财力公平吗？所以，我们还得回到前面谈到的"水塘理论"，解决西北缺水地区的根本办法自然是将公平落实到人，在不能完全考虑区域公平的基础上又要考虑居民的国民公平，以"北人南迁"来代替"南水北调"，是既符合社会公平原则，也是符合人地背景发展趋势的。

前面我们谈到历史时期中国北方地区大量人口南迁，实际上这种南迁的原因很复杂，但北方地区气候变化，环境变迁造成人居条件退化也是一个重要因素。近一百年来，人类生产力大大提高，改造自然能力提高，这使得人类往往在自然面前一度异常狂热。在20世纪50年代许多人就提出"原子能时代到了，沙漠将变成沃土，荒原将变成果园"。不过，现在我们已经跨过原子能时代到了信息时代，预言的一切并没有实现，可能以后也无法实现。虽然我们的环境意识已经十分强烈了，但在科学技术蓬勃发展的今天，我们好像对"水塘理论"考虑并不多，区域开发中的环境成本（实际上是经济成本）意识还不够浓厚。

所以，我们这里必须强调"水塘理论"，提出顺应中国政治经济文化东移南迁的大背景，用"北人南迁"工程替代"南水北调"工程。这个工程实际上是指国家一方面有计划地控制北方许多水源缺乏地区经济开发规模和开发强度，特别是要控制人口规模，一方面将一些水资源特别缺乏地区的人口南迁到水资源较为富足的南方地区。这一方面可以减轻北方水资源缺乏地区的生态环境压力，实现西北地区大开发的软开发，同时也能克服"南水北调"对南方生态环境的影响，同时也能提高国家区域投入的经济效益。

这里要声明的是，我并不是一味反对"南水北调"，我认为东线和中线"南水北调"工程不论从顺应中国政治经济文化中心东移的趋势，还是从环境影响和经济效益来看，都是有一定合理性的。但是就西线调水工程来说，不仅明显地违背了历史时期长时段的自然规律，而且也无国家经济效益而言。所以，从国家经济布局的环境成本（实际上也是一种经济成本）考虑，对一些基本生存存在问题的"自然障区"移民外迁倒是十分必要的，这也应是我国这些年来解决落后贫困地区正在实施的一种举措；同时，对一些人类生存条件相对较差的地区，严格控制人口规模和经济规模，这也是应该充分引起重视的。从这种考量出发，"南水北调"西线工程缺少天地生、经济学、环境学的调研与思考，而北方的一些地区的"北人南迁"自然是一个应适度考虑的战略。

在中国历史上，有七种移民对中国历史发展的影响十分巨大，即自北向南的离心型迁移、政府强制性的内聚型移民、东西向的渗透型移民、由内地向边疆的开发性移民、东南沿海地区对海外的移民、北方少数民族的内徙与西迁、南方非汉族的退却性迁移，其中特别是自北向南的离心型迁移和北方少数民族的内徙与西迁对中国历史发展进程影响最明显。[1]这两种移民类型反映了东亚大陆天地

---

① 葛剑雄：《中国人口发展史》，福建人民出版社，1991年，第370—394页。

生背景下文明推移的大趋势。显然现在这种移民趋势的大格局并没有变化。我们在区域经济开发中应该十分注意这一点。

因此我认为，我们在中国区域经济开发中，要树立以下三个观念：一是要树立产业选择"适应"就是"先进"的观念。我们早就提出在产业选择上，中国历史上存在粒籽耕稼文明向西部的非理性推移，因为中国西部许多地区最适宜的是林牧业，而不是粒籽种植业。今天，专家提区域开发中，我国应形成东南外向农业区、中部商品粮农业区、西部退耕还林（牧）发展区，实际是对历史的开发的一种理性回归，是耕稼文明在西部的理性退缩。同样现在西部开发中的农（林牧）工商的选择上，也存在一个"先进"与"落后"之分，也有必要树立"适应"就是"先进"的观念。只有在树立了这种观念后，才会真正在区域开发中充分考虑地理环境的差异因地制宜来发展区域经济。二是针对西北缺水地区与西南丰水地区的不同自然环境，开发重点要有所区别。由于西北地区水资源和生物资源缺乏，对加大综合开发的强度制约较大，因此我们必须考虑环境投入、区位地缘投入与产出效益。所以在对西北地区的开发过程中，针对特殊资源开发，控制开发规模和强度，保护脆弱的生态环境，形成一种"软开发"尤为重要。而中国西南地区、东南地区气候温暖湿润，生物多样明显，环境承载量相对更大，加大这些地区的开发强度、扩大开发规模从环境投入与产出背景来看，可能更合算。第三，针对生态性贫困与结构性贫困分别治理开发。应该看到制约西北地区经济开发的最大因素是因自然环境带来的生态性贫困，这也包括中国西南一些石漠化地区，对这些地区的开发应该本着顺应历史发展和尊重自然规律的原则，控制开发规模和强度。

在树立三个观念的前提下，对一些不适宜人类基本生存，或生存环境成本较大的"自然障区"的居民适度外迁到宜居住地区，这更宜于当地居民的生存和发展，也利于迁出地环境保护和社会发展，显然是十分必要的。从这个意义上讲，适度"北人南迁"不仅符合中国历史发展的大趋势，也有十分重要的现实意义。

当然，这种"北人南迁"迁移必须考虑到一个度，一个是掌握对南方地区人口规模增大对资源和环境影响的度，一个是掌握不影响西北地区的民族融合、边疆稳定、国防建设、能源开发四大任务的度。

# 第二章
# 社会发展进程与社会经济话语

在中国两千多年的历史进程中，复杂多样的地理环境、循环不断的政权更替、变化无常的社会生产力、此起彼伏的战争、风云突变的民族格局无时不在影响着社会经济的发展，这就使中国各个地区、不同时代的社会发展并不是完全遵循一种范式。

以巴蜀地区为例，由于特殊地域区位和特殊的地形地貌，使其在历史的过程中无不遵循着自己独特范式发展。从历史发展进程来看，在整体中国历史的发展上，唐代是中国历史上相当强大的一个朝代，但是唐代巴蜀地区却远非我们想象的那样辉煌，反而出现前不及两汉，后不及两宋的历史局面，由此历史研究中总结出了"唐代断痕"的话语。因而，探索形成这种断痕的自然和社会原因也就相当必要。我们也由此引发出中国历史发展进程中连续不断的战争的负能量远远大于分裂割据的负能量的观点。

在巴蜀地区的发展进程中，地理环境对巴蜀历史发展进程影响巨大。在传统时代，虽然以成都平原为核心的巴蜀地区内部自然资源条件很好，内部的经济较为富足，但四川盆地四周相当闭塞，与外界的交通交流较为困难,呈现一种特殊的"闭塞的富足"。正是因为这种"闭塞的富足"造成就"蜀道"这个在世界上可能都是唯一的"地域"叠加"道"的固定话语流传下来,甚至人们以"蜀道"代称"世道"。

巴蜀地区历史的发展还因为有一条长江长期水润而有活力。长江上游是中国河流中河道最为复杂多样的河段,在这种复杂的河道中孕育出在世界上都较为特殊的川江文化。险恶的河道催生出了较为先进的水上救生文化,但又无时不受整个中国社会价值观的左右,浸润着传统中国文化的官本位意识和收入分配的难言之隐。近现代的巴蜀虽然面对外来西方文化的冲击,但传统的闭塞环境养成的内陆盆地意识深入骨髓并影响着巴蜀人的价值取向和观念意识。几千年的传统木船业受外来文明的影响面临崩盘之时,各种社会阶层的考量影响着人们行为举止,使人们在川江木船情结与轮船制造力、航行权、利益权之间不断考量而犹豫不已。实际上,在当时人们的话语里,在这三种能力和权力的选择中并没有一个整体的认知,而我们从研究层面以前也没有这样去考量当时人们的选择取向,但现在我们做出这样的区别考量,对于我们今天对历史成败得失的总结和对现实社会是非的判断自然是多有益处的。

## 一 巴蜀历史发展中的"唐代断痕"问题[①]

研究中国古代历史往往会形成一种固定的惯性思维,在讨论中

---

① 此文原刊于《人文杂志》2017年5期。收入此书略作修改补充。

国社会经济发展时，往往将后一朝代描述为比前一朝在社会经济上都有一种感性的发展，往往使用"长足的发展""很大的发展""较大的进步"等不痛不痒的话语，这种话语并不是建立在前后朝代相同空间的计量数据比较之上，也不是建立在相对人口人均统计数量之上，而是建立在一种传统中国古代文人心中相承下来的改朝换代定式之上，结论自然是：朝代前期都是皇帝开明，经济一片繁荣，皇朝晚期都是皇帝昏庸，经济一片凋敝，然后农民揭竿而起，改朝换代，又一个生气勃勃的新王朝出现，又是一片繁荣，经济有了大的发展，以此循环发展，一般后朝总是比前朝有不同的发展进步。遗憾的是从秦汉到清末以来的2000多年的时间，在这种不断循环发展中，中国传统社会的农业生产力从本质上看并无大的进步。历史上史学家们少有对朝代内的所有经济数据前后比较，特别是地均、人均基础上的数据比较，更少有谈及不同朝代间的数据比较，特别是建立在人均基础上的数据比较。如果说史料和技术原因使我们难以复原过去数量经济可以理解，但学术界有人即使面对后代是大战乱、大动荡的时代，也要想方设法找出比前代如何发展的亮点，以圆传统的"循环发展论"。为此，有人甚至提出魏晋南北朝时期巴蜀地区的战乱还推动了巴蜀地区的社会经济的发展。但是我们在研究区域历史的时候往往会发现许多问题，如我们发现的巴蜀历史发展中的"唐代断痕"问题，值得我们进一步研究出现断痕的社会原因。

（一）历史遗存语境中"唐代断痕"问题的提出

研究巴蜀历史我们会发现一个十分有趣的现象，就是唐代在四川历史发展中的地位有前不如两汉，后不如两宋的现象。在大量的田野考察工作中,四川、重庆许多区县的文物考古工作者都感叹为何本地汉代和宋代遗址、文物都较多,唯唐代稀少。

表2-1 重庆市汉唐宋三朝文物统计表

| 朝代 | 巴县 | 綦江 | 长寿 | 江北县 | 合川 | 铜梁 | 璧山 | 大足 | 潼南 | 江津 | 永川 | 荣昌 |
|---|---|---|---|---|---|---|---|---|---|---|---|---|
| 汉 | 136 | 52 | 36 | 32 | 48 | 24 | 62 | 94 | 68 | 34 | 22 | 19 |
| 唐 |  | 1 |  | 1 |  |  |  | 1 |  |  |  | 1 |
| 宋 | 1 | 56 | 3 | 4 | 12 | 5 | 6 | 108 | 1 | 9 | 1 | 2 |
| 朝代 | 江北区 | 南岸区 | 沙坪 | 九龙坡 | 双桥 | 北碚 | 南桐 | 全市(件) |  |  |  |  |
| 汉 | 3 | 1 |  | 3 |  | 10 |  | 644 |  |  |  |  |
| 唐 |  |  |  |  |  |  |  | 4 |  |  |  |  |
| 宋 |  | 1 |  | 1 | 3 | 9 |  | 222 |  |  |  |  |

注:据刘豫川主编《重庆文物总目》[①],西南师范大学出版社,1996年。

以上统计结果很使人吃惊,汉代文物644件,唐代才4件,宋代为222件,唐代前远不及汉代,后又远不及宋代。为了证明以上统计的有效性,我们再分别参考《中国文物地图集》四川卷和重庆卷来印证以上的结论。

---

① 此书是20世纪80年代编制的,主要体现第一次全国文物普查的结果。今天来看,并不全面。不过,从统计学的比较来看,反映的现象应该不会出现较大偏差的。

表2-2 《中国文物地图集》四川卷全国和四川省重点文物保护单位表

| | 全国重点文物保护单位 | | | | 四川省文物重点保护单位 | | | | 总计（处） |
|---|---|---|---|---|---|---|---|---|---|
| | 古遗址 | 古墓葬 | 古建筑 | 石窟与石刻 | 古遗址 | 古墓葬 | 古建筑 | 石窟与石刻 | |
| 汉 | 4 | 7 | 7 | | 3 | 8 | 2 | 2 | 33 |
| 唐 | 2 | | 3 | 13 | 4 | | 7 | 14 | 43 |
| 宋 | 2 | 4 | 10 | 7 | 4 | 1 | 7 | 15 | 50 |

注：《中国文物地图集》四川卷，文物出版社，2009年。全国重点文物与全省重点文物单位部分是重叠统计的。

从总计来看，四川地区汉唐宋三代文物的数量好像并没有唐代断痕的迹象，但如果我们只统计古墓葬、古遗址、古建筑三项，不统计石窟寺与石刻而得出的比例是汉代31处、唐代16处、宋代28处，仍然显现这种断痕的特征。从地图集中我们可以看出，巴蜀地区唐代的石窟与石刻主要集中分布于川北、成都到雅安一线，四川盆地其他地区总体上唐代断痕仍然明显。再以《四川文物志》的收录统计来看，古墓葬遗址中秦汉的墓葬为48处，隋唐仅14处，宋元21处[①]，也呈现这种状况。为了印证这种趋势，我们又随机查阅巴蜀地区几个新编县志中的文物统计，发现这种情况也是明显存在的。

如《泸州市志》文物部分记录本地汉代文物10件，唐代0件，

---

① 四川文物管理局：《四川文物志》上卷，巴蜀书社，2005年，第5—8页。

宋代6件。[①]《通江县志》记载汉代6件，唐代8件，宋代11件。[②]《达县市志》记载汉代文物，无唐宋文物。[③]《雅安市志》记载汉代文物3件，宋代文物3件，无唐代文物。[④]《内江市志》记载汉代2件，唐代2项，宋代4项，且唐代多为名胜的记载年代，非现存名胜实际年代。[⑤]《青神县志》记载有汉墓群，宋墓和明墓群，但无唐墓。[⑥]《荣县志》记载有东汉崖墓多座，宋代石室墓5处，但无唐墓。[⑦]《威远县志》记载汉墓群、宋墓群和明清墓，无唐墓。[⑧]《南充市志》记载汉代文物5件，唐代1件，宋代19件。[⑨]《宜宾县志》记载岩墓1063座，汉代848座，宋元明时期215座。[⑩]《大竹县志》记载有汉墓群，少量宋明墓，但无唐墓。[⑪]

如果我们以《中国文物地图集》重庆卷来看，这种特征就更明显了。

---

[①] 泸州市地方志编纂委员会：《泸州市志》，方志出版社，1998年，第1147—1160页。
[②] 通江县地方志编纂委员会：《通江县志》，四川人民出版社，1998年，第896—825页。
[③] 达县市地方志编纂委员会：《达县市志》，四川人民出版社，1994年，第578页。
[④] 雅安市地方志编纂委员会：《雅安市志》，四川人民出版社，1996年，第728页。
[⑤] 内江市地方志编纂委员会：《内江市志》，巴蜀书社，1987年，第623—627页。
[⑥] 青神县地方志编纂委员会：《青神县志》，成都科技大学出版社，1994年，第528页。
[⑦] 荣县地方志编纂委员会：《荣县志》，四川大学出版社，1993年，第526页。
[⑧] 威远县地方志编纂委员会：《威远县志》，巴蜀书社，1994年，第725—726页。
[⑨] 南充市地方志编纂委员会：《南充市志》，四川科学技术出版社，1994年，第425页。
[⑩] 宜宾县地方志编纂委员会：《宜宾县志》，巴蜀书社，1991年，第539页。
[⑪] 大竹县地方志编纂委员会：《大竹县志》，重庆出版社，1992年，第608页。

表2-3 《中国文物地图集》重庆卷全国和重庆市重点文物保护单位表

| | 全国重点文物保护单位 | | | | 重庆市文物重点保护单位 | | | | 总计（处） |
|---|---|---|---|---|---|---|---|---|---|
| | 古遗址 | 古墓葬 | 古建筑 | 石窟与石刻 | 古遗址 | 古墓葬 | 古建筑 | 石窟与石刻 | |
| 汉 | | | 1 | | 4 | 10 | 1 | 1 | 17 |
| 唐 | | | | 3 | | 2 | | 3 | 5 |
| 宋 | 1 | | | 5 | 1 | 3 | 8 | 7 | 24 |

注：《中国文物地图集》重庆卷，文物出版社，2010年。

从重庆地区来看，唐代文物稀少相当明显，显现了唐代文物分布在巴蜀地区的时间断痕明显，也同时显现了唐代文物的空间分布特征。我们仔细研究了《中国文物地图集》的四川卷和重庆卷，发现了唐代文物分布有明显的地域差异，即唐代文物主要分布于川北大巴山南沿和从广元沿金牛道经绵阳、德阳、成都、雅安一线两个区域内，而且主要以石窟石刻为主。而四川盆地南部和东部地区唐代文物最为稀少，也就是说川南宜宾、泸州、自贡和今重庆地区唐代文物最为罕见。从文物性质来看，已经发现的巴蜀唐代文物多为摩崖石刻造像，而汉代多为墓葬，宋代的文物则样式多样，但整体上汉宋数量远远超过唐代数量是一个普遍现象。

（二）深藏于巴蜀历史的"唐代断痕"人文和自然原因

从理论上讲，一个社会经济文化发达程度是决定其历史遗存多少的基础，故可以认为，社会经济文化发展程度越高，文化遗址应该越多，文物遗留也相应越丰富。不过，由于长期以来学术界研究古代不同朝代间的经济文化发展水平结论的科学信度并不高，同时，不同文物之间遗留下来的范式可能并不完全一样，而在不同的地区由于环境、地缘等因素的影响，文物遗留的轨迹和机理也往往相差较大。另外，不同时期还可能受个别极端事件的影响，使历史发展轨迹发生剧变，也可能形成发展进程上的断层。显然我们提出的巴蜀历史发展中的"唐代断痕"需要深入研究其背后各方面的真实原因。

1. 整体发展进程断层是造成历史遗存上的"唐代断痕"的基础原因

在中国历史上，人们习惯将汉唐、唐宋并提，自然认为这三个朝代都是值得称道的朝代，不过，汉、唐、宋三代在大多数中国人的意识里，汉唐往往是中国历史上大气辉煌的时代，汉唐盛世流传至今，而宋代不过是一个积贫积弱的朝代，最多认为宋代的科学技术比汉唐有较大进步。一般通史中对于三代的重要地位比较，往往局限于比前代有"很大发展""长足进步""发展迅速"等话语之中。可是，我们知道，前后朝代的地位比较必须建立在同一时代不同国家与地区的横向比较之上，而不应该仅是简单的前后直接纵向比较。即使要纵向比较也应该是基于计量的比较，特别是在同样区域大小、同样人口数量基础上的比较。以前学术界专门进行过唐代与宋代的综合国力比较研究，其主观想法可佳可取，但简单用前后代数量的比较，由于区域大小差异、人口数量多少的差异，其比较的科学信度还待提高。

所以，我们在研究巴蜀地区汉代、唐代、宋代的历史地位时，应该从两个维度上去分析，一个是前后朝代纵向的数量史学意义上的分析，一个是同时代横向与其他地区地位意义上的分析。

纵向计量维度在传统时代最重要的是人口与耕地。传统时代人口是反映经济水平的基本指标，人口多少往往是一个地区经济总量的重要标准。巴蜀地区从秦汉纳入中央一统的郡县制后发展较快。从人口来看，汉代四川人口数在469万左右，占全国的5.9%，唐代人口在450—491万左右，人口与汉代相比并没有大的发展，但宋代四川人口在525—960万之间波动。[1]总的来看，唐代四川人口与汉代相比增长并不明显，但宋代与汉唐人口增长比例相比，增量较大。研究发现，西汉四川耕地为25万顷，东汉为37万顷，唐代为38万顷，宋代90万顷，[2]也显现耕地数汉唐间增长并不明显，而宋代增长明显。我们还发现，唐代四川地区的42个州府中，属于上等的州府有11个，占1/4左右，但宋代四川地区的46个州府中上等州府有24个，占1/2左右。[3]可以说，就客观存在的历史增量来看，从汉到唐的历史增量在四川地区并不明显，而从唐代到宋代，四川经济的历史增量相当明显。这是我们从数量意义上去分析巴蜀地区汉、唐、宋三朝的历史地位的重要指标依据。

进行区域历史经济总量比较时更应该从同时代横向综合实力的角度去分析，故我们需要从不同时期巴蜀地区经济文化要素在全国的地位入手。从人口方面来看。赵文林曾将汉唐宋三代人口按今天省区作了比较统计，可知西汉四川人口在329万，占全国的5.8%，

---

[1] 李世平：《四川人口史》，四川大学出版社，1987年，第46、87、109、113页。
[2] 郭声波：《四川历史农业地理》，四川人民出版社，1993年，第23、31、57、75页。
[3] 蓝勇：《唐宋西南城镇分布的地理研究》，《中国历史地理论丛》1993年第4期。

东汉为504万，占全国的9.97%，[1]唐代四川人口在245—628万之间，492万为常数，占全国10%左右，[2]但宋代四川人口在489—915万之间，占全国的9.36%，考虑到南宋后期四川战乱人口大量外迁的特殊因素，以正常的北宋和南宋早期为例，宋代四川人口以赵文林统计的最高值应占全国的13.88%，[3]以李世平统计的19.4%就会更高。[4]如果我们以人口绝对数来看，西汉四川人口数居全国第二位，东汉人口数居第四位，而到唐代天宝年间居第三位，元佑年间居四位，在北宋太平兴国时期为第一位，元丰年间为第一位，崇宁年间为第二位，只是到了南宋嘉定年间滑到第五位。[5]同样，吴松弟在《中国人口史》中也谈到太平兴国时期四川的户数居第一位，崇宁年间居第二位。[6]显然不论从人口比例、人口绝对数量来看，除去南宋后期由于蒙古军队进入巴蜀的影响而人口东迁，汉代巴蜀地区和宋代巴蜀地区的地位都要比唐代相对更高一些。

有相对理性的数据资料作为支撑后，我们还需要从历史文献中的感性材料中去分析这三个朝代的历史地位。在众多描述性的记载中，我们需要分成"全国性话语"和"地方性话语"两种描述性话语，前者主要是指全国性文献中对众多地区的比较性描述，作者往往是从全国视野来综合分析问题的，如《史记·货殖列传》《汉书·地理志》《隋书·地理志》《元和郡县图志》《太平寰宇记》

---

[1] 赵文林：《中国人口史》，人民出版社，1988年，第50、76页。
[2] 赵文林：《中国人口史》，人民出版社，1988年，第226、228页。
[3] 赵文林：《中国人口史》，人民出版社，1988年，第310页。
[4] 李世平：《四川人口史》，四川大学出版社，1987年，第120页。
[5] 赵文林：《中国人口史》，人民出版社，1988年，第50、76、228、709—710页。
[6] 吴松弟：《中国人口史》第3卷，复旦大学出版社，2000年，第536—537页。

等,一般来说少有在乡土情感上对本土的溢美之辞。而后者如《三辅黄图》《华阳国志》《吴越春秋》等,往往是乡土人记乡土事,难免对乡土有一种溢美之词,同时缺乏全面视野,往往欠缺总体把握,故科学性相对较弱。

司马迁在《史记》中曾将中国分成山西、山东、江南、龙门碣石四个经济区,汉代发达的农业经济区主要是关中平原、河南山东平原、成都平原三个地区。在《史记·货殖列传》中,史马迁对关中、齐鲁、成都平原地区的社会经济评价最高,如评价关中平原"膏壤沃野千里,自虞夏之贡以为上田……好稼穑,殖五谷……故关中之地,于天下三分之一,而人众不过什三;然量其富,什居其六",称巴蜀地区"巴蜀亦沃野,地饶卮姜、丹沙、石、铜、铁、竹、木之器",称山东地区的今山东、河南的齐"膏壤千里,宜桑麻,人民多文采布帛鱼盐",称邹、鲁地区"颇有桑麻之业",称梁宋、南阳一带的睢阳和宛为"一都会"。《汉书·地理志》中对这三个地区仍然评价较高。如称关中地区"号陆海,为九州膏腴……沃野千里,民以富饶",称巴蜀地区"土地肥美,有江水沃野,山林竹木疏食果实之饶。南贾滇、僰僮,西近邛、莋马旄牛。民食稻鱼,亡凶年忧,俗不愁苦……文章冠天下",称河东地区"土地平易,有盐铁之饶",称齐地"通鱼盐之利,而人物辐辏……故其俗弥侈,织作冰纨绮绣纯丽之物,号为冠带衣履天下。"可以说在汉代的全国性话语中,巴蜀地区的成都平原一直是当时中国经济文化最发达的地区之一。从文化上来看也可以看出巴蜀的这种地位,早在1997年笔者在《西南历史文化地理》中就有所感悟,如《华阳国志》记载"汉征八士,蜀出其四",汉代五大辞赋家,巴蜀就有司马相如、扬雄、王褒三人。可以说，汉代巴蜀地区经济与文化交相呼应，均领风骚。

我们到《隋书·地理志》《新唐书》《元和郡县志》等文献中去寻找唐代巴蜀地位在全国性话语中的影子，遗憾的是《隋书·地理志》与《史记·货殖列传》《汉书·地理志》不一样，主要倾向于记载社会风尚，对资源与经济少有涉及，在有关经济资源的行文中往往是指北方的太原、东部的京口和南方的南海，却没有西部的巴蜀成都了。不过，我们在唐代地方性话语中发现大量有关巴蜀繁富的例子，如常来说明唐代巴蜀地位的"扬一益二"。一般我们认为"扬一益二"之说最早源于《元和郡县图志》，但今本《元和郡县图志》正好缺淮南道此卷，只是在南宋《舆地纪胜》卷37《扬州》处引有《元和郡县志》佚文称："与成都号为天下繁侈，故称扬、益"。后来宋代《资治通鉴》卷二五九唐纪七五中称："先是扬州富庶甲天下，时人称扬一益二"，宋代《通鉴纪事本末》《广陵志》《野客丛书》《容斋随笔》《古今事文类聚》等文献中也有类似的记载。据《全唐诗》卷八七七记载《盐铁谚》称："唐世盐铁转运使在扬州，尽笼利权，商贾如织，天下之盛，扬为首而蜀次之，故谚曰扬一益二。"[1]从此段解释可以看出，所谓"扬一益二"，有两个重要的限定，一个主要是指城市商业之繁，一个主要指成都城市经济而言，并不是对整个巴蜀地区经济地位的总体评估。

在唐代地方性文献中也不乏对成都的溢美之言，如卢求的《成都记序》中称："大凡今之推名镇为天下第一者，曰扬、益。以扬

---

[1] 《全唐诗》卷八七七，中华书局，1960年，第9937页。

为首，盖声势也。人物繁盛，悉皆土著，江山之秀，罗锦之丽，管弦歌舞之多，伎巧百工之富，其人勇且让，其地腴以善熟，较其要妙，扬不足以俦其半。"①显然这里有卢求个人的乡土情结在其中。文献中虽不乏对巴蜀地区富庶的记载，但多出于对巴蜀有乡土情感的地方性话语之中，如陈子昂谈到"人富禀多。顺江而下，可以兼济中国"，②高适谈到每遇关中饱饥荒战乱时，关中之人往往"求于蜀人"，③唐代杜甫则认为成都平原"土地膏腴，物产繁富"。④

不过，文献中更多的记载则显现唐代四川盆地除成都平原外丘陵地区的动荡、贫瘠状况，更多的记载是逃户、侨户、游浮营集丘陵山中营种，社会动荡。⑤很有意思的是《舆地纪胜》中对各州风俗形胜有大量记载，多是引用唐北宋地方志的记载，反映前代的情况，多是"瘠薄""地瘠""最贫""穷僻""民贫"，与唐代成都平原的繁盛完全不同。实际上，前面谈到"扬一益二"不过是对成都城市的声色之乐的赞美，唐代四川的文化地位在全国远不能与汉代相提并论。我们注意到曾大兴《中国历代文学家之地理分布》一书中并没将唐代四川列为文学家分布密集区，虽然有"自古词人多入蜀"的话语。但严格地讲，唐代活跃在巴蜀的文化名人多是外籍人士，地地道道的四川籍只有射洪县的陈子昂一人。唐代396个宰相中，巴蜀地区仅出了1人，在唐进士最多的10个省区中，四川也不

---

① 《全蜀艺文志》卷三〇卢求：《成都记序》，线装书局，2003年，第784页。
② 《陈子昂集》卷九《谏讨雅州生羌书》，中华书局，1960年，第202页。
③ 《全唐文》卷三五七高适《请罢东川节度使疏》，中华书局，1983年，第3628页。
④ 《全唐文》卷三五九杜甫《为阆州王使君进论巴蜀安危表》，中华书局，1983年，第3651页。
⑤ 李敬洵：《四川通史》第3册，四川大学出版社，1993年，第204页。

在其列。

在宋代文献中，对巴蜀地区的描述与唐代相比发生了较大的变化。首先，对成都平原和描述仍然是繁盛一片，《太平寰宇记》称成都一带"地沃人骄，奢侈颇异，"①苏东坡称成都一带是"千人耕种万人食，"②范成大称成都平原农业生产状况是"似江浙间""极似江南"。③对于城市地位，费著《岁华纪丽谱》等风俗志文献倾其华丽辞藻描述成都的繁华，文献中谈到成都时，"蜀风奢侈""俗尚喜游"等词汇不绝。

与唐代相比，宋代四川地区盆地丘陵地区的经济有了极大发展，大量的梯田修治，稻麦复种制的流行，使四川盆地丘陵地区成为重要的粮食生产基地。④当时盆地丘陵、平原的农业耕作水平已经处于全国领先的地位，所以才出现南宋洋州知州宋莘在《洋县劝农文》中力赞蜀中的农业技术，⑤而高斯得在江南东路宁国府做官时则将四川的农业经验推向当地农民。⑥难怪《宋史·地理志》称四川地区"地狭而腴，民勤耕作，无寸土之旷，岁三四收。"在城市经济方面，盆地内部的许多城市成为重要的商业都市，梓州已经是"为剑外一都会，与成都相对"，⑦果州有"小成都""小益"的

---

① 《太平寰宇记》卷七二《益州》，中华书局，2008年，第1461页。
② 《苏东坡集》卷一《和子由蚕市》，商务印书馆，1933年，第5页。
③ 范成大：《吴船录》卷上，中华书局，1985年，第1页。
④ 贾大泉：《四川通史》第4册，四川大学出版社，1993年，第180页。
⑤ 宋莘：《洋县劝农文》；陈显远：《洋县〈劝农文〉碑考》，《陕西史志》2005年第1期。
⑥ 高斯得：《耻堂存稿》卷五《宁国府劝农文》，中华书局，1985年，第99页。
⑦ 《舆地纪胜》卷一五四《潼川府路·潼川府》，中华书局，1992年，第4163页。

称号，①彭州则有"小成都""小郫"的称号，②利州有"剑外一大都会""小益"的称号，③泸州有"西南要会"之称，④连唐代不出名的渝州在宋代也是"二江之商贩，舟楫旁午"。⑤从五代开始，巴蜀地区的文化地位也不断上升，宋代的巴蜀已经是全国文化最发达的地区之一，北宋时巴蜀进士数已经位居第8位，南宋则达第4位，整个宋代出了宰相27人，巴蜀地区成为宋代文学家分布最密集的地区，"蜀学""蜀本""蜀文"成为巴蜀文化的全国流行话语。清代诗人赵熙称四川历史上有"自古诗人多入蜀"的现象，明代杨慎有"自古蜀之士大夫多卜居别乡"的话语，前者多是指唐代蜀地不过是一个躲避战乱的盆地，后者主要指宋代巴蜀籍文化人在外影响巨大，显现了宋代巴蜀地区文化地位的提高。

从以上人口经济数据和文学感性分析后，我们可以得出：在巴蜀历史发展进程中，从横向比较来看，汉代和宋代的历史地位远比唐代高，唐代巴蜀地区形成一定程度上的发展断层。从理论上讲政治经济文化地位更高的朝代，其文化遗存应该更多更丰富，这是我们理解巴蜀历史上"唐代断痕"关键的社会经济基础背景。

2. 巴蜀墓葬留存机理的特殊性对历史遗存上的"唐代断痕"的强化

"唐代断痕"话语主要是我们先从文物遗存角度提出的，但是

---

① 《方舆胜览》卷六三《顺庆府》，中华书局，2003年，第1103页。
② 《太平寰宇记》卷七三《剑南西道·彭州》，中华书局，2007年，第1484~1485页；《方舆胜览》卷五四《彭州》，中华书局，2003年，第963页。
③ 《舆地纪胜》卷一八四《利州》，中华书局，1992年，第4732、4730页；《方舆胜览》卷六六《利州》，第1155页。
④ 《宋会要辑稿·方域七》，中华书局，1957年，第7427页。
⑤ 《舆地纪胜》卷一七五，中华书局，1992年，第4550页。

我们知道，不同文物遗存下来的机理并不完全一样，而我们的考古发掘也存在不同的偏好，故所反映的历史背景也不完全与历史客观事实相符。笔者有一个很深的印象就是汉代文物众多的主要原因是汉代墓葬的发掘尤多，而唐代尤为少，宋墓相对又较多，对于这种现象，学术界有从厚薄葬风俗来分析的，认为汉代为厚葬时代，而唐代为薄葬时代，所以遗留较少。不过，学术界对历史上的厚葬与薄葬时代的认识分歧相当大。据蜀开玉《丧葬与中国文化》一书列出的《中国历代厚葬薄葬变化表》，三代两汉是厚葬，南北朝是薄葬，唐宋是厚葬，五代十国为薄葬，明清为薄葬。[1]而徐吉军认为秦汉时期是中国封建社会厚葬最为盛行的时期，隋唐时期是我国历史上厚葬最为盛行时期之一，宋代厚葬盛行。[2]陈文华认为终唐数百年，厚葬一直是丧葬文化的主流。[3]陆建松甚至认为唐代厚葬之风登峰造极。[4]如果我们认为汉代、唐代、宋代都是厚葬时期，那我们这里的分析就毫无意义。但我们发现，学术界研究厚葬薄葬文化时存在一个最大的误区，就是将实际葬俗中存在厚薄葬现实与当时人们观念中的厚薄葬思想混在一起，使我们缺乏对时代风尚的整体把握。所以，我们研究这个问题时应该从考古学意义下的厚薄葬事实与思想史意义下的厚薄葬观念完全分开来研究。

从理论上讲，厚薄葬只能反映墓葬出土文物的多少，而不体现墓葬数量的多少。汉代墓葬出土文物多这是一个不争的事实，所以《盐铁论》卷六记载："死以奢侈相高，虽无哀戚之心，而厚葬重币

---

[1] 蜀开玉：《丧葬与中国文化》，三环出版社，1990年，第89页。
[2] 徐吉军：《中国丧葬史》，江西高教出版社，1998年，第212、345、440页。
[3] 陈文华：《丧葬史》，上海文艺出版社，1999年，第41页。
[4] 陆建松：《中国古代丧葬文化》，四川人民出版社，1999年，第95—100页。

者则称以为孝，显名立于世，光荣著于俗，故黎民相慕效，至于发屋卖业。"汉代墓葬出土文物众多与时人的认知相合。

我们从巴蜀地区汉唐时期墓葬发掘来看，考古学意义下的汉墓数量远远超过唐墓，宋墓也多于唐墓。以重庆三峡地区墓葬发掘来看，忠县崖脚地发掘中发现19座楚墓、3座巴人墓，另有西汉墓、刘宋墓和宋墓，无唐墓。[①]涪陵镇安遗址中有周代、战国、秦汉、六朝和宋代文化层，而无唐代文化层。[②]巫山碚石遗址中发现有新石器、夏商、东周、六朝、宋代、明清文化层，但无唐代层。[③]奉节瞿塘关遗址发掘报告中发掘出东周墓葬2座，宋代墓葬6座，明代10座，无唐墓。[④]奉节老油房遗址中，有周代、汉代、宋代、清代文化层，无唐代。[⑤]巫山古城遗址只发现汉墓4座，宋元墓2座，明墓4座，无唐墓。[⑥]巫山胡家包墓地发掘东周、汉代、宋代、近代墓，也无唐墓。[⑦]巫山高唐观墓群中也只有战国、两汉、六朝、宋墓，而无唐墓。[⑧]忠县瞀井沟群脚墓地发出战国、秦汉、宋墓，

---

① 重庆市文物局、重庆市移民局编《重庆库区考古报告集》1998年卷，科学出版社，2003年，第729—730页。
② 重庆市文物局、重庆市移民局编《重庆库区考古报告集》1998年卷，科学出版社，2003年，第750—780页。
③ 重庆市文物局、重庆市移民局编《重庆库区考古报告集》1999年卷，科学出版社，2006年，第729—730页。
④ 重庆市文物局、重庆市移民局编《重庆库区考古报告集》1999年卷，科学出版社，2006年，第209页。
⑤ 重庆市文物局、重庆市移民局编《重庆库区考古报告集》1999年卷，科学出版社，2006年，第209页。
⑥ 重庆市文物局、重庆市移民局编《重庆库区考古报告集》2000年上卷，科学出版社，2007年，第47页。
⑦ 重庆市文物局、重庆市移民局编《重庆库区考古报告集》2000年上卷，科学出版社，2007年，第340页。
⑧ 重庆市文物局、重庆市移民局编《重庆库区考古报告集》2000年上卷，科学出版社，2007年，第395—420页。

也无唐墓。①目前考古发掘的四川唐墓以万县有才墓影响较大，但这种唐墓发现极少，所在学者都认为："唐代墓葬在四川地区少有发现"，②"四川地区唐墓发现极少"，③"成都地区在唐代极为繁荣，素有'扬一益二'之誉，但成都乃至四川地区发现的唐墓极少。"④

问题是我们怎样去解释这种现象。因为这仅是巴蜀地区特殊的现象，这种现象如果放在关中平原和中州地区并不是太明显，我们只能从两个方面去分析这种差异，一是汉唐时期在丧葬具体形式上的差异，因唐代人口基数更大，都存在死亡的问题，唐代巴蜀地区的墓葬多少不可能有巨大的差别，但葬式的差异可能影响到遗存多少和发掘多少；二是是否受考古学"秦汉以后无考古"思想的影响，与考古学界自身对汉以后的墓葬的发掘主观驱动较小，故发掘留下墓葬较少有关。

我们注意到汉代的墓葬主要分成竖穴土圹墓、土洞墓、空心砖墓、砖室墓、石室墓、崖墓，唐代仍流行竖穴土坑墓、砖石墓、土洞墓，⑤在墓葬形式上并无本质的变化，如果都是厚葬时代，故从理论讲，当人口基数大时，墓葬数量应该更多。四川地区也存在同样的状况，汉代主要为砖墓和崖墓，唐代主要为砖墓。⑥所以，我

---

① 重庆市文物局、重庆市移民局编《重庆库区考古报告集》2000年上卷，科学出版社，2007年，第907—967页。
② 高英民：《四川万县唐墓》，《考古学报》1980年第4期。
③ 朱义章：《四川成都市西郊化成村唐墓的清理》，《考古》2000年第3期。
④ 成都市文物考古队：《成都市西郊土桥村筒车田唐墓》，《四川文物》1999年第3期。
⑤ 万里：《汉唐考古学讲稿》，三秦出版社，2008年，第46、274页。
⑥ 李敬洵：《四川通史》，四川大学出版社，1993年，第394页。

们应该跳出考古学背景去分析这个问题。同样在许多文献中发现，巴蜀以外的许多地区的唐代墓葬并不比汉代少，文物也不比汉代少。《汉唐考古学讲稿》中对汉代、唐代、宋代每个地区墓葬情况都有分析，唯缺乏巴蜀地区唐代墓葬的分析。显然文物上的"唐代断痕"并不是一种全国普遍现象，只是一种地域现象。所以，我们只能从巴蜀地缘和特殊的历史轨迹中去探索。

从理论上讲，唐代人口并不比汉代少，不论何种葬式，人死都是要入葬的，所以不致于唐代墓葬客观上比汉代少得多。同时，从理论上讲越往后墓葬的保存应该更多。我们注意到魏晋南北朝到隋唐时期，巴蜀地区的僚人丧葬形式可能对唐代文物遗存有一定的影响。僚人流行葬式主要是悬棺葬，《通志》卷一九七记载："僚者盖南蛮之别种，自汉中达于邛莋川洞之间所在皆有，种类甚多，散居山谷，略无氏族之别，又无名字，所以生男女，唯以长幼次第呼之。"[①]这些散居的僚人往往"死者竖棺而埋之"，或"以木函盛，置于山穴中"，或"葬之岩穴"。[②]在魏晋南北朝至隋唐时期，四川盆地的僚人占居比例较大，这种葬式一定程度上侵夺了砖室墓、土坑墓的空间，而一般的悬棺又有容易被盗、被毁的特点，故保留下来的文物也相对较少。据三峡考古证实，奉节县宝塔坪唐代出现一种不明来源的葬式，即土洞葬，墓主逆向葬，[③]可能与外来葬式有关。这些葬式都可能大大侵夺了传统汉族砖石墓、土坑葬的空间。

---

① 郑樵：《通志》卷一九七《僚传第四》，中华书局，1987年。
② 《魏书》卷一〇一《僚传》，中华书局，1974年，第2249页；《太平寰宇记》卷七七《简州》、卷八八《泸州》，第1537、1740页。
③ 重庆市文物局、重庆市移民局编《重庆库区考古报告集》2001年上卷，科学出版社，2007年，第468页。

同时，我们也注意到从东汉一直到明代的巴蜀崖墓，虽然崖墓的盛行主要在东汉两晋南北朝时期，个别在唐宋元明出现，但目前中国崖墓造型的年代学序列在考古学上并不完善，对于这个时期的崖墓年代断定多是从出土文物上来判断的。崖墓有容易被盗的可能，这几乎是一种共识。故往往战乱后出现空置崖墓被继续使用的情况也可能存在，唐宋三峡地区就存在明显的借室葬情况，有许多借用六朝墓的案例。① 明清时就有许多居民使用崖墓躲避匪患的案例，唐代也完全有可能大量继续使用汉代六朝时期前的崖墓，这自然侵占了大量土坑砖室墓的空间，使我们发现唐代巴蜀的土坑葬砖室墓的可能减小。另一方面也正是崖墓容易被盗的特点，唐宋的借室葬自然是以对前代的文物破坏作为条件进行的，明清以来绝大多数崖墓已被盗，里面的南北朝隋唐巴蜀文物被发现和保存下来的可能性都较小，使许多唐代开凿的崖墓也不可能被发现，被错误认为是汉代、六朝或者宋元之葬。

显然，唐代巴蜀墓葬形式留存机理的特殊性，进一步强化了唐代发展进程断层形成的历史遗存上的断层现象。而这种特殊的墓葬形式的形成，也与"僚人入蜀"等因素有一定的关系。

3. 造成发展进程断层上的"唐代断痕"的两大原因——负能量与战乱荒

我们要分析巴蜀特殊的历史轨迹，需要从两晋南北朝的历史发展开始。两晋南北朝时期中国北方"五胡乱华"，大量北方人口南迁。从理论上讲大量北方经济文化教育发达地区人口南迁，带来先

---

① 吴小平：《三峡地区唐宋时期的借室葬研究》，《江汉考古》2013年第4期；邓辉：《湖北三峡地区宋代借室葬》，《三峡论坛》2017年第2期。

进的生产技术，应该会促进巴蜀地区社会经济文化的发展，但巴蜀地区实际却发展不明显，反而显现出一种整体上的发展缓慢。

这个时期巴蜀地区有两个最重要的时代特征，一是两股低水平部落人口进入，显现直接的负能量，二是战乱不断，显现战乱造成的负能量。可以说两晋南北朝是巴蜀历史上外来负能量进入最多的时期，也是战乱最频繁的时期。

这两股低水平的势力部落入蜀主要是指"成汉据蜀"和"獠人入蜀"，对这个时期乃至唐代的影响最大。西晋元康八年后（298年），十万多天水、略阳、扶风、始平、武都、阴平六郡流民入蜀，分布于广汉、犍为、蜀三郡之内，后六郡流民的李特建立成汉政权，统治巴蜀47年。由于成汉开国之际大量巴蜀土著外迁，而六郡流民的生产力水平和文化程度远远低于土著民，故整体上巴蜀地区的社会经济发展速度减慢，文化教育衰落。[1]同时，在李寿的招引下，南部的獠人进入巴蜀地区，"布在山谷，十余万落"，[2]形成了历史上的"獠人入蜀"移民运动。獠人入蜀后，对巴蜀地区的影响不仅是在南北朝时期，直到唐代这种獠风仍然很甚，仅以《元和郡县志》记载为例：泸州是"为獠所没"，昌州"以镇押夷獠"，荣州"夷獠居之"，雅州"夷獠居之"，戎州"此地空废……讨定夷獠"，嘉州玉津县"夷獠自牂柯入居焉"，资州"夷獠居之"，资州盘石县"为夷獠所居"，资州清溪县"夷獠所居"，资州内江县"陷于夷獠"，简州"夷獠内侵，因兹荒废"，简州平泉县"夷獠所

---

[1] 李敬洵：《四川通史》第3册，四川大学出版社，1993年，第1—12页。
[2] 郭允蹈：《蜀鉴》卷四，巴蜀书社，1985年，第200页。

居",邛州临邛县"为僚所侵"。①李敬询先生综合其他文献考证后认为这个时期巴蜀地区的僚人主要分布在四川盆地及其周缘山区,以岷江、沱江中下游、渠江上游为主,②故在巴蜀历史上两晋南北朝时期的经济文化水平是最差的,学者用"农业、手工业和商业凋敝"的话语来评价这个时期。③

巴蜀历史上有"蜀人好乱"的话语,它的产生实际上是由魏晋南北朝巴蜀战乱引发出来的。西晋以来,巴蜀地区战乱不断,先后经历前秦取蜀、东晋谯纵之乱、刘宋赵广之乱、南齐刘季连之乱、西魏伐蜀、北周王谦之乱等战争,巴蜀的社会经济凋敝,文化发展滞后,文献上对这个时期的记载多是"城邑皆空,野无烟火",④"时益部兵乱日久,民废耕农,内外苦饥,人多相食,道路断绝",⑤"饿死者相枕",⑥"蜀人多劫盗"。⑦所以,从唐代开始,已经出现了蜀人好乱的话语了。最早是在《隋书》卷一上记载:"巴蜀险阻,人好为乱"。⑧后来《南史》中记载:

> 临汝侯嘲之曰:"卿蜀人乐祸贪乱,一至如此"。对曰:"蜀中积弊,实非一朝。百家为村,不过数家有食,穷迫之人,十有八九,束缚之使,旬有二三。贪乱乐祸,无足多怪。

---

① 李吉甫:《元和郡县志》卷三一至卷三三,中华书局,1983年,第784—867页。
② 李敬询:《四川通史》第3册,四川大学出版社,1993年,第112页。
③ 李敬询:《四川通史》第3册,四川大学出版社,1993年,第182页。
④ 《资治通鉴》卷八五惠帝太安二年,中华书局,1956年,第2682页。
⑤ 《梁书》卷一〇《邓元起传》,中华书局,1973年,第199页。
⑥ 《梁书》卷二〇《刘季连传》,中华书局,1973年,第310页。
⑦ 《周书》卷一九《宇文贵传》,中华书局,1971年,第313页。
⑧ 《隋书》卷一《高祖纪》,中华书局,1973年,第4页。

若令家畜五母之鸡，一母之豕，床上有百钱布被，甑中有数升麦饭，虽苏、张巧说于前，韩、白按剑于后，将不能使一夫为盗，况贪乱乎。"①

后来在宋代董煟《救荒活民书》卷上也称：

> 然尝闻蜀道寇作，临汝侯嘲罗研曰："卿蜀人何乐祸如此"。研曰："蜀中百家为村有食者不过数家，贫迫之人十常八九，束缚之吏十有二三，各令有五母鸡、一母彘，床上有百钱，甑中有数升麦饭，虽苏张巧说于前，韩白按剑于后，将不能一夫为盗"。

宋代《册府元龟》卷七也记载"巴蜀险阻，人好为乱"，②都是针对这个时期的战乱与饥荒相交的时局而言。而且，宋人明确了这种战乱是由外来势力所造成的，如王辟之《渑水燕谈录》卷九记载："蜀虽阻剑州险，而郡县无城池之固，民性懦弱，俗尚文学而世以为蜀人好乱，殊不知公孙述及刘辟、王建、孟知详辈率非土人，皆奸雄乘中原多事盗处一方耳。"宋代为总结历代治乱兴亡出现了司马光的《资治通鉴》，但蜀人感觉不够，蜀人范祖禹专门在参与编《资治通鉴》时撰《唐鉴》，是想探索"兴废治乱之所由"，而蜀人郭允蹈还撰《蜀鉴》一书，想使人们"知古今成败兴衰治乱之迹以

---

① 《南史》卷五五《罗研传》，中华书局，1975年，第1369页。
② 王钦若等《册府元龟》卷七《帝王部·创业》，中华书局，1969年，第73页。

为龟鉴",①这可能都是感叹宋以前蜀战乱兴亡之频繁而作。我们还注意到清初欧阳直《蜀警录》谈到:"先民有言,天下未乱蜀先乱,天下既治蜀后治",②王昶也谈到:"古云:天下已治蜀未治,天下未乱蜀先乱",③以前人们以为仅是总结张献忠乱蜀之事,其实仔细阅读此书,也是对巴蜀历代战事而言的总结。

所以,两晋南北朝负能量与战乱相交,使唐代巴蜀地区发展社会经济文化的基础相当薄弱。唐代几百年的发展在巴蜀地区而言实际是一个缓慢的恢复过程,社会经济文化的发展相对于汉、宋本身就有差距,文物的遗留就相对较少。

应该看到,虽然整体上巴蜀社会经济落后,但成都平原地区受僚人的影响相对较小,历史文献中几乎没有僚人出入成都平原的案例,社会经济文化的发展仍然是较突出,所以,我们认为的"扬一益二"不过仅是对唐代成都平原的地位和影响的认同。也就是说唐代四川盆地地区间的经济文化差距很大,可能比汉代还大。成都平原由于特殊的地理区位,社会经济文化一直发展,受僚人影响不大,而广大的盆地丘陵地区和四周低山地区受到僚人入蜀和成汉据蜀的影响却相当明显,《蜀鉴》中称西晋太安二年因战乱使"益州流民十余万户徙荆州……城邑皆空,野无烟火",东晋建元年间僚人入蜀后:"时蜀人东下者十余万家","蜀之衣冠之流徙荆浙,而名郡乐郊皆为僚居矣"。④在低生产力势力进入的同时,一大批高文

---

① 郭允蹈《蜀鉴》跋,巴蜀书社,1985年,第604页。
② 欧阳直《蜀警录》,何锐等点校:《张献忠剿四川》,巴蜀书社,2002年,第184页。
③ 王昶《春融堂集》卷三一,嘉庆十二年塾南书舍刻本。
④ 郭允蹈《蜀鉴》卷四,巴蜀书社,1985年,第173—174、200—201页。

化、高技能的人口东迁长江中下游，对巴蜀地区社会经济的负面影响可以想见，"唐代断痕"自然而然。

总的来看，两晋南北朝时期与其说是一个分裂割据的时期，还不如说是一个战乱频繁时期，对整个中国社会历史发展的进程而言是一种负能量。不过，这个时期进入长江流域其他地区的移民多是北方中原发达地区的移民，他们的文化程度、技术能量都比土著高，对这些地区社会经济文化的影响呈现为一种正能量，但巴蜀地区不仅战乱频繁，而且迁入的移民僚人、氐人都是社会经济文化相对更低的群体，对社会经济文化的发展呈现明显的负能量。所以，从两晋南北朝到隋唐时期，巴蜀地区存在内乱负能量和外来负能量双重负能量的发展制约。历史上的"唐代断痕"，显现了这种双重负能量的影响之深远。

总的来看，中国历史上各民族政权之间分分合合，并不见得分裂时期社会经济文化就一定整体倒退，但可以肯定的是，如果战争一次接一次地上演，乱世一个接一个地来，中国的社会经济文化就不可能有发展，甚至是会倒退的。所以，中国历史上分裂割据不可怕，可怕的是战乱不断，烽火连天。所以，不仅"僚人入蜀"不可能推动巴蜀社会经济的发展，中国历史上的农民战争、割据之战更不可能直接对社会经济发展有推动作用，只能更多地产生负能量。西晋以来，巴蜀地区战乱不断，先后经历前秦取蜀、东晋谯纵之乱、刘宋赵广之乱、南齐刘季连之乱、西魏伐蜀、北周王谦之乱等战争，这些战争大多是在巴蜀境域之内，对巴蜀的影响相当直接。但同样处于分裂局势的五代时期，后蜀一方面没有"李氏据蜀""僚人入蜀"等大规模低生产力势力进入带来的负能量，而据

《岁华记丽谱》记载，唐代中后期迁入蜀中的移民多是北方平原地区的大族，经济文化水平较高，带来大量正能量，更重要的是前蜀几乎无大的战事可言，就如前人言前蜀"审时度势，不穷兵黩武"一样。[1]而后蜀只是出兵关中，战争都是在境外的，对蜀中社会经济影响较小。所以，前后蜀社会经济在唐代基础上有了明显的发展，这是我们能看到宋代巴蜀地区在全国地位重现汉朝气势的原因之一。

其实在巴蜀历史上这种战乱对区域社会经济文化的影响还有南宋末年的战乱，使蜀之衣冠大族再次举族东迁江浙地区，因而使得元、明及清代前期巴蜀地区的社会经济文化地位大大下降，形成了巴蜀历史上的"元明低谷"，这再次证明战争对区域社会经济负面影响的巨大和深远，印证了战争负能量是导致巴蜀发展进程断层意义上"唐代断痕"的重要原因之一。

## 二　从"蜀道"到"世道"：蜀道名实之变考与社会转借[2]

巴蜀交通发展史上有一个重要的话语就是"蜀道"。翻开中国历史的长卷，可能唯有用"蜀"这个地域词叠"道"频繁使用在各种历史文献中。"蜀道"之词在历史上有广义、中义和狭义之分。广义的蜀道泛指历史时期巴蜀地区对区域外的交通的通道，这个意义可以将时间延伸到当代。而狭义的蜀道特指历史上秦蜀之间相通

---

[1] 贾大泉：《四川通史》第4册，四川大学出版社，第8页。
[2] 此文原名《巴蜀历史文化二则》，刊于《中华文化论坛》2013年4期。收入此书略作修改补充。

的主要干道，特别是多指历史上的金牛道、褒斜道、连云栈道等，使用时间多是在秦汉到明清之际为多。其实，应该还有一种中义的蜀道，特指秦蜀栈道和归巴栈道。明万历年间有两位文人都有谈及，王士性《广志绎》卷之五中明确记载："李太白称'蜀道之难，难于上青天'，不知者以为栈道，非也，乃归、巴陆路，正当峡江岸上，峻阪巉岩，行者手足如重累。黄山谷谪涪云：'命轻人鲊瓮头船，行近鬼门关外天。'人鲊瓮在秭归城外，盘涡转毂，十船九溺。鬼门关正当蜀道，今人恶其名，以其地近瞿塘，改瞿门关，亦美。"而何宇度的《益部谈资》卷下也称："蜀道难，自古记之，梁简文帝诗云'巫山七百里，巴水千回曲'，为川东舟行峡中作也。李白诗云不与秦塞通云烟，为川北栈道行也，大都蜀道无不难如上青天者，峡固险矣，而陵亦匪夷，如夷陵至巴东之陆程则视栈道何异，是其难又在楚不在蜀耳。"[①]显然，两位文人眼中的蜀道包括秦蜀栈道和归巴栈道。实际上这两条通道正是传统时代巴蜀地区与外界交通交流的最重要的两大干道。

在中国古代，"蜀道"一词的使用较早，早在《史记》卷一一七中就有"邛笮冉駹者，近蜀道易通"，《后汉书》卷六六也称："蜀道阻远，不宜归。"不过，在汉晋时，蜀道之词的认同率并不算高，《华阳国志》并无直接的"蜀道"一词出现，只是在卷二中有"邓艾伐蜀道也"之称，只能算"蜀道"之词的雏形。

应该看到，在元代以前，"蜀道"之词一直有两个词义，一是指通往巴蜀的交通道路或巴蜀外出的交通道路，前者如前面谈到

---

① 何宇度：《益部谈资》卷下，中华书局，1985年，第23页。

的《史记》《汉书》中的记载。另如《旧唐书》卷十称"其迎上皇于蜀道"，《新唐书》卷七六称"帝至，自蜀道过其所，使祭之"，卷二二二称"蛮小丑，势易制，而蜀道险"，《旧五代史》卷一五称"请将兵镇谷口，通秦蜀道"，卷五四称"蜀道阻险，议者以为宜缓师待变而进"，《续资治通鉴长编》卷三六六称"蜀道行于溪山之间，最号险恶"，《建炎以来朝野杂记》卷一六六称"上虑蜀道险远"，《三朝北盟汇编》卷一二三称"然而江浙所恃者陂湖，岂足以比蜀道之天险"，《宋史》卷三一五称"引众趋蜀道，这官军所败"，宋代吴栻专门写有《蜀道记行诗》三卷，范成大《吴船录》卷上记载"入蜀道至此始见荔子"，《元史》卷一五九称"蜀道险远，万乘岂宜轻动"。明清以来，交通通道意义上的蜀道的用法相对较少，如清代王士正写有《蜀道驿程记》，但明清文献中更多的是用"蜀道"来特指道路的险恶，如《大明一统志》卷七二称（乌撒军民府）"羊肠小径，十倍蜀道"，《徐霞客游记》卷五上中谈到在贵州独山州境内"随溪南岸西行，道路开整，不复以蜀道为苦"，明确将"蜀道"特指险恶之路。一是将"蜀道"特指巴蜀地区，相当于历史上使用的"蜀中""三川""西川""川蜀""蜀川""巴蜀""川峡""益州"。后者如《后汉书》卷一一○称"故文翁在蜀道，著巴汉"，《魏书》卷一一四称"分遣弟子各趣诸方，法汰诣扬州，法和入蜀道"，《隋书》卷一五称"三成而平蜀道，四成而北狄是通"，《南史》卷五○称"三年迁西中朗长史、蜀郡太守，行益州事，未至蜀道卒"，《新唐书》卷一五二称"南蛮寇蜀道，诏绛募兵"，卷一六一称"又言蜀道米价腾踊，百姓流亡"，《太平寰宇记》卷八二称"本蜀道铜山县之治"之称，《续资治通鉴长编》

卷九七"请留蜀道缣帛于关中",卷四一五称"元丰中已尝奉使蜀道,推行市易之法",《宋史》卷一八四称"元丰八年,蜀道茶场四十一",卷三八七称"应辰遂摄宣抚之职,蜀道晏然",《明史》卷三一一:"欲剪诸蛮,以通蜀道。"在元代以后,蜀道之词使用相对较少,且多是泛指巴蜀的交通通道意义更多。

在中国历史上"蜀道"其实在许多时候已经延伸为"世道",即指社会的炎凉冷暖。早南朝梁简文帝萧纲《蜀道难二首》称:"建平督邮道,鱼复永安宫。若奏巴渝曲,时当君思中。巫山七百里,巴水三回曲。笛声下复高,猿啼断还续。"这首诗描绘了在弯曲湍急的三峡行船的情景,应该是写蜀道险之实。同时代的刘孝威也作《蜀道难》一首称:"玉垒高无极,铜梁不可攀。双流逆巇道,九坂涩阳关。邓侯束马度,王生敛辔还。敛辔惧身尤,叱驭奉王猷。"又一首称:"岷山金碧有光辉,迁停车马正轻肥。弥思王褒拥节去,复忆相如乘传归。君平子云寂不嗣,江汉英灵已信稀。"刘孝威的《蜀道难》主要是写蜀道之险,思昔圣人之踪迹,发借景思古之情。但南朝梁陈间诗人阴铿的《蜀道难》则借写蜀道难之实,拟喻世道险恶,功名难求:"王尊奉汉朝,灵关不惮遥。高岷常有雪,阴栈屡经烧。轮摧九折路,骑阻七星桥。蜀道难如此,功名讵可要?"到了唐代张文琮也作《蜀道难》:"梁山镇地险,积石阻云端。深谷下寥廓,层岩上郁盘。飞梁驾绝岭,栈道接危峦。揽辔独长息。方知斯路难。"似也有借景宣泄世道艰难之意。

当然,在用"蜀道"借指"世道"方面唐代李白的《蜀道难》最为有名:

噫吁嚱！危乎高哉！蜀道之难，难于上青天。蚕丛及鱼凫，开国何茫然！尔来四万八千岁，不与秦塞通人烟。西当太白有鸟道，可以横绝峨眉巅。地崩山摧壮士死，然后天梯石栈相钩连。上有六龙回日之高标，下有冲波逆折之回川。黄鹤之飞尚不得过，猿猱欲度愁攀援。青泥何盘盘！百步九折萦岩峦。扪参历井仰胁息，以手抚膺坐长叹。问君西游何时还，畏途巉岩不可攀。但见悲鸟号古木，雄飞雌从绕林间。又闻子规啼夜月，愁空山。蜀道之难，难于上青天！使人听此凋朱颜。连峰去天不盈尺，枯松倒挂倚绝壁。飞湍瀑流争喧豗，砯崖转石万壑雷。其险也如此，嗟尔远道之人胡为乎来哉？

剑阁峥嵘而崔嵬，一夫当关，万夫莫开。所守或匪亲，化为狼与豺。朝避猛虎，夕避长蛇。磨牙吮血，杀人如麻。锦城虽云乐，不如早还家。蜀道之难，难于上青天，侧身西望长咨嗟。

传统认为李白《蜀道难》一诗除写蜀道险恶之实外，更有斥责当时的剑南节度使严武之意。但现代人普遍认为李白此诗表面写蜀道艰险之状，实则写自己仕途坎坷，反映了自己长期游历的艰辛和怀才不遇的悲愤。

检索《全唐诗》就会发现，包含"蜀"字的诗歌达千余首，包含"蜀道"的诗歌有50余首，包含"蜀道难"的诗歌有卢照邻、张文琮、李白、岑参、姚合、罗隐、韦庄、冯涓、王周、齐己等10首，而包含"蜀道易"的诗歌仅有一首。索宋诗也会发现，包含"蜀"字的诗歌达461首，包含"蜀道"的诗歌有50首，包含"蜀道难"的诗歌有欧阳修、范成大、陆游、梅尧臣等8首[①]。

值得指出的是，唐代诗人陆畅则专门为讨好当时的西川节度使韦皋而撰《蜀道易》认为"蜀道易，易于履平地"，故韦皋"大喜，赠罗三百匹"[②]。宋代文人诗文中也有蜀道易的诗句。到明代，文人方孝孺再作《蜀道易》来颂扬当时的明太祖[③]。其序称"昔唐李白作《蜀道难》，以讥刺蜀帅之酷虐。厥后韦皋治蜀，陆畅反其名作《蜀道易》以美之。今其词不传。皋虽惠于蜀民，颇以专横为朝廷所患，畅之词工否未可知，推其意盖不过媚皋云尔，非实事也。伏惟今天子以大圣御极，殿下以睿哲之姿为蜀神明主。临国以来，施惠政，崇文教，大赉臣僚及于兵吏。内外同声，称颂喜悦，天下言仁义忠孝者推焉。西方万里之外，水浮陆走，无有寇盗；商贾骈集，如赴乡间。蜀道之易，于斯为至矣。臣才虽不敢望白，而所遇之时，白不敢望臣也。因奉教作《蜀道易》一篇，以述圣上及贤王之德，名虽袭畅而词无溢美，颇谓过之。"

其诗为：

美矣哉，西蜀之道何今易而昔难？陆有重岩峻岭，万仞镵天之剑阁，水有砅雷掣电，悬流怒吼之江关。自昔相戒不敢至，胡为乎今人操舟秣马，夕往而朝还？大圣建皇极，王道坦坦如弦直。西有雕题凿齿之夷，北有毡裘椎髻之貊。东南大海

---

① 【日】高桥良行：《略论李白"蜀道难"的演变过程》，《钦州师范专科学校学报》2003年1期。
② 曹学佺：《蜀中广记》卷一〇二，文渊阁四库全书本。
③ 方孝孺：《逊志斋集》卷二四《蜀道易》，宁波大学出版社，1996年，第816页。

际天地,岛居州聚千万国,莫不奉琛执贽効朝贡,春秋使者来接迹。何况川蜀处华夏,贤王于此开寿域。播以仁风,沾以义泽,家和人裕,橐兵敛革,豺狼变化作驺虞,蛇虺消藏同蜥蜴,凿山焚荒秽,略水铲崖石,帆樯屝履任所往,宛若宇宙重开辟。美哉,蜀道之易有如此,四方行旅,络绎来游;成都万室,比屋如云。桑麻蔽原野,鸡犬声相闻。文翁之化,孔明之仁,严郑之节,扬马之文,遗风渐被比邹鲁,士行贤哲方回参。方今况有贤圣君,大开学馆论典坟,坐令致化希华勋。征贤一诏到岩穴,咄尔四方之士孰不争先而骏奔。王道有通塞,蜀道无古今。至险不在山与水,只在国政并人心。六朝五季时,王路嗟陆沉,遂令三代民,尽为兽与禽。当时岂惟蜀道难,八荒之内皆晦阴,戎夷杂寇盗,干戈密如林。今逢天子圣,王贤之德世所钦。文教洽飞动,风俗无邪淫。孱夫弱妇怀千金,悍吏熟视不敢侵。蜀道之易谅在此,咄尔四方来者不惮山高江水深。

可以说明代方孝孺的《蜀道易》将"蜀道"本来是交通意义上的话语完全放大为人间世道的意义,并用其来表达自己的情怀,渲染得透彻万分。在这时,"蜀道"已经有了世间世道的意义,而且不仅是对巴蜀地区世间世道的借喻,更是对整个大明王朝世间世道的借喻。到了近代文人,又有"蜀道奇""蜀道美"等话语,既有对巴蜀交通变得通达的赞诩之情,也含有对时政的美誉之心。

从上我们可以看出,在中国历史上"蜀道"之词有一个从交通通道的特指演绎成巴蜀地区、巴蜀世道和中国世道的过程。这种演绎过程是在世界上其他地区不曾有的，也是中国其他地区不曾有过的。透过中国历史上"蜀道"词意延伸的历史过程，我们发现巴蜀地区的交通文化对社会经济影响的深入显然是世间少有的，我们从中看出了巴蜀交通的历史地位和交通文化的历史地位之高。

## 三 "难言之隐"：清代内河救生慈善组织内部服务有偿化研究[①]

日本学者夫马进1997年《中国善会善堂史研究》出版前，中国的慈善史研究还较少有专门的学术著作。近二十年来，中国慈善史研究方兴未艾，研究领域越来越广泛，也越来越深入，不仅有关论文较多，并且出现了梁其姿的《施善与教化：明清时期的慈善组织》，陈宝良的《中国的社与会》，周秋光、曾桂林的《中国慈善简史》，王卫平等《中国慈善史纲》，张文的《宋朝民间慈善活动研究》，游子安的《善与人同：明清以来的慈善与教化》，王卫平、黄鸿山的《中国古代传统社会保障与慈善事业》，陈桦、刘宗智的《救灾与济贫：中国封建社会时代的救助活动》，周荣的《明清社会保障制度与两湖基层社会》，黄鸿山的《中国近代慈善事业研究：以晚清江南为中心》，王春霞、刘惠新的《近代浙商与慈善公益事业研究》，任云兰的《近代天津的慈善与社会救济》，王娟的《近代北京慈善事业研究》，赵宝爱的《慈善救济事业与近代山

---

① 此文原刊于《社会科学研究》2018年6期。收入此书略作修改补充。

东社会变迁》，蔡勤禹的《民间组织与灾荒救治：民国华洋赈济会研究》，朱浒的《晚清义赈与近代中国的新陈代谢》等专著，使中国慈善史的研究走上一个新台阶。不过，我们发现，目前的研究主要集中在慈善组织运营形式、经费来源、运营效果及与社会诸多关系方面，而对慈善组织本身内部的管理，特别是内部从业人员的地位和收入的研究相当薄弱，使我们对中国古代慈善组织的内部结构与社会地位的认知较为缺乏。本文拟以清代内河救生组织从业人员的收入为中心，对清代慈善组织内部人员收入结构、收入的社会地位做研究，分析这种结构和地位与清代社会价值取向的关系，进而透视历史上制度设计与实际运行的关系。

　　研究表明，清代水上公益救生组织分为官办、民办和官民合办三大类，不管何类性质的救生组织，都有专门的管理机构和人员。一般而言，官办的往往由政府衙门官员直接管理，薪俸也随官员已经拥有的薪俸和衙役已经拥有的工食银，但如果是民办或官民合办的，往往从民间聘请士绅负责。按照当时的习惯，最高的管理者称为委员。除了委员以外，还有司事、首事、委绅、杂役、跟丁、火夫、书办、踏田、收租、水手等从业人员，分别领取有薪金、工食银、偿钱等报酬。

　　这里我们要说的是，不论是作为官办的慈善机构，还是作为一种民间公益慈善组织，其从业人员薪俸标准的高低，都会折射出清代社会公益组织的社会地位和时代背景，值得我们思考。同时，从救生会内部管理层与第一线服务人员、技术工作人员与简单工作人员之间收入的差距也可看出清代薪俸体现的社会价值取向。再者，从慈善组织管理人员与政府官衙官员收入之差，可以看出当时救生组织的社会地位，以及清代社会的整体价值取向和社会风尚。最重要的是从历史上的公益慈善组织内部服务是否为义务、薪酬高低的命题，可引发出慈善组织内部服务有偿性与对外服务义务性之间的反差问题，这不仅具有较大的学术意义，也有一定的现实意义。

（一）薪金工食——公益救生组织从业人员收入基本情况

目前完整系统记载清代公益救生组织人员俸禄报酬的文献并不多，其中《辰州府救生局总记》《岳州救生局志》中有较为详细的资料，[①]另中国旧海关编的《中国救生船》一书中也有一些资料，[②]可为我们复原清代公益救生组织人员的薪金报酬情况提供基本的支持。

据《辰州府救生局总记》卷四《收支章程》记载，总局设立有委员1人，首事8人，主要负责宏观管理。具体救生事务由城局和浦市执行，所以，城局设有首事8人，设专派收谷2名，另设有跟丁、火夫、书办、踏田、收租共5名，浦市设首事2人，雇跟丁1人。另设有、横石、青浪、雍子洞四个分局，每局设首事2人，火夫1人。对于以上人员的收入，章程都有严格规定。由于薪俸多少往往与物价关系密切，故我们先复原道光、同治时期的救生管理机构人员报酬情况。其中《辰州府救生局总记》成书于道光年间，应该反映了这个时期的基本情况。

---

① 刘曾等：《辰州府救生局总记》8卷，同治十二年刊本；张德容《岳州救生局志》8卷，光绪元年刻本。
② China Imperial Maritime Customs（Special Series：No18）：*Chinese Life-boats*. published by order of the inspector General of Customs, published at the statistical department of the inspectorate general of customs and sold by kelly&walsh, limited：Shanghal, Hongkong, Yokoraml, Singapore, London：P.sking&Son, Canada Buildin, King street, Westmin-ster, s.w.1898.

表2-4 同治辰州府救生总局管理人员薪俸收入表

|  | 总局委员 | 首事（文书） | 首事（田产、房屋、支销） |
|---|---|---|---|
| 辛资与禄谷 | 月10千文 | 每季8石谷 | 每季7石谷 |
| 火食钱 |  | 月4800文 | 月4800文 |
| 灯油烟茶烛炭钱 |  | 月2400文 | 月2400文 |
| 牙祭会费 |  | 月2000文 | 月2000文 |
| 年合计 | 120000文 | 160800文 | 154500文 |

表2-5 同治辰州府救生分局丁役人员工食等收入表

|  | 跟丁、火夫、书办、踏田、收租 |
|---|---|
| 工食钱 | 月1000文 |
| 火食钱 | 月1800文 |
| 牙祭钱 | 月160文 |
| 三节赏钱 | 年600文 |
| 年合计 | 36120文 |

表2-6 同治辰州府救生分局管理杂役人员薪俸工食等收入表

|  | 分局首事 | 火夫 |
|---|---|---|
| 辛资 | 季6000文 |  |
| 火食钱 | 月3000文 | 月1800文 |
| 禄谷 | 季6石 |  |
| 工价钱 |  | 月1000文 |
| 牙祭会费 |  | 月80文 |
| 节赏 |  | 年600文 |
| 合计 | 97800文 | 年35160文 |

清代例制一两白银一般兑换1000文制钱，但由于银价比常发生变化，并不是在任何时期都按1000文兑换。研究表明，清代银价比的变化可分成三个时期，第一阶段为清顺治至嘉庆初年，银价比一般在1∶1000左右，但从嘉庆到同治年间，一般在1∶1500左右，偶有动荡时期可达3000文，到同治至光绪末，一般在1∶1500至2000之间。①我们首先按传统的一石米等于1两5钱白银计，按清中叶的比价折算，等于2250文，一石谷7折计算成米，计1575文，一年32石谷等于50400文，一年28石谷等于44100文。同时，总局委员往往由德高望重的名绅兼任，在慈善组织中并没有一定的具体工作，故没有伙食钱，其在救生局人员中的整体收入并不算最高。除此规定外，遇到一些临时事务还另外加钱，如城局专派收谷，每季赏钱4500文，谷三石；派往浦市首事，三节赏钱18000文，而雇丁三节也要赏钱6000文。与总局委员不同，分局的首事往往具体做事，故领有伙食钱。有的分局特别一点，如北溶分局首事，每年有辛资24千文，谷24石。

清代旧海关《中国救生船》中录入了同治四年的《金陵救生局章程》，其中也有当时救生管理机构人员和水手杂役的薪水工食银情况，可以与《辰州府救生总局记》的记载相互印证补充。②

---

① 石书平：《清代银钱比价关系探微》，《辽宁师范大学学报》，1999年6期。
② China.Imperial Maritime Customs（Special Series：no18）：*Chinese Life-boats*. p. 45.

表2-7　同治四年金陵救生局管理杂役人员
薪水辛工等收入表

|  | 总司 | 司银 | 司事 | 看门 | 火夫 | 打杂 |
| --- | --- | --- | --- | --- | --- | --- |
| 薪水 | 月银5两 | 月银3两 | 月3500文 |  |  |  |
| 辛工钱 |  |  |  | 月600文 | 月600文 | 月600文 |
| 伙食钱 |  |  | 日伙食80文 | 日伙食40文 | 日伙食40文 | 日伙食40文 |
| 年合计 | 90000文 | 54000文 | 70800文 | 21600文 | 21600文 | 21600文 |

从上表可以看出，总司和司银无伙食钱，说明这两个职位应该是兼职，并不常驻办公，故司银的收入在救生局中并不是最高，主持日常工作的司事收入更高。

总的来看，清中叶救生会社实际工作的高层管理人员（委员、总司和部分司银除外）的年收入一般在70800文至160800文之间，折合银两为一年47至107两。而慈善救生组织内杂役们的年收入一般在21600文至36120文之间，折银一般在每年14两至24两间，应该与当时其他政府衙署的杂役收入相当。

到了光绪年间，随着物价上涨，救生会组织的收入普遍上涨。前面谈到同治至光绪末，银价一般在1∶1500至2000之间。[①]由于只是光绪最后几年到民国初期银价达到2000文，故我们仍按1500文来计算。光绪年间的《岳州救生局志》中有大量管理人员的薪俸情况记载，我们再以此记载与其他零星记载相比对，便可对清末慈善救生组织人员的收入情况有总体了解。

---

① 石书平：《清代银钱比价关系探微》，《辽宁师范大学学报》，1999年6期。

表2-8 光绪岳州救生局管理杂役人员薪俸工食等收入表

| | 委员 | 委绅 | 司事（账目） | 司事（杂务、外巡） | 差役 |
|---|---|---|---|---|---|
| 薪俸 | 月50,000文 | 月24,000文 | 月10,000文 | 月8000文 | |
| 工食银 | | | | | 月3600文 |
| 年合计 | 600000文 | 288000文 | 120000文 | 96000文 | 43200文 |

表2-9 光绪岳州救生局分局管理人员杂役薪俸工食等收入表

| | 委员 | 委绅 | 司事 | 打杂 | 差役 | 门役 | 厨丁 |
|---|---|---|---|---|---|---|---|
| 薪俸 | 月30000文 | 月12000文 | 月8000文 | | | | |
| 工食银 | | | | 月3000文 | 月3600文 | 月3000文 | 月3600文 |
| 年合计 | 360000文 | 144000文 | 96000文 | 36000文 | 43200文 | 36000文 | 43200文 |

在一些长江下游的救生局章程中也有许多有关救生组织管理者薪俸的记载，如《焦山救生会章程》中有总局司事月薪8000文，分局司事月薪7000文的记载。[①]特别是清代旧海关《中国救生船》中录入的清末上海救生组织管理者和水手杂役收入情况，较为详细。

---

① China.Imperial Maritime Customs（Special Series：no18）：*Chinese Life-boats*. p. 88.

第二章 社会发展进程与社会经济话语 101

表2-10　清末上海救生会堂管理者薪俸辛资收入表

|  | 委员 | 司事 | 把舵 | 铁匠 | 火夫 | 水手 |
|---|---|---|---|---|---|---|
| 薪水钱 | 月30000文 | 月20000文 |  |  |  |  |
| 辛工钱 |  |  | 月9000文 | 月20000文 | 月7500文 | 月7700文 |
| 年合计 | 360000文 | 240000文 | 108000文 | 240000文 | 90000文 | 92400文 |

清代旧海关《中国救生船》中录入的其他材料可证明以上资料的代表性。如其记载光绪十五年（1889年）芜湖大江救生局司事薪水为3600文，日伙食80文，年收入72000文，计48两银；火夫辛工钱1800文，日伙食50文，年收入39600文，计银26两多；看门、打杂辛工钱1500文，日伙食50文，年收入36000文，计银24两。[①]而据清末安徽《皖省体仁救生二局》章程记载，分局司事月薪2000文，年收入只有24000文；常川司事则为4000文，年收入也只有48,000文；斋工工食银1800文，月伙食200文，计年收入23400文。[②]据《华阳镇救生局》章程，司事薪银每月达10两，月伙食3000文，计司事每年收入216000文，计银144两；局夫工食钱月3000文，月火食钱2000文，年收入60000文，计银40两；火夫工食钱月3000文，火食钱月3000文，年收入72000文，计银48两。[③]

《峡江救生船志》没有记载上层管理阶层的薪俸情况，因峡江救生组织以官办为主，上层管理人员完全按官员薪俸标准计算。但志中谈到每船有一名书识，负责经理册报文件，每月薪水12（串

---

① China.Imperial Maritime Customs（Special Series：no18）：*Chinese Life-boats*. p. 55.
② China.Imperial Maritime Customs（Special Series：no18）：*Chinese Life-boats*. p. 79.
③ China.Imperial Maritime Customs（Special Series：no18）：*Chinese Life-boats*. p. 37.

千文,每月另给米钱900文,年收入为银103两左右。志中还记载了红船协助员,如巡江领哨每月公费银8两,年96两,舢板哨弁月津贴银2两,年24两。还有一处谈到哨官每月津贴钱12串文,月8两,年收入96两;巡河勇月1串500文,折1两,年收入12两;南沱巡司薪水每月8串文,年银64两,巡河弓兵月1串500文,年收入12两。[①]总的来看,下层管理人员哨官年收入在银103至108两之间,但一般兵弁年收入在银12两至24两之间,与一般官府衙役收入相当。

从清末救生组织情况来看,上层管理人员的收入已经高达96000文至600000文之间,折合银64两至400两之间,而杂役一类人员收入也在36000文至43200文之间,计24两银至28两银之间,个别火夫可达48两。技术性的铁匠、把舵收入高达108000至240000文之间,即72两至160两银之间。总的来看,清代内河救生组织管理人员收入体现为两个特征,一是高层中实际管理人员的薪俸相对较高,总局委员、司银等虚职往往并不是收入最高的;一是低层管理人员和杂役中技术性人员薪俸相对较高,如同为司事,往往文书、财目司事比一般司事收入高,而杂役中铁匠、把舵、火夫等有一定技术含量的又比一般打杂、门役的收入高。这种从业人员中具体做事人员和技术性人员收入相对较高显现了当时的社会认同和价值取向是较为合理公平的。

(二)上下内外——救生组织从业人员收入比较研究

分析清代救生组织服务人员收入的内外差异,可折射出当时

---

① 贺笏臣:《峡江救生船志》卷二《文件》,光绪四年刻本。

的社会价值取向。分析公益救生组织从业人员上下层之间的差异，则有关乎公益服务行业的特殊"场景道德相适度"问题，即同在一个公益服务场景下，收入差异度大小对行业情感的影响问题。我们首先关注救生组织管理人员与第一线的红船救生水手之间的收入差异。

清代内河救生组织第一线救生水手的报酬，以前我们认为每月6钱至1两工食银，仅仅600文至1000文收入，每年最多仅12两银，加上赏钱也不会太多。①但后来从有关记载来看，远非如此简单。

大量文献记载红船水手每月工食银为5至6钱，每年工食钱在6两至7.2两之间。据《清代巴县档案》记载，乾隆时红船水手30名，每人每天工食银二分，一年共为216两银。②据《清代巴县档案》记载道光、③咸丰年间均为6钱，④与我们以前所考证的并无差异。特别是据《清代巴县档案》记载的同治年间具领状更具体，其称："具领状：救生船水手徐大元、郑贵、黄得顺、胡月礼、彭得顺等今于大老爷台前实领得本年分春季自正月初一起至三月底止，计三个月身等三十名，每月领银六钱，除扣解减平并搭解官票外，实领银四十九两二钱三分二厘，所领是实。准领每两可扣减平六分支放。

---

① 蓝勇：《清代长江上游救生红船制研究》，《中国社会经济史研究》，1995年4期。
② 《本县大河救生船水手况声远等人控县衙克扣工食于臬司讯结》，四川省档案馆藏清代巴县档案·乾隆朝，档案号：6-2-03004。
③ 《巴县呈造道光二十三至二十五年驿站铺司救生船支绘过各项银两奏销卷》，清代巴县档案·道光朝，档案号：6-7-00775。
④ 《巴县奉札造呈驿站夫马铺司兵等各项工料银两奏销申解等卷》，清代巴县档案·咸丰朝，档案号：6-18-01003。

同治元年四月十四日具有唐顺手"。① 显然，从清初到清末，救生红船水手的工食银按银计价并无大的变动。

不过，从清中叶到清末以文相计的红船水手工食银来看，可能情况更复杂。如果简单按1000文折算，用文记载的口径普遍偏高，形成用银用文记载间的矛盾。所以，我们必须按物价来修正。首先我们据同治年间《辰州府救生局总记》记载，当时水手的工食钱月1500文，如果按一两1000文计算，每年可达18000文，即18两。加上其他杂项，每年收入在32880文，合银32两左右。考虑到白银价格波动，以清中叶一两银1500文计算，当地水手月工食银在1两在右，年可达12两；如果以2000文计，则7.5钱，与前面记载的水手6钱接近，年可达9两。

表2-11　辰州府救生分局红船水手薪水表

| 炭钱 | 年720文 |
| --- | --- |
| 工价钱 | 月1500文 |
| 月谷 | 1石 |
| 牙祭钱 | 月80文 |
| 三节赏钱 | 600文 |
| 年合计 | 32880文，约21.9两 |

上表合计水手年收入可达21.9两，显现到了清末救生组织人员的收入有了一些变化。据《峡江救生船志》卷二记载，红船水手工

---

① 《各救生船水手具领工食银两卷》，清代巴县档案·同治朝，档案号：6-23-01030。

食钱每月1串文至1串500文，如果以清末白银折1500文计，约1两左右，与上面按银记载出入并不大。但《峡江救生船志》卷二又一处具体讲舵工每日140文，头工130文，桨手120文。另据《清代巴县档案》记载光绪时，救生船四只，舵工每天工食钱120文，水手100文，[①]据《清代巴县档案》记载光绪时，舵工每月3钏600文（3600文），[②]折合一年收入在24至33.6两之间。

《清代巴县档案》有一个救生红船工食赏钱申请单，可以证明以上这些记载确切无误。其称："前宪台彭檄发红船四只并章程一纸，饬即照章妥为救护，所需工食、赏号、抬埋、修补等项钱文由库请领等因，遵奉在案。查卑职接准前署县袁令韵春移交，自光绪十三年闰四月二十四日起至五月二十三日止，除小建外，计二十九天。红船四只，每只舵工一名，日给工食钱一百二十文；水手三名，每名日给工食钱一百文。总共舵工四名，水手十二名，共垫支钱四十八千七百二十文……又卑职自五月二十四日起至八月二十三日止，除小建外，计八十八天。红船四只，每只舵工一名，日给工食钱一百二十文；水手三名，每名日给工食钱一百文。总共舵工四名，水手十二名，共垫支钱一百四十七千八百四十文……理合备具文领，专书李鸿仪申请。"[③]

从以上记载可以看出，当时救生水手每月工食钱可达3600文

---

[①] 《各救生船水手具领工食银两卷》，清代巴县档案·光绪朝，档案号：6-33-05628。
[②] 《道宪扎发巴县所制救生红船四只饬募舵工水手及巴县禀安设地方及遵办情形等情》，清代巴县档案·光绪朝，档案号：6-33-05604。
[③] 《各救生船水手具领工食银两卷》，清代巴县档案·光绪朝，档案号：6-33-05628。

至4200文之间。如果按一两银折1500文，月银为2.4至2.8两，年收入可在28至33两之间，已经明显比法定的月6钱年7.2两多。所以，我们发现，如果仅从工食钱、薪俸之间的参比来看，清末救生组织的管理阶层年收入在64两至400两之间，而杂役、水手人员的收入也在24两至33两银之间，也就是说上层管理层的正常收入一般为杂役、水手的2至13倍之多。杂役与救生水手的收入本来相差并不多，但是救生水手由于有赏钱收入，可能情况会更复杂一些。

表2-12 光绪十二、十三、十四年巴县救生红船救护赏号钱表[①]

| 滩名 | 舵工名 | 失吉船型 | 船主 | 装载货物 | 船失吉状 | 落水人数 | 救起人数 | 赏号钱数据 |
|---|---|---|---|---|---|---|---|---|
| 小河 | 张玉顺 | 船 | 蒋兴登 | 行人 | 覆舟 | 5 | 5 | 6000文 |
| 大河 | 文玉 | 三板船 | 蔡永顺 | 杂货 | 滚滩覆舟 | 6 | 6 | 7200文 |
| 大河 | 李兴发 | 三板船 | 戴茂盛 | 杂货 | 浪岔舟覆 | 6 | 6 | 7200文 |
| 小河 | 张玉顺 | 揽载船 | 蔡永顺 | 米粮 | 碰石覆舟 | 8 | 8 | 9600文 |
| 大河 | 文玉 | 梢船 | 薛新发 | 行人 | 遇浪舟覆 | 3 | 3 | 3600文 |
| 大河 | 李兴发 |  |  |  | 浮尸 | 5 | 5 | 8000文（含棺木、石碑钱4000文） |
| 小河 | 张玉顺 | 船 | 吴世洪 | 杂粮 | 滚滩覆舟 |  | 7 | 8400文 |
| 大河 | 文玉 | 梢船 | 余长生 | 行人 | 遇浪覆舟 | 7 | 7 | 8400文 |

从表2-12可以看出，由于救生水手有救生中计件发给的赏钱，可能实际收入会远远高于一般杂役。清代衙役月工食银6钱、年工

---

[①] 清代巴县档案·光绪朝，档案号：6-33-5628，6-33-05630，6-33-05632。

第二章 社会发展进程与社会经济话语 107

食银7两2钱是清代县级衙役象征性的额设标准,[①]也有人认为清代一般劳工的年收入只有5至10两银子加饭食。[②]据四川冕宁县清代档案记载来看,当时禁卒、更夫、捕役、仵作每年工食钱6两,铺司兵为6两,仓夫斗级工食银6两,随学仵作工食银3两。[③]同治时期剑州官府卫役马夫工食钱为6两,一般民壮为8两。[④]嘉庆时宜宾县衙役工食银多为6两,如铺司兵也仅6两,[⑤]如果加上其他津贴、规费,收入可能会再略高一些。据《沿江滩规》记载,当时川江各滩的纤价在8至72文之间,以30文为常数。[⑥]我们以每个纤夫每天盘滩5次为常数,以26天为工作日,月收入大约在4000文左右,可见当时纤夫实际收入可能本身与救生水手的工食银收入相差不多。不过,由于救生水手工食钱按月计算而相当稳定,重要年节都照例发给节钱,而具体救生、捞浮、收瘗还另有赏钱收入,这些赏钱收入甚至可能高于工食银本身。如救起1人赏1200文,而捞浮一具赏800文,如表2-12,一个月一次救起6人,就可增加7200文钱,一年可增加86400文,折白银57两之多。按一船有三个水手计算,加上工食银,水手一年收入可能已经有50两左右了。

总的来看,清末救生组织从业人员年收入形成四个层次,第一层次上层管理人员收入在64至400两之间,第二层次管理技术衙役收入在72至160两之间,第三层次第一线水手收入在50两左右,

---

① 周保明:《清代地方吏役工食银考论》,《中国社会经济史研究》,2009年3期。
② 张仲礼:《中国绅士研究》,李荣昌译,上海人民出版社,2008年,第217页。
③ 李艳君:《从冕宁县档案看清代民事诉讼制度》,云南大学出版社,2008年,第33—35页。
④ 同治《剑州志》卷六《赋役》,同治十二年刻本。
⑤ 嘉庆《宜宾县志》卷八《田赋志》,道光二十三年刻本。
⑥ 光绪《沿江滩规》,光绪年间刻本,藏湖北恩施州图书馆。

第四层次一般衙役收入在24至28两之间。应该说这种层级收入状态客观反映了清代慈善组织内部政治经济地位的基本状态，即即使是在公益慈善这样的行业内部，下上层之间的收入差异也是较为明显的，而拥有技术和承担风险的职位相对收入更高。

当然，我们会问，清代内河慈善救生组织从业人员的收入状况在整个清代慈善组织内处于一个怎样的地位呢？这不仅要回答清代内河慈善救生组织从业人员的收入状况在整个清代慈善组织内的地位问题，更要回答以清代内河慈善救生组织收入情况为清代慈善组织代表与其他行业收入做比较是否具有代表性和典型性的问题。所以，我们首先应该研究一下其他慈善组织从业人员收入状况。

我们先了解一下上层管理人员收入。据记载，清中叶江苏抚婴堂条规规定司事每月有辛资钱3000文，逢年节另送1600文，家有正事分送1000文。[1]估计加上其他杂项收入，一年应该在50000文钱左右，约合当时50两银钱。清后期的同治年间，江宁府普育堂上层总会办委员、帮办委员、司事的月薪金在6至20两之间，计一年为72至240两之间，江宁府清节堂委员、司事月薪在6至12两间，计一年为72至144两间。[2]同治时湖南平江县育婴堂司事每年辛工伙食钱48串文。[3]同治时湖北汉阳县育婴堂首士辛资、伙食钱一年为96串文。[4]据光绪十六年（1890年）、二十七年（1901年）和民国十三年（1924年）《新安屯溪共济局征信录》记载，光绪十六年（1890

---

[1] 余治（莲村）：《得一录》卷三《抚婴馆司事辛俸经管薄册》，《近代中国史料丛刊》三编：第92辑第911册，文海出版社有限公司，1982年。
[2] 涂宗瀛：《江宁府重建普育四堂志》卷五《章程》，同治十年增修。
[3] 同治《平江县志》卷一一《建置志公所》，光绪元年刻本。
[4] 同治《续辑汉阳县志》卷一二《公署》，同治七年刻本。

年）共济局司账一年大洋60元，另钱5200文，光绪二十七（1901年）年共济局的司事一年收入领大洋60元，另有钱4800文，民国十三年（1924年）增加为大洋92元，另钱仍是4800文。如果加上其他杂项收入，一年应该在70至100大洋左右，即50至70两银子。折算下来，这些慈善组织中上层收入与前面谈到的公益救生组织上层收入中上等水平相当。

再比较一下中层管理人员收入。嘉庆时，松江育婴堂司堂、司察、司籍年辛资在18至24千文左右，加上其他杂费，可能计银30两左右。①清代江宁清节堂外设学堂聘老师每年束脩24000钱，加上三节3000钱，另加正事费，约银30两左右。②同治时，江宁普育堂医士工食银2两，年薪24两。而教师脩金月6两，另有食米、柴薪、灯油茶、敬钱、酒席等收入，年薪应该在100两左右。牛痘局帮办薪水银、书识和局差的工食银在月8000文至3两不等，约年收入40至100两左右。③同治时汉口普济堂医科年薪银为19两2钱。④同治时长沙育婴堂医生年薪96两。⑤据光绪十六年（1890年）、二十七年（1901年）和民国十三年（1924年）《新安屯溪共济局征信录》记载光绪十六年帮忙局友4个半月为大洋11元左右，另钱1800文，光绪十七年局友4个半月18000文，另4800文钱，而光绪二十七年帮办一年大洋36元，另钱4800文，核算下来一年在25至40银两间。也就

---

① 【日】夫马进：《中国善会善堂史研究》，伍跃等译，商务印书馆，2005年，第234页。
② 余治：《得一录》卷三《抚婴馆规》，《近代中国史料丛刊》三编。
③ 涂宗瀛：《江宁府重建普育四堂志》卷五《章程》，同治十年增修。
④ 同治《续辑汉阳县志》卷一二《公署》，同治七年刻本。
⑤ 同治《长沙县志》卷九《保息》，同治十年刻本。

是说，公益救生组织中层人员收入也与其他善会善堂的中层人员收入相差不多。

最后我们比较一下救生组织下层人员收入情况。嘉庆时松江育婴堂杂役等年收入为10000文左右，折银大约在10两左右。① 而江宁清节堂雇工服役一年6000文②，加上其他杂费，可能也不会超过10两银子。同治时，江宁府普育堂下层门役杂差一般月工食银3两，年工食银36两，但一般打杂的只有几百文。③ 道光时重庆府育婴堂堂役的工食钱为6两左右。④ 同治时汉阳县育婴堂、普济堂杂役一般年工食银3两6钱到40两之间。⑤ 据光绪十六年（1890年）、二十七年（1901年）和民国十三年（1924年）《新安屯溪共济局征信录》记载，光绪十六年（1890年），厨役一年薪水为19500文，另钱5200文，共约16两，光绪二十七年（1901年）为17两左右，杂工有13.6两左右。显然，公益慈善救生组织下层人员收入整体上也是与其他慈善组织下层人员收入相当的。

江宁府普育堂内还普遍雇用一种叫"棚头"的人员，每月只有辛工钱50至100文左右，善堂每天发给食米、柴薪，几乎没有其他收入，⑥ 而汉口普济堂有一种"办事人"日给米八合，每月有一点蔬菜银，⑦ 很像今天的义工、志愿者。⑧ 这个问题需要进一步研究。

---

① 【日】夫马进：《中国善会善堂史研究》，伍跃等译，商务印书馆，2005年，第234页。
② 余治：《得一录》卷三《清节堂章程》，《近代中国史料丛刊》三编。
③ 涂宗瀛：《江宁府重建普育四堂志》卷五《章程》，同治十年增修。
④ 道光《重庆府志》卷一《舆地志》，道光二十三年刻本。
⑤ 同治《续辑汉阳县志》卷一二《公署》，同治七年刻本。
⑥ 涂宗瀛：《江宁府重建普育四堂志》卷五《章程》，同治十年增修。
⑦ 同治《续辑汉阳县志》卷一二《公署》，同治七年刻本。
⑧ 涂宗瀛：《江宁府重建普育四堂志》卷五《章程》，同治十年增修。

前述清代公益救生组织下层服务人员中，第一线的承担生命风险的从业人员往往实际收入会更高一些，因救生红船的救生、捞浮、收瘗工作如确实按规章实行，救生水手除相对较稳定的工食钱外，计件的赏钱的发放会使他们在下层人员中收入相对偏高。与此相似的是清代江宁府普育堂内的水龙夫，除每月有工食银3两外，每救火一次可得赏钱1400文。①这可能是对公益慈善组织中第一线的水手、水龙夫冒着较大生命风险的补偿。

通过以上对清代公益慈善救生组织从业人员收入与其他慈善组织从业人员收入的比较，我们发现整体上收入相差无几，故清代公益慈善救生组织人员的收入具有典型性，可以作为清代慈善组织收入情况的代表与其他行业收入进行比较研究。

当然，要整体认识清代救生会社从业人员收入高低，我们必须将清代救生组织从业人员的收入状况作为公益慈善组织从业人员收入状况的代表，与政府衙门官员及衙役收入做一番比较，即关注救生管理人员与同时期文武实职官员收入之间、救生组织第一线水手与政府一般衙役收入之间的差异，从中透视清代更深层次的社会背景。

清代政府官员的收入主要由固定俸禄（俸银、禄米）、固定津贴（养廉银、公费）、不固定规费三大部分组成，其中前两项为正常收入。一般京官除俸银外会有禄米和柴薪银，而地方官往往只有俸银和养廉银，后来养廉银也在京官中发放。据《皇朝文献通考》卷四二《国用考·俸饷》记载，京官和外官文职一般七品俸银45

---

① 涂宗濂：《江宁府重建普育四堂志》卷五《章程》，同治十年增修。

两，八品40两，九品33.1两，从九品31.5两，京官给每两银禄米一斛《钦定大清会典则例》卷五一《户部俸饷上》《钦定大清会典》卷一八也有类似的记载。由于京官有禄米，加上恩俸双倍的俸银，往往京官俸银收入相对较高。但地方官的养廉银也较多，如雍正年间，各省总督养廉银在3000至13000两之间，巡抚在1500至10000两之间。[①]道府官员一般在5000两左右，州县级官员一般在1000至2000两之间，如云南的知县正俸45两，但养廉银高达800两，贵州的知县养廉银也达400两[②]，连未入流的典史也有数十两或上百两养廉银。[③]同时，大多数官员都还有一笔公费收入，如知县一般每年有100两公费收入。[④]这样，一位七品县官虽然一年正俸仅45两，约只有45000文，但养廉银高达1000两左右，则有100.45万文左右，远远高于救生组织最高司事的600000文。如果以最低的贵州知县收入来看，则有445000文。从表面上来看，救生组织司事收入与县级官员相等同，但在职官员们除了正常收入外，不固定的规费收入往往更是相当可观。有学者专门研究过清代前期督抚一级官员的陋规收入，[⑤]认为一般知府一年往往有五万多两额外收入，知县也有三万多两。[⑥]显然，救生组织的管理人员收入与政府官员加上不固定规费的收入相比，差距就很大了。前面已经谈到，公益救生组织一般杂役的收入与同时代同阶层的禁卒、更夫、捕役、仵行、铺司兵、

---

① 李志茗：《论清代俸给制度的嬗变》，《史林》1998年1期。
② 南苏：《清代养廉银制度研究》，辽宁师范大学，2012年，第15，19页。
③ 赵慧峰、杨爱琴：《清代的职官俸禄与廉政》，《中州学刊》1997年4期。
④ 张仲礼：《中国绅士研究》，李荣昌译，上海人民出版社，2008年，第219页。
⑤ 李春梅：《试探清代前期督抚的陋规收入》，《内蒙古社会科学》，2005年4期。
⑥ 张仲礼：《中国绅士研究》李荣昌译，上海人民出版社，2008年，第233页。

仓夫等一般衙役收入相差并不大，而第一线的水手由于有赏钱收入从表面上看可能会更高一些，但清代政府有的衙役也多少有一些不固定的收入，所以，比较起来是非常复杂的。

（三）难言之隐——慈善组织内部服务义务性的丧失

应该看到，目前中国慈善史研究虽然成果丰硕，但其中关注慈善组织内部人员收入的研究相当少，许多问题人们都不够清楚。早在民国《双流县志》中就谈到县境与善公所职员"纯系义务，并无薪赡，惟备烟茶而已。"[①]近来任云兰曾谈到，中国传统慈善组织的管理一度实行轮值制，管理人员只是尽义务，并不拿薪金，近代董事制度引入后才发生了一些变化。[②]黄鸿山谈到："值得一提的是，至少从账目上看，董事们没有从义仓中领取分文薪资"，但是义仓委员、随办委员在义仓中支取有酬薪。[③]方福祥也谈到："会首制、董事制是明清杭嘉湖慈善组织的基本管理模式，会首、董事常不支取薪水，或象征性支取。"[④]梁其姿注意到慈善组织的官僚化问题，即官方影响增强，使经费扩充更有保障，管理水平更上轨道，有时也更僵化等问题，然而并没关注到内部组织人员报酬的官僚化问题。[⑤]总的来看，学术界对此关注较少，仅有的关注也认为传统

---

① 民国《双流县志》卷二《自治》，民国二十六年铅印本。
② 任云兰：《近代天津的慈善与社会救济》，天津人民出版社，2007年，第186页。
③ 黄鸿山：《中国近代慈善事业研究：以晚清江南为中心》，天津古籍出版社，2011年，第234—235页。
④ 方福祥：《明清杭嘉湖慈善组织的特征分析》，《浙江社会科学》2007年6期。
⑤ 梁其姿：《施善与教化：明清时期的慈善组织》，河北教育出版社，2001年，第137页。

慈善组织不仅对外服务公益性明显，而且内部人员服务的公益性、义务性也明显，往往分文不取，或部分人员领取，或只是象征性领取，不仅传统善堂善会是这样，近代公益社团组织也如此，但实际情况是怎样的呢？至少以上我们的研究表明，情况并不是如此。

按照学术界的分析，中国传统慈善事业是建立在中国传统社会民本主义、儒家仁爱、佛教因果报应、道教劝人为善等伦理思想之上的，[①]所以，一般意义上公益慈善是一种义务和善举，这不仅体现在义捐上，也体现为参与工作的义务性，所以从理论上讲，不论是捐款董事，还是司事、委员、杂役，都应该是完全义务的。所以现代人们认为经济自治团体"不能以营利为目的，更不能为其个别成员谋取不正当利益，其合法经营产生的效益也不能向其成员分配。"[②]也就是说，现代人观念中从事公益慈善具体工作的服务人员应该是义务的或是低薪的，这符合传统伦理道德，也是与现代公益事业的价值取向相吻合的。

但是我们发现，至少从清到民国初期的内河公益救生组织来看，虽然其外在服务的公益性相当明显，许多方面值得现代社会借鉴，但其内在服务的性质却与我们传统认知的完全义务性存在相当大的差距。这不仅表现在内河公益救生方面，其他慈善公益组织也大多如此。当然，这个问题具体分阶层、分时段来看也呈现出一定的复杂性。

清代中国内河公益救生组织从业人员有薪金工食收入已经完全是一种常态，不存在传统认为的义务性是可以肯定的，体现为具体

---

① 王卫平：《论中国古代慈善事业的思想基础》，《江苏社会科学》1999年2期。
② 陶广峰：《经济法原理》，中国政法大学出版社，2005年，第93页。

管理人员显现相对低薪化、董事高层福利化、一线有生命风险工作人员相对高薪化的特征。总体而言，清代内河救生公益慈善组织内部人员分级明显，酬金分配详细，显现传统官府建构的等级化、兼职官商的功利化，这使得中国内河传统公益慈善救生组织虽然外在服务公益性明显，但从内部特征来看显现组织建构"官府化"、服务"有偿化"特征。

不过，如果具体分不同阶层来比较，可能差异较大。早期公益救生组织出任总司事、委员、委绅、司事的往往本身是大地主、在任军政大员或富商大贾，在轮值制度下，不论有无薪金，还是薪金相对较低，可能对他们的收入影响都不大。全职从业于救生组织的高层管理人员的公开收入与同时期政府官员公开收入相差不多，并不存在完全的义务性，只是由于官员们有不固定规费收入，故可能实际收入相差较大。

这里要说明的是清代慈善组织高层管理人员的收入也随时代而有所变化，更因阶层差异显得较为复杂。从公益救生慈善组织的情况来看，出任总司事、委员、委绅、司事的大地主、在任军政大员或富商大贾，不领取伙食钱，表明他们并不常驻办公而为兼职，而按相关具体章程来看，确实标明了他们的薪金标准，只是无法证明他们是否从公益慈善组织中领取了这笔薪金。但有的慈善组织则是另一种情况，章程中标明高层管理人员无薪水，具体管理人员才有薪水，如清代江宁清节堂规定"本堂董事，永不准支取辛俸。"[1]嘉

---

[1] 余治：《得一录》卷三《清节堂章程》，《近代中国史料丛刊》三编。

庆时瓜洲育婴堂规条中明定"司事不支薪水"。①嘉庆时平湖县普济堂司岁、司月、司旬不支薪水，唯常年服务的司堂"酌送薪水"。桦江府华娄普济堂经董"不支薪水"，但具体工作的经帐、长帐等人员则每月领薪水。同治时南浔育婴堂董理轮流值堂，不支薪水，具体管理的司众以下人员每月皆领薪水。②清末杭州同善堂总董只有夫马银和饮食银，并无薪水。③所以，夫马进在谈到嘉庆年间松江育婴堂司年，司月（堂董、董事）不受薪时认为："他们本来就是自行齐集结成善会，自然是不受薪的"。④有的慈善机构到民国时，章程中都规定职员是义务的，如民国时华阳县借贷处职员"皆行义务而无薪给"。⑤

但后期情况发生较大变化，据余治《得一录》卷三记载江宁清节堂称：

> 按本堂规则内，董事永不准支辛俸一条，此就眼前而论，日后恐难为继。盖殷实之人者作董事者甚少，倘有寒士好善，品行端方，办事诚实，而以馆伙糊口者，焉能舍彼就此，惟议俸则可以聘请，而董理亦可专心。⑥

---

① 《瓜洲育婴堂规条册》，民国《瓜洲续志》卷一一《善堂章程规条》，民国十六年铅印本。
② 王卫平、黄鸿山：《中国古代传统社会保障与慈善事业》，群言出版社，2005年，第224—292页。
③ 吴国强：《杭州同善堂探究》，杭州师范大学硕士论文，2008年，第17，20页。
④ 【日】夫马进：《中国善会善堂史研究》，第233页。
⑤ 民国《华阳县志》卷三《建设·义举》，民国二十三年刻本。
⑥ 余治：《得一录》卷三《吴复初捐助清节堂孤儿司业成家贴费规条》《近代中国史料丛刊》三编。

所以，前述文献都记载了大量公益慈善组织委员、司事等中高层管理人员的薪金标准。另当时江苏抚婴馆规定司事每月有辛资钱3000文，逢年节另送1600文，家有正事分送1000文。[①]枫泾同善会也明确规定择董事"每月酌送修议"。[②]四川合川县书院局绅、育婴堂正绅年薪规定为36两。[③]

只是这里我们发现了一个十分微妙的变化。我们注意到《新安屯溪共济局征信录》中，光绪十五年（1889年）的支出中只有司账、医生、局友、厨役、杂役等人员的修金、薪水账目，并无司事、司理的薪水开支项目。但从光绪二十七年（1901年）开始，不仅有以上职位人员的开支，而且已经有了司事、司理等负责人的修金、薪水开支。不过很有意思的是，《新安屯溪共济局征信录》所附的条规中一直都没有司事们的收入条款，只是在收支目录中显现他们的收入开支。夫马进在《中国善会善堂史研究》一书中罗列了大量善会善堂的收支情况，[④]我们也发现早期支出完全没有管理人员薪水工食这一项，后来则有堂中杂用、局用杂项、堂中杂项条目，占总支出的10%至30%之间，开支不小而具体不明。唯其中同治、光绪年间上海同仁堂支出"堂中杂项"后专门注明是"伙食束修辛工"，透露出杂用主要用于管理人员收入开销。这个细微的变化至少向我们透露出两个差别信息，一是时间早晚的差异，即从早

---

① 余治：《得一录》卷三《抚婴馆司事辛俸经管薄册》，《近代中国史料丛刊》三编。
② 余治：《得一录》卷一《同善会章程》，《近代中国史料丛刊》三编。
③ 民国《新修合川县志》卷二九《掌录·公善》，民国十年刻本。
④ 【日】夫马进《中国善会善堂史研究》，伍跃等译，商务印书馆，2005年，第514、539、546、561、574页。

期章程条规、征信录中高层无收入到后期有收入之差别；一是章程与账目的差异，即条规、章程中无高层收入条款与收支账目中有高层薪金的记载之差别。

这种变化后面显现民间善会善堂在管理人员收入，特别是高层管理人员薪水方面总是遮遮掩掩，不是在条规中不写高层管理人员薪金条，就是在收支文本中将薪金混在杂用开支之中，似有一种难言之隐。这种状况可能表明条规的制度层面的设计与实际运行的差距，也可能是条规设计在前，实际运行中有所改变。正是历史上慈善组织对高层管理人员收入情况尽可能地掩饰，使得当今学术界对慈善组织内部机制关注相对不够，难怪前面黄鸿山谈到至少从账目上看董事们没有领取分文薪资，方福祥也认为会首、董事常不支取薪水，或只象征性支取。

无论认为这种状况是随时间而发生变化，或是受当时社会影响的一种掩饰，形成这种状况的原因可能都较为复杂。

其一，据梁其姿研究表明，明清时期的慈善组织经过了从都市善会、大型善堂向小社区小善会善堂的发展过程，在这个过程中，慈善组织的领导人从早期的多大儒生，后来多地方绅商，到最后以中下层儒生为主，因其较为清贫，需要从中得到一些实际利益。[①]显然，前面两类人有一定的地位和特权，善会经济收入对他们来说并不重要，但当慈善组织扩大，从事服务人员增多时，必然会有大量有办理能力的寒士参加管理，所以余治称："倘有寒士好善品行端方办事诚实而以馆伙糊口者，焉能舍彼就此，惟议俸则可以聘请，

---

① 梁其姿：《施善与教化：明清时期的慈善组织》，河北教育出版社，2001年，第316、323页。

而董理亦可专心。"在这种背景下,寒士阶层的司事等管理人员有基本的薪金自然是在情理之中。换句话说,当公益慈善组织越来越多,组织越来越大,从业人员越来越多时,完全靠从业人员无偿服务显然是不现实的,而构建一个合理的从业人员薪金发放标准,是公益慈善组织的探索过程,所以往往在记载上显现矛盾之处。

其二,以前学者谈到传统慈善的近代化,只谈到慈善会社外延服务扩大、从只重养到"教养并重"和管理上从轮值制向董事制转变,并没谈到近代董事制度对民间善堂善会内部服务人员利益的影响。其实,轮值制往往是由捐资者轮流参与管理,是比较原始的管理方式,就是所谓"每年公举公正绅耆两人承充董事,年终更换,一律焚疏报销。"[①]在这种管理方式下,管理人员多与捐资者重合,自然无薪金之说,正如夫马进所称:他们本来就是自行齐集结成善会,自然是不受薪的。但在董事制度下,管理者与捐资董事往往分离,实际管理者(也可能是董事)领薪金自然有制度上的可能和现实中的必要。

其三,中国传统慈善组织中官办的养济院之类往往完全按照官府管理范式进行管理,从业人员完全有薪俸工食银,这个容易理解。巴县救生红船就是完全按照巴县衙门官吏杂役的规定进行管理,所以,其上层管理人员往往拿政府的薪俸,下层杂役往往就拿工食银。近代由于市民社会的兴起,地方绅士、精英、商人势力扩张到公益慈善领域,公益慈善事业中外在服务的公益性、义务性更为明显,但是同时公益慈善内部组织建构"官府化""服务有偿

---

① 民国《新修合川县志》卷二九《掌录·公善》,民国十年刻本。

化"也更明显。其实，中国传统社会"家国共构""国家与社会同构"，公权强大，缺乏自治，有的学者认为近来海外学者津津乐道的所谓"公共领域"并没形成，黄鸿山谈到直到晚清中国慈善组织强国家弱社会的特征仍然十分明显，[1]王卫平、黄鸿山也认为中国传统社会保障制度中政府的介入程度是很深的。[2]在政府强力介入社会、家庭的文化语境中的中国传统公益慈善组织，虽然其外在服务的公益化明显，其内在服务的结构组织往往不知不觉染上了官府的色彩，按照官府等级安排薪金自然顺理成章，故其公益服务内在的义务性就往往丧失或不明显了。

如果认为这是制度设计与现实运行的差异，可能就反映了中国传统社会表面制度与传统社会潜规则运行之间的差异。近代公益慈善事业中一方面存在夫马进谈到的对捐助者的摊派"徭役化"问题，一方面又存在慈善组织从传统内外的公益一体化向对外公益而对内服务遮遮掩掩的有偿化的发展过程。历史，一方面是书写在法律、条规制度上的历史，一方面是运行在现实社会中的历史。从来中国历代官员的不固定规费收入一般不可能写入公开的会典、则例、章程中，只在内部收支中有所记载，或根本没有记载，或加以掩饰地记载。特别是从事公益慈善事业，外在的公益性与内在的有偿性往往与自己的情感世界相冲突，是社会矛盾关注的焦点，人们对此更是遮遮掩掩，故很大部分慈善堂的章程中都只有对选择司事标准、报酬的规定，而没有董事、司事报酬的具体条款，如苏

---

[1] 黄鸿山：《中国近代慈善事业研究：以晚清江南为中心》，天津古籍出版社，2011年，第237页。
[2] 王卫平、黄鸿山：《中国古代传统社会保障与慈善事业》，群言出版社，2005年，第312页。

州育婴堂的章程四十二条。[①]即使章程中有关于从业人员报酬的规定，这些章程也大多数只用于内部管理，并不完全公开。只在一些征信录、报告书中对慈善从业人员收入情况偶有反映，而且也是用"堂中杂用""局用杂项""堂中杂项"等条目反映出来，看不见薪金发放痕迹；[②]有的则笼统将薪金与杂用混在一起，形成"薪工杂用"[③]"薪水局用""杂用"项目，[④]让人无法了解具体情况。这种情况到了民国仍然如此，如江苏省赈济会将服务人员的薪金统一纳入"维临费"中作收支报告，[⑤]首都冬令救济委员会也是在工作报告中将薪金纳入"特别费""杂支"项中，并不单独列出。[⑥]华洋义赈会的年度核算表中只有办公、差旅、杂支支出，而无薪金支出。这是不是薪金工食银在支出中所占例小造成的呢？显然不是，如前所述清代慈善组织支出中杂用、局用杂项、堂中杂项条目，占总支出的10%至30%之间，主要用于薪金工食银。首都冬令救济委员会事务费占总支出的8%多，主要用于薪金工食的特别费和杂支。[⑦]南京四明公所工作报告明确记载薪俸占总支出的10%左右。[⑧]显然，在各种场景下对管理人员收入的遮遮掩掩，都源于心中的难言之隐。

---

① 程肇清辑《苏郡育婴堂志》，光绪九年刻本。
② 【日】夫马进：《中国善会善堂史研究》，伍跃等译，商务印书馆，第514，539，546，561，574页。
③ 孙云锦重纂《江宁府重修普育堂志》卷五《度中》，光绪十二年刻本。
④ 涂宗瀛：《江宁府重建普育四堂志》卷六《报销》，同治十年增修。
⑤ 杨寿楣：《江苏省赈济会兼理浙江赈济事宜报告书》，南京同仁印刷公司，民国二十九年，第139—140页。
⑥ 《三十六年度首都冬令救济委员会工作报告·出纳表》，南京图书馆藏。
⑦ 《三十六年度首都冬令救济委员会工作报告·出纳表》，南京图书馆藏。
⑧ 《南京四明公所工作报告·收支报告》10、21，南京图书馆藏。

中国人热心于事功总结，中国地方志的编纂传统在世界上首屈一指，而且几乎所有地方志都少不了慈善、善行、恤政、善堂等内容，不过，很有意思的是不论是简略记载，还是详记并附有章程规条，大部分内容都是传扬慈善事功的作用和影响，也有谈到慈善组织收入情况，但绝少谈到内部支出，对从业人员的收入更是绝少提及。显然，中国传统文化中对慈善组织内部收入忌讳尤深。

从历史上来看，公益服务内在义务性的丧失与社会日益强调的外在公益性在情感上相冲突，这往往成为传统社会诟病社会公益慈善救济缺陷的一个重要话柄。从理论上讲现代董事制度有其合理性，而且指望公益服务人员完全义务也不现实、不人道，只是我们认为，从历史的话语角度来看，公益慈善事业本身就是一种相对特殊的行业，即使历史上民间慈善组织董事制度下的从业人员也不是高收入人员，官办公益慈善组织人员更是中低薪化。在公益慈善行业具体从业人员中，技术和风险值高的职位，相对收入更高，也不过达到中层收入水平。

## 四　近代川江木船情结与轮船"制造力""航行权""利益权"之考量[①]

近代以来，对于川江木船冲击最大的莫过于现代机动轮船的影响。一般认为从英国人立德乐于光绪二十四年（1898年）"利川"号试航成功后，宣统元年（1909年）国人自己的"蜀通"号试航成

---

① 此文原刊于《江汉论坛》2018年5期。收入此书作修改补充。

功,中外各自的轮船公司进入川江,对木船制造业和木船运输业的冲击相当明显。所以有记载称"川江航运自轮船通行以后,木船帮生计大受压迫"[①],"但自1898年英国蒲蓝田驾利川小火轮来川处女航后,轮船汽船纷纷来川,木船遂一蹶不振"。[②]

但实际情况可能更复杂一些。我们发现从1890年"挂旗船"出现到在19世纪20年代中外轮船公司商业性运营以前,"挂旗船"时期川江上的木船地位并没有受太大的影响,甚至还有一定的发展。据统计,光绪二十五年(1899年),宜昌重庆航行的木船多达2900艘,载重达43000吨。[③]同时,清末唐家沱厘金船出口多达10000多艘,进口达8000多艘,不算挂旗木船涪江上就有木船5000多艘,泸州港多达3000多艘,唐家沱常年停泊多达千艘以上。[④]据统计,从1908年到1916年间,进出重庆的木船一直稳定在2000艘左右,而吨位还从6万多吨上升到9万多吨,[⑤]所以,邓少琴先生认为"其在当时,民船营运,毫未受轮之侵害"。[⑥]

只是在20世纪20年代以后,中外商业性轮船运输大兴以后,木船业才受到较大的影响,如民国十四年(1925年)渝宜间木船报关仅1只20吨,但机动船多达1100只。[⑦]所以,文献中记载的重庆一带

---

① 代英:《川江木船帮船户的生存权》,《评论之评论》1924年第17期。
② 《川江木船业概况》,《四川经济月刊》1939年第11卷第1、2期。
③ 屈平:《川江航运之回顾及其近况》,《蜀曦》1936年第2期。
④ 四川省交通厅地方交通史志编纂委员会:《四川内河航运史料汇集》第1辑,四川人民出版社,1984年版,第20—21页。
⑤ 《民国六年来之重庆金融市场》,《银行周报》1918年第2卷第39号。
⑥ 邓少琴:《川江航业史》,《西南实业通讯》1943年第8卷第5期。
⑦ 屈平:《川江航运之回顾及其近况》,《蜀曦》1936年第2期。

"民船贸易完全断绝"①、宜渝间"民船必全为轮船驱逐馨尽"②、宜昌一带民船运输业"几尽为轮船取而代之"③都是在20年代至30年代间，而且主要是指进入海关的贸易木船，民间运输中木船量匹巨大。故一般认为到了抗日战争以后，因内地所需要，轮船运力不足，木船运输才重新复苏。

面对轮船进入的冲击，川江上社会各阶层经过了敌对抵制护利、折中挂旗护利、组建公司保权的一个过程。值得特别注意的是，这个过程对川江木船的兴衰影响十分深远，然学界对此问题关注不够，有进一步研究探讨之必要。

（一）川江社会对轮船进入冲击的各种具体应对

面对轮船进入的冲击，川江社会各阶层为了维护木船的地位及其背后的多重利益，人们自觉或不自觉地采取了多种方式应对轮船的冲击。

1. 社会敌对抵制护利

我们知道，近代铁路传入中国社会时，社会上对铁路就有各种妖魔化的认知，出现过1876年从英国人手中购回淞沪铁路设施沉在打狗港的事件。同样，川江木船面对西方轮船"固陵号""利川号"进入川江的冲击，四川民间上下感情相当复杂，许多人首先感

---

① 《重庆口华洋贸易情形论略》，载《关册贸易统计报告》，1922年刊印，第11页。
② 转引自聂宝璋、朱荫贵编《中国近代航运史资料》第2辑下册，中国社会出版社，2002年，第1376页。
③ 转引自聂宝璋、朱荫贵编《中国近代航运史资料》第2辑下册，中国社会出版社，社2002年，第1376页。

到的是轮船进入"必碍生计",所以"民情惟恐",①甚至妖魔化轮船,认为行轮"滩多易损易阻"连木船都不如;②有的可能则是出于对现代轮船不太了解,误认为"利川号"轮船"其速度与载重,并不胜过当时木船,且因马力不足,难过滩险,遂中途返宜"。③所以当时"纷纷妄议,欲行聚众堵截"④,不断集议阻止,甚至对试航中的轮船用抛石、投火的方法来干扰。我们认为,这种敌对在表面上显现为维护国家层面的"航权",实际也有出于对地方民船集团利益的"利权"保护考量和对本来已经是时局动荡中的地方政局安稳的担心。

《申报》当时刊出的固陵号拟航川江前东湖县告示中这样认为:

> 愚以为轮船驶行必碍生计,殊不知轮船往来停泊码头上下货物所用人夫甚多,即如宜昌自开通商口岸以来,市面较有起色,即小民肩挑拨送货物藉以资生者亦复不少,此其明证。且此次英国华大臣照会声明立德行商于沿途险阻情形了如指掌,不但自顾公本,且必兼顾华船水手纤夫人等生计,足见讲理之至。况川中出产以盐为大宗,所用水手纤夫亦推盐船为最多,而轮船不能装载盐斤,自于小民生计仍无所损。即轮船往来与华船相遇,自必多方避让。万一相碰,亦当查明情形,秉公办

---

① 王绍荃主编《四川内河航运史》(古、近代部分),四川人民出版社,1989年,第135页。
② 《川督奏陈设立川江轮船公司事宜折》,《南洋商务报》1908年第43期。
③ 《川江航业略史》,《四川月报》1935年第6卷第5期。
④ 《宜昌东湖县告示:轮船入川》,《申报》1888年4月22日。

理，倘曲在彼，则所被损船货自应估价赔偿，均有约章可循，更觉勿庸疑虑。①

可以看出，当时地方政府晓谕地方军民暨川楚船户可谓用心良苦。对此，民国时期盛先良的解释颇有见地："谁知固陵预备上驶重庆的时候，整万的木船的船夫大肆反对，声势颇为浩大，盖以若任轮船畅行川江，彼辈饭碗将随之以去也，那时的船夫们既激烈地反对，官厅方面也深怕酿成事端"。②显然，清政府层面更多的是考量本土利益集团对政局的影响，航权不过是说在表面的借口。至于轮船相比于木船的科学优越性则很少被提及，川江浅水轮船本土制造的话语自然更是无人谈及。所以，后来将"固陵号"购置回后，李鸿章设想可以"姑求十年无事"，③更多的是关心地方政局的稳定。还有一种说法是当时达成协议是因为"恐有害木船生计，曾出重金订约，许五十年不入川"，④甚至认为"其权操之自我，但使中国不自用轮船入川，彼自无所借口"，⑤自己一时没有能力实行木船机动化，就不允许机动船进入而将自己捆绑起来，可以想见当时川江社会上许多人并没有意识到从木船到轮船过渡的长远意义。只是我们现在不知道当时是在自己不知道多久能制造轮船的背景下，还是不知道轮船相对于木船的优越性有多大的背景下提出外轮五十年不许入川要求的。对此早在民国时期许多人就意识到此举的负面性，

---

① 《宜昌东湖县告示：轮船入川》，《申报》1888年4月22日。
② 盛先良：《川江航运之起源及其经过》，《新世界》1933年第25期。
③ 王彦成、王亮辑《清季外交史料》，书自文献出版社，1987年，第610页。
④ 袁子修：《川江航业史观》，《新世界》1936年第86期。
⑤ 王彦成、王亮辑《清季外交史料》，书自文献出版社，1987年，第27页。

如民国元年（1912年）重庆关监督认为："将来中国有轮船入川，方准外国商轮行驶，其意不过以为川江永无行轮之期，亦可借以拒绝外轮，其计至绌。"①民国时邓少琴也指出："当时清廷官吏不熟外情，又以本国不至于改用轮船以为抵制，直认为通商为行轮问题矣。"②

1890年的《烟台条约续增专条》规定："俟中国有轮船贩运货物往来重庆时，亦准英国轮船一体驶往该口。"对这一条中西方的解释可能并不一样。从中方来说完全是一种牺牲船舶现代化为条件的我达不到你也不要先达到的航权意识，而从西方表面上来说是一种无可奈何，但实际上则是对中国川江航权的长远绑定。如果说近代中国许多条约对于中国来说是不平等的，但是在一些具体条款上，也显示出中国人维护自身权益的努力，只是现在回过头看这种努力的方法与手段都显得相当保守、稚嫩而负面影响长远。为此立德乐将第一次真正试航川江的船名命为"利川"号，一语双关，一方面取名于《易经》"利涉大川"，一方面也透露出立德乐在潜意识中旨在说明现代轮船进入只会有利于四川的发展，急于想让川江社会认识到机动船的现代意义。

2. 折中"挂旗船"护利

当阻止西方列强争夺川江航权难以实现时，清政府才开始采取折中的办法，《烟台条约续增专条》规定："或雇佣华船，自备华式之船，均听其便"，这就是我们所说的采用"挂旗船"的方法开放

---

① 转引自聂宝璋、朱荫贵编《中国近代航运史资料》第2辑下册，中国社会出版社，2002年，第1402页。
② 邓少琴编《近代川江航运简史》，1980年内部出版，第3、32页。

川江航权，使用本土木船挂旗运输，这样一方面让本土木船船户的利益得到基本保护，一方面政府层面也得到一定的利益，并掩耳盗铃地在形式上也好像保护了川江的航权。

这里要说的是，以往学界普遍认为西方人采用"挂旗船"获得了更多利益，形成了一些这样的话语，如认为"由于'挂旗船'只在重庆关缴纳一次性关税，比华商入口厘金还低，故洋货得以大量入川"；[1]又认为"挂旗船"享受到许多厘金船不能享受的特权，如政府处处征收关税，而挂旗船只一次性缴纳等。[2]实际上早期"挂旗船"在行驶的过程中，由于厘金普遍轻于关税，厘金局同时采取各种优厚政策，加上厘金船可沿途零买货物，"厘金船"的优势明显，"挂旗船"的发展并不是很好。[3]只是到了《马关条约》以后，列强取得一系列特权，"挂旗船"的优势才在个别方面有一点显现。但研究表明，直到1910年，川江运输的主力仍是民间的木船，其中"挂旗船"的只数和吨位只是厘金船的10—20%，远不能与"厘金船"相比。[4]从总体上来看，"挂旗船"的发展整体地位一直远不如"厘金船"。而我们要说的是，从木船与轮船的取舍来考量，不论是"厘金船"或是"挂旗船"兴盛，确实在很大程度上削弱了西方势力的经济利益，但同时在客观上也延缓了现代机动船进入川江经营时间约20年之久（从1890年《烟台条约续增专条》实行"挂旗船"开始到1909年川江轮船公司组建"蜀通号"的试航），很大程

---

[1] 隗瀛涛等：《四川近代史》，四川社会科学院出版社，1985年，第320页。
[2] 王绍荃主编《四川内河航运史》（古、近代部分），四川人民出版社，1989年，第129页。
[3] 邓少琴编《近代川江航运简史》，1980年内部出版，第78页。
[4] 迟香花：《清末时期川江的木船运输》，《西南农业大学学报》，2008年第1期。

度上削弱了社会发展本土轮船的动力，延缓了川江木船运输向轮船运输的发展，特别是延缓了木船本乡土制造向浅水轮船本乡土制造的过程。

所以，近代川江"挂旗船"的产生，与其说是轮船进入的技术难题，还不如说是传统保守观念下木船业的行业保护和风雨飘摇下官员担心时局生变而催生的怪胎。然而，这种方法不仅没有从根本上制止航权、利权的丧失，反而客观上耽误了川江木船向轮船发展约20年的时间，失去了川江获取浅水轮船制造力的时间，影响了川江上从根本上争取航权、利权的大计。

3. 组建轮船公司保权

其实"挂旗船"的实行客观上很大程度上削弱了地方发展自己轮船公司的动力。我们发现，川江本土轮船公司的成立时间较晚，且阻力重重。早在1905年，重庆绅商就曾禀请设立轮船公司，但"商帮反对，大生阻力"。[1]后来，到光宣之交，开始谋划组建本土的川江轮船公司，宜昌的地方官员一度以"防碰民船，大生阻力""逼众决议缓办"[2]，重庆官绅巨商也多次聚议，也以轮船冲撞民船会"酿成暴动"、夺船户生计而生"合群动众"，"激成变故"相阻止，甚至误以为因行轮炸滩后会使水流"为患滋甚"。[3]显然，在这种社会背景下创建本土轮船公司是十分艰难的，而且本身提议创建者的感情也相当复杂。赵尔丰说："能行，则我占先着，主权

---

[1] 转引自聂宝璋、朱荫贵编《中国近代航运史资料》第2辑下册，中国社会出版社，2002年，第1389页。
[2] 《川江轮船公司电请维持之迫切》，《申报》1909年10月23日。
[3] 《外务部档案·中法关系》，第1090、713号，中国第一历史档案馆藏。

自有；难行，则以此谢客，断其希望。"①所以1908年组建的川江轮船有限公司，只能急迫地采用购买轮船的办法保护民族航行权。如从英国所尼大船厂购一只拖轮部件，在上海江南船厂装配成为"蜀通"号。②后来的"蜀享"号也是从英国雅罗厂购进配件在上海江南造船厂装配的。③据统计，到了30年代中期，宜渝间的轮船公司中，中方虽然已经有15只商船，吨位已经达5216吨，但轮船本身多为引进，资金成本大，而且当时外轮在这一线也多达27只，吨位为8542吨④，明显控制了更多的航权。显然，最终通过发展轮船公司来维护主权争取利益的效果并不是太理想。

在"挂旗船"和"厘金船"木船承担着主要商业运输的背景下，加上急于维护航行权和利益权而采取的完全采买轮船的方法，巴蜀地区本土轮船制造的土壤相当式弱，巴蜀地区很少有"本土制造"机动船的话语出现。在这种情境下更多的是出现一些中庸的改良木船尝试，如造人力明轮船、木壳轮船、改良木船等，并没有很快走向本土试造浅水机动船之路。如光绪二十八年（1902年）童芷泉在渠江上仿"肇通"号明轮，只是造了一只长四丈，宽八尺的人力明轮船，⑤不过是将一种木船的人力从手改变为脚的一种换汤不换药式的行为而已。

历史上川江木船技术在世界造船史及中国造船史上的地位相

---

① 《奏办川江行轮有限公司致武汉宜昌官绅商船帮通启》，《商务官报》已酉，第31册，附录。
② 《川江轮船有限公司报告》，《广益丛报》1909年第209期。
③ 王绍荃主编《四川内河航运史》（古、近代部分），四川人民出版社，1989年版，第129页。
④ 袁子修：《川江航业史观》，《新世界》1936年第86期。
⑤ 邓少琴编《近代川江航运简史》，1980年内部出版，第71页。

当高,这已经是一个不争的事实。但是,在以上的背景下,近代以来川江浅水机动船的制造却发展得相当缓慢,也相当落后。早在19世纪60年代,长江下游地区就出现了许多机动船船厂,江南制造局早在1868年就制造出军舰,1902年建立的上海求新船厂已经能造2000—5000吨的轮船。但近代川江上的浅水轮船几乎都是从外国购买或由江南造船厂组装,长江上游1925年成立的民生公司到1950年代前一直都只能修理、改造轮船,并没有独立的轮船制造的能力。[①]其他船厂不是只能造木船的传统木船厂,就是只能从事轮船修理的修理所。直到1950年代初,民生公司才开始形成承担制造机动船业务的能力,从修船发展到造船。而由原来"国防部运输署第一船舶修理所"演变成的"四川省重庆船舶工厂",到1953年才开始能造小型机动船。[②]这样的机动船造船地位与古代四川地区的木船造船地位相去甚远。

可能一方面正是由于木船运输在社会上仍然不可替代,而本土浅水机动船制造缺失,主观上发展机动船制造的诉求并不明显,反而对传统木船的依恋情结明显,导致人们迟迟不愿放弃木船。直到20世纪三四十年代,社会上出现的两种木船改良模式,一种是木船模式的轮船,即"木船装马达""木壳轮船",[③]一种是轮船模式的木船,即"改良木船"。甚至当时有中国人还提出发展"手摇机木

---

[①] 马志义:《长江航运简史》,人民交通出版社,1997年版,第141—144页。
[②] 王绍荃主编《四川内河航运史》(现代部分),四川人民出版社,2000年,第91—93页。
[③] 《木船造马达》,《工业月刊》1944年第1卷第4期,《交通部指令》第999号,《交通公报》1933年第490期。

船"的臆想，想手摇机械推动木船前进。[1]特别要指出的是，改良木船在当时的影响较大。据记载："川江水浅滩多，重庆以上，能通行汽轮之处极少，而战时运输浩繁，不能不利用舟楫，是以改良木船，乃应此需要而产生"，[2]具体而言如王洸所称："一方面固是增加水运工具，一方面对于制船技术上，也想乘此加以改良"。[3]卢作孚先生也曾谈到："不但应由木船进化到轮船，木船本身亦应进化。去年利用木船运输，发现种种劣点，于是才有今日改造。"[4]

总结以上政府出面改良木船的原因来看，一是抗日战争以来，特别是汉口失守以后，大后方交通运输能力不足，急需要在短期内增加运输能力，但川江浅水轮船制造和运输的能力整体上还相当薄弱，只有依靠木船来补充；另一方面在西方机动船进入半个多世纪后，有识之士已经发现了机动船的优点明显，同时也发现木船的种种缺点，逐渐产生了制造改良木船、木壳机动船的诉求，形成了近代川江的木船改良潮流。这项工作开始于民国二十七年（1938年）冬，当时，曾留学国外的交通部航政局技术主任安忠义主持旧式木船的改良，责成汉口航政局具体实施。据称改良后的木船有船身结构坚固、转动灵活、船舱隔板可移动且坚实、可装上机械成为汽船的优点。[5]当时共打造了322只（一说388只）改良木船，分成60、48、36、30、24、18、12、6吨共八个等级，分发长江、嘉陵江、

---

[1] 《手摇机木船》，《新世界》1933年第25期。
[2] 《改良木船试航》，《中华》（上海）1939年第83期。
[3] 王洸：《交通部在四川监造的改良木船》，《中国航业》1941年第1卷第1期。
[4] 卢作孚：《改良木船的意义》，《抗战与交通》1939年第27、28期。
[5] 《安忠义改良木船》，《中法比瑞文化协会会刊》1940年第2期。

涪江、綦江、黔江五个地区。①

不过，川江木船本身种类繁多是适宜川江河道复杂多样的水道和水情应运而生的，从其发展流变来看，也是与四川地区特殊的经济发展和事功相对应的，所以，完全统一设计为一种流线型，只考虑了吨位的差异，虽然"从理论学理观点看，改良木船较旧式为优"，但"若干有关之实际问题又均未予以适当注意"，故船商多不愿意采用，改良木船终究只是昙花一现。

（二）面对现代文明近代川江社会复杂的应对情绪

从更深层次来看，近代国家政府层面与社会各阶层对于变革中的现代技术文明的理解和应对是相当复杂而多元的。

第一，从社会各阶层层面来看。近代以来面对西方现代技术文明的进入，整个社会往往先产生抵触情绪，很大程度上是源于新的技术进入后马上会对传统技术支撑的产业造成毁灭性的打击而滋生出的留恋情感。近代川江轮船被木船船户整体抵制的现象和铁路进入后对传统陆运的影响而出现对铁路的妖魔化现象，社会下层除了受传统保守观念的影响外，更多的是出于经济利益的被侵夺下的利益保护考量。重庆开埠后在外来西方文化的刺激下，在木船传统技术和传统利益与机动船优势和新的利益格局形成的矛盾中，传统木船文化的影响根深蒂固，人们所走的路先是妖魔化轮船、用各种方式阻碍轮船入川，后出现"人力明轮木船""木壳轮船""改良木船"等基于木船的改良思潮，总是不想放弃"木船"的根，木船情

---

① 王洸：《交通部在四川监造的改良木船》，《中国航业》1941年第1卷第1期。

结明显，这种现象即是当时民族轮船制造业薄弱的客观背景所致，也有一定传统的木船根源感情的牵扯，更有避免传统利益重新分配考量的原因。

第二，从国家政府层面来看，情感也相当复杂多变。本来魏源提出的"师夷之长计以制夷"很有见地，但整体上近代国家层面在这个问题上更多是军事上的"师夷"，主要的关注点在军事工业的现代化，而对民用现代工业的关心则相对淡薄，这在当时国家面临列强军事威胁的国际语境下是可以理解的。而对于地方政府来说，这种国家层面的考量可能太过于遥远。在许多地方官员的意识中，轮船与木船的取舍主要不是技术的先进性，而是考量谁在用、利归谁和对于时局的影响。应该说在近代长江上游，很少有浅水轮船的先进性、木船的落后性、轮船本土造的必要性这些重要话语现象出现，也就是说相对航权、利权话语来说，技术上的制造力往往显得并不是很重要的。如果这种选择放在本来时局就相对动荡的晚清来说，相对于"激成变故"影响政权的稳定和保护自己官位，轮船本土制造的动力自然更是微不足道的了。

总的来看，在近代长江上游繁乱的变化时局中，人们不断看到的是"挽航权利权"的呼声[①]，"航运权""木船生计"等成为重要的社会时代话语，却很少有轮船"本土制造"的话语出现。这种状况潜含着当时时局稳定为大局的考量，显现了技术上的制造力在政治稳定、经济利益面前似乎微不足道，这自然在长远上影响了长江上游近代造船工业的近代化。也正因为如此，虽然早在20

---

① 《川江轮船有限公司报告》，《广益丛报》1909年第209期。

世纪20年代初，就有国人断定川江"旧式民船之航业几为之宣告死刑"[①]，而30年代西方人也认为面对轮船冲击，川江木船将会"变得过时"[②]，但直到20世纪90年代初，川江木船的运输仍然地位重要，木船的船型本身变化也并不是太大。直到近现代木船的载重量突然大增，也不是对木船本身的改造，而是基于航道的整治使木船载重量放大，使川江木船一直在20世纪90年代初仍然有一定的市场。显然在这繁乱岁月中，妖魔化地抵触轮船，挂旗木船保航权利权，人力明轮木船、木船装马达、改良木船的出现及浅水轮船"本土制造"话语的缺失等事项中显现了传统了川江木船文化根的植根深厚，也折射出近代中国西部近代化过程中受传统保守文化制约而发展历程艰难之状况。

王笛曾谈到近代长江上游近代化步履的蹒跚和艰难，相当一部分人对近代化有关的东西具有天然的仇视心理，表现在毁新学、阻止办厂、反对洋教上。[③]川江木船在近代社会转型的流变中面对轮船冲击出现的深厚木船情结，显现了近代化过程中内陆文化的封闭保守、传统利益集团的利权保护倾向、近代国家主权重大危机下的"航权"张扬、晚清政局动荡下对地方政局稳定的高度敏感性，当然更是表露出了本土浅水轮船制造业完全空白条件下潜在的无奈情感。

---

① 经济报《川江航业之外论》，《中国商业月报》1920年第12期。
② G.R.G.Worcester, *Junks and Sampans of the Upper Yangtze*, China, The Maritime, Miscellanreus Series no.51, The Statstical Department of the Insprctorate General of 1940, Prologue.
③ 王笛：《跨出封闭的世界——长江上游区域社会研究》，中华书局，1993年版，第736—737页。

# 第三章
# 科学的历史与文化的历史的学术话语

中国历史上的历史应该分成作为科学的历史和作为文化的历史，前者至少从主观意识上来看是出于科学的复原客观历史的目的，从研究方法来说至少是在历史科学的基本规范下进行的，当然不是说我们这种作为科学的历史就是完全能复原客观历史，只是在目的和方法上的相对科学性。而作为文化的历史主要是寄托一种文化诉求，在"大事不虚、小事不拘"的背景下按自己的主观臆想去丰富、重构一些历史细节的历史，这种历史在主观目的上并不是去完全去复原客观历史过程，在方法上也不一定完全按一个时代科学的历史方法去构建。严格地讲，作为文化的历史并不是一种科学研究的视角，但我们将其放在一定的历史时段中去，将这种行为作为历史上的一种文化行为存在，所以，我们称其为一种文化。这种文化在近代以来由于文化的资源性特征越来越明显，在利益驱动的背景下，作为文化的历史在缘由上又多了一些区域、部门、个人的利益驱动因素了。

在作为文化的历史发展过程中，"乡土历史重构"最为显要。传统时期主流历史学者的历史研究主要放在宏大的、主体的历史叙事上面，所以，传统历史研究的历史主体叙事大多是大事，而民间的历史多停留在口述记忆的传说之中，而正是这种多停留于口述记忆的乡土历史为乡土历史的臆想、重构留下了巨大的随性空间。

历史上中国的"乡土历史重构"中，"先贤信仰"风俗引发的乡土历史重构最为瞩目。从中国历史上上古时期大禹、中古时期诸葛亮、近古时期建文帝等先贤信仰的个案来看，先贤行迹的范围可以分成历史行迹空间和泛化行迹空间，先贤故迹点的性质可以分成行迹点、祭拜点两大类。总的来看，中国历史上先贤崇拜景观空间演化形成了四个基本特点，即历史行迹空间范围大和行迹不清晰会强化先贤景观的附会、时代越近的先贤泛化行迹类景观在空间泛化上会更受到历史地域的限制、在历史行迹空间范围内的历史行迹点的附会往往存在"大时空不虚，小时空不拘"的演化规律、先贤祭拜类景观点的扩展受国家诉求的影响而较少受历史空间的限制而遍地开花。

在中国历史主流的正史文本中往往只提供了一个宏大的主体历史叙事或者大的历史空间建构，故"乡土历史重构"往往就成为乡土中国的文化要事。在"乡土历史重构"中，具体路径可以从低到高分成口述传说制造、口述传说文本化、口述传说和文本传说的景观化三个层次。在这个"乡土历史重构"中，对乡土前贤的历史记忆景观化是最为重要的路径，但也是对后代最有欺骗性的路径。在中国历史上影响"乡土历史重构"的原因相当复杂，也因此使得乡土历史的重构的真实性和科学性也存在差异。"乡土历史重构"中的文化历史制造是国家政治需要、民间功利诉求、乡土华夏认同共同催生出的一种特殊的文化。作为一位历史学者，我们必须有辨明乡土历史重构中作为科学和作为文化的两种历史遗存的性质的能力，当然也有提高作为科学的历史研究的信度的责任，但同时在现实社会中也不能对已经成为文化的历史遗存产生漠视。

从唐代玄奘到印度取经，《大唐西域记》和《大唐大慈恩寺三藏法师传》问世后，历代关于唐僧西天取经的故事与传说屡屡见于文献，并附会成各种景观留在各地。我们发现《西游记》中的几个故事的地域原型不仅在中国西北地区存在，也较早出现在西南丝绸之路上，因为我们在研究西南丝绸之路时，在四川西南部、云南西部、缅甸地区也发现了许多唐僧三藏取经经过的所谓历史遗迹和历史记载。我们通过唐玄奘取经历史中的"流沙河""通天河"与"晒经石""火焰山""白龙马"与"白马护经"个案演绎，发现中国古代的"景观附会"呈现"地域泛化"和"情节神化"两个特征，而反过来"地域泛化"对中国古代文本叙事、景观附会的影响也很大。历史事实的"源文化"会直接衍生出真实的历史景观、民间口述传说、民间附会景观三种"前文化"，进而影响到后来的文本叙事，而文本叙事又会产生新的景观附会和口述传说，形成"后文化"，反过来又会再影响文本叙事。中国古代"乡土历史重构"中，正是在这样通过口述传说、进入文本、附会景观中完成"地域泛化"和"情节神化"的过程。

诸葛筹笔的故事是唐宋时期前贤信仰中"景观制造"的典型案例。筹笔驿之名在唐代就有，唐宋元明时期人们认为筹笔驿具体位置应该在今天的广元朝天区，宋元明清一直有朝天驿之名。明代有筹笔驿在今广元朝天神宣驿的说法，这与历史时期金牛道主道广元段东移后的"区位重构"有关。民国开始又有筹笔驿在广元朝天军师庙的说法，与近代传统"乡土历史重构"中前贤信仰的"地域泛化"有关。透过筹笔故事的出现和筹笔驿位置的争论可知,在中国"乡土历史重构"中,口述的传说故事一旦有了"景观制造"的过程,往往会经过"地域泛化"和"岁月沉淀"两个阶段,更会使作为文化的历史与作为科学的历史纠缠在一起而难辨真假。特别是在当下乡土历史情怀与地方行业利益共同驱动的背景下,作为文化的历史还在不断被重复制造着,对后人的历史真相认知提出了更大的挑战,也促使我们进一步反思今天我们的历史研究范式。

在乡土历史重构中,作为文化的历史往往也会融入地名的命名之地,往往是通过大事不虚、小事不拘的原则重编故事后注入地名中,使传说固化到景观上。从地名学的规律来看,一般说来中国传统乡土地名中自然地名往往相对较为稳定,而文化地名往往会在新的社会背景下被不断重新建构翻新,例如,从元代到近代重庆夫归石经过了启母、望夫、鹬夫、夫归、呼归等不断演化。从地名学规律来看,地名的雅化是作为文化历史的一种重要手段,而地名雅化往往更多是将自然地名赋予文化内涵,寄予文化诉求,一般少有将文化地名再赋予自然名称。我们发现,在历史上五桂石、乌龟石、鹬鸪石、弹子石的名称要早于夫归石、呼归石和诞子石的。这个案例告诉我们,中国的上古历史往往被后人不断地重构,不仅是在遥远的古代,甚至在近代我们仍然在继续重构中。作为历史学者重要的是从纷乱的历史现象中去剥离那些文化重构的东西,尽可能发现其中原始的、真实的东西。

从明代开始,后人不断对"重庆"二字的含义加以解读,形成许多臆想和猜测,形成了"二庆之间"说、"双重喜庆"说、"诗经郑玄笺"说、"巴渝会合"说等说法,很长时期内是没有质疑的。考察五百年的重庆得名臆说成为主流观点的过程，我们发现，"乡土历史重构"中任何臆想只要是进入了文本，即使是作为文化的历史也会强化其科学性，如果这种进入的文本是由一些乡土名人写入，可能这种臆想的历史科学性仿佛会显得更强。因为从重庆的得名臆想可以看出"乡土历史重构"过程一直延续到近代，甚至在当下，而且不仅是在一些传统的"乡曲陋儒"或"民科"之中出现，如卫聚贤是考古学家，赵廷鉴是大学教授，邓少琴是文史大家，也是"乡土历史重构"的实践者。所以，在中国历史上，作为文化的历史对作为科学历史的渗透巨大，希望能从田野考察的对读、比对中尽可能分清两种历史的界线，做到"口述慎入文本，文本田野比对"，尽可能减少文化的历史对科学的历史的渗透。

## 一 中国历史上"遍地先贤"现象与传统"乡土历史重构"[①]

在中国传统民间崇拜中，神祇可以分成三类，即天神、地神和人神。其中人神又可以分成三类，杜撰的人神、神化的杜撰人、神化的真人。对于前两者来说，在中国历史上可以说是应对我们经常说的"神的人格化"，实际上是由神化人，而后者本来是历史上的真人，往有功德于社会，后将之神化而成为了神祇，即是先贤从人变成神的过程。

对于先贤崇拜，我们的祖先们的表达方式多样，往往采取立祠供奉、列画东观、图像府庭、立碑铭表等形式，特别是立祠供奉祭

---

① 原文刊于《人文杂志》2021年第7期。刊出稿为删节稿，此处为全文。

拜，成为传统中国大多数民众表现信仰崇拜的主要方式，所以，历史时期中国各地先贤祠庙层出不穷。这里我们要关注的是在中国历史上有一种特别的先贤崇拜的现象，就是将先贤的历史行迹随意地在其他地域上重新塑造出景观，形成我们说的"地域景观附会"现象。在此之前，已经有学者关注到先秦"祭不越望"到后来"行祠"林立的历史现象，并讨论了一些跨地域信仰和全国性信仰形成的规律，[①]但仅是关注的供奉祭拜类遗迹的"越望"，并没有专门关注大量由于信仰产生的前贤"行迹"类景观的"越望"问题。对此，笔者之前已经从《西游记》有关的地域原型角度关注了"地域附会"问题。[②]

实际上历史上供奉祭拜类"行祠"的出现再多，可能也不会对历史判断产生很大的影响，但大量跨越地望的"行迹类"遗迹的出现，在历史上对中国乡土历史的重构起了很大的作用，进而会影响我们对许多重要的历史事实的判断。所以，我们有必要对中国历史上先贤"行迹越望"现象进行系统研究，即对历史上的行迹类"遍地先贤"的现象进行研究。

我们注意到传统中国历史上出现了"遍地大禹""遍地诸葛""遍地关公""遍地东坡""遍地山谷""遍地建文"等典型的先贤崇拜的历史现象。问题在于在历史上确实存在先贤客观历史遗留和前人真实历史记忆的重新塑造的两种景观，而这两种景观往往与后人对先贤的景仰崇拜而产生的"附会景观"夹杂在一起，使中国传统乡土历史中作为科学的历史与作为文化的历史往往混杂在一起而

---

[①] 王见川、皮庆生：《中国近世民间信仰（宋元明清）》，上海人民出版社，2010年，第150—304页。

[②] 蓝勇：《〈西游记〉中的南北丝路历史地域原型研究——兼论中国古代景观附会中的"地域泛化"与文本叙事》，《清华大学学报》2019年5期。

难辨是非。所以,我们很有必要从先贤"附会景观"的产生过程机理中去解读这种历史景观形成的规律和原因。这里我们主要以"遍地大禹""遍地诸葛""遍地建文"三个典型个案出发,分别研究一下上古、中古、近古时期先贤崇拜信仰景观产生的基本规律和特殊之处,进而分析这种景观的产生在传统中国乡土历史的重构的作用。

(一)上古先贤的地域记忆:中国历史上的"遍地大禹"现象的时空轨迹

我们发现在甲骨文中并没有"禹"字出现,只是在金文中才有"禹"字出现。学术界对于大禹是历史人物或是传说人物也还存在争议,不过在春秋战国以来的先秦诸子文献、《山海经》《竹书纪年》《尚书》《诗经》《史记》等文献中多都有记载。大禹崇拜出现较早,一般认为早在商汤王时封夏王室姒姓一支于杞国来奉祀祖先。周武王灭商后,封禹王的后裔于杞祭祀大禹,大禹开始成为国家祭神。据《史记》记载,公元前210年,秦始皇"上会稽,祭大禹",[①]据《汉书》记载汉代开始"以夏禹配食官社"。[②]后宋太祖颁诏保护禹陵,祭禹列为国家正典。到明清两朝大祭禹陵成为常态,康熙、乾隆都亲临绍兴祭禹。

对于大禹的事迹,主要集中在三地出生、娶于涂山、涂山之会、定都平阳、九州治水、铸造九鼎、葬于会稽等大事上为多。其事迹的地域空间,由于《禹贡》中认为:"禹敷土,随山刊木,奠高

---

① 《史记》卷六《秦始皇本纪》,中华书局,1982年,第260页。
② 《汉书》卷二五《郊祀志》,中华书局,1983年,第1269页。

山大川",其《书序》也称:"禹别九州,随山浚川,任土作贡",[①]其下面随即论述的九州的地域范围可能包括整个中国内陆黄河流域长江流域地区,这就给了后人无限的想象空间,逐渐形成了中国历史上的"遍地大禹"现象。这里,我们为了系统分析"遍地大禹"现象的空间演变过程,故用地理总志的相关记载来分析一下这种演变过程的轨迹,主要是用《元和郡县志》《太平寰宇记》《方舆胜览》《大明一统志》《嘉庆一统志》中的有关大禹的遗迹记载作统计,然后以其他相关文献比对来分析。

总的来看,中国历史代大禹遗迹可以分成两大类,第一类是行迹类,即传说大禹出生、娶妻、治水、定都、会盟、铸鼎、死葬的踪迹地,第二类供奉祭拜类,即是历代设庙祠供奉的场所,如禹庙、大禹庙、大禹祠、禹王庙、禹王宫等。

表3-1 《元和郡县志》中有关大禹遗迹表

| 地域 | | 遗迹 | 卷数 | 地域 | | 遗迹 | 卷数 |
|---|---|---|---|---|---|---|---|
| 关内道 | 丹州汾川县 | 石槽 | 3 | 河东道 | 淄州淄川县 | 淄水 | 12 |
| 河南道 | 河南府阳翟县 | 都城 | 5 | | 绛州龙门县 | 大禹祠 | 12 |
| | 河南府河阴县 | 汴渠 | 5 | | 慈州文城县 | 孟门山 | 12 |
| | 陕州夏县 | 都城 | 6 | | 慈州昌宁县 | 禹庙 | 12 |
| | | 安邑故城 | 6 | | 太原府 | 都城 | 13 |
| | 陕州硖石县 | 底柱山 | 6 | 江南道 | 越州会稽县 | 会稽山 | 26 |
| | 濠州钟离县 | 当涂县故城 | 9 | | 宣州当涂县 | 涂山 | 28 |
| | | 涂山 | 9 | 剑南道 | 茂州汶川县 | 石纽邑 | 32 |
| | 齐州禹城县 | 禹城故城 | 10 | | 陵州始建县 | 铁山 | 34 |

注:据《元和郡县志》,中华书局,1983年版。

---

① 李民、王健:《尚书译注》,上海古籍出版社,20004年,第54页。

《元和郡县志》有关大禹的遗迹记载有18处，主要分布在中国北方的河南道、河东道，南方地区有少量分布。在这18处遗迹中，行迹类遗迹较多。但《元和郡县志》本身记载并不全面，特别是今本缺失一些卷，故我们用战国秦汉两晋南北朝隋唐时期的一些地理文献作了补充。如《海外北经》《海内西经》《大荒北经》均谈到大禹所疏导的积石山，《山海经·南山经》郭注称会稽之山有禹冢及井。①《吕氏春秋》卷六谈到"禹行功，见涂山之女，禹未之遇而巡省南土"，卷十谈到禹葬于会稽，卷二十一记载"禹于是疏河决江为彭蠡之障。"②《左传·哀公七年》："禹合诸侯於涂山，执玉帛者万国。"杜预注："涂山在寿春东北。"③《史记·夏本纪》："予辛壬娶涂山，辛壬癸甲，生启，予不子，以故能成水土功……帝禹东巡狩，至于会稽而崩。"④《史记·夏本纪》更是详细记载了大禹从冀州开始的全国治水过程。⑤《吴越春秋》谈到禹家西川石纽和禹巡衡岳，⑥《华阳国志》中记载有江州涂山、禹王祠和涂后祠，⑦《汉书·地理志》卷二八九江郡记载"当涂，侯国，莽曰山聚。应劭曰：禹所娶涂山，侯国也。有禹虚。"同书还记载会稽郡"山阴，会稽山在南上有禹冢、禹井。"⑧《洛阳记》谈到有大禹治水

---

① 《山海经》之《海外北经》《海内西经》《大荒北经》《南山经》，上海古籍出版社，2015年，第265、294、376、14页。
② 吕不韦：《吕氏春秋》，上海古籍出版社，1989年，第48、76、193页。
③ 左丘明：《左传·哀公七年》，上海古籍出版社，2016年，第1007页。
④ 司马迁：《史记》卷二《夏本纪》，中华书局，1982年，第80、83页。
⑤ 司马迁：《史记》卷二《夏本纪》，中华书局，1982年，第69—70页。
⑥ 赵晔：《吴越春秋·越王无余外传》，岳麓书社，2006年，第154、158页。
⑦ 常璩：《华阳国志》卷一《巴志》，任乃强《华阳国志校补图注》，上海古籍出版社，1987年，第4页、30页。
⑧ 班固：《汉书·地理志》卷二八，中华书局，1982年，第1570、1591页。

神龟，贺循《会稽记》记载有会稽山禹穴、禹井，李膺《益州记》记载有大禹治水的覆舟山，①《晋书·地道记》记载了河关县的禹庙。②在《元和郡县志》之前的地理文献中，《水经注》对大禹的记载最多，如卷一卷二记载了河关县河水积石山、洮水，卷三记载的桐过县孟门，卷四记载北屈县孟门津、汾水龙门山、砥柱山，卷五记载的平县观河、荥阳蒗荡渠，卷六记载的安邑望乡台，卷七成皋县荥播泽，卷八茅山禹井，卷十五记载了伊关，卷二十九记载了太湖山乍岭山、宕渠县潜水，卷三十记载了当涂县禹墟，卷三十三记载了江州夏禹庙、涂君祠，卷三十五记载了凿三峡之事，卷三十五记载了龙巢，卷三十六记载了广柔石纽乡，卷三十九记载了彭泽县庐江水大禹石刻，卷四十记载了浙水禹庙、禹冢、禹井、天子都、石柜山、会稽禹祠、上虞县百官桥，临渝县碣石山和中原衡山。③

我们发现，以上战国秦汉南北朝隋唐时期有关大禹的故迹主要以出生、娶妻、治水、会盟四类为主，其中特别以治水故迹最多，禹庙、禹祠之类的崇拜祭祀类遗址相对并不突出。从分布的地域来看，主要分布在黄河流域和长江流域地区中多，钱塘江流域的绍兴和淮河也有存在。具体讲分成三个大区域，第一大区域是黄河流域从今山西陕西交界的吉县孟门山往南经河津、三门峡、洛阳市、郑州到山东济南一线，其中以山西、河南、陕西交界的黄河大转弯处最多，第二大区是江南区域，主要是在长江下游和钱塘江下游地区，以绍兴和马鞍山为两个核心区，第三大区域是长江上游地区，

---

① 刘纬毅：《汉唐方志辑佚》，北京图书馆出版社，1997年，第35、106、308页。
② 郦道元：《水经注》卷二《河水》，岳麓书社，1995年，第27页。
③ 郦道元：《水经注》卷二《河水》，岳麓书社，1995年，第1—597页。

以西北汶川、北川一带和重庆地区两个核心区,其他西北甘肃黄河上的积石山、淮河流域安徽蚌埠一带也有少量存在。

其实,早在唐代就有人对"遍地大禹"现象提出质疑和思考,如苏鹗《苏氏演义》:

> 今涂山有四:一者会稽,二者渝州,即巴南旧江州是也,亦置禹庙于其间。三者濠州,亦置禹庙。郦道元《水经》云:'周穆古庙误为涂山禹庙',《左传注》云:'涂山在寿春东北',即此是也,其山有鲧、禹、启三庙,又有五诸侯城。四者《文字音义》云:'涂山古之国名,夏禹娶之,今宣州当涂县也。'此涂山既为古侯国,禹娶之,则宜矣。据禹之踪迹所在,会稽最多。[①]

唐代苏鹗对四个涂山的具体地望产生怀疑,将四个涂山的可能性作了分析认为宣州可能性更大,会稽只是大禹故迹数量最多,濠州涂山可能是周穆王庙误会而成,对渝州涂山不置可否。但苏氏并没有分析产生这种现象的历史原因。

到了两宋时期,大禹的崇拜应该更为广泛。这里我们用北宋《太平寰宇记》和南宋《方舆胜览》的有关记载来分析这个时期的大禹故迹的分布情况。

---

① 苏鹗:《苏氏演义》,中华书局,1985年,第2页。

表3-2 《太平寰宇记》中有关大禹遗迹表

| 地域 | | 遗迹 | 卷数 | 地域 | | 遗迹 | 卷数 |
|---|---|---|---|---|---|---|---|
| 河南道 | 开封府封丘县 | 期城 | 1 | 河北道 | 孟州河阴县 | 荥阳漕渠 | 52 |
| | | | | | 孟州河阳县 | 孟津 | 52 |
| | 开封府雍丘县 | 夏后祠、肥阳城 | 1 | | 魏州大名县 | 大河故渎 | 54 |
| | 西京滝池县 | 禹庙 | 5 | 剑南道 | 茂州汶川县 | 纽村 | 78 |
| | 陕州硖石县 | 底柱山 | 6 | | 姚州姚城县 | 禹穴 | 79 |
| | 陕州夏县 | 夏县、夏宫、夏禹台、禹祠、古安邑城 | 6 | 江南东道 | 升州江宁县 | | 90 |
| | 虢州卢氏县 | 金匮石 | 6 | | 苏州吴县 | 崦峿山 | 91 |
| | 许州阳翟县 | 栎城、禹王祠 | 7 | | 杭州余杭县 | 登陆处 | 93 |
| | 宋州虞城县 | 县城 | 12 | | 越州会稽县 | 会稽山、宛委山、禹穴、禹井、禹庙 | 96 |
| | 泗州临淮县 | 淮涡水神 | 16 | | 越州山阴县 | 涂山 | 96 |
| | 宿州虹县 | 封地 | 17 | 江南西道 | 太平州当涂县 | 禹垆 | 105 |
| | 淮阳军下邳县 | 磐石山 | 17 | | 江州德化县 | 白马江、纪功刻石 | 110 |
| | 齐州禹城县 | 禹息故城 | 19 | | 和州历阳县 | 东石梁 | 124 |
| 关西道 | 同州韩城县 | 龙门山、禹祠 | 28 | 淮南道 | 庐州巢县 | 关口 | 126 |
| | 耀州富平县 | 荆山 | 31 | | 濠州钟离县 | 涂山、禹墟、古当涂山、禹村 | 128 |
| | 丹州汾川县 | 石槽 | 35 | | 渝州巴县 | 涂山 | 136 |
| | 并州阳曲县 | 县城 | 40 | 山南西道 | 荆州石首县 | 龙巢 | 146 |
| | 并州平晋县 | 夏禹祠 | 40 | 山南东道 | 夔州奉节县 | 三峡山 | 148 |
| 河东道 | 蒲州龙门县 | 龙门山、大禹祠 | 46 | | 岷州溢乐县 | 岷山 | 155 |
| | 绛州绛县 | 禹庙、禹台 | 47 | 陇右道 | 秦州清水县 | 潘冢山 | 150 |
| | 慈州文城县 | 孟门山（石槽） | 48 | | | | |
| | 慈州乡宁县 | 禹庙 | 48 | | | | |

注：据《太平寰宇记》，中华书局，2007年版。

表3-3 《方舆胜览》中有关大禹遗迹表

| 地域 | 遗迹 | 卷数 | 地域 | 遗迹 | 卷数 |
|---|---|---|---|---|---|
| 临安府 | 余杭 | 1 | 濠州 | 涂山 | 48 |
| 镇江府 | 漕渠 | 3 | 无为军 | 濡须坞 | 48 |
| 绍兴府 | 会稽山、宛委山、涂山、禹庙、禹穴 | 6 | 茂州 | 大禹庙、石纽 | 55 |
| 南康军 | 紫霄峰石刻 | 17 | 石泉军 | 大禹庙、石纽山 | 56 |
| 潭州 | 禹溪 | 23 | 重庆府 | 涂山 | 60 |
| 衡州 | 紫盖峰 | 24 | 咸淳府 | 禹祠、禹庙 | 61 |
| 岳州 | 天岳山 | 29 | 隆庆府 | 潼江水 | 67 |
| 峡州 | 黄牛庙 | 29 | 西和州 | 岷山 | 70 |

注：据《方舆胜览》，中华书局，2003年版。

从两宋时期的大禹遗迹来看，与前代相比，已经有了较大变化，主要体现在以下两个方面。第一有关大禹的遗迹数量大大增加，仅以两部地理总志的记载来看，有关景观数量多达60多项，与前面唐代《元和郡县志》记载的20多项相比增加量较大。第一这可能与历史文献越近而相关的记载越来越详实有关，也可能与官府将大禹列入正典而民间对大禹崇拜的加深有关。第二是在汉唐时期的三个大禹供奉行迹核心区外，淮南等地的大禹故迹量增多。这可能与中国政治经济文化重心东移南迁背景下，两宋时期淮南一带的区域地位提高有关。

在宋代禹的许多传说已经演绎成为社会的历史典故，成为一种话语，如"禹迹"成为一种文化话语，如宋代王应麟《玉海》中就总结了禹九州山、禹九江、禹三江、禹四渎、禹九山、禹九川、禹龙门山、禹七十川等话语，①王应麟《玉海》卷二十一将"复禹迹"作为话语名词列出。②在宋代还有"禹迹图"的地图。另如禹穴为"禹探鬼穴得开世之符而后成厥水功"，③所以，全国各地都有禹穴出现。在众多禹迹中大禹治水的最为繁多，由于《禹贡》中谈到大禹"随山浚川"，基本上将先秦时期所有河道谈到了，宋人就认为大禹治水是"西引蜀汉，南下交广，东会沧海，北达淮泗，自大禹之浚，无不通矣。"④所以，这给了后人无尽的想象附会的空间。

不过，宋人也对如此多的禹迹提出怀疑，如乐史在《太平寰宇记》中就在记载淮阳军下邳县磐石山发出了"恐禹治水之时，未至此山矣"的感叹。⑤祝穆《方舆胜览》卷六〇谈到各地涂山时称："重庆、太平、濠州皆有之，然重庆非禹之涂山也。"⑥王象之《舆地纪胜》卷一〇也谈到涂山在山阴、寿春、渝州、宣州当涂都有涂山而不置可否。⑦朱熹《通鉴纲目》卷五十九也谈到涂山有四，分别在会稽、渝州、濠州、钟离、当途，⑧并不完全认同这些涂山为真实的历史遗迹。王应麟《玉海》卷二〇《地理》则谈到"然则禹

---

① 王应麟：《玉海》卷二〇《地理》，《景印文渊阁四库全书》本，台湾商务印书馆，1986年，943：484—490页。
② 王应麟：《玉海》卷二一《地理》，《景印文渊阁四库全书》本，台湾商务印书馆，1986年，943：519页。
③ 《唐文粹》卷五四郑鲂《禹穴碑铭》，浙江人民出版社，1986年，第2册。
④ 乐史：《太平寰宇记》卷九〇，中华书局，2007年，第1778页。
⑤ 乐史：《太平寰宇记》卷一七，中华书局，2007年，第337页。
⑥ 祝穆：《方舆胜览》卷六〇，中华书局，2003年，第1059页。
⑦ 王象之：《舆地纪胜》卷一〇，四川大学出版社，2005年，第556页。
⑧ 朱熹：《御批资治通鉴纲目》卷五九，《景印文渊阁四库全书本》，台湾商务印书馆，1986年，691：689页。

迹不可考者多矣"。[①]而且已经有人明确列出了附会大禹遗迹的个案，比如邓州禹山本是"祈祷有应，因名雨山，后人遂为禹山"，便是一个典型的附会。[②]宋代文谠注王俦补注《新刊经进详注昌黎先生文》卷三中注文中也谈到："凡衡山之下禹迹甚多，故道人托此以妄其说也。"[③]所以，宋代章如愚《山棠索考》谈到："自战国以来地理家所载禹迹多失其真。"[④]

表3-4 《大明一统志》中有关大禹遗迹表

| 地域 | 遗迹 | 卷数 | 地域 | 遗迹 | 卷数 |
|---|---|---|---|---|---|
| 真定府 | 固城 | 3 | 杭州府余杭县 | 舟杭山 | 38 |
| 中都 | 虹县 | 7 | 金华府东阳县 | 夏山夏禹庙 | 42 |
| 凤阳府 | 涂山、硖石山、禹庙 | 7 | 衢州府常山县 | 禹迹洞 | 43 |
| 苏州府 | 禹祈山、吴江 | 8 | 绍兴府府城 | 会稽山、宛委山、石柜山、涂山、禹会桥、秘图山 | 45 |
| 扬州府 | 浮山禹庙 | 12 | 绍兴府新昌县 | 南岩山 | 45 |
| 庐州府六安州 | 臬陶祠、东关口 | 14 | 绍兴府嵊县 | 了溪、禹庙、夏禹王陵、禹穴、禹井 | 45 |
| 太原府 | 系舟山 | 19 | 临洮府兰州 | 石龟城 | 36 |
| 平阳府 | 安邑县城 | 20 | 岷州 | 岷山 | 37 |
| 平阳府问津县 | 龙门山 | 20 | 宁波府 | 大梅山禹庙 | 46 |

---

① 王应麟：《玉海》卷二〇《地理》，《景印文渊阁四库全书本》，台湾商务印书馆，1986年，943：489页。
② 《大明一统志》卷三〇，三秦出版社，1990年，第520页。
③ 《新刊经进详注昌黎先生文》卷三，上海古籍出版社，1994年，第320页。
④ 章如愚：《群书索考·前集》卷六六，书目文献出版社，1992年，第443页。

续表

| 地域 | 遗迹 | 卷数 | 地域 | 遗迹 | 卷数 |
| --- | --- | --- | --- | --- | --- |
| 平阳府平陆县 | 底柱峰 | 20 | 台州府 | 东刊山 | 47 |
| 平阳府河津县 | 禹庙、禹门渡 | 20 | 南康府 | 紫霄峰禹刻石 | 52 |
| 蒲州 | 大禹庙 | 20 | 汉阳府 | 太平兴国寺柏、大禹庙 | 59 |
| 夏县 | 夏城、禹庙 | 20 | 襄阳府 | 禹迹桥 | 60 |
| 开封府 | 禹州 | 26 | 荆州府 | 石首县龙穴水、黄牛庙 | 62 |
| 归德府睢州 | 禹庙 | 27 | 重庆府忠州 | 屏风山禹庙 | 69 |
| 怀庆府济源 | 禹庙 | 28 | 夔州府 | 木枥山 | 70 |
| 河南府陕州 | 铁牛、洛水、底柱山 | 29 | 雅州 | 旅平 | 72 |
| 河南府永宁县 | 禹王庙、高霞台、龟巢 | 29 | 天全六番招讨司 | 多功山 | 73 |
| 河南府登封县 | 阳城山 | 29 | 岳州府 | 华容县禹山禹庙 | 62 |
| 河南府 | 阙塞山 | 29 | 岳州府平江县 | 幕阜山 | 62 |
| 南阳府邓州 | 禹山 | 30 | 宝庆府 | 大禹山禹庙、大禹庙 | 63 |
| 汝州鲁山县 | 三圣庙 | 31 | 衡州府 | 岣嵝峰禹碑、云密峰禹碑 | 64 |
| 南阳府新野县 | 禹庙 | 31 | 成都府 | 茂州大禹庙、石纽乡禹所、石纽村 | 67 |
| 富平县 | 荆山 | 32 | 保宁府 | 南部县禹迹山 | 68 |
| 韩城县 | 禹庙 | 32 | 重庆府 | 涂山、禹庙 | 69 |

注：据《大明一统志》，三秦出版社，1990年。

表3-5 《嘉庆一统志》中有关大禹遗迹表

| 地域 | 遗迹 | 卷数 | 地域 | 遗迹 | 卷数 |
|---|---|---|---|---|---|
| 新安县 | 禹王庙 | 15 | 卢氏县 | 黄河、金匮石、铁牛 | 220 |
| 正安厅棠城县 | 大禹庙 | 28 | 陕州直隶州 | 禹王庙 | 221 |
| 江宁县 | 禹王庙 | 75 | 伊阳县 | 紫逻山 | 224 |
| 吴县 | 云岩山、禹期山 | 77 | 雩县 | 禹庙 | 227 |
| 金坛县 | 茅山（会稽山） | 90 | 长安县 | 禹王庙 | 230 |
| 丹徒县 | 夏王庙 | 91 | 渭南县 | 禹王庙 | 230 |
| 山阳县 | 禹王庙 | 94 | 汾川县 | 黄河石槽 | 235 |
| 当涂县 | 当涂 | 120 | 峡山县 | 禹庙 | 236 |
| 巢县 | 东关口 | 122 | 开阳县 | 禹王庙 | 233 |
| 怀远县 | 涂山、当涂故城、禹墟、禹会村、禹庙 | 125、126 | 金牛县 | 潘冢山 | 237 |
| 定远县 | 禹庙 | 126 | 宁羌州 | 禹王庙 | 238 |
| 凤台县 | 硖石山、龙门峡禹迹 | 125、145 | 洵阳县 | 禹穴、禹庙 | 243 |
| 寿州 | 禹庙 | 126 | 韩城县 | 龙门山、禹庙、禹门渡、神禹庙、禹王庙 | 243、244 |
| 宿州 | 禹庙 | 126 | 蒲城县 | 木履埵 | 243 |
| 含山县 | 东关 | 131 | 兰州府河州 | 摺桥、洩湖桥、大禹庙 | 253 |
| 霍山县 | 元龟峡 | 133 | 灵州 | 艾山渠 | 264 |
| 盱眙县 | 龟山、夏邱故城 | 134 | 武威县 | 禹庙 | 268 |
| 吉州 | 孟门山 | 138 | 山阳县 | 涂山、刑塘岭、夏盖山 | 294 |

续 表

| 地域 | 遗迹 | 卷数 | 地域 | 遗迹 | 卷数 |
|---|---|---|---|---|---|
| 浮山县 | 禹汤庙、禹庙 | 138 | 新昌县 | 岩山 | 294 |
| 太平县 | 禹庙 | 138 | 东阳县 | 夏山禹庙 | 299 |
| 永济县 | 禹庙 | 140 | 常山县 | 禹迹洞 | 301 |
| 万泉县 | 禹庙 | 140 | 建德县 | 平水庙 | 303 |
| 长治县 | 大禹庙 | 143 | 星子县 | 紫霄峰大禹庙 | 316 |
| 屯留县 | 大禹庙、大禹庙 | 143 | 德化县 | 大孤山 | 318 |
| 潞城县 | 大禹庙 | 143 | 大冶县 | 灵峰山禹穴 | 335 |
| 黎城县 | 大禹庙 | 143 | 汉阳县 | 禹功矶、大禹庙 | 338 |
| 壶关县 | 大禹庙 | 143 | 沔阳州 | 大禹庙 | 338 |
| 孝义县 | 狐岐山、大禹庙 | 144 | 均州 | 大禹庙 | 348 |
| 河曲县 | 大禹庙 | 152 | 汉阳府 | 太平兴国寺柏 | 339 |
| 平陆县 | 砥柱山、大禹庙 | 154 | 东湖县 | 断江山 | 350 |
| 安邑县 | 安邑故城 | 154 | 长沙府 | 大禹拖船坳、禹迹溪 | 354 |
| 夏县 | 安邑故城、夏台、禹祠、三圣庙、大禹庙 | 154 | 平江县 | 幕阜山 | 358 |
| 芮城县 | 大禹庙 | 154 | 华容县 | 大禹庙 | 359 |
| 河津县 | 龙门山、禹庙、禹门渡 | 155 | 巴陵县 | 乾明寺古柏 | 359 |
| 稷山县 | 禹庙、禹庙 | 156 | 邵阳县 | 大禹庙、大禹庙 | 361 |
| 垣曲县 | 禹庙 | 156 | 新化县 | 大禹庙 | 361 |
| 绛县 | 禹庙 | 156 | 新宁县 | 大禹庙 | 361 |
| 闻喜县 | 禹庙 | 156 | 衡阳县 | 岣嵝峰大禹岩、禹碑、金筒峰大禹岩 | 362 |

续 表

| 地域 | 遗迹 | 卷数 | 地域 | 遗迹 | 卷数 |
|---|---|---|---|---|---|
| 历城县 | 禹登山 | 162 | 常宁县 | 宜水、金筒台 | 362 |
| 泗水县 | 泗水 | 165 | 衡山县 | 巾台 | 362 |
| 东昌府 | 漳河 | 168 | 桂阳直隶州 | 大禹庙 | 375 |
| 沂州府郯县 | 禹王台 | 177 | 郫县 | 郫江 | 384 |
| 杞县 | 禹祠、肥阳城 | 187 | 灌县 | 疏江亭、都江堰 | 385 |
| 开封府 | 汴河 | 186 | 成都府 | 大禹庙 | 385 |
| 祥符县 | 大禹庙 | 187 | 巴县 | 涂山、禹王祠 | 387、388 |
| 考城县 | 簸箕城 | 200 | 南部县 | 禹迹山 | 390 |
| 济源县 | 禹庙 | 203 | 汶川县 | 石纽山、大禹庙、涂禹山、石纽乡、大禹神母祠 | 399、415 |
| 孟县 | 禹庙 | 203 | 广元县 | 潜水 | 390 |
| 洛阳县 | 黄河、阙塞山 | 205 | 雅安县 | 周公山 | 402 |
| 永宁县 | 夏禹庙 | 207 | 天全州 | 多功山 | 402 |
| 唐县 | 石柱山 | 210 | 忠州 | 涂山（方斗山）、禹庙 | 416 |
| 邓州 | 禹山、禹庙 | 210 | 石砫直隶厅 | 大禹庙 | 421 |
| 浙川县 | 桐柏山、禹王庙 | 212 | 杂谷厅 | 大禹庙 | 421 |
| 陕州 | 底柱山 | 220 | 含光县 | 禹庙 | 444 |
| | | | 厄鲁特 | 积石山 | 446 |

注：据《嘉庆一统志》，《四部丛刊本》。

从上表可以看出，明清时期的禹迹数量更是众多，从《大明一统志》到《嘉庆一统志》的统计来看，在80到160之多。数量增多的原因可能有三点：第一是随着经济的发展，人口大增，为民间崇拜奠定了更广泛的基础；第二是空间扩展，明清崇拜大禹的地域范围相对汉唐两宋来说更是极大扩展，特别是在宋代淮南一带兴起后，明清时期长江中游地区的两湖地区的禹王遗迹越来越多。可以说全国已经形成大禹行迹类遗址遍地开花的景象；第三是大量禹庙兴建起来，大禹供奉祭拜类遗址大大增加。我们发现中国虽然很早就兴起了大禹祭祀，但在《元和郡县志》中记载的禹庙、禹祠仅占所有禹迹的10%，但清代类似的庙祠几乎占了40%左右。特别是明清以来政治经济地位发展起来的两湖地区，由于本身地域洪水泛滥，存在着极大的治水文化中祭拜的水神的文化诉求，大禹治水的传说便在两湖地区逐渐被塑造成本土的乡神，使大禹在两湖地区兼有了华夏传统祖神和本土民间乡神的双重身份。两湖地区的这种民间传统经过湖广填四川的移民运动又传到四川地区，使明清时期巴蜀大地遍地的禹王宫都供奉大禹，禹王信仰的地域空间更加广泛。

从中可以看出，在大禹崇拜的行迹和供奉两类遗迹中，产生的地域空间背景并不完全一样，行迹类遗迹多多少少可能受先秦时期奠定的历史人物的行迹空间的影响制约着，而供奉祭拜类遗迹最早可能还是与行迹类遗迹相重合的，体现传统的"祭不越望"，但后来的发展由于受国家的政治诉求和乡土华夏认同的影响，新的行迹类被不断催生附会出来，并在地域上逐渐扩大。供奉类遗迹则完全跳出历史上的行迹空间，变成一种主流的文化诉求而被重塑着。所以，明清时期所谓"遍地大禹"的历史文化现象更为明显。

"茫茫禹迹，划为九州""禹别九州，随山浚川，任土作贡"，正是这个先祖构建出大禹如此广阔的空间行迹，加上列入国家正祀的地位，后人不仅可以随心所欲的建行祠供奉祭拜，也为附会大禹行迹类遗址找到历史的空间大背景和国家认同的合理支撑，所以，禹迹遍天下就成为自然而然之事，也才会出现大禹出生地、娶妻地、治水地遍地开花，涂山、禹穴、石纽山多个同名遗迹，连长江上游的重庆也有涂山、诞子石、夫归石等遗迹的历史现象。

在先秦时期先贤的崇拜中还有一个对屈原和李冰父子的崇拜问题，可以与大禹崇拜现象互相比对。关于屈原崇拜问题，早在袁松山《宜都山川记》就谈到秭归得名与屈原的关系，《元和郡县志》中就记载湘阴县有屈潭、屈原冢、玉笥山，①《太平寰宇记》中也记载有饶州竞渡、襄州投食而祭，复州七里洏、归州故乡的记载，②到了南宋《方舆胜览》则记载有湘阴县屈潭、屈原冢、武岗军渔父亭、荆州竞渡之戏、监利濯缨台、复州七里洏、归州秭归、屈原宅、三闾大夫祠、屈原故宅、咸淳府屈原塔、潼川府名世堂，③《大明一统志》则记载南昌府昭灵庙、瑞州府三闾庙、汉阳府洏口、襄阳府均州沧浪水、荆州府竞渡、监利县濯缨台、归州屈原庙、屈原祠，岳州府屈原祠、平江县忠孝庙、湘阴县玉笥山、汨罗江、长沙县三贤堂、屈原庙、益阳县五贤堂、武岗州渔父亭、常德府延溪水、屈原祠、常德府龙阳县沧浪水、沅州昭灵祠、洏阳州

---

① 李吉甫：《元和郡县志》卷二七，中华书局，1983年，第658、659页。
② 乐史：《太平寰宇记》卷一〇七、一四五、一四四、一四八，中华书局，2007年，第2138、2813、2804、2877页。
③ 祝穆：《方舆胜览》卷二三、二六、二七、三一、五八、六一、六二，中华书局，2003年，第413、473、483、564、1024、1028、1027、1075、1091页。

沧浪水、忠州屈原塔、夔州府忠贤堂、潼川府名世堂等。①《嘉庆一统志》中有关屈原祭拜地的记载就更多了，如兴化县三闾大夫庙、靖安县昭灵庙、武昌县三闾大夫祠、通山县三闾大夫祠、瑞州府三闾庙、鄂州七里洏、钟祥县三闾大夫庙、江陵县濯缨台、监利县濯缨台、归州宋玉宅、五象溪屈原碑、濯缨泉、屈田、三闾大夫祠、秭归故城、兴山县三闾大夫祠、屈原宅、长沙县乔江书院、益阳花园洞屈原读书处、湘阴县汨水、汨罗庙、玉笥山、屈原塔、屈原墓、长沙县屈原祠、益阳五贤祠、凤凰庙、巴陵县屈原宅、华容县屈原墓、平江县三贤祠、三闾庙、巴陵县三闾庙、武岗州渔父亭、常德府四贤祠、武陵县三闾大夫祠、黔阳县三闾祠、三忠祠、芷江昭灵庙、澧州三闾大夫祠、奉节十贤堂、潼川府名世堂、忠州屈原塔等。②这里仅是以总志中的有关记载来分析的，实际在地方文献和笔者实地考察过程中，发现类似的文化遗址远不止这些。总的来看，屈原的行迹类和供奉类遗迹都是在楚国和楚文化影响较大的范围内演绎的，显现供奉祭拜类与行迹类在地域上的统一，这一点上与大禹崇拜相似。后来，虽然将屈原与端午节联系起来，但端午节气更多是一种没有景观附会的祭拜风俗的扩展。但在这个历史空间内的大量屈原的行迹类的遗址肯定许多都是后人附会的，如濯

---

① 《大明一统志》卷四七、五七、五九、六〇、六二、六三、六四、六五、六九、七〇、七一，三秦出版社，1990年，第789、875、912、917、949、962、963、969、971、973、984、996、998、971、1014、1082、1091、1099页。
② 《嘉庆一统志》卷九七、三〇九、三三六、三二五、三三八、三四二、三四四、三四八、三五〇、三五四、三五五、三五六、三五九、三六一、三六五、三六九、三七四、三九八、四〇七、四一六，四部丛刊本，第5、19、20、21、22、23、24册。

缨台（泉）、渔父亭沧浪水、屈原墓等即使历史上真有其事也不可能存在两三个，必有一两个地方为后人附会的。

对于李冰父子的有关问题，前人的研究已经表明，早在东汉时期就出现对李冰治水的神化，魏晋以来继续流传，到五代后蜀时才有李二郎的传说出现，到宋代成为正祀，不仅在巴蜀供奉，在北宋京城也出现二郎神庙和庙会，南宋时期在江南更是较广泛行祭。另外，宋代后来却出现赵昱二郎，明清时期又出现了杨戬二郎之说。[①]虽然江南曾出现较多灌口二郎神的行祠，再加上后来的杨戬祠庙，已经完全超越了真实的历史行迹地望，但就行迹类来看，不论是李冰父子还是赵昱三郎后来都主要真实的行迹空间之内在演绎附会景观，而且两者都演变成本土的地方神祇：川主。

我们注意到对于先秦时期的先贤崇拜形成的先贤故迹，不论是供奉祭拜类，还是行迹类都主要在其真实的历史的行迹空间之内演绎着的，但是由于受历史人物特征的影响，相关景观空间的大小、故迹的数量多少是有差异的。由于久远的历史人物记载相对较少，后代的附会空间就留得较大，所以，先秦先贤的行迹的真实性整体上信度并不是很高，可能很多是乡绅秀才在大的历史人物空间背景下出于华夏认同的一种乡土历史重构中的景观附会、景观重构。

（二）中古先贤的历史记忆：中国历史上的诸葛武侯崇拜的时空轨迹

前文分析到，大禹是真实的历史人物还是传说中的历史人物，

---

① 贾二强：《唐宋民间信仰》，福建人民出版社，2002年，第121—130页。

在学术界并没有完全统一。即使是个真实的历史人物，由于时代久远，史料难征，可能也为后人寄托甘棠之志而附会景观提供了更大的空间，所以，禹迹遍地天下也可以理解。如果我们以一个真实历史人物，且时代较近、行迹相对较为确实的先贤来考察又是怎样的结果呢？我们在分析汉魏南北朝隋唐两宋中古时期先贤崇拜的历史脉络时应该看到，这个时期的历史人物一般行迹的记载较为清楚，这种历史行迹清楚的历史人物在变成神祇后又会与先秦的先贤产生的故迹有何差异呢。这里我们主要以中古时期的典型——诸葛亮崇拜轨迹，结合关公崇拜故迹及唐宋文化名人的行迹附会来做一些分析。

诸葛武侯的信仰崇拜产生时间也较早，早在《三国志》卷三五《蜀书》中就记载景耀六年（263年）春诏为诸葛亮立庙，并引《襄阳记》称："亮初亡，所在各求为立庙，朝议以礼秩不听，百姓遂因时节私祭之于道陌。"[1]后来，据隋代虞世南《北堂书钞》引《襄阳记》记载："诸葛亮亡，所在各求为立庙议以不合，百姓遂因时节祠祭之于道陌。"[2]据白居易、孔传《白孔六帖》卷六九谈到："诸葛亮初亡，所在各示立庙，向充曰：顺人心则黩而不典，若百姓巷祭野祀，非所以存德念功，宜因近其墓立祠于沔阳，人欲祀者，皆限至庙，断其私祀，诏从之。"[3]《资治通鉴》卷七二也记载："蜀人所在求为立诸葛亮立庙，汉主不听，百姓遂

---

[1] 《三国志》卷三五《蜀书》引《襄阳记》，中华书局，1982年，第628页。
[2] 虞世南：《北堂书钞》卷八八《礼仪部》九，天津古籍出版社，1988年，第364页。
[3] 白居易、孔传：《白孔六帖》卷六九，《景印文渊阁四库全书》本，台湾商务印书馆，1986年，898：147页。

因时节私祀于道陌上，步兵校尉习隆等上言：请近其墓立一庙于沔阳，断其私祀，汉主从之。"①所以，可能从东汉末年蜀人就开始祭祠诸葛亮了。早在晋代李雄据蜀时就开始在成都建立第一座诸葛武侯祠。②不过，据《华阳国志》的记载来看，当时确实记载了有关诸葛亮的行迹遗址，多为有真实历史事件作为支撑的，如记载定军山的诸葛亮墓，诸葛亮为夷作图谱之事。③在南北朝时期，诸葛武侯信仰可能就开始普遍起来，如《水经注》就记载了渭水五丈原、祁山、沂水诸葛泉、勉县武侯垒、西乐城、兴势坂、黄沙屯、山都县乐山、孔明旧宅、成都金堤、三峡永安宫、诸葛亮图垒、八阵图及西南夷地区的叶榆水。④佚名《荆州图》记载了诸葛八阵图。另不著姓名的《荆州记》记载有诸葛亮宅和井，刘澄之《梁州记》谈到沔阳的八阵图、武侯垒、定军山、诸葛武侯墓。⑤

---

① 《资治通鉴》卷七二《魏纪》四，中华书局，1956年，第2300页。
② 吴艳：《四川地区孔明信仰遗存的空间分布研究》，西南大学硕士论文，2011年，第97页。
③ 常璩：《华阳国志》卷二《汉中志》，卷四《南中志》，巴蜀书社，1984年，第123、364页。
④ 郦道元：《水经注》卷一八、二〇、二七、二八、三三、三六、三七，岳麓书社，1995年，第270、297、387、411、412、413、416、424、486、496、535页。
⑤ 刘纬毅：《汉唐方志辑佚》，北京图书馆出版社，1997年，第233、229、261页。

表3-6 《元和郡县志》中有关诸葛亮遗迹表

| 地域 | | 遗迹 | 卷数 | 地域 | | 遗迹 | 卷数 |
|---|---|---|---|---|---|---|---|
| 关内道 | 宝鸡县 | 三交城 | 2 | | 双流县 | 诸葛亮旧居（葛陌） | 31 |
| | 眉县 | 五丈原、积石 | 2 | | 新都县 | 诸葛亮八阵 | 31 |
| 山南道 | 襄阳县 | 刘琦台、诸葛亮宅 | 21 | | 西泸县 | 泸水 | 32 |
| | 西县 | 八阵图、诸葛亮墓 | 22 | | 台登县 | 诸葛亮故城 | 32 |
| | 兴道县 | 兴势山 | 22 | | 普安县 | 剑阁道 | 33 |
| | 景谷县 | 木马山、石门关 | 22 | | 始建县 | 铁山 | 33 |
| | 长道县 | 祁山 | 22 | | 泸川县 | 江阳 | 33 |
| 剑南道 | 成都县 | 万里桥 | 31 | 陇右道 | 上邽县 | 司马宣王垒 | 39 |
| | 广都县 | 诸葛亮宅 | 31 | | | 诸葛亮垒 | 39 |

注：据《元和郡县志》，中华书局，1983年版。

《元和郡县志》中有关诸葛亮遗迹的记载较多，涉及22条，主要分布在山南道和剑南道，地域主要在诸葛亮的主要活动地区，主要为行迹类遗迹。《文献通考》记载了当时将诸葛亮列为功臣配享之中，唐代玄宗时就下诏"宜置祠宇量事致祭"诸葛亮。[①]但从以上唐代的有关诸葛亮的遗址来看，主要是行迹类遗址，少见供奉类遗址，显然直到唐代诸葛亮的信仰崇拜还主要是对先贤遗迹的崇拜，而且这类遗址多多少少都反映了一定的真实历史信息。从地域分布来，上面的遗迹基本上是在西南、关中、陕南地区，为历史上诸葛亮真实的主要行迹的地区，主要在历史人物的真实历史空间内

---

① 马端临：《文献通考》卷一〇三《宗庙考》十三，浙江古籍出版社，1988年，考938、939。

演绎着，而且立祠建庙供奉诸葛亮并不普遍。

表3-7 《太平寰宇记》中有关诸葛亮遗迹表

| | 地域 | 遗迹 | 卷数 | | 地域 | 遗迹 | 卷数 |
|---|---|---|---|---|---|---|---|
| 关西道 | 凤翔府眉县 | 积石原、五丈原 | 30 | | 剑州剑门县 | 剑阁 | 84 |
| | 凤翔府宝鸡 | 三交故城 | 30 | | 陵州始建县 | 铁山 | 85 |
| 剑南道 | 益州华阳县 | 万里桥、读书台、诸葛武侯祠、武侯宅 | 72 | 江南道 | 升州 | 钟山 | 90 |
| | 益州新都县 | 八阵图 | 72 | | 兴元府南郑县 | 武乡谷 | 133 |
| | 嘉州犍为县 | 石人 | 74 | 山南道 | 兴元府西县 | 诸葛城、诸葛武侯冢 | 133 |
| | 雅州严道县 | 周公山 | 77 | | 兴元府城固县 | 黑水 | 133 |
| | 黎州汉源县 | 诸葛武侯祠 | 77 | | 襄州襄阳县 | 诸葛亮宅 | 145 |
| | 戎州宜宾县 | 郁鄢戍 | 79 | | 夔州奉节县 | 八阵图 | 148 |
| | 巂州越巂县 | 奴诺城 | 80 | 陇右道 | 秦州长道县 | 祁山 | 150 |
| | 巂州会川县 | 泸津关 | 80 | | | | |
| | 梓州铜山县 | 会军堂山 | 82 | | | | |

注：据《太平寰宇记》，中华书局，2007年版。

表3-8 《方舆胜览》中有关诸葛亮遗迹表

| 地域 | 遗迹 | 卷数 | 地域 | 遗迹 | 卷数 |
|---|---|---|---|---|---|
| 镇江府 | 甘露寺狠石 | 3 | 雅州荣经县 | 孟山 | 55 |
| 建康府 | 钟阜 | 14 | 夔州奉节县 | 永安宫、卧龙山、十贤堂、八阵碛、诸葛忠武侯庙 | 57 |

第三章 科学的历史与文化的历史的学术话语 163

续 表

| 地域 | 遗迹 | 卷数 | 地域 | 遗迹 | 卷数 |
|---|---|---|---|---|---|
| 南康军 | 卧龙庵 | 17 | 泸州 | 宝山 | 62 |
| 襄阳府 | 独乐山 | 32 | 兴元府 | 褒谷、武乡谷 | 66 |
| 融州 | 铜鼓山 | 41 | 利州绵谷县 | 筹笔驿 | 66 |
| 琼州 | 文昌铜鼓岭 | 43 | 隆庆府 | 葛山、剑门关 | 67 |
| 峡州 | 黄牛庙 | 29 | 洋州 | 兴道县兴势山 | 68 |
| 成都府 | 万里桥、诸葛井、武侯庙 | 51 | 天水军 | 木门 | 69 |
| 隆州井研县 | 铁山 | 53 | 西和州 | 祁山、汉水诸葛故垒 | 70 |
| 雅州 | 蔡山（周公山） | 55 | 文州 | 阴平道 | 70 |
| 永康军青城县 | 僚泽 | 55 | | | |

注：据《方舆胜览》，中华书局，2003年版。

从宋代的相关记载来看，有关诸葛亮所有行迹类遗址和供奉类遗址都是在真实的历史空间内演绎着，只是与唐代相比诸葛武侯庙、祠供奉类遗址相对更多了。可以说宋代是中国诸葛武侯崇拜较为隆重的时代，特别是在巴蜀滇云地区，有"益与夔皆祠诸葛亮丞相""纷纷蜀土祠诸葛"之称。①《蜀中广记》卷五八："蜀山谷间民皆冠帛，言为诸葛孔明孝服，所居深邃者后遂不除，出"乙卯避

---

① 王十朋：《王十朋全集·文集》卷二二《夔州新修诸葛武侯祠堂记》，上海古籍出版社，1998年；陈普：《北地王谌》，清代刻本。

暑录"。今蜀人谓之戴天孝。"①这是谈蜀中的情况。宋代而汉中和西南夷人在头上戴白色纸上坟,都称为祭奠诸葛亮而来,如周去非《岭外代答》卷三"其髻以白纸缚之,云犹为诸葛武侯制服也,武侯之烈远矣哉。"②这是谈西南夷的情况。黎靖德《朱子语类》卷一三八在谈汉中的情况时称:"陆务观说:汉中之民当春月,男女行哭,首戴白楮币,上诸葛公墓,其哭皆甚哀云。"③

表3-9 《大明一统志》中有关诸葛亮遗迹表

| 地域 | 遗迹 | 卷数 | 地域 | 遗迹 | 卷数 |
| --- | --- | --- | --- | --- | --- |
| 应天府 | 石头山、钟山 | 6 | 保宁府梓潼县 | 葛山、武侯庙 | 68 |
| 镇江府 | 蒜山、狠石 | 11 | 保宁府剑阁县 | 剑门关 | 68 |
| 太原府 | 诸葛武侯庙 | 19 | 保宁府广元县 | 筹笔驿 | 68 |
| 兖州府 | 诸葛亮 | 23 | 保宁府岳池县 | 将军池 | 68 |
| 归德府 | 卧龙岗 | 27 | 叙州府庆符县 | 汉阳山、马湖江 | 69 |
| 南阳府新野县 | 议事堂 | 30 | 叙州府长宁县 | 武侯塔 | 69 |
| 南阳府南阳县 | 西岗、诸葛草庐、卧龙岗、诸葛书院、诸葛孔明庙 | 30 | 夔州府奉节县 | 卧龙山、诸葛亮祠、永安宫、武侯庙、石鼓 | 70 |
| 武功县 | 五丈原 | 32 | 龙安府 | 诸葛亮庙 | 70 |

---

① 《蜀中广记》卷五八,《景印文渊阁四库全书本》,台湾商务印书馆,1986年,591:772页。
② 周去非:《岭外代答》卷三,上海远东出版社,1996年,第68页。
③ 黎靖德:《朱子语类》卷一三八,中华书局,1986年,第3284页。

续表

| 地域 | 遗迹 | 卷数 | 地域 | 遗迹 | 卷数 |
|---|---|---|---|---|---|
| 眉县 | 五丈原、斜谷关、落星村 | 34 | 潼川州中江县 | 火峰山、会军山 | 70 |
| 宝鸡县 | 石鼻寨 | 34 | 眉州 | 忠武侯庙 | 71 |
| 宝鸡县 | 陈仓城、三交城 | 34 | 泸州 | 龙透关、诸葛武侯庙 | 72 |
| 岐山县 | 诸葛亮祠 | 34 | 泸州纳溪县 | 掇旗山 | 72 |
| 洋县 | 兴势山 | 34 | 泸州江安县 | 安远寨、梅岭堡 | 72 |
| 褒城县 | 褒谷 |  | 雅州 | 蔡山（周公山）、平羌江 | 72 |
| 沔县 | 读书亭、诸葛亮墓、诸葛亮祠、石马城、陈仓道、定军山、八阵图、西乐城 | 34 | 雅州荥经县 | 孟山、七纵桥、大相公岭、荥经古城、周公庙 | 72 |
| 凤县 | 思计台 | 34 | 邛州 | 石盘戍 | 72 |
| 西和县 | 祁山、西汉水诸葛亮垒 | 35 | 黎州 | 武侯城 | 73 |
| 秦州 | 木门、诸葛垒 | 35 | 平茶洞长官司 | 诸葛洞 | 73 |
| 承天府景陵县 | 诸葛岭、诸葛武侯庙 | 60 | 四川行都司 | 小相公岭、孟获城、武侯城 | 73 |
| 襄阳府襄阳县 | 隆中山、独乐山、诸葛亮宅、葛井、刘琦台、隆中书院、诸葛亮庙、隆中庙、学业堂 | 60 |
| 德安府安陆县 | 诸葛寨 | 61 | 柳州府 | 马跑泉 | 83 |
| 荆州府 | 夷陵州黄牛峡 | 62 | 柳州府融县 | 铜鼓山 | 83 |

续 表

| 地域 | 遗迹 | 卷数 | 地域 | 遗迹 | 卷数 |
| --- | --- | --- | --- | --- | --- |
| 宝庆府 | 基盘岭、武侯庙 | 63 | 钦州 | 铜鼓 | 82 |
| 武岗州 | 武侯庙 | 63 | 云南府 | 宜良诸葛营、诸葛碑 | 86 |
| 衡州府 | 诸葛亮宅、侯计山、 | 64 | 大理府 | 白崖城、铁柱 | 86 |
| 常德府耒阳 | 石鼓山诸葛亮庙、纪功碑 | 64 | 临安府通海县 | 诸葛山 | 86 |
| 常德府沅江县 | 卧龙墨池 | 64 | 楚雄府定远县 | 诸葛亮营 | 86 |
| 辰州府辰溪县 | 时住山 | 65 | 曲靖军民府 | 石堡山 | 87 |
| 辰州府东安县 | 东安县诸葛岭 | 65 | 姚安军民府 | 东山 | 87 |
| 靖州 | 诸葛营 | 65 | 永昌府 | 九隆山、武侯庙 | 87 |
| 成都府华阳县 | 诸葛井、读书台、万里桥、诸葛亮庙 | 67 | 腾冲司 | 镇兵石 | 87 |
| 成都府新都县 | 八阵图 | 67 | 黎平府 | 诸葛武侯庙、诸葛亮寨 | 88 |
| 成都府新津县 | 铁溪 | 67 | 贵阳府威清卫 | 铜鼓山 | 88 |
| 成都府井研县 | 铁山 | 67 | 安南 | 铜鼓 | 90 |
| 成都府茂州 | 相公岭 | 67 |  |  |  |

注：据《大明一统志》，三秦出版社，1990年版。

表3-10　《嘉庆一统志》中有关诸葛亮遗迹表

| 地域 | 遗迹 | 卷数 | 地域 | 遗迹 | 卷数 |
| --- | --- | --- | --- | --- | --- |
| 顺天府大兴县 | 三忠祠 | 9 | 保宁府广元县 | 筹笔古驿 | 391 |
| 迁安县 | 三忠祠 | 18 | 保宁府阆中县 | 武侯祠 | 391 |
| 江宁府上元县 | 石头山 | 73 | 保宁府南江县 | 诸葛寨 | 391 |
| 江宁府上元县 | 钟山 | 73 | 顺庆府南充县 | 诸葛山 | 393 |
| 江宁府上元县 | 诸葛武侯庙 | 75 | 顺府府邻水县 | 卧龙坡 | 393 |
| 太原府太谷县 | 诸葛武侯祠 | 136 | 顺府岳池县 | 将军池 | 393 |
| 太原府徐沟县 | 诸葛武侯祠 | 136 | 叙州府庆符县 | 汉阳山 | 395 |
| 沂州府兰山县 | 邱城、诸葛武侯祠 | 177 | 叙州府宜宾县 | 武侯祠 | 396 |
| 济南府新城县 | 三贤祠 | 163 | 夔州府奉节县 | 永安故城、八阵图、武侯庙、白帝故城、八阵图碛、十贤堂 | 398 |
| 临淄县 | 荡阴里 | 171 | 龙安府平武县 | 诸葛武侯庙 | 399 |
| 沂州府沂水县 | 闵子书院（诸葛书院） | 177 | 宁远府冕宁县 | 若水、诸葛城 | 400、401 |
| 南阳府新野县 | 议事堂、忠武祠 | 212 | 宁远府越巂厅 | 小相公岭 | 400 |
| 凤翔府眉县 | 五丈原、斜谷 | 235 | 宁远府西昌县 | 武侯城 | 401 |

续表

| 地域 | 遗迹 | 卷数 | 地域 | 遗迹 | 卷数 |
|---|---|---|---|---|---|
| 凤翔府宝鸡县 | 陈仓故城、大散关、石鼻城 | 236 | 雅州府雅安县 | 周公山 | 402 |
| 凤翔府凤翔县 | 三公祠 | 236 | 雅州府名山县 | 五花山、古土城 | 402、403 |
| 凤翔府眉县 | 怀贤阁 | 236 | 雅州府天全州 | 卧龙山 | 402 |
| 凤翔府岐山县 | 诸葛武侯庙 | 236 | 雅州府荣经县 | 大相公岭、孟山、御侮城 | 402、403 |
| 汉中府洋县 | 兴势山 | 237 | 雅州府清溪县 | 武侯祠 | 403 |
| 汉中府沔县 | 卧龙山 | 237 | 嘉定府荣县 | 铁山 | 404 |
| 汉中府南郑县 | 武乡谷 | 237 | 嘉定府中江县 | 会军山 | 406 |
| 汉中府褒城 | 武乡故城 | 238 | 邛州直隶州 | 石盘戍 | 411 |
| 汉中府沔县 | 沔阳故城、诸葛城、西乐城、黄沙城、督军坛、武侯琴室、武侯庙、诸葛武侯墓 | 238 | 泸州纳溪县 | 掇旗山 | 412 |
| 汉中府凤县 | 思计台 | 238 | 泸州 | 龙透关、南定楼 | 412 |
| 兴安府安康县 | 月川水 | 241 | 泸州江安县 | 安远山、安远寨、泾溪、梅岭堡 | 412 |
| 巩昌府西和县 | 祁山、祁山军、诸葛故垒 | 256 | 资州井研县 | 铁山 | 413 |
| 秦州 | 木门山 | 274 | 绵州梓潼县 | 葛山、武侯庙 | 414 |

第三章 科学的历史与文化的历史的学术话语

续表

| 地域 | 遗迹 | 卷数 | 地域 | 遗迹 | 卷数 |
|---|---|---|---|---|---|
| 南康府星子县 | 卧龙庵 | 317 | 绵州绵竹县 | 武侯池 | 414 |
| 安陆府天门县 | 诸葛岭 | 342 | 太平直隶厅 | 诸葛城 | 422 |
| 安陆府天门县 | 诸葛武侯祠 | 342 | 桂林府 | 诸葛武侯祠 | 462 |
| 安陆府安陆县 | 诸葛砦 | 342 | 桂宁府义宁县 | 广福王庙 | 462 |
| 荆州府松滋县 | 诸葛城 | 344 | 柳州府融县 | 铜鼓山 | 463 |
| 荆州府石首县 | 董玉台 | 344 | 柳州府怀远县 | 巴石阵 | 464 |
| 襄阳府襄阳县 | 隆中山、独乐山、诸葛井、刘琦台、学业堂、诸葛亮宅、诸葛武侯庙 | 346、347、348 | 云南府富民县 | 诸葛洞（营） | 476 |
| 郧阳府房县 | 诸葛武侯祠 | 349 | 云南府嵩明州 | 盟蛮台 | 476 |
| 宜昌府兴山县 | 桑林坪 | 350 | 云南府昆明县 | 武侯祠 | 476 |
| 宜昌府归州 | 兵书峡 | 350 | 大理府邓川州 | 诸葛寨 | 478 |
| 长沙府益阳县 | 五贤祠 | 356 | 大理府太和县 | 玉案山、西洱河纪功碑、画卦台、伏波祠、武侯祠 | 478 |
| 宝府府邵阳县 | 棋盘岭、武侯庙 | 360 | 大理府赵州 | 弥渡市诸葛城、定西岭、白崖故城、孔明垒 | 478 |

续 表

| 地域 | 遗迹 | 卷数 | 地域 | 遗迹 | 卷数 |
|---|---|---|---|---|---|
| 宝庆府武冈州 | 武侯庙 | 360 | 临安府通海县 | 诸葛山 | 479 |
| 衡州府耒阳县 | 相公岭、侯计山 | 362 | 临安府建水县 | 诸葛武侯祠 | 479 |
| 衡州府衡阳县 | 诸葛亮宅、武侯庙 | 363 | 楚雄府定远县 | 牟州、诸葛营 | 480 |
| 沅州府黔阳县 | 诸葛营4个 | 369 | 楚雄府广通县 | 营盘山 | 480 |
| 沅州府麻阳县 | 武侯庙 | 369 | 楚雄府姚州 | 饱烟萝山、孔明垒 | 480 |
| 靖州 | 诸葛营 | 376 | 楚雄府大姚县 | 武侯土城 | 480 |
| 凤凰厅 | 武侯祠 | 380 | 楚雄府楚雄县 | 卧龙岗、诸葛武侯祠、平南寺 | 480 |
| 常德府沅江县 | 乌龙寺 | 365 | 澄江府河阳县 | 云龙山（订盟山）、诸葛营 | 481 |
| 辰州府溆浦县 | 义陵废县 | 366 | 顺宁府 | 右甸石柱、诸葛武侯祠 | 483 |
| 辰州府辰溪县 | 时住山 | 366 | 曲靖府南宁县 | 八塔、分秦山、双井 | 484 |
| 沅州府黔阳县 | 朗溪故城 | 369 | 寻甸州 | 小关索岭 | 484 |
| 靖州绥宁县 | 绥宁县城 | 376 | 丽江府剑川州 | 诸葛池 | 485 |
| 成都府成都县 | 诸葛井、诸葛亮宅、九里堤、读书台、昭烈帝庙、旧居（葛陌） | 385 | 丽江府鹤庆 | 诸葛泉 | 485 |

第三章 科学的历史与文化的历史的学术话语 171

续表

| 地域 | 遗迹 | 卷数 | 地域 | 遗迹 | 卷数 |
|---|---|---|---|---|---|
| 成都府双流县 | 诸葛亮宅 | 385 | 普洱府 | 光山诸葛营垒、祭风台、大川原孔明寄箭处、孔明碑 | 485 |
| 重庆府涪州 | 铁柜山 | 387 | 普洱府九龙江 | 孔明塔 | 486 |
| 保宁府昭化县 | 木马山、石门关 | 390、391 | 普洱府思茅 | 诸葛营 | 486 |
| 保宁府剑州 | 剑门关、武侯桥 | 391 | 永昌府保山县 | 九隆山、太保山、霁虹桥、大诸葛堰、诸葛营 | 487 |
| 贵阳府清镇 | 铜鼓山 | 500 | 永昌府永平县 | 打牛坪、地宝藏山、诸葛寨 | 487 |
| 安顺府永宁州 | 盘江、诸葛营、红崖山 | 501 | 永昌府潞江 | 诸葛亮城、石塔 | 487 |
| 安顺府安顺县 | 枪凿井、诸葛营、观星台 | 501 | 恩安县 | 八仙海石 | 490 |
| 兴义府贞丰州 | 孔明城、诸葛祠 | 510 | 武定直隶州 | 诸葛城 | 492 |
| 镇远府 | 雍蓬洞、武侯祠 | 503 | 蒙化厅澜沧江巡司 | 石箭、武侯祠 | 496 |
| 思南府 | 蔓菁 | 504 | 永北直隶厅 | 老虎山、三刀山、祭锋台 | 497 |
| 石阡府 | 诸葛庙 | 505 | 腾越厅 | 寄箭山 | 498 |
| 黎平府 | 汉二侯祠、诸葛亮岩 | 508 | 贵阳府 | 铜鼓山、开州乖西山洗马池、武侯祠 | 500 |
| 大定府威宁州 | 插枪岩 | 509 | 定委县 | 藏甲岩 | 500 |

172 话语提炼与中国历史研究

续 表

| 地域 | 遗迹 | 卷数 | 地域 | 遗迹 | 卷数 |
| --- | --- | --- | --- | --- | --- |
| 大定府<br>毕节县 | 武侯碑、七星关、关索镇 | 509 | 贞丰县 | 孔明城 | 500 |
| 大定府 | 武侯祠 | 509 | 平越直隶州 | 诸葛屯 | 512 |

注：据《嘉庆一统志》，四部丛刊本。

从明清时期的有关记载来看，诸葛信仰与汉唐两宋时期又有一些变化，主要体现为四个特点，第一是各类祭拜祠庙和行迹遗迹的数量都大增，仅《大明一统志》和《大清一统志》记载的数量就多达200个左右。第二是行迹类遗址完全跳出历史真实行迹空间，显现为在典型的"地域泛化"，完全超越了历史行迹类的地望。第三是在真实行迹空间内，行迹类点在不断地增加，故事也在重新演绎。第四是祭拜类数量大增的背景下，在空间上完全突破真实的行迹空间，出现遍地供奉诸葛武侯的现象。

我们注意到，在诸葛信仰的同时，几乎是同时在中国兴起了关公崇拜。早在唐代《元和郡县志》中就记载益阳县的关羽故垒、关羽濑。[①]从八世纪末的唐代郎士元《关羽祠送荆员外还荆州》一诗看，故唐代就出现专门的关公庙。九世纪初贞元十八年董侹《重修玉泉关庙碑》就记载有关公遗庙。但在唐代有关关羽的祭拜类遗迹明显比诸葛亮少。我们知道，关公信仰最早出现在隋唐时期，在地域上发源于荆州，最早只是为荆楚的地方神祇。唐宋时期由于佛

---

① 李吉甫：《元和郡县志》卷二九，中华书局，1983年，第703页。

教、道教将关公纳入神谱，官方也敕封变为正祀，关公信仰逐渐成为全国性的信仰，才故迹遍地。[1]现代学者就谈到宋代已经有许多关侯庙、武安王庙、关羽庙、关将军庙、关王庙等。[2]不过，在宋代《太平寰宇记》《方舆胜览》中虽然谈到了关羽，但没有太多有关关羽崇拜的故迹和供奉祭祀景观出现，只是《太平寰宇记》中记载有成都关侯祠，关公遗迹与同期诸葛亮故迹相比少得多。后来我们在明代《大明一统志》中才发现了大量的关羽行迹和崇拜遗迹，如《大明一统志》中记载了汉阳府的关羽洞、关羽庙、磨刀石、吴王矶洗马口、荆门州掇刀石、汉江刷马滩、京山马跑泉、当阳关羽墓、汉城、麦城、甘泉、樊城、荆州府掷甲山、关羽庙、江陵城、益阳关羽濑、常德卓刀泉、故关州，成都府关羽墓、永川县关羽祠、毕节卫寿侯庙。[3]到了清代有关关羽崇拜的故迹才开始遍地开花。在具体分布上是全国各地在关公庙、或供奉公关神位的庙遍地开花，在其行迹活动的区域内则是不断演绎出大量有关关公的故事典故，如我们熟悉的磨刀雨、单刀会、白眉神等。[4]不过，我们仍然发现有关关羽行迹类遗迹主要还是在传统历史行迹的地域演绎着，只是明清以来由于从关公忠勇、仁义角度演变成行业神和关中地域神后祭拜类遗迹广泛起来。

---

[1] 王见川、皮庆生：《中国近世民间信仰（宋元明清）》，上海人民出版社，2010年，261—304页
[2] 王见川、皮庆生：《中国近世民间信仰（宋元明清）》，上海人民出版社，2010年，266页
[3] 《大明一统志》卷五九、六〇、六二、六三、六四、六七、六九、八八，三秦出版社，1990年，第910、911、917、920、944、945、949、950、972、996、998、1018、1019、1043、1082、1362页。
[4] 向柏松：《关羽崇拜中的大传统与小传统》，《中南民族大学学报》2012年6期。

在唐代李白、杜甫、白居易、元稹、杜牧等文化人的行迹类遗迹也较多，不过，这些人在唐代并没有成为神祇，故奉供类遗迹相对较少，但出现了大量这些诗人诗意命名的地名和景观。到了宋代以后，许多文化名人也成为民间百姓崇拜供奉的对象，形成了先贤文人信仰，如北宋苏东坡、黄庭坚、南宋陆游、明代王阳明等较为明显。如东坡崇拜在南宋已经较为普遍，如南宋《方舆胜览》中就记载有龙泉县留槎阁、新昌县石台山、武昌西山、琼州双泉、海漆、高邮军文游台、万州七贤堂、叙州寿昌院。[①]到了明代的《大明一统志》中更是记载了大量东坡的遗迹，涉及地区域包括真定府、应天府、苏州府、常州府、扬州府、庐州府、徽州府、滁州、徐州、济南府、青州府、登州府、开封府、莱州府、归德府、彰德府、河南府、汝州、凤翔府、汉中府、临洮府、杭州府、嘉兴府、湖州府、处州府、绍兴府、宁波府、南昌府、饶州府、南康府、九江府、吉安府、瑞安府、赣州府、南安府、武昌府、承天府、黄州府、荆州府、成都府、阆中府、重庆府、夔州府、潼川府、眉州、嘉州府、泸州、雅州、建宁府、延平府、汀州府、广州府、韶州府、肇府府、雷州府、琼州府、惠州府、梧州府、浔州府，故迹遍布大半个中国。

北宋黄庭坚的遗迹在南宋时期也较多，以南宋《方舆胜览》的记载来看，有双宁县的双井、南剑州的野轩、宁国府的曲肱亭、芜湖的蟂矶、宜春的蟠龙寺、分宁县幕阜山和清水岩、赣州赣县慈云寺、吉州爱竹堂、太和县快阁、南塔寺和先春阁、瑞州高安县江

---

① 祝穆:《方舆胜览》卷九、二〇、二八、四三、三六、四六、五九、六五，中华书局，2003年，第157、366、503、770、772、829、1045、1132页。

西道院和瑞芝亭、彭泽县鲁望亭、石首县绣林亭、武昌县西山寺和松风阁、高邮军的五湖和寄老庵、桐城的龙眠山、怀宁的石镜山和四贤堂、长沙碧湘门、安庆府涪翁亭、遂宁府蔗霜、叙州府苦笋、荔枝厅、锁江亭、阆州整暇堂、简州景德观、嘉定府方响洞、东津院，万州下岩、西山和七贤堂、眉州大雅堂、借景亭、花卿冢，泸州木龙岩、荣州此君轩、叙州大雅堂、涪州朋乐堂和四贤楼、忠州四贤堂、夔州十贤堂、施州猿啼山和瘦驴岭等。[①]到了明代，《大明一统志》记载的黄庭坚的遗迹就更多起来，涉及到冀州、大名府、扬州府、庐州府、安府府、太平府、平阳府、兖州府、怀庆府、南阳府、汉中府、南昌府、临江府、吉安府、南康府、九江府、瑞州府、袁州府、武昌府、黄州府、荆州府、衡州府、施州卫、汀州府、桂林府、庆远府、常德府、永州府、绵州、阆州、叙州、嘉定州、泸州、重庆府、涪州等地。如在巴蜀地区已经有绵州十贤堂、阆州整暇堂、叙州黄庭坚祠、水帘洞、涪翁亭、金鱼井、定夸山、冠冕楼、二老阁、安乐泉、荔枝亭、锁江亭、味谏轩、墨妙亭、无等院、南溪龙腾山、桂轮山等，青神县借景亭、嘉定州乌尤山、太白亭、方响洞、涪翁亭、荣县此君轩、泸州宝山、滴乳岩、江安偶住亭、开福寺、涪州北岩书院、四贤阁、四贤楼、江津固城

---

① 祝穆：《方舆胜览》卷一二、一五、一九、二〇、二二、二三、二七、二八、四六、四九、五二、五三、五七、五九、六〇、六一、六二、六三、六四、六五、六七，中华书局，2003年，第204、274、335、336、348、357、361、362、367、368、394、483、504、591、827、829、875、934、939、940、951、1013、1044、1045、1050、1086、1073、1175、1110、1119、1130、1131、1132、1169、1170、1175页。

山等。①

元明以来，南宋陆游的有关故迹也多了起来，以《大明一统志》的记载来看，有盱眙县翠屏堂、镇江府的丁卯桥、衢州府的招贤渡、绍兴府鳗井、抚州府的白鹿泉、瑞州的偃松、灌县的丈人观、梁山县的瑞丰亭、眉州的唤鱼潭和玉津、邛州的青霞峰和翠屏阁、嘉定州的荔枝楼、竞秀亭、啸堂。②但后人在对陆游的景观附会上远比苏东坡和黄庭坚弱，其原因值得讨论。

在中国古代的前贤崇拜中，对于文化先贤的崇拜往往到了一定的程度会用其诗意命名景观，早在宋代就开始出现屈原《渔父》沧浪之水遇渔父故事的沧浪水、渔父亭，且这些同名的遗迹后来往往不止一个。到了明代这种现象可是方兴未艾，如《大明一统志》中就记载了大量有关苏轼的这类景观，如武进县奔牛堰，取苏轼"仰看古堰横奔牛"之意，常州府君山浮远堂取苏轼"江远欲浮天"之句，扬州府送江亭取"宦游直送江入海"之句，青州府博兴县锦秋亭取苏轼诗意"霜风收绿锦，万顷水云秋"之句，吉安府知津阁取苏轼"此生何止略知津"之句，扬州府竹西亭取诗"竹西已挥手"之句，雷州总宜亭取苏轼"淡妆浓抹总相宜"之句。同样，有关黄庭坚的这类景观也较多，如武昌松风阁是取黄庭坚诗"老松魁梧数百年""风鸣娲皇五十弦"之句，而施州瘦驴岭地名也因为陆

---

① 《大明一统志》卷六七、六一、六八、六九、七一、七二，第1042、1059、1071、1072、1073、1074、1078、1081、1105、1112、1113、1114、1119、1120页。
② 《大明一统志》卷七、一一、四三、五四、五七、六七、七一、七二，第132、187、725、741、842、975、1043、1091、1106、1113、1114、1115页。

游的"艰危宁度瘦驴岭"之句而得名。①在巴蜀地区因为唐代李商隐《夜而寄北》一诗有"巴山夜雨涨秋池"之句，宋明以来人们认定此诗作诗地在四川三台，重庆合川、北碚、渝中区等地，为此明清时期在重庆佛图关、合川云顶山建造了夜雨寺，更使现在重庆人深信李商隐来重庆作此诗。总的看来，这类以诗意命景的有三类情况，一类确定是文人先贤到过并咏叹的景观，一类是并没有到过但咏叹过的景观，一是同地或者异地完全取诗意重新命名的新景观。

我们注意到在历史上"东坡""苏""轼""涪翁""放翁""山谷"成为一个有热度的文化符号而不断用于命名地名，不仅有大量供奉祭奠类遗迹，而且许多是以"东坡""苏""轼""涪翁"来命物和景，如定州苏东坡祠、常州东坡书院和宜兴县的轼祠、东坡书院、东坡别业、昌化东坡泉、钱塘东坡庵、秀水东坡馆、吉安府东坡井和半苏桥、杭州府东坡泉和苏公堤、饶州府景苏堂、南安府东坡祠、苏步井、兴国州怀坡阁、黄州府东坡书院、东坡祠、东坡故居、眉州三苏祠、百坡亭和苏轼别业，广州东坡井、归善县墨池、琼州府东坡书院、东坡台、东坡祠、惠州府苏公堤②，元代有东坡泉。③宋代就有东坡豆腐、东坡羹之名出现，明代有东坡肉之称。④至于涪翁亭、涪翁祠、放翁亭、放翁祠，历史上在各地也不少。在

---

① 《大明一统志》卷一〇、一一、一二、二四、五六、八二、五九、六六，第174、175、187、403、198、861、1255、903、1029页。
② 《大明一统志》卷三、一〇、三八、三九、五六、五〇、五八、五九、六一、七一、七九、八〇、八二，第56、175、176、665、669、681、801、860、862、893、894、904、938、940、1105、1106、1211、1228、1260、1261页。
③ 吴莱：《渊颖集》卷九，《景印文渊阁四库全书》本，台湾商务印书馆，1986年，1209：1672页。
④ 蓝勇：《中国川菜史》，四川文艺出版社，2019年，第113、220页。

海南儋州流传下来的有东坡村、东坡井、东坡田、东坡路、东坡桥、东坡帽等，表达了人们的缅怀崇拜之情，连语言都有一种"东坡话"。

总的来看，中古时期先贤的崇拜产生的故迹中，可以分成两大类，一类是被民间或国家列为正神的神祇，如诸葛亮、关公之类，行迹类与祭拜类并重，如武侯庙（祠）、关公庙繁多，在地域上完全超越了历史上人物的真实行迹地望，打破了传统"祭不越望"的传统。而在真实的历史空间内，许多诸葛亮、关公的行迹类遗迹点也多有是被后人附会的。一类是文化先贤类人物景观，如唐宋文化人类景观虽然在地望基本上在真实历史空间内的，但由于诗文的影响，后人以诗文之句或者诗意命名附会的景观较多，而且出现了大量祭拜类的东坡祠、涪翁祠、放翁祠、四贤堂、十贤堂之类的祭拜类故迹。

（三）近古先贤的历史记忆：中国历史上的建文帝崇拜与"遍地建文"之谜

一般来说，远古和中古时期历史先贤们的行迹记载往往本身是不够详明的，所以，这反过来为后人附会先贤的行迹提供较少的时空制约，给了后人更大的臆想重构的空间。不过，大多数明清时期的先贤的行迹相对都较为详明，这为后人在行迹类遗址的附会中对历史空间以外的泛化空间附会行迹类遗址形成了限制。不过，明清之际的这类历史人物的行迹类附会仍然存在，特别是在历史空间内的遗迹点的附会仍然较多，如明清时期以来王阳明、张献忠二人行迹遍地就是两个典型的案例。特别是明清时期个别行迹存在较大争论的人物更是如此，如明代建文帝出行之谜给后人创造了无尽的想象空间，形成了"遍地建文"遗迹的历史现象。

前人的研究已经表明，从古到今，建文帝曾出亡云南、四川、贵州、重庆、两广、两湖、福建、浙江、江西、青海、陕西、甘肃、江苏、海外十四种说法。①具体说有云南的昆明、武定、洱源、楚雄、滇南、大理、玉溪，四川的富顺、什邡、邻水、达县、巴州、大邑、马边、江油、广元，贵州的贵阳、长顺、平坝、安顺等，重庆的南泉、磁器口、江北、渝北等地，两广地区有肇庆、南宁、宜山、平林等地，两湖地区有长沙、衡州、益阳、娄底、湘潭、武昌、荆州等说，福建有泉州、福州、宁德等说，浙江有浦江、兰溪、武康、余杭、台州、宁波等，江西有上高、上饶，江苏有溧阳、无锡、苏州、吴县等，青海有乐都，甘肃有兰州，陕西有南郑，海外东南亚，甚至存在法国的说法。②

实际上历史文献关于建文帝出行的传说由来已久，但文献记载的是建文帝作为僧人、道士连续游历的旅行路线，并不是出亡某一地。对此，明末赵士喆《建文年谱》、清初谷应泰《明史纪事本末》和朱国标《明鉴会纂》对其出亡的路线作了详细的记载，其记载路线是否可信，现在还没有定论。以谷应泰《明史纪事本末》卷十七《建文逊国》的记载来看，建文帝是在永乐元年（1403年）正

---

① 马渭源：《破解600年第一谜案——建文帝最终出亡福建宁德》，东南大学出版社，2010年，第61—66页。
② 马渭源：《破解600年第一谜案——建文帝最终出亡福建宁德》，东南大学出版社，2010年。向阳鸣：《建文帝去哪儿——史学界关于建文帝出亡行踪论述纪要》《第十六届国际学术研讨会暨建文帝国际学术讨论会论文集》，湖南永州，2018年8月21日，第995—1000页。

月，到云南永嘉寺。二年（1404年），经重庆到襄阳，六月入吴，游天台、雁荡，八月后返滇。三年（1405年）二月，到重庆大竹善庆里。四年（1406年）至云南平西侯沐晟家，结茅白龙山。七年（1409年），往重庆、襄阳，还滇。八年（1410年），白龙山，弃庵出。九年（1411年），至浪穹鹤庆山，募修大喜庵。十一年（1413年），南巡至甸。十三年（1415年），游衡山，年冬还滇。十五年（1417年），再游衡山。十六年（1418年），还黔。十八年（1420年），入蜀，游峨眉山。十九年（1421年），入粤，海南，同年返滇。二十年（1422年），避嚣于庵南渌泉。二十一年（1423年），入楚汉阳、大别山。二十二年（1424年）东游天台山、宁波。洪熙元年（1425年），自闽粤返滇。宣德二年（1427年），入居鹤庆，入蜀永庆寺。三年（1428年），巡三峡神女、黄牛矶、汉中。四年（1429年）至成都，五月还浪穹、鹤庆。六年（1431年），入陕西延安，七月入蜀，至夔州。七年（1432年），到楚之公安、武昌、九江、杭州吴山、天台山。八年（1433年），还滇，居赤城。九年（1434年），至吴江、会稽。十年（1435年），至粤西。正统元年（1436年），返滇浪穹。二年（1437年），入蜀再游峨眉山，冬返滇。三年（1438年），再入粤西。五年（1440年），返京师。[①]朱国标《明鉴会纂》卷四《明纪》中也有类似的记载。而对此行程，清代冯甦《滇考》卷下《建文遁迹》中有一个简要的概括，基本相

---

[①] 谷应泰：《明史纪事本末》卷一七《建文逊国》，上海古籍出版社，1994年，第76—78页。明代重庆府管辖只有大足县，没有大竹县。据万历《重庆府志》记载重庆府大足县确实有善庆里，所以，这里的大竹应为大足。

同，①可与谷应泰的记载互有补充。《明史纪事本末》卷十七总结建文帝行程"其经由之地则自神乐观启行，由松陵而入滇南，西游重庆，东到天台，转入祥符，侨居西粤，中间结庵于白龙，题诗于罗永，两入荆楚之乡，三幸史彬之第，踪迹去来何历历也"。

这里，我们姑且认为这个行程是真实的，这个行程本身涉足云南、四川、重庆、贵州、广西、广东、湖南、湖北、陕西、浙江、江苏、福建、江西等地，为后来人们附会臆想建文帝行迹点提供了广阔的历史时空的基础文本。实际上按这个空间范围来看，并没有后人附会出的青海、甘肃、山西、海外的建文帝的行迹空间，后人的附会已经明显超越了历史行迹地望，地域泛化相当明显。而就是在这个大的空间范围之内，建文帝的行迹点可谓是举不胜举，繁若星辰。

建文帝的所谓行迹点都还有大量其他历史文献的记载，如清代许鸣磐《方舆考证》中辰溪龙阳山、横州宝华山应天寺、浪穹县潜龙寺、武定州狮子山龙隐庵、龙隐堂、贵阳唐帽山、白云山、神应泉、广顺州白云、安顺府砦孔山等。②道光《遵义府志》记载有福源寺、天子宅等，③雍正《陕西通志》记载有西乡建文崖、天子溪。④雍正《云南通志》记载了武定府藏经阁、龙隐台、礼斗台、

---

① 朱国标：《明鉴会纂》卷四《明纪》，乾隆二十七年刻本；清代冯甦《滇考》卷下《建文遯迹》，云南民族出版社，2002年，第259—263页。
② 许鸣磐：《方舆考证》卷六三、九〇、九三、九四、九五、九六，济宁潘氏鉴阁本。
③ 道光《遵义府志》卷八、卷一〇，光绪十八年刻本。
④ 雍正《陕西通志》卷——，《景印文渊阁四库全书》，台湾商务印书馆，1986年，第551：579、591：582页。

跃龙亭，大理府潜龙庵、云南府蒲团草，①乾隆《贵州通志》则记载了广顺州的白云山、流米洞、一宿河、安顺府的飞虹山、清镇县的耸翠峰、安平县的玉龙洞、②雍正《四川通志》记载了璧山县的登云坪、泸州的龙贯山、③雍正《广西通志》的横州宝华山应天寺、贵县景祐寺、寿佛寺、庆远宜山县西竺寺、义马垄等。④清代《大清一统志》中也记载了建文帝的一些行踪，如西乡县的红崖、定远县的红崖、璧山县登云坪、武定州的龙隐台、贵州广顺的白云洞、一宿河、跪井、万寿寺、螺拥寺、清镇的耸翠峰等。⑤以上许多地方都是前面研究和主要历史文献建文行程中没有谈到的。再细查以后地府厅县志，有关建文帝的遗址更是随手可得。实际上民间的传说远不止以上文献中记载的地方。

以巴蜀地区为例，我在考察中就发现重庆的江津会龙庄、泸县玉蟾山、泸州龙贯山和方山、宜宾越溪河、重庆磁器口、重庆南温泉、御临河、青川清溪庙华严庵的建文帝遗迹流传甚早，西南地区的诸多寺观中都有建文帝驻锡隐居的传说。可以说在中国历史上可能没有任何一个皇帝在乡土民间有如此多的传说流传和景观遗留，其必有其特殊的历史背景。就明代对建文帝的关注来看，可能更多

---

① 雍正《云南通志》卷一五、二六，《景印文渊阁四库全书》，台湾商务印书馆，1986年，第569：462、570：269、570：273、570：262页。
② 乾隆《贵州通志》卷五、卷七，《景印文渊阁四库全书》，台湾商务印书馆，1986年，第571：112、571：185、571：185、571：118—119页。。
③ 雍正《四川通志》卷二三、二五，《景印文渊阁四库全书》，台湾商务印书馆，1986年，第560：340、560：422页。
④ 雍正《广西通志》卷一五、四三、一二七，《景印文渊阁四库全书》，台湾商务印书馆，1986年，第565：571、566：281、568：697、568：696—597页。
⑤ 《大清一统志》卷二三七、三八七、四九二、五〇〇、五〇一，四部丛刊本，第15、25、28、29册。

是与中国传统社会对落败者同情心理的影响,而在清代对建文帝的追忆又叠加了对大明汉家正统回归的潜在思想的影响。当然,明清时期乡土关注和祭拜建文帝,可能更重要的层面是在乡土历史重构中,乡土士人显现本乡土与华夏文化一体和彰显乡土存在感的一种行为。

总的来看,就明清时期的先贤历史来看,大多数的先贤的历史行迹是清楚的,时近易核,反而使先贤景观的附会留下的空间大大缩小了,但建文历史轨迹不够清楚而为民间的景观附会提供了广泛的臆想空间,故才在中国南方形成建文帝遗迹遍天下的局面。

在明清时期,虽然也有许多先贤也经历了由人变成神的过程,但产生的多数是一些祭拜类的遗迹,真正行迹类附会景观就相对较少了。但应该看到,由于明清时期大移民运动使中国的流动人口大增,明清以前形成的传统先贤的祭拜类遗迹数量大增,在地望空间上大大扩大。如明清时期的各地地方神祇的空间扩展相当典型,如福建的妈祖、江西的许逊、广东的慧能、巴蜀的川主李二郎和赵昱、陕西的三元和关公、江南的真武和五显、两湖大禹等,其成为乡土神祇往往与本土地域文化、环境有极大的相关性,而又通过明清时期社会大动荡大移民,这些神祇信仰往往随人而走,在移民迁入地往往又形成祭拜之风,出现了大量祭拜类景观在地域地望上的超越,形成一种主观上的地域泛化现象。

(四)中国古代前贤崇拜景观附会与乡土历史重构

对于中国古代的景观附会,我提出了"地域泛化"的概念,主要是针对历史事件和文化再创的地域背景原型而提出的。[①]为了进一步深化这类研究，特别是针对先贤信仰的空间泛化，我们还需要确定几个基本概念。如果从空间面来看，我们可以将前贤的作迹空间分成历史行迹空间和泛化行迹空间，前者是历史人物的真实活动空间，后者是后人将其扩大泛化的空间。如果从先贤故迹点的性质来看，可以分成行迹点（再可分成真实历史行迹点和附会历史行迹点）、祭拜点（再可分成历史行迹空间内祭拜点和泛化行迹空间内祭拜点）两大类。

1. 中国传统时代先贤崇拜故迹时空间演化的基本规律

通过我们对上面这些先贤景观产生和分布的历史规律，我们可以总结出中国历史上先贤崇拜景观空间演化形成的四个基本特点：

第一，历史行迹空间范围大和行迹不清晰会强化先贤景观的附会。一般来说真实历史空间不确定的先贤当被后人列为神祇后，第一是演化的空间范围，即泛化的行迹空间范围会很大，第二是在这个空间范围内演化的遗迹点的随意性也会更明显，附会行迹点会更多更密。如我们前面研究的大禹崇拜，正是因为历史空间背景的虚大，后人才有无限的想象附会的空间，形成了"遍地大禹"的历史现象。而且这种臆想会一代一代叠加扩大，如重庆历史上因《华阳国志》中记载江州有涂山、禹王祠和涂后祠，到了元代人们又附会出涂洞、涂村、遮夫滩、启母石，清代又将鹧鸪石臆想出望夫、夫归、呼归等名称。甚至在民国时期还将弹子石臆想为诞子石，人

---

[①] 蓝勇：《〈西游记〉中的南北丝路历史地域原型研究——兼论中国古代景观附会中的"地域泛化"与文本叙事》，《清华大学学报》2019年5期。

们在随心所欲地臆想杜造着历史。①又如在古代僧人取经在南北丝绸之路上都有大量取用,所以,后人在重构这段历史时往往将南北丝绸的许多历史地域互相混杂在一起,出现晒经石、流沙河、火焰山南北众多的历史现象。②虽然建文帝所处的明代并不久远,但由于建文帝历史行迹本身一直扑朔迷离,所以,大半个中国都有所谓建文帝遗迹,特别是西南地区许多穷乡僻壤都成为建文帝避难藏身之处。

第二,时代越近的先贤泛化行迹类景观在空间泛化上会受到历史地域的限制更明显。一般来说由于历史较近的先贤历史行迹在文献记载中相对较为明确,所以,行迹类泛化附会的想象空间会受到一定的制约,即使要附会一些行迹点也可能要多考量历史的空间可信度。所以从中古以来的诸葛亮、关羽、李白、杜甫、白居易、苏轼、黄庭坚、陆游等先贤景观附会点中行迹类景观的附会仍然大多是在这些历史人物的真实历史行迹大空间内生成的,大大超出历史人物的真实历史行迹空间的行迹类景观附会点并不多。

不过,不同时代的先贤和不同先贤类型,在行迹点的附会上又有一些差异。像诸葛亮、关羽等时代相对较远的先贤,由于本身的行迹记载相对并不详明,反而为后人附会提供了更大的想象空间,所以,如果从历史行迹空间内的行迹点来看,往往附会的量较大,特别是诸葛武侯的遗迹在西南地区繁多,很多都是后代的据历史传说附会或重新编造的。唐宋文化先贤本身行迹相对较为明确,附会

---

① 蓝勇:《地名的雅化还是地名的讹呼——历史上重庆两块江石名称渊源的演变思考》,《文史杂志》2019年6期。
② 蓝勇:《〈西游记〉中的南北丝路历史地域原型研究——兼论中国古代景观附会中的"地域泛化"与文本叙事》,《清华大学学报》2019年5期。

的本身空间并不大，但大量以诗文之意来命名的景观遗迹出现。由于许多诗歌咏叹的地域或景点可能诗人并没有到过，或者到过具体地点并不明确，所以其中后人大量以诗意附会的行迹点本身也是不可靠的，具体表现为景点虚有或景点方位不明确两种情形。

第三，在历史行迹空间范围内的历史行迹点的附会往往存在"大时空不虚，小时空不拘"的特点演化规律。不论历史行迹空间有多大，历史上中国乡土先贤行迹点的附会时空范围是相当大的，但大多数情况下后人往往会在真实的行迹空间和行迹时代内来附会，所以大都是体现了"大时空不虚"的原则，这就往往不会受到一般大众的质疑。如中国南北丝绸之路是一个网状、带状的概念，丝路许多附近地带都附会了大量晒经之类的地名，体现了小时空地域的不拘。[1]而重庆得名的问题显现了后人在历史附会中并不考虑封恭王、生子、皇太子、即位四者的具体时间差异，而将其中两件事硬要附会在一年中，也是体现小时空不拘的时间不拘。[2]又比如在四川宜宾思坡乡就有黄庭坚与苏东坡相会思坡的传说，称在宜宾仰慕苏东坡，在嘉祐年间在戎州牛口书写"思坡"匾，并迎来苏东坡在牛口与苏东坡一同唱咏，苏氏作《夜宿牛口》《牛口见月》，故后来将大顺场称苏坡溪、思坡溪。[3]虽然黄氏与苏氏都是北宋文化人，也都在四川有行迹，有共同的大的时空背景，但嘉祐四年（1059年）当苏东坡东下牛口时的，黄庭坚还是洪州老家的一个13岁左右的小少年。治平三年（1066年），苏洵病逝，苏轼、苏辙兄

---

[1] 蓝勇：《〈西游记〉中的南北丝路历史地域原型研究——兼论中国古代景观附会中的"地域泛化"与文本叙事》，《清华大学学报》2019年5期。
[2] 蓝勇、陈俊宇：《文化的历史对科学的历史的渗透》，《江汉论坛》2019年7期。
[3] 罗平：《翠屏区思坡镇万寿宫》，《宜宾历史文化》第91期。

弟还蜀守孝三年,当时黄庭坚在河南科举考试后任叶县县尉。而30多年后的元符元年间黄庭坚到戎州时,苏东坡正远在今海南的儋州流贬中。①所以,所谓"苏黄戎州聚会"不过是后人先贤附会中小时空不拘的一个典型案例。

第四,先贤祭拜类景观点的扩展受国家诉求的影响而较少受历史空间的限制而遍地开花。虽然我们发现先秦时期有"三代命祀,祭不越望"的传统,②所以,大量祭拜点都是产生在历史行迹空间内的。但在秦汉以来,一方面国家从政治礼教角度会立正祀废淫祀,并不会考量地域文化的认同问题,特别是对先贤的崇拜,《礼记》称:"祀先贤于西学,所以教诸侯之德也。"③汉代郑玄注疏也称:"鬼神谓先圣先贤也。"两晋南北朝以来,社会上"祭先贤,礼名士""祭先贤,礼儒哲""崇先贤"等话语不绝于世。对此,宋代黎靖德《朱子语类》卷三引夔孙《赐录略》称:"问祭先贤先圣如何?曰:有功德在人,人自当报之,祀五帝只是如此,后世有个新生底神道缘,众心都向它,它便盛。"④同时,正是顾炎武认为的:"古人每事必祭其始之人,耕之祭先农,桑之祭先蚕,学之祭先师也。"⑤到了明太祖洪武元年朱元璋认为:"名山大川圣帝明王忠臣烈士凡有功国家,及惠在民者。"都应该"具实以闻,著于祀典,

---

① 古柏:《苏东坡年谱》,眉山县三苏文管所,1980年,内部印刷,第21、28、29、106页。黄宝华《黄庭坚评传》,南京大学出版社,1998年,第77—84页。
② 左丘明:《左传·哀公六年》,上海古籍出版社,2016年,第1002页。
③ 杨天宇:《礼记译注》下册,上海古籍出版社,2010年,第626页。
④ 黎靖德:《朱子语类》卷三引夔孙《赐录略》,岳麓书社,1997年,第48页。
⑤ 顾炎武:《日知录》卷一八,岳麓书社,2011年,第626页。

令有司岁时致祭。"[1]故以前就有学者认为宋以前多是有违"祭不越望",宋以后才改变而行祠林立的,[2]才有人认为北宋前期是一个造神高峰。[3]先贤信仰早在唐代以前就开始在崇拜范围上在不断扩大,如介子推在十六国时期从山西介休被推广到整个北方大部地区,甚至在南方的地区。再如关公、伍子胥、项羽、蒋子文等都是如此。[4]前面我们的统计也表明,宋明时代的祭拜先贤的庙、祠、堂类出现最多。特别是明清时期,文庙祭孔、武庙拜关成为各地的标配,祭拜一些国家先贤已经成为一种超越地望的政治行为,"祭不越望"已经成为过去。

2. 中国传统社会先贤景观附会与乡土历史重构

我们发现,已经有学者注意到传统中国史学的两个传统,即一个儒家的正统史学,一个是民间史学,并且已经关注到这两种史学的矛盾之处。[5]问题是这两种史学在许多场合是互为补充而又互为矛盾的。特别是在乡土历史中,这两种历史往往在民间是混杂在一起而难以分明的。之前我多次谈到,在中国历史上实际上有两种历史,一种是作为科学的历史,一种是作为文化的历史,这在乡土中

---

[1] 《明太祖实录》卷三五,洪武元年九月,台湾"中研院"历史语言所丛刊,1962年,第0632页。
[2] 王见川、皮庆生:《中国近世民间信仰(宋元明清)》,上海人民出版社,2010年,151页。
[3] 贾二强:《唐宋民间信仰》,福建人民出版社,2002年,第130页。
[4] 马新、贾红艳:《中国古代民间信仰》(远古—隋唐五代),上海人民出版社,2010年,第266页。
[5] 陈立柱:《有巢氏传说综合研究——兼说中国史学的另一传统》,《史学月刊》2015年第2期。

国往往是混杂在一起的。①

实际上，在中国历史主流的正史文本往往只提供了一个宏大的主体历史叙事或者大的历史空间建构，而大量乡土的历史往往是通过传说记忆口述的形式保留下来的。但是由于乡土历史记忆往往较为随性而不完备，而历代上层主流社会又会促使乡土需要重新构造一种新的文化认同，所以，充实乡土历史个案，体现乡土文化与国家诉求的重合，彰显乡土的存在感就十分必要，乡土历史的重构往往就成为乡土中国的重要文化大事。

在这个乡土历史的重构中，乡土前贤的历史记忆的景观化就是最为重要的路径。因为在对乡土前贤的景观重塑过程中，将华夏名人纳入自己的乡土景观，乡土往往就会找到乡土历史和地域空间的存在感，最终也可以显现一种华夏文化的认同感。如全国各地的大禹遗迹往往是在刷华夏存在感，边疆地区的诸葛武侯遗迹也在刷一种中原正统感，建文帝信仰是在刷大明正统感。再具体讲，乡土景观附会的选择往往是与每个时代的王朝的政治取向和社会价值观取向有关，如大禹的华夏正统、屈原的爱国忠君、诸葛亮的忠君辅佐、关公的重义忠勇、文化名人的主流儒雅、建文帝的大明正统等都可能影响到景观附会的选择、范围、规模。反之，透过大量先贤景观附会的历史性选择，我们也可从中发现一个社会真实的历史价值取向，如在三国的历史人物中，唯有蜀汉的历史人物得到的重视更多，相关的景观附会最多，从中我们看出中国传统历史上刘氏汉

---

① 蓝勇、陈俊宇：《文化的历史对科学的历史的渗透》，《江汉论坛》2019年7期。蓝勇：《巴蜀江湖菜历史调查序》，《巴蜀江湖菜历史调查》，四川文艺出版社，2019年，第7页。

室正统观的潜在影响。

在乡土历史的重构中,具体路径可以从低到高分成口述传说制造、口述传说文本化、口述传说和文本传说的景观化三个层次。不难看出,如果这种乡土历史重构是建立在以科学的历史为实证和细化为基础,对于支撑主体叙事和宏观历史轨迹的作用巨大,具体体现为层次越高作用和影响越大。但如果这种乡土历史重构是建立在文化的历史为基础上的,可能层次越高反而欺骗性就越大,对科学的历史的渗透就会越明显,危害也会更巨大。三个层次中最高的景观附会的具体范式路径并不完全一样,有的是将本土口述传说或文本传说的景观化,有的是外地已经有的景观的异地泛化重建,一种是将前贤诗文的诗意景观化,一种是营造供奉祭祀的祠庙类而来的景观化。总的来看,在乡土历史重构中,景观遗迹在历史研究的史料信度中往往强于文献文本的信度,特别是行迹类遗迹,因为在人们的思维中有景物为证,往往会被视为更为可信,所以,行迹类景观遗迹的欺骗性往往远比口述、文本的史料大。

应该看到,影响乡土历史的重构的原因相当复杂,也因此使乡土历史的重构的真实性和科学性也存在差异。一般来说当一段历史发生后,可能真实知道这段历史的人会有所记录和记忆,问题是后代的人可能并不完全以这些记录和记忆来研究历史,而是会根据不同时代的价值取向,按照国家、集体和个人诉求来重构这段历史。可能有人会有严格的价值观和科学精神,会以一些民间文献和可信的口述来细化重构以前的历史,可能会有人按一定的社会价值取向和个人诉求完全凭空编造历史来重构乡土历史。其中景观附会就是这种乡土历史重构的一个重要方式,前贤景观附会更是其中的一个重要内容。特别是到了近代，影响景观附会还增加了一些地方、企业、个人的功利性的诉求在里面，就显得更为复杂。

总的来看，中国历史上乡土历史重构中的文化历史制造是国家政治需要、民间功利诉求、乡土华夏认同共同催生出的一种特殊的文化。作为一种历史的存在现象，今天我们对这种作为文化历史的态度需要特别的科学理性。首先，这种乡土历史重构对于我们的历史研究来说提出了极大挑战，因为许多乡土附会景观经过几百上千年的历史过程后，更容易与真实的科学历史景观和事实混杂在一起，往往会让后人更是难辨真假。在许多历史文本中，对于传说的历史或附会景观，如果文本撰写者严谨一点，往往会加上"据传""据称""世传"等话语来显现所说历史的真实性程度，但在很多情况下，文本的作者往往是将其作为真实的历史来叙事的。这一方面留给后人更多的研究空间，但也为历史学者发现真实的历史制造了更多的历史迷雾。而且我们通过这些年的大量田野调查工作，发现这种景观附会在乡土历史重构还在不断继续中，有的乡土企业在制造假文献、埋地雷进行考古发掘，有的乡土企业有意将企业的历史与人物历史混在一起，有的在兴建各类假的传说人物城址，有的旅游景区仍在刻意编造各类新的故事传说。可能过了几百上千年后，这些都会形成景观留给我们的后人，让我们的后人分不清真假。作为历史学者，我们有充分辨明历史遗存中的景观附会的责任，但我们反对当下对作为文化的历史景观的漠视。以前重庆在整治航道时就是认为夫归石仅是历史传说而将其炸掉，看来是不够明智的。因为即使是作为文化的历史的景观，它仍然承载着一定时期的历史信息，透视出一个时代和地区的社会文化和价值取向，仍然是值得尊重的历史遗迹。

## 二 "地域泛化"与"情节神话"下的南北丝路地名原型研究①

从唐代玄奘到印度取经,《大唐西域记》和《大唐大慈恩寺三藏法师传》问世后,历代关于唐僧西天取经的故事与传说屡屡见于文献,并附会成各种景观留在各地。明代吴承恩以玄奘取经故事为原型的小说《西游记》面世后,更使西天取经的历史得以靠文学叙事流传广泛。不过,在世人的眼里,不论是《大唐西域记》和《大唐大慈恩寺三藏法师传》,还是《西游记》,都是以中国西北地区、南亚地区的历史叙事、文学叙事和景观遗址为地域原型,今天这些地区也确实留有许多相关的历史遗迹、传说和故事。

不过,我们发现《西游记》中的几个故事的地域原型较早也出现在西南丝绸之路上,因为我们在研究西南丝绸之路时,在四川西南部、云南西部、缅甸地区也发现了许多唐僧取经经过的所谓历史遗迹和历史记载。现在的问题是,这些遗迹真是与唐僧取经有关吗?其与西北地区的唐僧取经的遗迹是何种关系呢?又与《西游记》中的历史故事是何种关系?这是我们需要去破解的。此前杨国学先生已经提出了"前《西游记》文化"和"后《西游记》文化"的概念,②对于我们理解这种关系是一个较好的切入口,但在中国

---

① 此文原刊于《清华大学学报》2019年5期。收入此书略作修改补充。
② 参见杨国学、朱瑜章:《前〈西游记〉文化与后〈西游记〉文化辨析》,《河西学院学报》2012年第6期。

古代，书写叙事与景观附会的关系的实际情况可能要比杨老先生谈到的复杂的多。

要搞清楚这些问题，首先要弄清楚在中国古代历史叙事、文学叙事、景观附会之间的关系。其实，在中国古代一直有两种历史存在，一种是作为科学的历史，一种是作为文化的历史，有时两种历史是难以区分出来的。这里，我们需要先将《西游记》故事的地域原型与历史叙事、文学叙事和景观附会的关系作一番具体梳理，以此为案例分析文本叙事与景观附会关系的互动机理，讨论景观附会中历史地域原型的流变，总结中国古代作为科学的历史与作为文化的历史的关系。

（一）《西游记》中"流沙河"的历史地域原型

我们知道，《西游记》第二十二回"八戒大战流沙河"中谈到在黄风岭流沙河边的石碑上有"八百流沙界，三千弱水深"十个字。在明代杨致和《西游记传》"唐僧收伏沙悟净"中也谈到"又见岸边有石碑，横篆'八百流沙河，三千弱水深'"。[1]历史上与这个故事有关的流沙河地名主要有两个，一个是今四川汉源县的流沙河，一个是今新疆吐鲁番境内的流沙河。

首先，今汉源县的流沙河得名于何时呢？据宋代《太平寰宇记》《方舆胜览》等文献记载，今天的流沙河在当时仍叫汉水，并没有流沙河之名。如《太平寰宇记》卷七七《黎州》："汉水，在县西一百二十里，从和姑镇山谷中经县界至通望县入大渡河，

---

[1] 朱鼎臣、杨致和：《唐三藏西游释厄传、西游记传》，人民文学出版社，1984年，第253页。

不通舟船，每至春冬，有瘴气生，中人为虐疾。"①再如《方舆胜览》卷五六《黎州》："汉水，发源自飞越岭，寰宇记云：在汉源县西百二十里，地名通望，合入大渡河，夏秋常有瘴气，中人为虐疾。"②我们注意到《方舆胜览》主要是沿袭《太平寰宇记》的记载，也无流沙河之称，可见宋代仍无流沙河之名。但到明景泰《寰宇通志》、天顺年间《大明一统志》和万历、嘉靖《四川总志》等记载中，汉源县的汉水开始有了流沙河之名的记载。如《寰宇通志》卷七〇："黎州汉水，源出飞越岭，流经城南二十里，东流入岷江，一名流沙河。"③《大明一统志》卷七三《黎州安抚司》："汉水，源出飞越山，流经城南二十里，东流入岷江，一名流沙河。"④正德《四川志》卷二四《黎州安抚司》："汉水，源出飞越山，流经城南二十里，东流入岷，一名流沙河江。"⑤嘉靖《四川总志》卷一五《黎州安抚司》："汉水，源出飞越山，流经城南二十里，东流入岷江，一名流沙河。"⑥总的来看，明代文献中汉源汉水已经有流沙河之名了。不过，单纯看这些历史叙事的文献中并没有将流沙河与唐僧取经联系在一起。

其实，西北地区的流沙河记载也肇源于明代，如永乐年间陈诚《西域番国志》记载"出川至流沙河，河上有小冈，云风卷流沙所积。道北有山，清红如火，名曰火焰山。"⑦陈诚《西域行程记》也

---

① 乐史：《太平寰宇记》卷七七《黎州》，中华书局，2007年，第1560页。
② 祝穆：《方舆胜览》卷五六《黎州》，中华书局，2003年，第1001页。
③ 陈循：《寰宇通志》卷七〇《黎州安抚司》，玄览堂丛书续集本。
④ 《大明一统志》卷七三《黎州安抚司》，三秦出版社，1990年，第1136页。
⑤ 正德《四川志》卷二四《黎州安抚司》，四川省图书馆藏本，第7页B。
⑥ 嘉靖《四川总志》卷一五《黎州安抚司》，国家图书馆藏本，第6页B。
⑦ 陈诚：《西域番国志》，中华书局，2000年，第111页。

记载:"道北山青红如火焰,名火焰山。道南有沙冈,云皆风卷浮沙积起,中有溪河一派,名流沙河,约有九十里,至鲁陈城。"[1]嘉靖年间李日华《六研斋笔记》卷二记载:"(高昌)东行三千里至流沙河,即沙漠碛是也。"[2]万历年间《图书编》卷五一:"(鲁陈)出川西行至流沙河,河上有小冈,云风卷浮沙丘所积,道北火焰山,色赤如火,城方二三里。"[3]万历年间《咸宾录》:"(鲁陈)西行出流沙,河北出火焰山,山色如火,气候和暖。"[4]万历年间何乔远《名山藏》:"出大川渡流沙河,有山青红如火焰。"[5]同样,明代文献中对西北流沙河的记述也没有与唐僧取经直接联系起来。不过,在时间上西北地区的流沙河出现的时间要比西南地区更早一些,当然从表述上看这个西北的流沙河是河流还是流沙还游离不定。

中国西北与西南的流沙河地名均最早出现在明代文献之中,有对三种历史地域的重塑可能。一可能是对上古《尚书·禹贡》中"导弱水至于合黎,余波入于流沙"历史记忆与当时环境感应的命名表述,这里谈到远古时期的流沙,并没有具体的地望可指。一可能是对《大唐西域记》中《大流沙及以东行路》中"从此东行入大流沙,沙则流漫,聚散随风"的大流沙(今塔克拉玛干沙漠)后代重新现实命名。[6]还有一种可能就是对《大唐大慈恩寺三藏法师

---

[1] 陈诚:《西域行程记》,中华书局,1991年,第36页。
[2] 李日华:《六研斋笔记》卷二,《景印文渊阁四库全书》本第867册,台湾商务印书馆,1983年,第508页。
[3] 章潢:《图书编》卷五一,《景印文渊阁四库全书》本第970册,第254页。
[4] 罗日褧:《咸宾录》卷三《西夷志》,中华书局,2000年,第71页。
[5] 何乔远:《名山藏》卷一九○《王享记》,明崇祯刻本,第39页。
[6] 玄奘:《大唐西域记》卷一二《大流沙及以东行路》,岳麓书社,1999年,第702页。

传》中古沙河（莫贺延碛）的重新塑造，据《大唐大慈恩寺三藏法师传》卷一记载"沙河阻远""从此已去，即莫贺延碛，长八百余里，古曰沙河""至沙河间"。①这里的沙河本是指狭长的莫贺延碛，今位于罗布泊和玉门关之间，称"哈顺戈壁"，只是后人将本是指狭长戈壁演义成一条可能在当时并无名称的河流上。显然，明代文献中有一个将西北地区远古不能确指的流沙、唐代大流沙沙漠、沙河戈壁荒漠演变成流沙河河流的过程。在近代，西北地区甘肃流经张掖、临泽、高台的黑河和在临泽县的大沙河、酒泉市清水镇的白沙河也有流沙河之称，但出现时间较晚，命名的原因待考。另称云南西双版纳也有流沙河的地名，起源可能也较晚。

但很有意思的是历史文献中最早将流沙河附近与唐僧三藏取经牵扯在一起的却不是在中国西北，而是在中国西南四川汉源流沙河一带。早在宋代人们就将唐三藏取经的故事附会在汉源一带了，如在南宋《舆地纪胜》中就有记载"宝盖山，在梵音水之东。"②《蜀中广记》卷三五引《方舆胜览》佚文称"有梵音水，亦云三藏至此，持梵音而水涌出，故名。水色如米潘而甘，在今南半舍。"③为此，宋代冯时行在黎州还专门写有一诗名《题梵音水野亭》，收录在《缙云文集》中。④另万历《四川总志》卷一八《黎州安抚司》：

---

① 慧立、彦悰：《大唐大慈恩寺三藏法师传》卷一，中华书局，2000年，第13、16页。
② 潘自牧：《记纂渊海》卷一六引《舆地纪胜》佚文，《景印文渊阁四库全书》本第930册，第393页。
③ 曹学佺：《蜀中广记》卷三五引《方舆胜览》佚文，《景印文渊阁四库全书》本第591册，第456页。
④ 参见冯时行《缙云文集》卷二《题梵音水野亭》《景印文渊阁四库全书》本第1138册，第854页。

"梵音水，司治南一十五里，俗传唐朝三藏至此，持梵音而水涌出，故名。水色如米潘，味甘。宋政和间，太守宇文侯过而饮之曰佳泉也，易名粲玉泉。"[1]也就是说北宋政和年间易名，显现这个故事可能早在北宋年间就存在了，在明代人们的认知中也十分相信此说。直到现在，据《四川省汉源县地名录》记载这个梵音水，在今汉源县河南乡，今称观音水，至今相传唐僧取经东返时滴观音赠水成泉。[2]1986年我在汉源县考察时曾发现遗址仍存，有具体景观可寻。又比如南宋《方舆胜览》卷五六《黎州》记载"藜厅，在州治小厅之东隅，世传唐三藏师游西域，经行植梨杖于此，云他日州治在此。后果迁如师言。杖成株，高五十尺，围九十尺。余授诗：神僧曾西征，目览江山异。深林植杖黎，他日成州治。"[3]《大元混一方舆胜览》卷中《黎州》下也记载"藜厅，州治。"[4]万历《四川总志》卷一八"三藏黎，旧黎州治，世传唐三藏游西域，经行植梨杖于此，云他日州治在此。后果迁如其言。其后梨成株，高五十丈，围九尺末。天圣间，州治大火，人取其枝以接他枝。"[5]从《四川总志》的记载来看，《方舆胜览》的围九十尺显然是围九尺之误。《大明一统志》也有类似的记载。也就是说，宋代黎州今四川汉源县一带，民间已经有较多的唐三藏取经的传说和遗迹存在了，并在明代

---

[1] 万历《四川总志》卷一八《黎州安抚司》，《四库全书存目丛书·史部》第199册，齐鲁书社，1996年，第600页。
[2] 参见四川省汉源县地名领导小组《四川省汉源县地名录》，内部印刷，1982年，第103页。
[3] 祝穆：《方舆胜览》卷五六《黎州》，第1002页。
[4] 刘应李：《大元混一方舆胜览》卷中《四川等处行中书省》，四川大学出版社，2003年，第318页。
[5] 万历《四川总志》卷一八《黎州安抚司》，《四库全书存目丛书·史部》第199册，第601页。

一直流传。

我们注意到，元代李孝光《五峰集》卷九《次三衢守马昂书 垒韵》中记载"我垒何所有，而无白马骑。群书汗牛马，不涉流沙 河。"[①]已经将流沙河与佛教东来牵扯在一起来唱叹，只是没有谈及 流沙河的具体地望。我们知道，南宋有《大唐三藏取经诗话》，金 代院本有《唐三藏》《蟠桃会》，元杂剧有吴昌龄的《唐三藏西天 取经》、无名氏的《二郎神锁齐大圣》，明代有朱鼎臣的《唐三藏 西游释厄传》、杨致和《西游记传》等，这些都是《西游记》的创 作基础话本，但宋元话本中并没有涉及上面谈的流沙河、火焰山、 晒经石等故事。我们发现也只是在明代话本中才涉及流沙河、通天 河、火焰山的故事，如明万历年间吴承恩《西游记》和杨致和《西 游记传》中已经将西北流沙河融入西游记的收沙僧的故事之中。

看来，不论是吴承恩直接传承杨致和的故事或是杨致和缩写吴 承恩的故事，都可能受宋元明文献中四川汉源流沙河与三藏传说的 影响，也可能受明代文献中将西北地区唐代大流沙沙漠、沙河戈壁 荒漠演变成流沙河河流的影响。如果仅从这个过程来说，显现了历 史文献对文学叙事的影响，但历史文献中的许多记载不过也是一种 作为文化的历史文本化的结果。

（二）《西游记》中火焰山的历史地域原型

《西游记》第五十九回"唐三藏路阻火焰山，孙行者一调芭 蕉扇"开始，一共三回都是孙行者三次调芭蕉扇的故事。一般人

---

① 李孝光：《五峰集》卷九《次三衢守马昂书垒韵》，《景印文渊阁四库全书》本 第1215册，第162页。

们认为这个故事原型目前最早见于元末明初的戏曲昆曲折子中,称"保护大唐师父往西天取经,路过此间,只见火焰冲天,有八百余里,问及土人,说此乃火焰山,若要过此山,须向翠云峰芭蕉洞铁扇公主借她的芭蕉扇,扇灭此火方能过。"[①]然而,我们发现这些昆曲折子戏虽然传为元代吴昌龄所作,但留传下来的戏本历代可能多有增补,现在我们发现的唱词和道白中反而是多有近百年来的语言味道,昆曲可能存在后来据吴承恩《西游记》故事增补的可能。所以,我们还不敢断定这些戏曲中火焰山故事在元末明初就已经成型。但是,这个故事在明代的朱鼎臣《唐三藏西游释厄传》中已经有"忽至火焰山"的表述,只是只有孙行者一拐芭蕉扇的故事。[②]另杨致和《西游记传》在"显圣弥勒佛收妖"中谈到"忽至火焰山",也只有孙行者一拐芭蕉扇的故事。[③]当然,吴承恩《西游记》出现前并没有后来《西游记》中的三借芭蕉扇的故事,三借芭蕉扇是吴承恩的原创。

从历史地域的来源看,流沙河往往与火焰山的历史来源相关相近。据玄奘《大唐西域记》卷一二《大流沙及以东行路》记载:"从此东行入大流沙,沙则流漫,聚散随风,人行无迹,遂多迷路,四远茫茫,莫知所指,是以往来者聚遗骸以记之,乏水草,多热风,风起则人畜昏迷,因以成疾。"[④]另慧立、彦悰《大唐大慈恩寺三藏法师传》卷五也记载:"(尼壤城)又从此东放流沙,风动沙流,地

---

[①] 中国音乐学院中国音乐研究所:《西游记杂剧三折》,音乐出版社,1962年,第28页。
[②] 参见朱鼎臣《唐三藏西游释厄传》,第182页。
[③] 参见杨致和《西游记传》,第293页。
[④] 玄奘:《大唐西域记》卷一二《大流沙及以东行路》,第702页。

无水草，多热毒，鬼魅之患。"①实际上这里记载"多热风""多热毒"的环境背景是后人命名火焰山、火山、火州的历史环境因素。我们发现，唐代著名边塞诗人岑参在《使交河郡》中写道："暮投交河城，火山赤崔巍。九月尚流汗，炎风吹沙埃。何事阴阳工，不遣雨雪来。"另一首《经火山》诗更是直接："火山今始见，突兀蒲昌东。赤焰烧虏云，炎氛蒸塞空。不知阴阳炭，何独燃此中。我来严冬时，山下多炎风。人马尽汗流，孰知造化功。"看来唐代吐鲁番一带已经有火山的称呼。所以，元代设置哈剌火州，明代称火州、和卓。

明代文献中对西北火焰山与流沙河的记载表明两者是在一起的，如明代陈诚《西域番国志》记载："出川至流沙河，河上有小冈，云风卷流沙所积。道北有山，清红如火，名曰火焰山。"②《咸宾录》也记载："（鲁陈）西行出流沙，河北出火焰山，山色如火，气候和暖。"③何乔远《名山藏》记载："出大川渡流沙河，有山青红如火焰，山下城屹然，广二三里，即鲁陈城"。④

不过，有的明清文献往往将火焰山与中古时期的赤石山联系起来，如《读史方舆纪要》记载"火焰山，在柳陈城东，连亘火州，宋史：'北庭北山中出砜砂，山中当有烟气涌起，无云雾，至夕光焰若炬火，照见禽鼠皆赤。'或即此山也。"⑤清代祁韵士《西域释地》称"火山，在城东肃州志载作火焰山，自吐鲁番东至喀喇和卓

---

① 慧立、彦悰：《大唐大慈恩寺三藏法师传》卷五，第124页。
② 陈诚：《西域番国志》，第111页。
③ 罗日褧：《咸宾录》卷三《西夷志》，第71页。
④ 何乔远：《名山藏》卷一九〇《王享记》，明崇祯刻本，第39页。
⑤ 顾祖禹：《读史方舆纪要》卷六五，中华书局，2005年，第3056页。

诸回城，山皆赤色如火焰形，故明时有火州之名。按《魏书》云高昌郡东西三里，南北五百里，四面多大山，国有八城，多石碛，气候温暖，北有赤石山，所载与今正合。"①《钦定续通典》卷一四九"火州，地多山青，若火故名。"②显然，以上文献认为南北朝隋唐时期的赤石山即后来明清时期的火焰山，实则是错误的。首先，据《魏书》卷一〇一、《隋书》卷八三、《册府元龟》卷九六一、《文献通考》卷三三六等有"北有赤石山"的记载，与今天火焰山在吐鲁番以东不合。③据明代《寰宇通志》卷一一七《火州》记载："火焰山，在柳陈城东连亘火州，山色皆如火因名"，但同时记载："赤石山，在吐鲁番西北，峰峦秀美，石多赤色"。④《大明一统志》卷八九中也有类似的记载，如称"火焰山，在柳陈城东连亘火州，宋史云北庭北山中出硇砂，山中当有烟雾涌起，无云雾，至夕火焰若炬火，照见禽鼠皆赤，采者疑即此。""赤石山，在吐鲁番西北，峰峦秀美，石多赤色"。⑤所以，明代赤石山与火焰山完全是两座不同的山。在清代的大多数文献中，火焰山与赤石山也是分开的，如嘉庆《回疆通志》卷一一："火焰山，自喀剌和卓历吐鲁番喀剌沙尔库车北一带，山皆赤色，如火焰形，其中产铜砂，常有烟雾涌起，至夕光焰照见，禽鸟皆成光彩。"⑥不过，明清历史文献历史叙

---

① 祁韵士：《西域释地》，台湾成文出版社，1968年，第53页。
② 《钦定续通典》卷一四九，《景印文渊阁四库全书》本第641册，第694页。
③ 《魏书》卷一〇一，中华书局，1974年，第2243页；《隋书》卷八三，中华书局，1973年，第1874页；《册府元龟》卷九六一《外臣部》，《景印文渊阁四库全书》本第919册，第148页。《文献通考》卷三三六《四裔考》，《景印文渊阁四库全书》本第616册，第633页。
④ 《寰宇通志》卷一一七《火州》，玄览堂丛书续集本。
⑤ 《大明一统志》卷八九《火州》，第1374页。
⑥ 嘉庆《回疆通志》卷一一，文海出版社，1966年，第340页。

事中对西北火焰山的记载中并没有将其与唐僧取经联系起来。另还有甘肃张掖武当山到内蒙古马鬃山一带也有火焰山名,但出现时间应该较晚。张掖大佛寺中《西游记》连环画壁画中也有"路阻火焰山"画面,但也是出现在清代。将西北地区的火焰山与唐僧取经联系起来,在历史文献的历史叙事中也出现较晚,如清人袁栋《书隐丛说》中认为:"吐鲁番有火焰山……土人云,唐僧元奘西游过此,《西游记》火焰山事非无因也,而火焰山且不止一处也。"①

在西南地区,也是在明代就开始出现火焰山的记载,天启《滇志》:"沿溪而上,十里升火焰山,其高三十里,峰回路转,陡险之处,翼以木栈。"②《读史方舆纪要》中也记载云南元谋县西北又有火焰山。③清代雍正《云南通志》:"火焰山,在城北一百二十里,高可三十里,峰回路转,陡绝崎岖。"④同治《会理州志》卷一《山川》:"火焰山,一百八十里,为川南丛险要隘。"⑤在明代《谭襄敏奏议》卷四《剿贼计安地方疏》中也有这个火焰山记载。⑥不过,明清文献中并没有将这个火焰山与唐僧取经联系起来,我们并不知此处火焰山与唐僧取经故事联系在一起是何时。1986年我在云南元谋县考察,从江边渡金沙江到姜驿,翻越火焰山,当地人传说就是唐僧师徒取经经过的火焰山,上面还雕刻有唐僧师徒取经场面

---

① 袁栋:《书隐丛说》卷一九,《四库全书存目丛书·子部》第116册,齐鲁书社,1995年,第640页。
② 天启《滇志》卷四《旅途志》第二,云南教育出版社,1991年,第167页。
③ 参见顾祖禹《读史方舆纪要》卷一一六,第5164页。
④ 雍正《云南通志》卷三《景印文渊阁四库全书》本第569册,第68页。
⑤ 同治《会理州志》卷一《山川》,同治十三年刻本,第28页A。
⑥ 参见谭伦《谭襄敏奏议》卷四《土汉官军并力剿斩获邻省逆酋飞报捷音疏》《景印文渊阁四库全书》本第429册,第663页。

的石龛。但2016年底笔者再次考察时,已经发现取经的石龛不复存在了。

从以上可以看出,历史文献历史叙事中将火焰山与唐朝三藏取经联系在一起,不论西北或是西南,相对较晚,反而是历史文献的文学叙事的戏剧、话本中早在明代就将火焰山与唐僧取经联系起来了。

显然,在明清时期文献的历史叙事中,西北和西南的火焰山都见于记载了,但将其与唐僧取经联系起来首先是在明代文学叙事的戏曲、话本之中,并不是在历史文献的历史叙事和口述传说之中。在某种程度上讲,今天西北和西南地区的火焰山与唐僧取经联系起来,可能反而是受《西游记》等明清戏剧话本、小说演义的影响而重新附会到景观上的。这个案例反而显现了文学叙事对历史文献叙事的影响也是存在的。

(三)《西游记》中通天河与晒经石的历史地域原型

《西游记》第四十七、四十八回中,唐僧遇阻通天河,夜宿陈家村,巧遇灵感大王祭祀,孙悟空与其斗法通天河,救得童男童女,后得老龟相助,渡过通天河。《西游记》第九十九回中又记载了唐僧取经回程中在渡通天河时覆舟经书打湿而晒经的故事。朱鼎臣《唐三藏西游释传》中并没有一点通天河故事的影子,但杨致和《西游记传》中有类似的唐僧收妖过通天河故事之说。

在历史文献的历史叙事中通天河之名起源较早,宋明时期就有通天河的记载,但地望并不能确定。在清代的文献中,通天河的地望有时是指一个大的范围,即在西北青海、甘肃、新疆一带,主要存在三个称通天河的河流：一是在今新疆维吾尔自治区和静县的开都河、海都河，徐松《西域水道记》卷一："海都河……谚曰通天河。"[1]俞浩《西域考古录》卷一一："开都河，亦曰海都，土人呼为通天河。"[2]朱一新《无邪堂答问》卷四："开都河，或作海都，回语谓曲折也，俗称通天河，水经注谓之敦薨水。"[3]二是指今青海省玛多县黄河上的通天河，俞浩《西域考古录》卷一六："由星宿海渡通天河，西南行有河不深广，策马可渡。"[4]康敷镕《青海志》卷一："黄河星宿海迤南通天河，与格尔吉河上下一带东接四川西南，与西藏所属土司界接壤。"[5]三是指金沙江上游的青海省玉树县一带的通天河，黄沛翘《西藏图考》卷二："木鲁乌苏即木鲁河，华言通天河，乃西宁西藏之界。"[6]陶保廉《辛卯侍行记》卷四："渡木鲁乌素河，俗呼通天河。"[7]姚莹《康輶纪行》卷九："木鲁乌苏河，番人又名通天河，即大金沙江上流也。"[8]嘉庆《卫藏通志》卷四："一日始至木鲁乌苏，名通天河，乃金沙江之源也。"[9]特别是在《大清实录》《钦定大清会典事例》中有关大量通天河的记载，主要是特指青海、四川交界的通天河，今长江源头的通天河一带。如《清德宗实录》卷三四四记载："通天河，系四川地界……通天河距

---

[1] 徐松：《西域水道记》卷一，《续修四库全书》第728册，上海古籍出版社，2002年，第90页。
[2] 俞浩：《西域考古录》卷一一，台湾文海出版社，1966年，第662—663页。
[3] 朱一新：《无邪堂答问》卷四，《续修四库全书》第1164册，第569页。
[4] 愈浩：《西域考古录》卷一六，第827页。
[5] 康敷镕：《青海志》卷一，台湾成文出版社，1968年，第31—32页。
[6] 黄沛翘：《西藏图考》卷二，台湾文海出版社，1965年，第85页。
[7] 陶保廉：《辛卯侍行记》卷四，甘肃人民出版社，2000年，第254页。
[8] 姚莹：《康輶纪行》卷九，黄山书社，1990年，第246页。
[9] 嘉庆《卫藏通志》卷四，台湾文海出版社，1965年，第324页。

四川穷远，去西宁仅二十余里。"①《清宣宗实录》卷二九五："上年西藏贡使堪布等行至通天河岐米加纳、并托逊诺尔地方，被四川所属格尔次暨果洛克番两次抢劫。"②又卷二五〇："其失事之区，每在西宁所辖通天河一带。"③民国《玉树县志稿》卷三记载："金沙江上游，蒙名乌鲁木苏河，番名州曲，普通名通天河。"④这里的通天河主要是指今青海玉树地区的金沙江段，在明代一般称毕力术江。

总的来看，通天河在宋元文献历史叙事出现后，地望指向并不明确，到了明代戏曲、话本中出现的通天河也没有具体地望可指。只是到了清代历史文献历史叙事中才开始有特指。不过，不论是历史文献历史叙事中，还是戏曲、话本的文学叙事中，并没有记载今西南丝路上有通天河存在。但是，与通天河有关的晒经关、晒经石的历史根源却在西南地区源远流长，故迹众多。

今天来看，取经途中晒经的故事原型早在唐代就已经出现。《大唐西域记》卷三《迦湿弥罗国》：

> 沙门至国西界，渡一驶河，济乎中流，船将覆没，同舟之人互相谓曰"今此船覆，祸是沙门，沙门必有如来舍利，诸龙利之"，船主检验，果得佛牙。⑤

---

① 《清德宗实录》卷三四四，光绪二十年甲午秋七月，第56册，中华书局，1987年，第410页。
② 《清宣宗实录》卷二九五，道光十七年丁酉，第37册，第574页。
③ 《清宣宗实录》卷二五〇，道光十四年三月，第36册，第779页。
④ 民国《玉树县志稿》卷三《水道》，民国年间抄本，第2页B。
⑤ 玄奘：《大唐西域记》卷三《迦湿弥罗国》，第189页。

这段故事倒是在慧立、彦悰《大唐大慈恩寺三藏法师传》卷五的记载中更为成型：

> （迦湿弥罗国）又西北行三日至信度大河，河广五六里，经象及同侣人并坐船而进，法师乘象涉渡。时遗一人在船看守经及印度诸异华种，将至中流，忽然风波乱起，摇动船舫，数将覆没，守经者惶惧堕水，众人共救得出，遂失五十夹经本及华种等，自余仅得保全。①

不过，这里虽然记载了过河经书损失之事，但在唐宋元时期的文献中并没有晒经石的有关记载。目前，明中叶《寰宇通志》《大明一统志》中的今四川汉源县晒经石记载是最早的有关记载了。明景泰年间编的《寰宇通志》卷七〇《四川行都司》称："晒经石，在越巂卫城北三十里晒经关旁，相传唐玄奘三藏禅师晒经于此。"②同时在卷七〇《黎州安抚司》梵音水条下记载："（黎州粲玉）泉南数十步，有二巨石，一号袈裟石，五色相间；一号晒经石，皆三藏遗迹。"③又如明天顺年间编的《大明一统志》卷七三《四川行都指挥使司》："晒经石，在越巂卫城北三十里晒经关旁，相传唐玄奘三藏禅师晒经于此。"④万历《广舆记》也记载"晒经石，越巂卫，相传唐玄奘三藏禅师晒经于此。"⑤在许多地方文献中也有类似记载，如

---

① 慧立、彦悰：《大唐大慈恩寺三藏法师传》卷五，第114页。
② 《寰宇通志》卷七〇《四川行都司》，玄览堂丛书续集本。
③ 《寰宇通志》卷七〇《黎州安抚司》，玄览堂丛书续集本。
④ 《大明一统志》卷七三《四川行都指挥使司》，第1141页。
⑤ 陆应阳：《广舆记》卷一七，康熙刻本，第37页。

正德《四川志》卷二四《四川行都司》山川："晒经山，在（越）治北二十里，相传谓唐三藏曾晒经于此。"[1]另在津梁处记载有："晒经关，在治北百八十里。"[2]嘉靖《四川总志》卷一五《四川行都司》记载："晒经石，越嶲治北三十里晒经关旁，相传唐三藏晒经于此。"[3]万历《四川总志》卷一八也有类似的记载。明末《蜀中广记》卷三四引《土夷考》："李子坪七里至晒经关。志云，晒经关在越嶲卫东三百里，高岭山关旁广石，即三藏法师晒经处，未详。"[4]《读史方舆纪要》卷七四："晒经关，卫东北三百里有晒经山。山岭高峻，四声关其上，关旁有广石，相传唐僧三藏晒经处也。"[5]明代万历陈耀文《天中记》引《地志》："（黎州玉粲）泉南数十步，有二巨石，一号袈裟石，五色相间；一号晒经石，皆三藏遗迹。"[6]

清代以来有关晒经石的记载越来越多。雍正《四川通志》卷二七："晒经石，在卫北二百里晒经关旁，相传唐三藏晒经于此。"[7]嘉庆《宁远府志》卷一一越嶲厅有晒经关，[8]咸丰《邛嶲野录》卷五："晒经关，旧志在卫北一百九十里，新志在厅东北一百里晒经山，峰峦高峻，置关其上……晒经山，新《通志》在厅东北，山有晒经石因名，《明统志》在厅晒经关旁，相传唐元装（玄奘）

---

[1] 正德《四川志》卷二四《四川行都司》，第25页A。
[2] 正德《四川志》卷二四《四川行都司》，第29页A。
[3] 嘉靖《四川总志》卷一五《四川行都司》，第21页A。
[4] 曹学佺：《蜀中广记》卷三四引《土夷考》，《景印文渊阁四库全书》本第591册，第442页。
[5] 顾祖禹：《读史方舆纪要》卷七四《四川行都指挥使司》，中华书局，2005年，第3467页。
[6] 陈耀文：《天中记》卷九引《地志》，《景印文渊阁四库全书》本第965册，第383页。
[7] 雍正《四川通志》卷二七，《景印文渊阁四库全书》本第560册，第494页。
[8] 参见嘉庆《宁远府志》卷一一，1960年油印本，第8页。

三藏禅师晒经于此。"①总的来看，明清时期文献中有关晒经石的记载大同小异，都深信与唐玄奘晒经有关。

光绪《越嶲厅全志》卷二之四《山川》："晒经关顶，治北三百六十里，南北悬亘，各十余里，山形浑厚，顶一巨石，即晒经文石，十景之一，上修关帝庙，唐国师有：狮象前面走，文星守水口。若问真龙穴，晒经关下有。"②光绪《越嶲厅全志》卷二之九《古迹》："晒经石，治北二百六十里，旧志载唐三藏西天请经回晒于此，山有巨石，即晒经处，地遂以石名，今建关帝庙于上。"③从这里可看出，清末开始在晒经石上建有关帝庙。这个关帝庙在《虚云和尚自述年谱》中有明确记载："过流沙河，适水涨……天寒下雨，行抵晒经关，旅店不宿僧人。街外有一庙，一僧住守，求宿再三，不许。"④早在1986年我在汉源晒经山实地考察就发现，晒经石仍然存在，但石上的关帝庙已经早已没有了踪影。应该看到，早在明代，就有人对晒经石的背景提出了疑问。明代顾汝学《晒经石》诗："一片晒经石，云是唐僧留；何人能说法，致使石点头。"据咸丰《邛嶲野录》卷五记载晒经石上有一明代石碑，碑上刻的就是顾汝学的这首诗。⑤据光绪年间顾汝玉《过晒经山观唐三藏晒经石》诗记载当时还竖立有木栅护碑，但我们两次考察都不见碑的踪

---

① 咸丰《邛嶲野录》卷五《中国地方志集成·四川府县集》第68册，巴蜀书社，1992年，第76页。
② 光绪《越嶲厅全志》卷二之4《山川》，《中国方志丛书》第31号，成文出版社，1967年，第123页。
③ 光绪《越嶲厅全志》卷二之9《古迹》《中国方志丛书》第31号，第221页。
④ 鼓山门下弟子顺德岑学吕宽贤编辑《虚云和尚自述年谱》，内部印刷，无出版时间标注，第74页。
⑤ 参见咸丰《邛嶲野录》卷五，《中国地方志集成·四川府县集》第68册，第96页。

影。曹学佺对唐僧玄奘到过汉源提出了怀疑，只是没有提出怀疑的原因。后来，清代咸丰《邛嶲野录》卷五谈到晒经石时，也引用了《蜀中广记》的这则记载。另清代许亮卿《步晒经石原韵》也感叹道"佛于元奘去，诗人顾况留。墨光兴禅迹，千载晒关头。宋元明几载，光怪久淹留。笑尔真顽性，多年不点头"。

当然，在中国西北地区也出现过所谓通天河和晒经台故迹，如杨国学等人谈到的甘肃天水甘棠、夏河县大夏河畔、临泽县、高台县、青海玉树县通天河大桥和新疆和静县等地就有相关传说，[1]但传说普遍出现较晚，大多没有进入文本书写的历史叙事中，大多连民国的县志都没有记载，故可能更多是"后西游文化"景观。具体如甘肃民间认为洪武年间设立的高台县，传说是因为境内有唐僧玄奘过河将经书打湿而放在高台晒放而来。我们发现，虽然记载明洪武五年（1372年）设立高台站，但正史中并无这种得名的传说。[2]另在甘肃嘉峪关附近，有一块洁白的晾经石，传说是玄奘晾经的地方。再如新疆和静县开都河岸晒经岛和青海玉树县结古镇通天河畔的晒经石，都被认为是唐三藏取经所留。整体西北地区有关唐僧晒经的故事与附会景观反而很少，并大多不见于明清地理文献中，且出现的时代较晚，可能更多是后西游记文化。

总的来看，虽然在中国西北地区通天河的地名出现较早，但有特指出现在清代，并没有与唐僧取经联系起来，更没有晒经石的传说和遗存，反而是在西南地区四川汉源县一带早在明前期就出现唐

---

[1] 参见杨国学、朱瑜章《玄奘取经与〈西游记〉"遗迹"现象透视》，《河西学院学报》2004年第6期。
[2] 参见民国《新纂高台县志》卷一、卷二，民国14年刻本，第1、4页。

僧取经的晒经石传说和遗迹，在明代景泰、天顺、正德年间的文献中就出现了汉源晒经石和唐僧取经的传说记载和遗迹，但现在《西游记》版本年代多是在嘉靖、万历年间出现的，才有有关晒经石与唐僧取经的故事。所以，我们可以认为西南丝路上的这些通天河和晒经石历史传说和遗迹对吴承恩创作《西游记》是有较大影响的。

（四）《西游记》中白龙马与白马护经的历史地域原型

《西游记》第二十三回中有关于白龙马的故事，如果我们今天要研究这个白龙马的历史原型，可能要从汉代的白马驮经的历史说起。北魏杨衒之《洛阳伽蓝记》卷四："白马寺，汉明帝所立也，佛教入中国之始。寺在西阳门外三里御道南。帝梦金神，长丈六，项背日月光明。胡神号曰佛。遣使向西域求之，乃得经像焉。时以白马负经而来，因以为名。"[1]可以说，白马从一开始就与佛教东来有较大的关系。另《大唐大慈恩寺三藏法师传》有这样的记载："明日日欲下，遂入草间，须臾彼胡更与一胡老翁乘一瘦老赤马相逐而至……胡翁曰：'师必去，可乘我马。此马往返伊吾已有十五度，健而知道。师马少，不堪远涉。'法师乃窃念在长安将发志西方日，有术人何弘达者，诵咒占观，多有所中。法师令占行事，达曰：'师得去。去状似乘一老赤瘦马，漆鞍桥前有铁。'既睹所乘马瘦赤，漆鞍有铁，与何言合，心以为当，遂即换马。"[2]这是老瘦马的典故，显现在唐僧取经过程中马的运输作用。到了宋代志磐《佛祖统

---

[1] 杨衒之：《洛阳伽蓝记》卷四《城西·白马寺》，中华书局，2013年，第129—130页。
[2] 慧立、彦悰：《大唐大慈恩寺三藏法师传》卷一，第13—14页。

记》叙述了"衹罗国王赐(玄奘)青象、白马,以助驮载"的历史,明确记载了有白马运输的历史。[①]

在西北地区,早在西夏时期安西榆林窟中的壁画就出现唐僧取经的白马形象,另山西稷山县青龙寺壁画中也有白马的形象,一般认为也比《西游记》早,应该都是属于"前《西游记》文化"范围内的原型。但张掖佛寺《西游记》连环画中的白马形象出现得较晚,一般认为是在清代才出现,应该是"后《西游记》文化"的产物。

从白马到白龙马的嬗变是在文学叙事中通过话本、戏剧完成的。南宋时期的《大唐三藏取经诗话》中记载:"女王遂取夜明珠五颗、白马一匹,赠与和尚前去使用。"[②]这里仅是谈白马,并无白龙马的身影。但据传元杨景贤《西游记杂剧》木叉售马的故事有南海火龙三太子化为白马的故事。[③]于是乎,在吴承恩的《西游记》中出现了白马演义成白龙马的故事。不过,白龙马名称在明代众多小说演义中都有存在,也大多是在万历年间出现的,如明万历诸圣邻《大唐秦王词话》、万历年间许仲琳《封神演义》、明末褚人获《隋唐演义》、清代钱彩《说岳全传》中都有白龙马的身影,万历年间成书的《西游记》中的白龙马形象与他们的关系一时还无法说清。

但在历史文献的历史叙事记载中,今四川汉源县一带早在明代前期就有将白马驮经的历史附会成白马和尚山与白马护经堡之说,

---

① 志磐:《佛祖统记》卷三〇,上海古籍出版社,2012年,第658页。
② 《大唐三藏取经诗话》中《经过女人国处第十》,中华书局,1997年,第29页。
③ 参见杨景贤《西游记杂剧》,见《西游记资料汇编》,南开大学出版社,2002年,第96—97页。

并逐渐与唐僧取经牵扯到一起了。如天顺年间《大明一统志》卷七三："马跑泉，在和尚山，俗传肉齿和尚创奄山上，乘白马至山半，马渴而跑地，泉为之涌。"①万历《四川总志》卷一八也记载"马跑泉，在和尚山，俗传肉齿和尚乘白马至山半，马渴跑地，泉为之出。"②在《蜀中广记》卷三四中记载晒经关附近就有白马堡，到了清代开始演变成白马护经堡，如《大清一统志》卷四〇一："白马堡，在越嶲厅东北一百九十里，东去晒经关十里。"③光绪《越嶲厅全志》卷二之六也记载"白马堡，治北二百五十里，在晒经关北十里，有营兵塘房。"④据《四川省汉源县地名录》记载此地名是因唐僧返唐经过此遇雨，白龙马奋起护经而得名。⑤1986年我在汉源考察时，在晒经山下发现白马堡的地方，地名仍存，可惜堡已经不存。

总的来看，历史叙事中很早就有白马的历史与传说，元明以来在文学叙事中开始将白马演义成白龙马的传说，而在历史叙事与民间景观附会中，明代前期以来在西南地区白马同时也演变成白马和尚山与白马护经的故事。在这一点上，如果从时间上来看，历史叙事、文学叙事、景观附会之间互有影响，《西游记》的白马和白龙马故事，可能受元代以来话本戏剧中白龙马故事的影响，也同时有可能受历史叙事和景观附会的白马护经的影响。

---

① 《大明一统志》卷七三《黎州安抚司》，第1136页。
② 万历《四川总志》卷一八《黎州安抚司》，《四库全书存目·史部》第199册，第600页。
③ 《大清一统志》卷四〇一《宁远府》，《续修四库全书》第621册，第409页。
④ 光绪《越嶲厅全志》卷二之六《关隘志》，中国方志丛书第31号，第182页。
⑤ 参见四川省汉源县地名领导小组《四川省汉源县地名录》，第103页。

另外，在《西游记》第五十四回"法性西来逢女国，心猿定计脱烟花"中记载了西北的女国，这个女国在中国历史上也是很早就有原型存在。具体地讲，在历史研究的语境和文学创作的语境中都有女人国的话语。就历史研究的语境来看，中国古代有关女国的记载很早就出现了，如《山海经》《淮南子》《三国志》《后汉书》《异域志》《太平广记钞》等文献中都有记载，但所记女国地域众多，相当混乱。[1]据石硕考证，历史上最有影响的女国有两个，一个是在今川西高原，一个是在今葱岭之南。一般认为《隋书》《北史》首先记载了葱岭下的女国，后来《大唐西域记》《释迦方志》中也有记载，而川西高原还有一个女国，首见于《旧唐书·西南蛮传》中的东女国，据考证是早在唐人苏冕、崔铉《唐会要》之中就将许多葱岭南的女国资料误串到川西高原上的女国，后人又不断将其混在一起。[2]在文学创作语境中的女国，早在宋人《大唐三藏取经诗话·经过女人国处第十》中已经有记载了，但明代朱鼎臣的《唐三藏西游释厄传》、杨致和《西游记传》中并没有经过女人国的记载，所以，可能文学创作所依据的就是历史语境的女人国，只是历史研究所据拥有的文化背景不同，故创作中对此有所差异。吴承恩在撰《西游记》时正是依据自己对历史语境和文学创作语境中的女国的理解演义出来了女儿国。所以《西游记》中的女国主要是受汉唐历史语境的葱岭以南的东女国和文学语境的宋代女人国的影响而来。

---

[1] 参见马旷源《说女国》，见马旷源：《西游记考证》，中国言实出版社，2012年，第150—152页。
[2] 参见石硕《〈旧唐书·东女国传〉所记川西高原女国的史料篡乱及相关问题》，《中国藏学》2009年第3期。

## （五）兼论中国古代景观附会中的"地域泛化"与文本叙事

前面已经谈到在中国古史上有两种历史，一种是作为科学的历史，一种是作为文化的历史。因此，在中国古代的历史叙事中，传说、神化往往杂糅其间，而文学叙事往往也受历史叙事的影响，以历史的大脉络为宏观主线去演义。其中作为文化的历史在中国民间下层社会中广泛流行，通过戏剧小说、景观附会、口述传说等形式扩大着作为科学的历史的社会影响程度，但也使大众眼中的中国历史充满传奇和迷茫。

从玄奘《大唐西域记》和慧立、彦悰《大唐大慈恩寺三藏法师传》流行以来，唐僧取经的历史故事在中国流传较广，人们将唐僧取经的故事往往附会在中国许多地区，融入自己的文学臆想，付入传奇和故事，一是通过文学叙事由话本、小说演义开来，一是直接附会在地面的山川、景观之上，一是通过口述传说在民间传播，一是景观附会和口述传说往往也会载入历史叙事的史书，特别是地理志之中，而这四者之间往往互相影响、互相借鉴糅合。前面我们谈到的有关流沙河、火焰山、通天河与晒经石、白龙马的故事，在历史叙事、文学叙事、现实景观、民间口述中往往都存在，只是时间或早或迟、内容或详或略。

其实，在南北丝绸之路上还有许多有关唐僧取经的故事附会，并没有在明清话本、戏曲之中，只是在历史文献历史叙事和民间口述、景观附会之中，如前面谈到的梵音水和黎州藜厅。

很有意思的是，南北丝绸之路的沿途，这类的记载和遗迹还十分多。如四川荥经县有晒经寺。①明代云南大理就有晒经坡,见于倪辂《南诏野史》和嘉靖《大理府志》,据记载是由唐僧取经回国经过点苍山遇雨,打湿经书、晒经于坡而得名。②另据明代《两浙輶轩续录》卷四记载楚雄无为寺也有晒经坡,为"世传唐朝高僧晒经处"。③另云南祥云县有晒经坡,牟定县有晒经松,出现时间早晚都有。据明代朱孟震《西南夷风土记》记载滇缅一带准古还有金塔大寺,相传为唐僧所寄宿,而都鲁濮水关有唐僧的晒经台,板古流沙河为唐僧取经故道等。④《皇朝经世文编》卷一一八《工政》中记载缅甸温板又称流沙河,相传唐僧取经过此渡。其实,在中国西部其他地区有关唐僧取经的传说和遗迹都较多,如四川大邑县就有晒经寺,建于明代正统年间,旧传是唐僧取经中途遇雨打湿经书而晒经。⑤四川江油也有晒经寺。⑥在西北地区的晒经石就有6处之多,其中新疆1处、甘肃4处、青海1处,甘肃省张掖市童子寺出现了清代唐僧取经的壁画。⑦

问题在于,我们明知唐朝玄奘取经是经过西北地区,并没有行经西南地区,又为何在宋元明清有如此多的唐三藏西天取经的故事流传在西南丝绸之路上呢?其实,这种现象是与中国传统社会中相

---

① 参见民国《荥经县志》卷二《建置志》,民国四年刻本,第27页。另见乾隆《雅州府志》卷三《寺观》,乾隆四年刻本,第18页B。
② 参见倪辂《南诏野史》,云南人民出版社,1990年,第35页。
③ 潘衍桐:《两浙輶轩续录》卷四,《续修四库全书》第1685册,第125页。
④ 参见朱孟震《西南夷风土记》,《中国西南文献丛书》第119辑,兰州大学出版社,1984年,第10页。
⑤ 参见民国《大邑县志》卷五《寺观》,民国十九年铅印本,第20页;同治《大邑县志》卷一一《寺观》,光绪二年刻本,第7页。
⑥ 参见光绪《江油县志》卷一三《云庙》,光绪二十九年刻本,第16页B。
⑦ 参见杨国学、朱瑜章《前〈西游记〉文化与后〈西游记〉文化辨析》。

似历史背景下景观附会中存在的"地域泛化"的杂糅有关,而且这种"地域泛化"现象往往是与"情节神化"相同步,显现中国古代景观附会中"地域泛化"和"情节神化"的两个基本特征。

1. 相似历史背景下的"地域泛化"杂糅——西南丝路的佛教东传与唐僧文化遗迹

这里我们所指的所谓"地域泛化",是指中国古代在某种传统和背景的影响下,人们将历史上本来有特定具体地域的事件、人物附会在其他有相似自然和文化背景的地域上的行为。这里的"相似自然和人文背景"表明中国古史上的景观附会虽然往往是无中生有的,但多多少少都会是在自然相同、区位相近、历史相似、文化相近的背景影响下产生的。历史上西南丝绸之路唐僧文化景观附会的产生,自然是以西南丝绸之路与西北丝绸之路历史上同为佛教文化传播通道的历史相似为基础的。

从佛学西来的历史过程考察来看,以前人们对西北白马驮经为佛教东传之始的历史坚信不疑。近几十年来,阮春荣、何志国等学者提出佛学东来存在一个南传佛教系统,甚至早于西北地区从缅印、云南传入中国,主要根据是在西南地区和长江中下游发现了许多汉代的摇钱树、佛像、白毫相、梵文符号等遗物,从风格上与北方的犍陀罗风格有异。[1]当然,对此学术界还有许多分歧和争论。

不过,到了魏晋南北朝时期,的确有许多僧人开始来往于西南丝绸之路上求法传教,这是不争的事实。如道宣《释伽方志》卷下记载"宋元嘉中,冀州沙门惠睿游蜀之西界,至于南天竺,晓方俗

---

[1] 参见阮春荣《佛教南传之路》,湖南美术出版社,2000年;何志国:《四川早期佛教造像滇缅道传入论——兼与吴焯先生商榷》,《东南文化》1994年第1期。

音义,还庐山,又入关,又返江南。"①义净《大唐西域求法高僧传》卷上也记载:"有一故寺,但有砖基,厥号支那寺,古老相传云是昔室利笈多大王为支那僧所造。于是有唐僧二十许人,从蜀川牂牁道而出,向白莫诃菩提礼拜,王见敬重,遂施此地,以充停息,给大村封二十四所。"②另南朝梁僧慧皎《高僧传》卷七也有类似的记载。

到了唐代,天竺僧人取这条通道到蜀地更是众多。孙光宪《北梦琐言》记载:"先是,唐咸通中,有天竺三藏僧经过成都,晓五天胡语,通大小乘经律论,以北天竺与云南接境,欲假途而还,为蜀察事者识之,系之于成都府。"③这则记载在《蜀中广记》中也谈到。释志磐《佛祖统纪》卷四三又记载:"(贞明)四年,西天竺三藏钵恒罗至蜀,自言从摩伽陀国至成都益州,途经九万九千三百八十里,时蜀主王建光元元年也。"④唐代也有许多中国僧人取这条通道到天竺。据梁启超统计,南北朝隋唐时期留学印度的中国僧人中有九分之一都是取这条通道的,⑤故僧人对这条通道多有记载,如义净《南海寄归内法传》卷一:"从那烂陀东行五百驿,皆名东裔。乃至尽穷,有大黑山,计当吐蕃南畔。传云蜀川南行一月余,便达斯岭。"⑥玄奘《大唐西域记》卷一〇《迦摩缕波国》:"此国东,山阜连接,无大国都,境接西南夷,故其人类蛮獠

---

① 道宣:《释伽方志》卷下《游履篇》第五,中华书局,000年,第98页。
② 义净:《大唐西域求法高僧传》卷上,中华书局,1998年,第103页。
③ 孙光宪:《北梦琐言·逸文卷》第二,中华书局,2002年,第395页。
④ 释志磐:《佛祖统纪》卷四三,第1006页。
⑤ 参见梁启超《千五百年前之中国留学生》,见梁启超《饮冰室合集》第9册,中华书局,1989年。
⑥ 义净:《南海寄归内法传》卷一,中华书局,1995年,第12页。

矣。详问土俗，可两月行入蜀西南境。"①释慧琳《一切经音义》卷八一："说此往五天（竺）路径，若从蜀川南出，经余姚、越嶲、不喜、永昌等邑，古号哀牢王……西过此蛮界即入吐番国之南界，西越数重高山峻岭，涉历川谷，凡经三数千里，过吐蕃界，更度雪山南脚，即入东天竺东南界伽摩缕波国……是大唐与五天（竺）陆路之捷径也。"②类似的记载还见于释志磬《佛祖统纪》卷三二、释道世《法苑珠林》卷二二、道宣《释迦方志》卷下。

可以说，宋明以来西南丝绸之路上有如此多的僧人故事传说、遗迹，自然是有其南北朝隋唐真实的佛教传播历史作为背景的。只是宋代由于宋挥玉斧，以大渡河为界，不与外域往来，宋代僧人往返此道由此大减。对于宋人来说，一方面对于这条通道开始生疏起来，知晓不多；一方面，以前又确有众多僧人来往于此道，留下片片鸿迹。所以，在迷惑朦胧的地理认知下，受"地域泛化"与"情节神化"传统的双重影响，西南丝路上许多唐僧三藏取经的记载和遗迹便不断出现。

2. "地域泛化"与"情节神化"的杂糅——唐僧文化遗迹与历史上的景观附会现象

前面谈到中国古代景观附会中有"地域泛化"和"情节神化"两个基本特征，其中"地域泛化"的出现一是受传统乡情左右下的理想寄托的影响，二是受中国古代民间地理空间认知不足的局限的影响；而"情节神化"的出现往往一是受中国古代民间神化张扬夸大习性的影响，二是客观上受民间历史名物知识缺乏缺陷的影响。

---

① 玄奘：《大唐西域记》卷一〇《迦摩缕波国》，第538页。
② 释慧琳：《一切经音义》卷八一，大通书局，1985年，第1773页。

第三章　科学的历史与文化的历史的学术话语

在中国古代前贤信仰十分发达，黄帝、大禹、二郎、孔明、关公、山谷、东坡遗迹遍地开花，呈现为将传说人物和历史人物附会在乡土景观上，形成历史文化的景观附会。可以说，历史文化的景观附会，是中国古代史上一个特殊的现象，如历史上黄帝陵、涂山、二郎庙、武侯祠、关公庙、涪翁亭、东坡庙，大多数不过是乡人对前贤仰慕以寄甘棠之志的一种景观附会和祭拜遗迹，以此来寄托乡人的理想诉求。所以，遍布中国的唐三藏的遗址也多是这类景观。我们自然可以看到，出于知识的局限和乡情的因素，许多传说、故事本身与地域事实、名物相去甚远，有的谬误百出，有的荒诞不经。

具体到唐僧取经的历史和故事来看，我们知道，佛教东来的中国化过程，实际上是一个逐渐向世俗化发展的过程，民间百姓真正对佛教深刻教义、名物上了解的人并不多。如将唐僧、三藏这种本来是对僧人的通称误为特指唐僧三藏玄奘、国师，就是十分典型的例子。对此，早在明代《蜀中广记》中就认为造成这种误会的根源是人们将唐僧三藏误认为玄奘的特指，明代曹学佺《蜀中广记》卷三五在谈到藜厅、梵音水均为唐三藏所遗时称："按玄奘西域记取经经由凉州出塞，似未入蜀，而三藏者乃僧之通称也。孙光宪《（北梦）琐言》云，唐咸通中有天竺三藏僧经过成都，晓五天胡语，通大小乘经律论，以北天竺与云南接境，欲假途而还，为蜀察事者识之，系之于成都府。其得所记朝廷功第文字，盖曾入内通场者，或即其人耶。"[①]所以，上面许多文献中的三藏、唐僧本是对唐代僧人的一种泛称，并非特指玄奘，但却被许多人用于特指。同时，我们

---

① 曹学佺：《蜀中广记》三五《边防记》第五《景印文渊阁四库全书》本第591册，第456页。

前面谈到北宋时期西南地区有关唐僧取经的记载和遗迹很少，只是到了南宋才开始有记载，这会不会是南宋只拥有半壁河山，南宋民间对西北地区知识缺乏了解所致。南宋至明末以来关于唐僧取经的梵音水、藜杖、晒经石、流沙河、白马护经堡传说和遗迹，就是在这种背景下南北混杂、真伪相兼演义发展的。在其间，可能难免有望文生义的附会。早在明代就有人指出黎杖的故事"恐非实事"，认为"古称藜杖，藜则菖蕗，养之历霜雪，经一二岁，其本修直生鬼面可杖，取其轻而坚，非梨木也"。[①]不过，我们发现在清代以前，多是谈唐僧、三藏、三藏师，还不敢直言是玄奘。到了吴承恩写《西游记》时，爱读怪书的吴氏的脑中充满了南宋以来南北的种种演义，他将其提炼升华，融入了《西游记》之中。而《西游记》的广泛传播，更使民间对唐僧取经的传说与遗迹不断演义发展，融入了更多的多元文化的色彩，所以，清人可能也乐得直接称这些遗迹为玄奘、国师所遗了。这种附会显现了民间传说的随地随人而异，故事的随意性明显，如对于晒经的故事本身就出入较大，有的称是过河打湿经书，有的则称下雨打湿经书。至于"情节神化"也杂糅在这种"地域泛化"之中，如其中的宝盖山梵音水"持梵音而水涌出"、白马转变为白龙马、白马护经等情节，明显就是一种"地域泛化"过程中的"情节神化"现象。

3. 历史与文化之间——景观附会、口述传说与文本历史叙事、文学叙事的关系

从学理上来看，中国古代的景观附会、口述传说与历史上的历

---

[①] 陆深：《蜀都杂抄》，《巴蜀丛书》第1辑，巴蜀书社，1988年。

史叙事文本、文学叙事文本之间的关系较为复杂。文学叙事的戏曲话本、小说演义所起的作用相当特别，一方面这些戏曲话本、小说演义撰写过程中往往会夹杂一些以往的口述传说和景观传说，一方面这些戏曲话本、小说演义形成后也会附会到景观上，形成新的文化景观。同时，历史叙事的史书往往兼糅传说，不断对文学叙事中戏曲话本、小说演义产生影响，也直接会形成景观附会。

就《西游记》的创作来看，吴承恩等人以玄奘《大唐西域记》和慧立、彦悰《大唐大慈恩寺三藏法师传》为源文化，做到了大事不虚，小事不拘，杂糅了民间之前的附会的有关唐代僧人的传说、景观，融入了自己的文学想象原创，形成了今天的《西游记》传奇故事。其中，历史文献中万历以前中国南北方已经存在的有关唐僧三藏玄奘取经的故事和附会景观对于《西游记》故事的形成影响可能较大，这包括真实的历史景观，如西北地区火州火山、西流沙、信度大河、白马等。但明万历以后《西游记》成型后对后世的文化影响也相当大，所以我们发现清代以来文献中的一些晒经石或留存的三藏景观也可能是从《西游记》的故事演化出来的。这种双向的互动，使中国古代民间作为科学的历史与作为文化的历史互相杂糅，在老百姓心中难以分出真假，往往将《三国演义》《水浒传》《西游记》的故事作为真实的历史来叙述。

所以，中国古代上的景观附会中的"地域泛化"往往也使历史形成许多地域迷案，不仅使社会上对历史产生种种误读，也使我们的史学工作者面对许多地域文化之争苦于难解，愁于无奈。所以，在作为科学的历史与作为文化的历史之间，历史学工作者如果不深入分析，有时也是难以区分的。

总的来看，这种历史叙事、文学叙事与景观附会、口述传说间可以形成以下关系：

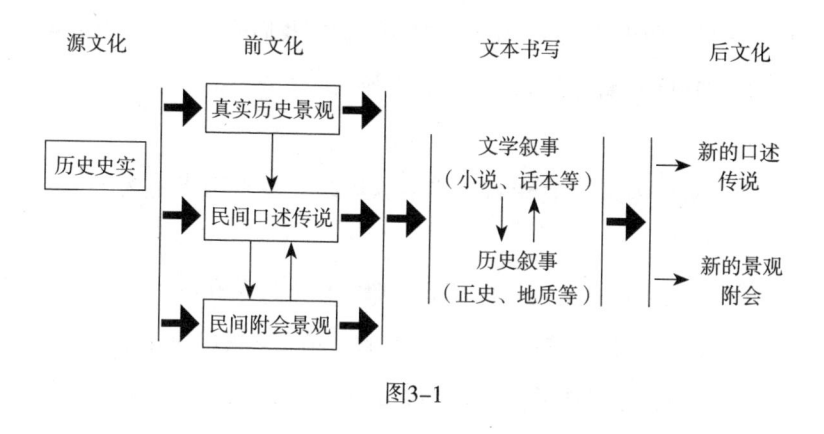

```
源文化        前文化              文本书写              后文化

          ┌─→ 真实历史景观 ─┐
          │        ↓        │
历史史实 ─┼─→ 民间口述传说 ─┼─→  文学叙事         ┌─→ 新的口述
          │        ↕        │    （小说、话本等）  │    传说
          └─→ 民间附会景观 ─┘         ↕          ─┤
                                    历史叙事      └─→ 新的景观
                                    （正史、地质等）    附会
```

图3-1

从图3-1的理论关系来看，宏观的历史史实我们称为"源文化"。这种"源文化"会直接繁衍出三种影响文本书写的"前文化"，即真实的历史景观、民间口述传说、民间附会景观。这三种"前文化"会影响到文本书写（文学叙事、历史叙事），而文学叙事、历史叙事又会产生新的景观附会和口述传说，形成"后文化"，反过来又会再影响文学叙事和历史叙事。所以，在中国古代的历史叙事中，传说、故事往往杂糅其间，历史文献中往往会有传说、故事的成分，如众多典籍记载的流沙河；而文学叙事往往也受历史叙事的影响，也是以历史的大脉络为宏观主线去演义，作为一种文化的历史出现在历史长河之中。中国民间的景观附会更是相当复杂，历史发展中一般会有真实的景观遗存下来，如火州火山、大沙河，久之演变成为历史景观，但历史叙事往往也会在民间附会出景

第三章　科学的历史与文化的历史的学术话语　223

观，久之演变成为历史的文化景观，而文学叙事的故事往往也会附会在景观上，久之也会演变成文化的历史景观，如万历以后众多的火焰山、晒经寺。同时，民间的历史景观或是文化景观，可能也会反过来进入历史叙事或文学叙事之中，影响我们的历史书写和文学书写，如白马护经堡景观、晒经石等等。

## 三 从金牛道筹笔驿名实看中国传统"乡土历史重构"[①]

出于对中国历史前贤的信仰，唐宋以来诸葛孔明的故事在乡土历史重构中被不断塑造着。早在唐代，诸葛武侯出师筹谋下笔的故事传说就开始出现了，故事历代相沿，反映出巴蜀人士强烈的乡土历史重构的诉求，但故事本身发生的真实地理位置却很难说清。不同时期的人们会按照自己的理解去重构历史事件，将不同的故事重塑在不同的地方，如筹笔驿的地理位置先后有朝天镇、军师庙、神宣驿等多种说法，有些文献甚至出现两种说法同时并存的混乱现象。

当然，筹笔驿在历史上应当是确实存在的。由于元明清时期发生的战乱和移民进入，巴蜀地区发生文化重构，这使得巴蜀唐宋时期的历史记忆受到影响，许多唐宋时期的驿站、关隘、城市的空间位置越来越不清楚、不具体。因而，本文拟通过对历史上记载的筹笔驿的具体位置作一番考证，分析其位置变化的原因，探寻"乡土历史重构"中地名空间认同的规律。

---

[①] 此文原刊于《中华文化论坛》2021年1期。收入此书略作修改补充。

## （一）筹笔驿与朝天驿名称使用时间的关系考证

筹笔驿最早见于记载是在晚唐。时人陆畅《筹笔店江亭》一诗中有"九折岩边下马行，江亭暂歇听江声"之句，说明唐代九折之地与筹笔驿位置上较近。同时期孙樵《出蜀赋》中有"朝天双峙以亏蔽"和"眄山川而怀古，得筹笔于途说"之句。由于赋文本身不是游记和地理志书，并不能完全说明"朝天""筹笔"的位置关系，所以，我们只能知道晚唐时期"朝天"与"筹笔"作为地名已经同时存在。但这两个地名当时是否都是驿站呢？可以肯定的是从唐代杜牧、殷潜之、李商隐、薛能、罗隐等诗人的诗名来看，晚唐已经有"筹笔驿"之名，但尚未见到有"朝天驿"之名的记载。

晚唐孙樵的《出蜀赋》中"朝天双峙以亏蔽"为最早记录"朝天"的文献。[①]后来五代杜光庭《录异记》出现朝天岭地名，[②]北宋诗人宋祁也有《朝天岭》一诗，有"天岭循归道"之句。[③]北宋《大宋故□酒坊使银青光禄大夫检校吏部尚书兼御史大夫上柱国权知扬州军府事张府君（秉）墓志铭并序》中也有"朝天岭"之名。[④]文同《利州绵谷县羊模谷仙洞记》中有"按朝天驿人云"之句，[⑤]可知北宋朝天已经设驿，有朝天驿的名称。据《元丰九域

---

[①] 孙樵：《出蜀赋》，《孙可之集》卷一《赋》，清宣统守政书局排印本
[②] 杜光庭：《录异记》，李昉：《太平广记》卷八六引，江苏广陵古籍出版社，1983年，笔记小说大观本，第3册，第168页。
[③] 宋祁：《朝天岭》，《景文集》卷九，商务印书馆，1936年，第102页。
[④] 《大宋故□酒坊使银青光禄大夫检校吏部尚书兼御史大夫上柱国权知扬州军府事张府君（秉）墓志铭并序》，《洛阳出土历代墓志辑绳》，中国社会科学出版社，1991年，第743页。
[⑤] 文同：《丹渊集》卷二二《利州绵谷县羊模谷仙洞记》，文渊阁四库全书本。

志》卷八记载,当时绵谷县有朝天镇。①一般来说建制镇的地名比非建制地名更有影响力,可知宋代地名"朝天"的影响远比"筹笔"大得多。

地名"朝天"的得名,本取义于"朝觐天子"之意。徐梦莘《三朝北盟会编》卷四九"向帝都者谓之朝天门也"②,同书卷四五记载:"臣谨按,蔡京用事每有异心,盖尝与蔡崇阴谋,是时陈之子来诉于朝,蔡京怒之编置海岛。天下州郡城门之向帝都者,素号朝天门,京乃令更名曰朝京,欲为天下朝己之谶。"③陈东《少阳集》卷二也记载:"蔡京怒之编置海岛。天下州郡城门之向帝都者,素号朝天门,京乃令更名朝京,欲为天下朝己之谶。"④可见,地名"朝天"在某种程度上透露出一个时期的政治交通格局。《御制宋诗》卷十二苏轼《神女庙》称"飘萧驾风驭,弭节朝天关",⑤《嘉集补遗》水宫诗有"翼从三神人,万里朝天关"⑥之句,显然,在宋代地名"朝天"已演绎为下臣忠于国家皇室的代名词。

北宋文同的记载表明,北宋"朝天驿"和"筹笔驿"两个地名同时存在。文同《利州绵谷县羊模谷仙洞记》:"熙宁庚戌春,余还朝过利州,通判寇諲、蔡甫为余言近事,按朝天驿人云,去此七八里岩谷,中有神仙出见洞口,因往观之。"⑦同时文同还有《鸣玉亭

---

① 王存:《元丰九域志》卷八,中华书局,1984年,第355页。
② 徐梦莘:《三朝北盟会编》卷四九《靖康中帙》二十四,清刻本。
③ 徐梦莘:《三朝北盟会编》卷四五《靖康中帙》二十,清刻本。
④ 陈东:《少阳集》卷二《书·辞诰命上钦宗皇帝书》,文渊阁四库全书本。
⑤ 《御选宋诗》卷一二《苏轼·神女庙》,文渊阁四库全书本。
⑥ 《御选宋诗》卷一一《苏洵·净因大觉禅师以阎立本画水官见遗报之以诗》,文渊阁四库全书本。
⑦ 文同:《丹渊集》卷二二《利州绵谷县羊模谷仙洞记》,文渊阁四库全书本

筹笔之南》和《筹笔诸峰》两诗，前者称："层崖高百尺，亭即层崖下。飞泉若环佩，万缕当檐泻。坐可脱赤热，听宜彻清夜。亭前树肤剥，为系行人马。"后者曰："君看筹笔驿江边，翠壁苍崖起昼烟。正是峡中佳绝处，土人休用作畲田。"但是，文同所称的"朝天驿"和"筹笔驿"是指同一个地方吗？虽然唐代有筹笔驿，北宋时期筹笔驿与朝天驿名称一度同时存在，是否存在朝天驿从之前的筹笔驿改名的情形？南宋陆游多次出入金牛驿道，留有《筹笔驿》《排闷》诗文，前者凭吊古迹，后者言"我昔驻车筹笔驿，孔明千载尚如生"。其后在《梦行小益道中》，陆游又有"分明身在朝天驿，惟欠嘉陵江水声"之句。可见，在南宋陆游笔下，两个驿名也是同时存在的。不过，一驿多名、新旧名共用的现象在历史上也是存在的，所以，我们也不能据此做出任何判断。

由上文分析可以知道，"筹笔"与"朝天"的名称都出现在晚唐，晚唐就已经有作为驿站的"筹笔驿"的记载了，北宋才开始有"朝天驿"的记载。在整个宋代，"筹笔驿"与"朝天驿"的名称同时被使用，但两者的名实和方位关系并不明确。

## （二）古代诗文描述中的两个驿站的位置与环境特征

晚唐以来，有关"筹笔驿"的咏叹不绝于文献，唐宋时期的杜牧、殷潜之、李商隐、薛能、罗隐、石延年、文彦博、张方平、文同、李新、陆游、孙应时都有提及，为我们提供了有关"筹笔驿"的地理环境信息。

晚唐陆畅《筹笔店江亭》一诗中的"九折岩边下马行，江亭暂歇听江声。白云绿树不关我，枉与樵人乐一生"之句，给我们传递了三个地理信息：筹笔店在九折岩边，筹笔店紧邻江边，店中有一个亭子。诗句为我们确定筹笔驿、九折岩的位置提供了重要信息。据《王氏见闻录》记载："秦州董城村院有红牡丹一株，所植年代深远，（王衍）使人取之，掘土方丈，盛以木柜，自秦州至成都三千余里，历九折、七盘、望云、九井、大小漫天隘狭悬险之路方致。"[1]可见九折岩应该是实指，而非泛指。但历史文献中有关九折坂、九折岩的记载较多，但实考都不在这一带，需要对九折岩的位置进行考订。广元朝天粟舜成先生提出，朝天南的明月峡下有九折岩之地，当地百姓仍称之九折岩，应为古代的九折之地。只是这一说法历史文献中并无记载，如果真为当地人的一种看法，实证力也还远远不够。

唐代诗人罗隐《筹笔驿》诗中有"唯余岩下多情水，犹解年年傍驿流"之句，也表明筹笔驿在江水边。宋人文同在《筹笔诸峰》一诗中写道："君看筹笔驿江边，翠壁苍崖起画烟。正是峡中佳绝处，土人休用作畲田。"我们从诗中可以读出，筹笔驿定是在大江边的峡谷中。北宋张方平《雨中登筹笔驿后怀古亭》："山寒雨急晓冥冥，更蹑苍崖上驿亭。深秀林峦都不见，白云堆里乱峰青"，表明驿在崖壁上，有驿亭，而由于驿所处海拔不高，只能仰望白云堆里的群山。另前引南宋陆游的《筹笔驿》诗下题注"有武侯祠堂"。

从前面的相关记载来看，唐宋时期的筹笔驿应在嘉陵江边峡谷中的九折岩处，有一驿亭，可能称"怀古亭"或"鸣玉亭"，南宋

---

[1] 《王氏见闻录》，李昉：《太平广记》卷一三六《征应》引，江苏广陵古籍出版社，1983年，笔记小说大观本，第3册，第278页。

有武侯祠建在旁边。但我们走访发现，不论是在今天的军师村还是朝天区治内都没有发现"鸣玉亭""怀古亭""武侯祠"的历史记忆和历史遗迹，因此，也还不能以此直接证明筹笔驿的真正位置。

（三）历史文献中记载筹笔驿和朝天驿的方位里程

地理文献中关于筹笔驿位置的记载出现较晚，目前所见最早的记载为南宋时期。《舆地纪胜》记载："筹笔驿，在绵谷县，去州北九十九里，旧传诸葛武侯出师尝驻此，唐人诗最多。"①《方舆胜览》也载："筹笔驿，在绵谷县，去州北九十九里，旧传诸葛武侯出师尝驻此。"②因清末民国的记里长度与唐宋相差不大，以清代民国时期从广元北沿嘉陵江上溯的路程计算，广元到朝天确实是九十多里，如重修《广元县志稿》第一编卷二《舆地志》记载："大北路，出治城启行，出北门北行，六十里沙河驿，三十里朝天驿。"又称："由治城码头启程至朝天镇九十三里"。③参考宋人记载的九十九里程，筹笔驿应在朝天镇北一点。元代文献中虽有关于筹笔驿的记载，但并没指出具体地望。如《大元混一方舆胜览》卷中载："筹笔驿，在绵谷县，诸葛武侯出师驻此。"④

到了明代，开始有了关于筹笔驿和朝天驿具体里程和地望的记载。筹笔驿里程的记载见于下列文献。《大明一统志》："筹笔驿，在广元县北八十里，蜀汉诸葛亮出师尝驻于此。"⑤陈循、彭时等纂

---

① 王象之：《舆地纪胜》卷一八四，四川大学出版社，2005年，第5353页。
② 祝穆：《方舆胜览》卷六六，中华书局，2003年，第1158页。
③ 民国《重修广元县志稿》第一编卷二《舆地志》，民国二十九年铅印本。
④ 刘应李：《大元混一方舆胜览》卷中，四川大学出版社，2003年，第302页。
⑤ 李贤：《大明一统志》卷六八，三秦出版社，1990年，第1061页。

修的《寰宇通志》记载:"筹笔驿,在广元县北,蜀汉诸葛亮出师尝驻于此。"①正德《四川志》卷十四《保宁府》也载:"废筹笔驿,在治北八十里,蜀汉时诸葛亮出师尝驻于此。"②嘉靖《四川总志》也有类似的记载。其他如嘉靖《保宁府志》卷六《名胜》也记载有筹笔驿,但字迹漫蚀不清。③

明代文献关于"朝天驿"的记载,也注明了具体里程。《寰宇通志》记载:"朝天驿,在广元县北八十里。"④正德《四川志》记载:"朝天水驿,在治北八十里。"⑤嘉靖《四川总志》中写到:"朝天水驿,治北八十里"。⑥

从上述明代文献可知,明人认知中的"朝天驿"与"筹笔驿"位置完全相同。正因为如此,明清之交的顾祖禹在《读史方舆纪要》中记载:"筹笔驿,在县北八十里。诸葛武侯出师运筹于此,唐宋皆因旧名,即今朝天驿也。志云,驿有朝天古渡,即潜水所经。"⑦由此可以确定,在多数明代人的眼中朝天驿就是以前筹笔驿,时近易核,我们应该充分相信这一点。

历史文献记载朝天岭与朝天驿的位置关系也能反推明代关于朝天驿和筹笔驿的位置关系。如《寰宇通志》记载:"朝天岭,在广元县北六十里""朝天驿,在广元县北八十里"。⑧《大明一统志》

---

① 陈循、彭时等纂修《寰宇通志》卷六三,玄览堂丛书续编本,第62册。
② 正德《四川志》卷一四,正德十三年刻本。
③ 嘉靖《保宁府志》卷六《名胜》,明嘉靖二十二年刻本。
④ 陈循、彭时等纂修《寰宇通志》卷六三,玄览堂丛书续编本,第62册。
⑤ 正德《四川志》卷一四,正德十三年刻本。
⑥ 嘉靖《四川总志》卷六,嘉靖二十四年刻本。
⑦ 顾祖禹:《读史方舆纪要》卷六八,中华书局,2005年,第3213页。
⑧ 陈循、彭时等纂修《寰宇通志》卷六三,玄览堂丛书续编本,第62册。

也记载："朝天岭，在广元县北六十里。"①正德《四川志》："朝天岭，在治北六十里。""朝天水驿，在治北八十里"。②嘉靖《四川总志》："朝天岭，广元县北六十里""朝天水驿，治北八十里"③。万历《四川总志》："朝天岭，广元县北六十里。"④在明清里程中，朝天岭从南口到朝天驿的盘旋山路约有二十里，一般从广元计算里程，是以南口计算，称朝天岭只有六十里也在情理之中，这反可以推断明代文献记载的不虚。

不过，为何明代文献记载均称朝天岭在县北"八十里"，而不是宋代的"九十九里"？这是因为唐宋大里531.53米，小里442.41米，明清一里为572-576米。⑤所以，明代记载的八十里与宋代的九十九里实际里程相差并不大。此外，明代的其他行程类记载，如商人实际运用手册的路引记载朝天岭至广元也是九十多里。明代商人程春宇所著《士商类要》记载神宣驿四十里到朝天岭，三十里到沙河驿，六十里到利州，朝天镇到利州是九十多里。⑥明代憺漪子《天下路程图引》谈到朝天岭西南三十里至沙河驿，沙河驿至利州卫六十里，⑦广元至朝天镇的路程，也是九十多里。所以，在商人们的历史记忆中还是唐宋的里程，这可能与商人们来自乡土下层的记忆传承没有经过官方修正有关。

---

① 李贤等：《大明一统志》卷六八，三秦出版社，1990年，第1057页。
② 正德《四川志》卷一四，正德十三年刻本。
③ 嘉靖《四川总志》卷六，嘉靖二十四年刻本。
④ 万历《四川总志》卷一一，万历七年刻本。
⑤ 蓝勇：《对古代交通里程记载的运用要审慎》，《中国历史地理论丛》1995年1期。
⑥ 杨正泰：《明代驿站考》，上海人民出版社，2006年，第347页。
⑦ 杨正泰：《天下路程图引》，山西人民出版社，1992年，第478页。

晚清以来里制与今里制相似，比明代小，与唐宋的里制更接近。清代有关从朝天到广元的游记中里程记载较多，大多是九十多里。如光绪四年（1878年）的方浚颐《蜀程小纪》中记载从朝天镇五里到朝天关北，二十里到朝天关南，五里到望云铺，十五里到沙河驿，十五里到飞仙岭，十五里到石鼓铺，十五里到千佛岩，五里到广元县，共计九十五里。[1]另清人文祥《蜀轺纪程》中也记载从神宣驿经朝天到广元一百二十里。[2]清至民国从神宣驿到朝天驿里程的记载一般在三十里左右，广元到朝天也是九十里左右。所以，乾隆《广元县志》卷一《山川》记载"筹笔驿，在县北九十里"，[3]筹笔驿的位置应该就是朝天镇的位置。李元在《蜀水经》中言及，当地长老明确表示朝天关到广元九十里，[4]这一记载更是可信。至于嘉靖《保宁府志》卷六《名胜》和乾隆《广元县志》卷二《古迹》记载的十二景，虽然将朝天岭"朝天晓霞"与筹笔驿"筹笔怀古"同时列为两景，[5]但由于朝天岭的位置本来就与朝天镇不同的原因，并不影响我们对筹笔驿的定位。且乾隆《广元县志》中记载"筹笔怀古，县北水站，九十里"[6]，不仅正好与清代广元至朝天镇的里程相合，而且因明清在这一带在设立的水站中只有九井、朝天、问津，今军师庙一带明清以来从无驿站设立，故清人眼中的

---

[1] 方浚颐：《蜀程小纪》，《蜀藏：巴蜀珍稀交通文献汇刊》（第7册），时代出版社，2016年，第245—246页。
[2] 文祥：《蜀轺纪程》，《蜀藏：巴蜀珍稀交通文献汇刊》（第7册），时代出版社，2016年，第292页。
[3] 乾隆《广元县志》卷一《山川》，乾隆二十二年刻本
[4] 李元：《蜀水经》卷一三，巴蜀书社，1985年。
[5] 嘉靖《保宁府志》卷六《名胜》和乾隆《广元县志》卷二《古迹》。
[6] 乾隆《广元县志》卷二《古迹》，乾隆二十二年刻本。

"筹笔怀古"也不可能是在今军师庙,而应该是在朝天区治。

正是受明代这种地理认同的影响,清代许多人都认为筹笔驿肯定与朝天有关,有时将筹笔驿附会在朝天峡中,而不是认定在今天朝天区治。如清初王士禛《蜀道驿程记》也认为:"朝天峡上有武侯筹笔驿。"①《三省边防备览》卷七《险要》下:"朝天关,东北五十里,危岩峭壁,嘉陵江水环绕其下,石磴蟠折,诸葛武侯出师运筹于此,又称为筹笔驿,蜀有三关之险,此其一也,最为要隘。"②清代钱林《朝天峡歌》也称:"颇闻上有筹笔驿,遗迹试问村无烟。"③说明清初朝天一带已经没有相关遗迹,时人只知筹笔驿与朝天岭有关,而将筹笔驿的具体位置误认在朝天峡上。实际上清代朝天岭上设有上关铺,并没有旧筹笔驿之遗迹。

综合以上考证,我们可以发现可能主观上筹笔驿改称朝天驿的说法并不存在,而是由于筹笔驿之名出现较早,后来筹笔驿与朝天驿可能在一定时期内曾同名同地。元代设立的朝天站赤以朝天为名,明代又设立朝天水驿,朝天驿声名大振,筹笔驿的称呼反而被后人遗忘了,而其位置也在乡土历史重构中被重新定位。故而明代以来筹笔驿的位置还有神宣驿的说法,民国时期又出现了军师庙的说法。

## (四)位置关系的变化与乡土历史重构的地名景观重塑

川陕交界的金牛道道路体系在元代以后变生了一次重大变化,

---

① 王士禛:《蜀道驿程记》,《小方壶斋舆地丛钞》第七帙。
② 严如熤:《三省边防备览》卷七《险要下》,蓝勇主编:《稀见重庆地方文献汇点》,重庆大学出版社,2013年,第338页。
③ 钱林:《朝天峡歌》,《玉山草堂续集》第三,《粤雅堂丛书》本。

唐宋时期金牛道的主线是从三泉县（今宁强阳平关擂鼓台）沿嘉陵江经五盘关、九井、潭毒关（今清风峡上）、朝天驿（筹笔驿）、小漫天岭、深渡、大漫天岭到利州。但从元代开始，金牛道主线从朝天改走神宣驿、中子铺、七盘关、黄坝驿到镇宁站（今宁强）。人们逐渐将以前嘉陵江上的五盘关、潭毒关、筹笔驿、大小漫天等地名又重新附会到这条新的道路和更东的藁本山通道上，所以出现了筹笔驿就是神宣驿的说法。如《蜀中广记》记载："又二十里为神宣驿，即古筹笔驿也，相传武侯出师尝驻此。"[1]另何宇度《益部谈资》也谈到："筹笔驿，在广元，武侯出师尝驻于此"，[2]但并未记载具体位置。清代嘉庆年间李元《蜀水经》也认为："神宣即武侯筹笔驿。"[3]因李元曾在昭化县任过县令，他的观点一定程度上反映了清人对筹笔驿位置的一种认知。后来道光《保宁府志》也称："筹笔驿，在县北九十里，即今神宣驿，诸葛武侯出师尝驻军筹画于此。"[4]

清代许多游记中也多有此说，如陈奕禧《益州于役记》记载："四川广元县神宣驿，诸葛武侯筹笔驿也"。张香梅《宦海纪程》称："神宣驿，武侯筹笔驿也，武侯出师驻军筹画于此。"吴焘《游蜀日记》："又十五里至神宣驿，即古筹笔驿也，相传诸葛武侯出题由尝驻军筹画于此。"日本汉学家竹添进一郎《栈云峡雨日记》中写有："过神宣驿，相传为古筹笔驿。"张邦伸《云栈记程》卷五："十里至神宣驿，即诸葛武侯筹笔驿也。"李德淦《蜀道纪游》：

---

[1] 曹学佺：《蜀中广记》卷二四《名胜记》，文渊阁四库全书本。
[2] 何宇度：《益部谈资》卷上，中华书局，1985年，第9页。
[3] 李元：《蜀水经》卷一二，巴蜀书社，1985年。
[4] 道光《保宁府志》卷一五，道光二十三年刻本。

"神宣或曰即筹笔驿，武侯出师尝驻军筹画于此。"方浚颐《蜀程小纪》："十里宿神宣驿，即武侯筹笔驿。"陶澍《蜀輶日记》："十里宿神宣驿，武侯筹笔驿也。"沈炳垣《星轺日记》："十里宿神宣驿，武侯筹笔驿也。"①

民国时期，《重修广元县志稿》中记载："筹笔驿，在县北九十里，即今神宣驿，诸葛武侯出师，常驻军筹画于此。"②对于神宣之名的由来，也存在争议，如《蜀中广记》卷二四："神宣驿者，世传二郎神持剑逐蹇龙过此因名"③。但嘉靖《保宁府志》卷二《舆地》记载神宣驿为神仙驿④，其得名就应该另有所指了。就此也可以看出，"神宣"之名的出现也可能是明代金牛道主线东移后乡土历史重构的杰作，因为只有将"筹笔驿"重构在神宣驿才与主线历史相合。换句话说，金牛道主线的东移为筹笔驿在神宣驿提供了"合理性"。前面的研究表明，唐宋时期的筹笔驿是在嘉陵江边的峡谷中，而神宣驿却不在嘉陵江边。神宣驿一带地势相对平坦，且在广元北一百二十里，与唐宋元明以来筹笔驿的里程记载相差较大。故

---

① 陈奕禧：《益州于役记》，《蜀藏：巴蜀珍稀交通文献汇刊》（第1册），时代出版社，2016年，第443页。张香梅：《宦海纪程》卷三，《蜀藏：巴蜀珍稀交通文献汇刊》（第9册），第54页。吴焘：《游蜀日记》，《蜀藏：巴蜀珍稀交通文献汇刊》（第9册），第151页。【日】竹添进一郎：《栈云峡雨日记》，《蜀藏：巴蜀珍稀交通文献汇刊》（第10册），第505页。张邦伸：《云栈记程》卷五，《蜀藏：巴蜀珍稀交通文献汇刊》（第2册），第279页。李德淦：《蜀道纪游》，《蜀藏：巴蜀珍稀交通文献汇刊》（第3册），第320页。方浚颐：《蜀程小纪》，《蜀藏：巴蜀珍稀交通文献汇刊》（第7册），第244页。陶澍：《蜀輶日记》，《蜀藏：巴蜀珍稀交通文献汇刊》（第6册），第114页。沈炳垣：《星轺日记》，《蜀藏：巴蜀珍稀交通文献汇刊》（第6册），第381页。
② 民国《重修广元县志稿》第一编第三卷《古籍》，民国二十九年铅印本。
③ 曹学佺：《蜀中广记》卷二四《名胜记》，文渊阁四库全书本。
④ 嘉靖《保宁府志》卷二《舆地》，嘉靖二十二年刻本。

而筹笔驿为神宣驿的说法,可能是受明代《蜀中广记》等文献附会之说的影响而形成的谬论。

中国传统乡土历史在重构的过程中,一直遵循着"大事不虚,小事不拘"的原则。比如,有关诸葛武侯的传说在历史上不断被重新塑造并附会泛化到景观上。清代民国时期,人们在军师庙一带重构了大量有关三国历史的故事,并附会到地名上,形成汉王寨、军师庙、庙坪头、仓坪头、擂鼓台、陈军营、较场坝、烟灯山、神笔院、中军殿、旗杆坝、饮马溪、白马池、营盘梁、戍军坝等地名。在此背景下,民国时期的人们自然也将唐宋时期的筹笔驿融入其中,出现了筹笔滩的地名,但由于是随性臆想重构,重构的筹笔滩的位置并不在今军师庙一带,而是在九井滩一带。

关于"筹笔驿"为"军师庙"的说法出现最晚。我们在清代、民国的广元地图中发现了军师庙的地名,但却没有发现筹笔驿、筹笔乡的地名。《蜀水经》成书于乾嘉时期,其作者李元访问长老关于略阳到重庆的滩险,得知从阳平关到朝天镇的近七十个险滩中并无筹笔滩。[①]嘉庆年间严如熤的《三省边防备览》卷五《水道》记载的嘉陵江滩险很详明,但其中阳平关到朝天间也无筹笔滩存在。[②]民国时期的文献中才开始有关于筹笔滩的记载。民国重修《广元县志》记载朝天北十八里嘉陵江中有筹笔滩。[③]马以愚《嘉陵江志》认为九井滩下有筹笔滩,但同时认为筹笔驿即神宣驿。[④]

---

① 李元:《蜀水经》卷一三,巴蜀书社,1985年。
② 严如熤:《三省边防备览》卷七《险要》下,蓝勇主编《稀见重庆地方文献汇点》,重庆大学出版社,2013年,第310页。
③ 民国《重修广元县志》第一编第二卷《舆地》。
④ 马以愚:《嘉陵江志》,商务印书馆,1846年,第45、138页。

这有可能是刚附会重构出来的，故而位置关系相当混乱。可以确定民国时期军师庙一带才有筹笔滩的地名出现，也就是说今军师庙一带筹笔地名的出现最早是在民国时期。民国《重修广元县志》记载："筹笔驿宋诗刻，诗云：'□金运去天难问，筹笔人非地久荒。只有辛勤出师表，一披前事重悲凉。'按古筹笔驿，在嘉陵江上游朝天三十里。土人挖地得石碑，刻有宋神宗熙宁某年立，以其古也录之。"[①]可以看出，筹笔驿在今军师庙之说民国时期已有。但因此碑早已不知去向，无从考证其出土地点。而此碑是从朝天驿挖出还是从军师庙挖出，并不明确，因两地出土其地理指示意义完全不同。更何况，从诗中的语言风味来看，此诗很像是近代伪托之作，故而不能以此碑作为证据使用。

所以，民国时期广元有朝天驿、神宣驿、军师村（庙）为筹笔驿的三种说法，但当时文献中谈到更多的还是筹笔驿在神宣驿和朝天驿两说。如民国俞毕云在《入蜀驿程记》中写道："十里神宣驿，即武侯筹笔驿，武侯出师处，或云朝天峡上亦有筹笔驿故址云。"[②]民国马以愚在《嘉陵江志》中认为九井滩下有筹笔驿，但同时认为筹笔驿即神宣驿，故更是增加九井滩为筹笔驿之说。可见民国时期筹笔驿在军师庙的认知是相当混乱的。

我们也要承认，军师庙一带可能在汉唐时期曾是一个重要的聚居点。经过实地考察，我们发现军师庙、军师村处于嘉陵江与支流梅家河的冲积小平坝上，嘉陵江边的军师庙旧址附近也曾发现有汉

---

① 民国《重修广元县志》第一编第三卷《金石》。
② 俞毕云：《入蜀驿程记》，《同声月刊》1943年第3期。

代陶器、铁器、菱形花纹砖等文物,①可见汉代军师庙一带人烟较多,是一个的重要聚居点。正是因为军师庙一带可能在汉唐两宋时期曾是金牛道所经,历史上的百牢关、五盘关、潭毒关可能都在这一带的嘉陵江边,所以聚居点较多,也才受到较多关注,留有较多的历史记忆和历史遗迹。人们不断在乡土历史的重构中重构历史记忆,以致民国以来又有人将军师庙一带的三国传说与历史文献中筹笔驿的位置记载附会,又把筹笔驿定在军师庙一带。

在中国历史研究中,作为文化的历史在中国历史上影响巨大。在作为文化的历史创造过程中,前贤信仰而来的"地域泛化"和"情节神话"的现象尤为突出。②诸葛孔明历史传说的"景观制造"和由此而来的"地域泛化"是这种历史产生的经典案例。关于诸葛孔明的历史传说,早在唐宋时期就相当多了,明清以后更成泛滥之势。诸葛筹笔的故事不过是唐宋时期众多诸葛亮故事中的一个,寄托着后人对诸葛亮辅助刘氏经营蜀汉的崇拜和敬仰。正是这种传说故事本身历史空间性的不明确和不具体,使得后人在"景观泛化"过程中任性而随意,所以,历史文献中筹笔驿的地名有时在朝天,有时在神宣,有时在军师庙,有时又在九井滩,而且这种任性和随意在近代仍然不断扩张着。筹笔传说在唐宋命名驿站后,经过历史时期的多年积淀,更引来人们在大的历史背景下不断延伸着新"地域泛化"。后来军师庙一带的汉王寨、军师庙、庙坪头、仓坪头、擂鼓台、陈军营、较场坝、烟灯

---

① 四川省文物考古所、西安美术学院中国艺术与考古所:《蜀道广元段考古调查简报》,《四川文物》2012年3期。
② 蓝勇:《〈西游记〉中的南北丝路历史地域原型研究——兼论中国古代景观附会中的"地域泛化"与文本叙事》,《清华大学学报》2019年3期。

山、神笔院、中军殿、旗杆坝、饮马溪、白马池、营盘梁、戍军坝等地名不过是近代人们的重新臆想制造。很有意思的是，这种重新制造反过来又被用作反证"筹笔"故事的真实和"筹笔驿"空间定位在军师庙的合理性。

　　实际上前贤信仰背景下的"景观制造"和"地域泛化"都是传统中国的乡土历史重构中的一个重要内容。在乡土历史重构的"景观制造"和"地域泛化"中，"景观制造"是相当重要的一环，任何传说或者故事一旦有了景观载体后，故事和传说的可信度仿佛就会大大增加。如果这种"景观制造"再经过历史上的"地域泛化"和"岁月沉淀"过程，表现为"地域泛化"过程烘托整体气氛，"岁月沉淀"过程强化历史厚重感，这种作为文化的历史往往就会与真实的历史混淆在一起，让后人难以辨明真假。所以，中国历史上这种乡土历史重构中的"遍地大禹""遍地诸葛""遍地关公""遍地东坡""遍地建文"让我们有时难以看清作为文化的历史和作为科学的历史的界线。乡土历史重构的这个过程中往往一直遵循"大事不虚，小事不拘"的原则，往往会使一般人很容易相信这种作为文化的历史的真实性。许多前代依据正史文献主体叙事重构的乡土历史故事，往往随着岁月的沉淀，又会成为"不虚的历史"，成为再后来再次重构乡土历史的"不虚的大事"，这就如唐宋"筹笔"故事来源于正史中有关蜀汉诸葛孔明多次北伐历史，后来命名了"筹笔驿"，明清以来人们更是在"筹笔"故事的基础上延伸出大量三国历史的传说融入地名中。这些延伸出来的地名后来反过来又成了"筹笔驿"空间定位的反证资料。乡土历史重构就是这样，再离谱的乡土历史重构经过"岁月沉淀"过程，往往会将历史搞得是非难

第三章　科学的历史与文化的历史的学术话语　239

辨。这也是今天我们在考证筹笔驿的具体位置时往往会困难较多而争议不断的原因。

现实的困境是，这种乡土历史重构在近代和当下还在不断被重新创造着。如果说古代乡土历史重构诉求的驱动力仅仅是一种简单的乡土历史情怀，近现代则注入了地方和行业的利益驱动。如有的大型企业为了营销，有意伪托古人伪造历史文献，重构自己产品历史悠久的证据。有的私营企业为产品申遗，在政府的授意下刻意编造自己家族营销的悠久历史。有的乡镇政府为了旅游食品开发，更是直接让人新编历史故事。近来，一些地区为了乡土历史文化资源的开发和利用，有意附会大量历史新景观，甚至蓄意编造伪书。在交通、资讯发达的今天出现的这些传说和遗迹，可能再过几百年后，其真假就更难以理清了。推之于古代的情形，在传统时代背景下产生而留存的历史文献有多少可以相信！痛苦的是，历史无法验证，我们的历史又有多少可以重来？由此可见，历史研究中在历史文献使用与田野考察中的实践中，我们还有需要有更多研究范式的反思！

## 四 地名的"雅化"还是地名的"讹呼"[①]

弹子石和乌龟石是重庆老地名中很有文化情怀的地名；同时，我们也知道这两个地名在历史上还分别有其他别名，如弹子石又称

---

① 此文原名《地名的"雅化"还是地名的"讹呼"——从重庆两块江石名称演变看"乡土历史重构"》，原刊于《文史杂志》2019年6期。收入此书略作修改补充。

诞子石，乌龟石又称五桂石、夫归石、呼归石、望夫石、鹧鸪石。现代人们普遍认为这两块石头的名称与大禹的传说有关，如《四川重庆市南岸区地名录》称："呼归石，相传禹娶涂山氏之女，婚后出外治水，三过其门不入，妻站此石呼唤禹归，故名。俗称'乌龟石''五桂石'。"①邓少琴也认为："其南岸有夫归石、诞子石……启生呱呱而泣，故有诞子及夫归之称，俗乃讹呼弹子、乌龟，失其据也。"②其实早在清光绪年间国璋绘制的《重庆府治全图》就称"古称夫归石，今称五桂石"；张云轩的《重庆府治全图》也称"古名夫归，今名五桂"，好像"夫归"这类名称肯定更早一样。因为人们往往在潜意识里认为大禹的历史既然久远，所以有关大禹的地名出现肯定也应该源远流长，即其地名的出现应该更早；反而是弹子、乌龟、五桂之类的地名是后来衍生出来的，甚至还有将诞子、夫归讹传成弹子、五桂的。但是，事实真是如此吗？

这里我们需要先将两种地名的历史发展轨迹梳理一下。

其实这两个地名见于文献的记载都较晚，我们发现它们也仅是在清代乾隆时期才开始在文献中出现。当然，在重庆，有关大禹的地名出现较早，这是可以肯定的，如早在晋代的《华阳国志》就有涂山、禹王祠、涂后祠的记载。元代贾元《涂山古碑》："至今洞曰涂洞，村曰涂村，滩曰遮夫，石曰启母"③，也明确了重庆有关大禹的地名确实较多较早，但是我们在明代和清代前期文献中并没有

---

① 重庆市南岸区地名领导小组：《四川重庆市南岸区地名录》，1982年版，第47页。
② 四川省交通厅地方交通史志编纂委员会：《四川省内河航运史志资料》（一），1984年版，第184页。
③ 《全蜀艺文志》卷四七，引《涂山古碑》，线装书局，2003年，第1457页。

发现有夫归石的地名出现。后来，乾隆《巴县志》卷一《山》称："今洞曰涂洞，村曰涂村，滩曰遮夫，石曰望夫。"我们知道"启母石"来源于《汉书·武帝纪》，宋代巨然的《长江万里图》在重庆府的江面上标的是鹧鸪堆，在元代也只有启母石而没有望夫石、夫归石的名称。明天启《士商类要》卷二记载巴县江中滩险名是鹧鸪堆，也不是夫归石。[①]就是到了清乾隆年间也只有望夫石的名称，并没有夫归石的名称。同时，当时这专用石头最有名的名称是鹧鸪石，如乾隆《巴县志》卷一《古迹》："鹧鸪石，朝天门外江心巨石，昔时鹧鸪多集其上，钩辀格磔啼声到晓，一名鹧鸪堆，或曰本名鹧夫堆，又名望夫石，涂后故迹也。"雍乾时期的《周行备览》记载此滩名鹧鸪滩，也没有夫归之名。[②]嘉道之际的《蜀江纪程》中只记载鹧鸪堆，[③]可以发现清代乾隆年间这个所谓夫归石主要名称是鹧鸪石，只是又名望夫石，也仍然没我们称的夫归石、呼归石之名。

目前我们发现最早的夫归石称呼始于清同治年间的记载，同治九年（1870年）洪良品《东归录》："今朝天门外江中有石俗呼曰夫归石，意谓涂后之望夫归也，故洞曰涂洞，村曰涂村，滩曰遮夫，石曰想夫，又石曰启母，皆禹娶涂山之证。"[④]洪氏《巴渝竹枝词》开始有"莫似过门三不入，呼归石畔待君归""鹧夫滩畔鹧夫去，想夫石上想夫怜"诸句。可以说，同治年间的洪良品是第一个在诗

---

① 程春宇：《士商类要》卷二，杨正泰《明代驿站考》附，上海古籍出版社，2006年，第354页。
② 佚名：《周行备览》，《蜀藏·巴蜀珍稀交通文献汇刊》，第1册，第462页。
③ 佚名：《蜀江纪程》，《蜀藏·巴蜀珍稀交通文献汇刊》，第4册，第67页。
④ 洪良品：《东归录》，《小方壶斋舆地丛钞》，第7帙。

文中记载夫归石名称的人。其实，夫归石、呼归石的名称大致是在清代光绪年间才开始较多使用的，如民国初年《重庆乡土志》记载："石曰望夫，即今呼归石，或称鹧鸪石。"显然，清末同治年间才开始有将五桂石谐音归夫石的现象出现，而不是夫归石摹谐音五桂石的。光绪年间《峡江图考》地图上标明有夫归石，但叙述文字仍是五桂滩，盛先良《川江水道与航行》中记载的也是弹子石、夫归石（或乌龟石）。①

同时，我们发现早在清乾隆、嘉庆、道光、咸丰、同治年间，五桂石的名称就已经广泛使用，如乾嘉之际的陶澍《蜀輶日记》卷三谈到的是五桂石，而非夫归石。②特别是有关清代巴县档案中"五桂石"地名出现的频率相当高，如道光、咸丰、同治年间有关五桂滩救生资料甚多，却并无夫归石名称出现。同治三年（1864年）官府公布的"实贴得所码头"名称中也称五桂石码头，并无夫归石码头之说。③咸同之际的《渝城图》中标明的也是五桂石，而不是夫归石。同光之际罗缙绅《峡江救生船志》所附的《行川必要》中记载的五桂石，也无标夫归石的。④道光江北厅志地图中标的是鹧鸪石，民国时期的其他地图中均为五桂石。⑤只是在民国三四十年代，重庆才形成夫归石、望夫石、呼归石、乌龟石、鹧鸪

---

① 盛先良：《川江水道与航行》，《蜀藏·巴蜀珍稀交通文献汇刊》，第12册，第456—457页。
② 陶澍：《蜀輶日记》卷三，《蜀藏·巴蜀珍稀交通文献汇刊》，第6册，第199页。
③ 《清代巴县档案·同治朝》，档案号：1-44-997。
④ 罗缙绅：《峡江救生船志》所附《行川必要》，《蜀藏·巴蜀珍稀交通文献汇刊》，第7册，第491—492页。
⑤ 蓝勇主编《重庆古旧地图研究》上，西南师范大学出版社，2013年。

石并称的局面。[1]

此外，夫归石的另一个名称乌龟石出现的时间也是在清乾嘉之际，如李元《蜀水经》卷五采访当时的船工谈到乌龟滩与鹧鸪滩为两滩，并不是一个滩，可以肯定当时的名称为乌龟滩，而不是夫归滩。[2]道光年间编的《云南通志·食货志》及《云南铜志》卷三附的京铜运输的滩险中，仍称乌龟石滩，也略比夫归石的名称出版较早。民国时期的文献中乌龟石的称呼仍然较多，如民国初年孝顺武《川行日记》就记载为乌龟石。[3]

实际上我们发现弹子石在整个清朝都是称弹子石，并无诞子石之称出现，如陶澍在《蜀辀日记》卷三谈到的是弹子石，而不是诞子石。[4]咸丰八年巴县档案也记载为弹子石，[5]同治三年官府公布的"实贴得所码头"名称中也称是弹子石码头，[6]咸同之际的《渝城图》中标明的也是弹子石，而不是诞子石。同光之际罗缙绅《峡江救生船志》所附的《行川必要》中记载的是弹子石，也无标诞子石者。[7]光绪年间黄勤业《蜀游日记》谈到的是弹子滩。[8]道光《江北厅志》地图中标的是弹子石，民国时期的地图中亦均为弹子石，并无诞子石之名。所以《重庆南岸区地名录》中仍然记载："弹子石来源于长江边有三石顶着的一巨石，形似'弹子'而得名（1926年

---

[1] 陆思红：《新重庆》，中华书局，1939版，第111页。
[2] 李元：《蜀水经》卷五，下，巴蜀书社，1985年。
[3] 孝顺武：《川行日记》，《蜀藏·巴蜀珍稀交通文献汇刊》，第11册，第358页。
[4] 陶澍：《蜀辀日记》卷三，《蜀藏·巴蜀珍稀交通文献汇刊》，第6册，第199页。
[5] 《清代巴县档案·咸丰朝》，档案号：6-18-1002。
[6] 《清代巴县档案·同治朝》，档案号：1-44-997。
[7] 罗缙绅：《峡江救生船志》所附《行川必要》，《蜀藏·巴蜀珍稀交通文献汇刊》，第7册，第491—492页。
[8] 黄勤业：《蜀游日记》，《蜀藏·巴蜀珍稀交通文献汇刊》，第7册，第106页。

夏，弹子被雷击毁）。"①那么，诞子石的名称是何时出现的呢？现在看来可能是在近几十年才经文化人演绎出来的，如邓少琴认为："其南岸有夫归石、诞子石……启生呱呱而泣，故有诞子及夫归之称，俗乃讹呼弹子、乌龟，失其据也。"②应该说邓少琴可能是最早演绎此说的学者之一，因为在此之前并无任何文献将弹子石称为诞子石。只是到了1993年出版的《重庆市南岸区志》，才将弹子石演化为诞子石的传说予以文本化，③所以，弹子石在民间最终雅化为诞子石的时间可能并不久。显然，与邓少琴先生观点完全相反的是，弹子石、乌龟石的名称见于文献记载当远远早于诞子和夫归，故不可能是讹呼失其原，而是后人在弹子石、乌龟石地名上的文化演绎和地名雅化。

我多次谈到在中国历史发展过程中存着作为文化的历史和作为科学的历史的两种历史，特别是在乡土历史重构中，这种作为文化的历史往往气场巨大。而这种文化的历史也融入地名的命名之地，往往是通过大事不虚、小事不拘的原则新编故事后注入地名中，使传说固化到景观上。从地名学规律来看，地名的雅化是作为文化历史的一种重要手段，而地名雅化往往更多是将自然地名赋予文化内涵，寄予文化诉求，一般少有将文化地名再赋予自然名称。从以上的历史文献的梳理来看，可以肯定的是，在历史上五桂石、乌龟石、鹧鸪石、弹子石的名称要早于夫归石、呼归石和诞子石的。而且一般来说社会下层对

---

① 重庆市南岸区地名领导小组：《四川重庆市南岸区地名录》，1982年，第21页。
② 四川省交通厅地方交通史志编纂委员会：《四川省内河航运史志资料》（一），1984年版，第184页。
③ 参见南岸区地方志编纂委员会《重庆市南岸区志》，重庆出版社，1993年版，782页。

第三章　科学的历史与文化的历史的学术话语　245

于自然地名的流传更会广泛，而中上层社会可能对于雅化了的文化地名更有情怀。不过从社会整体来看，社会性下层往往占多数，所以到近代，不论是口头语言、文字书写、地图标注，都是以五桂石或乌龟石、弹子石为主。

这个案例告诉我们，中国的上古历史往往被后人不断地重构，不仅是在遥远的古代，甚至在近代我们仍然在重构中。作为历史学者重要的是从纷乱的历史现象中去剥离那些文化重构的东西，尽可能发现其中原始的、真实的东西。

## 五 "文化的历史"对"科学的历史"的渗透[①]

近十多年来，已经有多人关注重庆得名的是是非非了，如韩意、赵鼎、周文德、唐冶泽、龚义龙等。[②]以上几位专家的论述已经谈到了重庆得名存在的一些问题，对于重庆得名中的"二庆之间""双重喜庆"中的错误多有指出，但是由于对史料梳理不够全面，对这些观点形成的历史源流仍不是太清楚，故许多问题仍然不能得到合理解释，如"二庆之间"说的最早源流在哪？何时开始受到怀疑？"双重喜庆"的最早源流在哪？流传脉络怎样？"双重喜

---

[①] 此文原名《"文化的历史"对"科学的历史"的渗透——五百年重庆得名臆说成为主流观点的反思》，是笔者与陈俊宇合作之作，原刊于《江汉论坛》2019年7期。收入此书略作修改补充。

[②] 韩意、赵鼎：《重庆得名详考》，《长沙铁道学院学报》（社会科学版）2008年第4期；周文德：《重庆得名原始》，《重庆师范大学学报》（哲学社会科学版）2011年第3期；唐冶泽：《"重庆"得名新考》，《重庆师范大学学报》（哲学社会科学版）2012年5期；龚义龙：《"重庆"得名的"原义"》，《街巷渝中》，重庆出版社2015年版。

庆"的产生的原因为何等等，仍然需要更全面的分析研究。所以，本文从史源学角度，按时间顺序对这些问题的来龙去脉作分析，以期正本清源，分清是非。

对于南宋恭州潜藩升重庆府的过程，宋元时期的文献多有记载，但并没有谈及重庆之名的原由，宋元时期的文献一般只叙述恭州升府的事件本身，最多提一下它升府是因为曾是光宗潜藩的缘故，如《舆地纪胜》卷一七五载："隋改楚州为渝州……（皇朝）更名恭州（原注：《国朝会要》在崇宁元年），中兴以后，以光宗皇帝潜藩，升为重庆府（原注：绍熙元年。笔者按，当作淳熙十六年）。"[1]《方舆胜览》卷六〇载："隋改渝州……皇朝因之，崇宁改恭州，以光宗潜藩，升重庆府。"[2]《宋史》卷一九载："崇宁元年六月壬子，改渝州为恭州。"卷三六又称："淳熙十六年八月甲午，升恭州为重庆府。"卷八九又称："重庆府，下，本恭州，巴郡，军事。旧为渝州。崇宁元年，改恭州，后以高宗（笔者按，当作光宗）潜藩，升为府。"[3]在元代的《元一统志》《大元混一方舆胜览》中也没有重庆府得名原由的任何记载。只是从明代开始，后人才围绕着"重庆"得名展开了对其含义的讨论，并逐渐传播开来为人所熟知。因此对"重庆"二字的解读是后人逐渐加上去的，并不是当时人们的解释，更无法得知是宋孝宗或是宋光宗的意思。

明以来对于"重庆"的解释可能说法较多，影响最大的不过是"二庆之间"和"双重喜庆"之说。很有意思的是，这两个主要的

---

① 《舆地纪胜》卷一七五《重庆府》，四川大学出版社，2005年，第5115页。
② 《方舆胜览》卷六〇《重庆府》，中华书局，2003年，第1958页。
③ 《宋史》卷一九《徽宗纪一》、卷三六《光宗纪》、卷八九《地理志五》，中华书局，1977年，第364、697、2228页。

说法现在看来完全是凭空臆想的说法，却流行了几百年到几十年的时间，却少有人发现完全是臆说。

（一）明代人的臆想："二庆之间"说的源与流

最早提出"二庆之间"说是在明代，以前韩意、周文德、唐冶泽、龚义龙等都将"二庆之间"之说的最早来源归于明代万历天启间曹学佺的《蜀中广记》中[①]，这是不准确的。目前我们发现最早的"二庆之间"说是在正德《四川志》中，在嘉靖、万历间的文献中也有沿袭，而不是以往认为最早在万历天启年间的《蜀中广记》，所以，不能将这个谬说算在曹学佺的头上。

正德《四川志》卷一三："崇宁初，改恭州，升重庆军节度，以其地界乎绍庆、顺庆之间，故名。"[②]正德《四川志》的根据何在，我们已经不可得知。不过，目前再也找不到有关这种说法更早的记载了。到了嘉靖《四川总志》卷九几乎照抄正德志旧文，只改一字称："崇宁初，改恭州，升重庆军节度，以其地界绍庆、顺庆之间，故名。"[③]后来万历《四川总志》卷九沿袭嘉靖志称："崇宁初，改恭州，升重庆军节度，以其地界绍庆、顺庆之间，故名。"[④]同时代万历郭子章《四川郡县释名》卷上："宋初名巴州，后升重庆

---

[①] 韩意、赵鼎：《重庆得名详考》，《长沙铁道学院学报》（社会科学版）2008年第4期；周文德：《重庆得名原始》，《重庆师范大学学报》（哲学社会科学版）2011年第3期；唐冶泽：《"重庆"得名新考》，《重庆师范大学学报》（哲学社会科学版）2012年5期；龚义龙：《"重庆"得名的"原义"》，《街巷渝中》，重庆出版社2015年版。

[②] 熊相纂修《四川志》卷一三《重庆府》，正德十三年修、嘉靖十六年补刻本。

[③] 刘大谟修、王正元等纂《四川总志》卷九《重庆府》，嘉靖二十四年刻本。

[④] 虞怀忠修、郭裴等纂《四川总志》卷九《郡县志·重庆府》，《四库全书存目丛书》第199册，齐鲁书社，1996年，第353页。

军节度，以其地界绍庆、顺庆之间也。"①万历《重庆府志》卷二也称："孝宗淳熙中，以光宗潜邸升恭州为重庆府，以治介顺庆、绍庆间，故云。"②到了明末万历天启年间的《蜀中广记》卷五三记载："宋，崇宁之恭州，又因而屡改矣。后以光宗潜邸，始升府，名重庆。重庆者，以介乎顺、绍二庆之间也。"③曹学佺不过是将前人之说略加放大而已。不过，同样是明末清初顾祖禹的《读史方舆纪要》卷六九只记载："淳熙中升为重庆府，以光宗潜邸也"，④并不谈得名缘由，顾氏可能在明清之际的学者中是较为清醒的。

到了清代各版方志中大多沿袭明代的解释，如康熙《四川总志》卷四《建置沿革·重庆府》仍照抄嘉靖本旧志不改⑤。雍正《四川通志》卷二《建置沿革·重庆府》云："淳熙十五年升为重庆府（原注：是岁，光宗即位，州为潜藩，故升），以其地界绍庆、顺庆之间，故名。"⑥乾隆《巴县志》卷一《疆域·沿革》云："宋初曰渝州南平郡，崇宁元年以诛赵谂后，改其乡里渝州为恭州。淳熙十五年以潜藩故，升为重庆府，地在顺庆、绍庆之间，故名重庆。"⑦同治《巴县志》卷一《疆域·建置沿革》仍乾隆本旧文，还

---

① 郭子章：《四川郡县释名》卷上，《巴蜀珍稀舆地文献汇刊》第3辑，成都时代出版社，2016年，第216页。
② 万历《重庆府志》，《稀见重庆地方文献汇点》，重庆大学出版社，2013年版，第172页。
③ 曹学佺：《蜀中广记》卷五三《蜀郡县古今通释三·重庆府》。
④ 顾祖禹：《读史方舆纪要》卷六九，中华书局，2005年，第3271页。
⑤ 蔡毓荣修、龚懋熙纂《四川总志》卷四《建置沿革·重庆府》，康熙十二年刻本。
⑥ 黄廷桂、宪德修、张晋生等纂《四川通志》卷二《建置沿革·重庆府》，乾隆元年刻本。
⑦ 王尔鉴修、王世沿等纂《巴县志》卷一《疆域·沿革》，嘉庆二十五年刻本。

把绍庆误抄成肇庆。[1]

不过，嘉庆《四川通志》卷二《舆地·沿革》虽然谈到恭州升重庆府之事，但没有谈得名缘由，[2]道光《重庆府志》作为重庆府志，本更应该重点谈重庆的得名缘由，但却回避了这个得名之事，[3]可见编者的清醒。而后来光绪《巴县乡土志》中也只记载："崇宁元年改曰恭州，淳熙十六年升为重庆府"，[4]也是回避了这个得名缘由的。显然，清代这三部地方志相对是较为严谨的。

到民国时期，此说仍是主流观点。民国《重庆乡土志》："宋孝宗淳熙十五年，以光宗潜邸之故，升为重庆府，以地在顺庆（今南充县北）、绍庆府（今彭水县）之间，故名重庆。"[5]后来民国《巴县志》卷一《疆域上·沿革》纠正了《舆地纪胜》"绍熙元年升府"和《宋史·地理志》"高宗潜藩"两处错误，但仍保留了"二庆之间"说。[6]随后《重庆市一览》《重庆指南》《重庆指南》（重庆陪都一周年纪念刊）等也仍沿用此说。[7]

明代以来众多如此说法，信誓旦旦，真是如此吗？

---

[1] 霍为荣、王宫午修、熊家彦纂《巴县志》卷一《疆域·建置沿革》，同治六年刻本。
[2] 常明等修、杨芳灿、谭光祜等纂《四川通志》卷二《舆地·沿革·重庆府》，嘉庆二十一年刻本。
[3] 王梦庚修、寇宗纂《重庆府志》卷一《舆地志》，道光二十三年刻本。
[4] 光绪《巴县乡土志》，《北碚图书馆藏方志珍本丛刊》，中华书局，2018年，第216页。
[5] 民国《重庆乡土志》，《重庆图书馆藏稀见方志丛刊》，国家图书馆出版社，2014年，第4页。
[6] 朱之洪等修、向楚等纂《巴县志》卷一《疆域上·沿革》，民国三十二年刻本。
[7] 重庆市政府秘书处：《重庆市一览》，重庆市政府秘书处1936年刊行；杨世才《重庆指南》，重庆书店1939年版；杨世才：《重庆指南》（陪都一周年纪念刊），北新书局1942年版。

我们先来看看顺庆府的设置时间。

据《舆地纪胜》卷一五六《顺庆府》：近以主上潜邸，升顺庆府。宝庆三年。[1]《方舆胜览》卷六三：以宁宗潜邸，升顺庆府。[2]朱熹《通鉴纲目》卷四三："宝庆间，升顺庆府"[3]，所以在宋代人的眼中顺庆府设置在宝庆年间，无可争议。到了元代编的《宋史》也称："顺庆府，中，本果州，南充郡，团练。宝庆三年，以理宗初潜之地，升府，隶剑南东路"。[4]

再看看绍庆府的设置时间。

编于嘉定、宝庆间的《舆地纪胜》中并没有谈到黔州升为绍庆府之事，说明绍庆府的设立不早于宝庆年间。但在宋理宗绍定以后编的《方舆胜览》卷六〇《绍庆府》中记载"后改绍庆府"，并没有改绍庆府时间。[5]不过朱熹《通览纲目》卷三八："绍定初，升州为绍庆府"[6]，元代编的《宋史》卷八九："绍庆府，下，本黔州，黔中郡，军事，武泰军节度。绍定元年，升府"[7]，都明显记载绍庆府设立在绍定元年。

显然，宝庆三年在1227年，绍定元年在1228年，而恭州升为重庆府的淳熙十六年在1189年，此时顺庆、绍庆二名都还没出现。显然顺庆府和绍庆府名字是30多年后才出现，明代人认为重庆的得名是因为在二庆之间真可谓粗疏至极。我们感慨的是此说居然从明

---

[1] 《舆地纪胜》卷一五六《顺庆府》，四川大学出版社，2005年，第4699页。
[2] 《方舆胜览》卷六三《顺庆府》，中华书局，2003年，第110页。
[3] 朱熹:《通鉴纲目》卷四三，清文渊阁四库全书本。
[4] 《宋史》卷八九《地理志五》，中华书局，1977年，第2217页。
[5] 《方舆胜览》卷六〇《绍庆府》，中华书局，2003年，第1054页。
[6] 朱熹:《通鉴纲目》卷三八，清文渊阁四库全书本。
[7] 《宋史》卷八九《地理志五》，中华书局，1977年，第2226页。

正德年间到20世纪80年代在近500年的时间内少有人怀疑。我们知道，明代人治学粗疏，在学界早有认同，这次从这个个案臆想的可笑足见其之典型。而同时，后来我们津津乐道的"双重喜庆"之说在整个宋元明清时期并没有任何端倪。

当然，虽然1950年代以后"二庆之间"说一度销声匿迹，但对于"二庆之间"说法的怀疑却出现较晚，如1981年出版的《重庆简史和沿革》中多处谈到这个问题仍是两种说法并存，如邓少琴谈到："光宗是九月乙丑（初四日）生于藩邸，即位后把他的生日称为'重明节'，恭州潜藩升为'重庆府'，这是重庆得名的由来。或以为地在顺庆（今南充）、绍庆（今彭水）之间，故名重庆。"管维良在其书中仍然列举了三种说法，一种为封恭州、承皇位二庆，一说是太皇太后和其父亲孝宗均参加即位大典故二庆，一种认为二庆之间，最后只是认为第一种说法"较为有说服力"，并没有看到"二庆之间"说的根本问题。[①]1981年彭伯通《古城重庆》一书中才谈到："有人又说重庆取义是位置介于绍庆与顺庆之间，似乎牵强。"[②]虽然已经开始怀疑，但并没有说明牵强的原因。较早公开否定"二庆之说"的是董其祥先生，1986年董其祥在《重庆市中区史志》第1—2期发表《重庆简史》一文，后收录在1993年出版的《巴史新考续编》中，其中专门谈到："迄于南宋，孝宗淳熙十六年（1189年）把第三子封为'恭王'，同年二月承继帝位，是为光宗。即位后，于1190年（笔者按，应为1189年）升恭州潜藩为'重庆府'，表示双庆的意思，这是重庆得名的由来。或以为重庆介于

---

① 重庆地方史资料组：《重庆简史和沿革》，重庆出版社，1981年，第8页。
② 彭伯通：《古城重庆》，重庆出版社，1981年，第17页。

顺庆（今南充）、绍庆（今彭水）之间，故名重庆。但顺庆得名于1227年，绍庆得名于公元1228年，重庆得名早在30多年前，应该以前说为是。"①可以说这可能是目前最早公开从学理上纠正"二庆之间"谬说的来源，但这已经是20世纪80年代的事，此说已经流行了近500年了。后来胡道修也认为"二庆之间"之说不能成立，②彭伯通也认识到："恭州升为重庆府在孝宗淳熙十六年（1189年），比顺、绍二庆升府要早30多年"，认为是曹学佺的一时疏忽，③显然是由于没有找到真正的源头而错怪曹学佺。应该看到近来韩意、赵鼎、周文德、唐冶泽、龚义龙等对"二庆之间"说的否定，自然也是受董、彭、胡三位的观点影响而进一步否定了"二庆之说"的。

（二）近代人的新臆想："双重喜庆"说

进入近代以来，"二庆之间"说并没有完全淡出人们的视野，在主流文献中仍然流行着这种观点。但是在20世纪中叶以来，新的臆想"双重喜庆"之说开始日益风行，一度成为社会的主流认同，甚至主流学术界也一度没有分析而认同起来，包括我们自己以前也一度深信不疑。

1. "双重喜庆"说的来源：主流历史观是怎样误入歧途的

直到撰写此文前，笔者发现在学术界并不能找出"双重喜庆"与重庆得名联系在一起说法的具体源头，不知为何人所首先提出。正如韩意所说："此说最大的不足之处便是没有文字出处和依据，不

---

① 董其祥：《巴史新考续编》，重庆出版社，1993年，第304页。
② 胡道修：《重庆一名的由来及有关问题》，《重庆地方志》1988年第6期。
③ 彭伯通：《重庆地名趣谈》，重庆出版社，2001年，第6页。

仅四库全书都检索不同（笔者按，应是不到），并且即便到了民国时期出版的重庆书籍，也找不到这四个字的记载。""此说虽然铺天盖地，但没有任何文字出处，连个假托的都没有，貌似出于现代人的凭空臆想。"[1]现在看来，这个"双重喜庆"说是源于民国后期抗战胜利后的"双重喜庆"的话语盛行及五十年代以后这种社会话语延伸到历史研究中有关。

首先，可能受抗战胜利后的"双重喜庆"话语的时尚及影响。我们发现，多年抗战影响社会心境，艰苦卓绝的抗争与生死离别的沉闷弥漫在社会。在抗战胜利后1945年到1946年间，南京、上海、重庆等地社会弥漫着一种喜欢用"双重喜庆"来表述多重喜事以释放长期苦闷心境的风尚，大有苦尽甘来、喜出望外的情感，与抗战争时期的艰难苦闷形成明显的反差。

早在1945年10月10号的《新生中国》中就刊发了朱凤的《双重喜庆的国庆日》一文，指的是南京当时双十国庆与抗战胜利的日子的双重喜庆。[2]1946年1月10日《申报》又发表了《双重喜庆的今日》的社论："今天该是我们最愉快兴奋的日子！今天我们实在有双重喜庆大事，值得大家高兴。在伦敦，今天联合国首届全体大会开幕，一切维护人类正义，保障世界和平的方案，正有待于联合国大会今后的开诚商讨，切实执行。在重庆，今天国民政府所召集的政治协商会议也同时举行，三人小组委员会商讨停止冲突办法后，'停止开火'的命令也许即可发出，和平解决之门从此大开，各党派

---

[1] 韩意、赵鼎：《重庆得名详考》，《长沙铁道学院学报》（社会科学版），2008年第4期。
[2] 朱凤：《双重喜庆的国庆日》，《新生中国》1945年第2号，10月10号出版。

如真能推心置腹,开诚布公,中国政局也就不难走上光明幸福的大道。当中国血战八年,世界烽火弥漫,人类饱受惨祸之后,今天能够风平浪静,烟消火灭,使我们得以窥见全世界和中国真正和平之曙光,这确是幸运,确是喜事。我们抗战首都在重庆,举行政治协商会议也在重庆;到今天适逢国内国外均有喜事,真可以值得'重庆'了。"①这里不仅谈到联合国首届会议和重庆政治协商会议同时举行的双重喜庆,而且直接将其与重庆地名得名联系起来。同一天的重庆《大公报》发表名为《勉政治协商会议》的社评也称:"在重庆,曾经指挥抗战,得获最后胜利。在重庆,更要协商政治,拨乱反治,预庆建国成功。这双重的喜庆,都在重庆收获与开拓。重庆才真正是名副其实的重庆了。"②这里谈的是抗战胜利和重庆政治协商建国的二庆。不过这里称重庆得名这样才名副其实,反而透露出20世纪40年代社会上并没有将历史上的重庆得名与"双重喜庆"挂钩之意。后来,1946年5月6日《申报》记者赵浩生的《唱呵,南京》一文又谈到:"中华民国三十五年五月五日,是一个双重喜庆的日子,是一个光耀历史的佳节,整个的南京,都沐浴在狂欢里,整个的南京都卷没在歌唱中。"③这里谈到的是还都南京和抗战争胜利的双重喜庆。

要注意的是,虽然20世纪40年代,人们在字面意思上逐渐赋予了重庆"双重喜庆"的含义,但还并未跟历史上宋代的得名原因联系在一起,所以我们发现民国所有的文献中并没无一丝将重庆的得

---

① 《双重喜庆的今日》,《申报》1946年1月10日。
② 《勉政治协商会议》,《大公报》1946年1月10日。
③ 赵浩生:《唱呵,南京》,《申报》1946年5月6日。

名用"双重喜庆"解释的影子，如民国龚熙台《四川郡县志》、民国《四川重修通志稿》、民国《重庆乡土志》、民国《巴县志》《重庆市一览》《重庆指南》《重庆指南》(重庆陪都一周年纪念刊)、《新都闻见录》等不是没有谈到重庆得名的由来，就是只谈了得名的"二庆之间"说。

不过应该看到，20世纪40年代中叶社会风尚上喜欢用"双重喜庆"来表达心境之风对于20世纪50年代直接将历史上重庆得名臆想为"双重喜庆"提供了潜在的思维认同。

其次，"双重喜庆"的直接历史根源在民国时期。之前我们发现最早将"双重喜庆"与历史上的重庆得名挂上钩的是1958年赵廷鉴的《重庆》一书。1958年6月新知识出版社出版了赵廷鉴的《重庆》一书，在这本书中这样记载：

> 宋孝宗淳熙十六年（公元1189年）八月，恭州升为重庆府，"重庆"一名就开始在这个时候。改名"重庆"是宋光宗赵惇的主意，因为他起初在恭州被封为恭王，后来又即帝位，喜"庆"双"重"。[1]

因此，我们一度认为1958年赵廷鉴的《重庆》一书可能是"双重喜庆"的最早的公开说法。赵廷鉴先生生于1911年，去世于1969年，曾参加《高级小学地理课本》编写，为西南师范学院地理系教授。赵先生非历史学者，没有提供任何此说的历史证据。实际上赵

---

[1] 赵廷鉴：《重庆》，新知识出版社，1958年，第12页。后1959年又由商务印书馆再版。

先生主观认定必是光宗的主意，而且肯定是封王、即位双重喜事，但从当时到现在根本无任何历史文献可以支撑。考虑到赵先生的青壮年正好受到社会"双重喜庆"话语流行的影响，完全有可能是赵先生自己望文生义提出了此说。

后来据何江研究表明，实践上早在三十年代开始社会上就流行"双重庆祝"之说，后来考古学家卫聚贤到重庆后受此影响，1941年在《说文月刊 巴蜀文化专号》，发表《汉代的重庆》一文，认为："重庆是于宋孝宗淳熙十六年八月，即西历一一八九年，距今七百五十一年时，由恭州改的。因为宋光宗初封在恭州为恭王，于孝宗淳熙十六年二月即帝位，因于斯年八月改恭州为重庆府，他是以封为恭王就可以庆了，由恭王而即帝位，可谓为重庆了。"[①]到了五十年代赵廷鉴先生可能正是受卫先生的影响而沿袭了卫聚贤"双重喜庆"观点。因卫聚贤的《汉代的重庆》一文发表在旧期刊上在1950年代后影响并不大，但赵廷鉴《重庆》一书出版再度提出重庆得名于"双重喜庆"之后，影响之大，可能赵先生自己都没有想到。首先是1959年11月，重庆人民出版社出版的介绍重庆的《重庆画册》一书中也就这样记载"宋光宗皇帝赵惇，原被封为恭王，驻守恭州，赵惇即位后，为了纪念双'重'喜'庆'，改恭州为重庆府。这便是重庆名称的由来。"[②]此画册几乎完全照搬赵先生的观点。

不过，在整个60至70年代20年的时间内，人们好像并没有太多

---

① 何江：《卫聚贤：重庆得名"双重喜庆"说的首提者》，http://www.cqkaogu.com/gzdt/4085.jhtml
② 中国人民对外文化协会重庆市分会编《重庆画册》，重庆人民出版社1959年版，"序言"。

关注这个学术问题，但到了改革开放的80年代后，重庆学术界再次受到赵先生这种说法的影响，开始力推"双重喜庆"之说。如1981年出版的《重庆简史和沿革》中多处谈到这个问题，已经是两种说法并存，如邓少琴谈到："光宗是九月乙丑（初四日）生于藩邸，即位后把他的生日称为'重明节'，恭州潜藩升为'重庆府'，这是重庆得名的由来。"管维良在其书中仍然列举了三种说法，一种为封恭州、承皇位二庆，一种是太皇太后和其父亲孝宗均参加即位大典故二庆，一种认为二庆之间，最后只是认为第一种说法"较为有说服力"。[①]现在我们无法得知邓少琴、管维良是否受到赵廷鉴观点的影响，但从提出的时间顺序上来看，观点是一脉相承的。同时，1981年彭伯通《古城重庆》一书中也谈到："南宋孝宗赵昚于淳熙十六年（1189年）把他的儿子赵惇封在恭州为恭王。二月，赵惇就受孝宗内禅即位（死后庙号光宗），八月升恭州为重庆府。既封恭王，紧接着又即帝位，双重庆贺，作为府名。有人又说重庆取义是位置介于绍庆与顺庆之间，似乎牵强。"[②]在这个时期，社会上也同时将"双重喜庆"作为重庆得名的主流说法流传，并没有人怀疑。如1980年1月出版的一本名为《南方纪行》的书中已经提到："宋时渝州赵惇封王不久，就做了皇帝，双重喜庆，遂改他的封地为重庆。"[③]同年2月，长航重庆分局旅行服务社汇编成《长江三峡名胜古迹介绍》，其中《美丽的山城重庆》一文也称："北宋赵惇受封恭王，镇守于此，故改称恭州，后来赵惇当了皇帝，他将恭州升

---

① 重庆地方史资料组：《重庆简史和沿革》，重庆出版社，1981年，第74、8页。
② 彭伯通：《古城重庆》，重庆出版社，1981年，第17页。
③ 何一民：《南方纪行》，青海人民出版社，1980年，第15页。

为重庆府,意为双重喜庆之意。这就是重庆一名的由来,一直沿用至今。"①1981年,重庆市外事办公室编写出版的《重庆旅游》一书称:"南宋光宗赵惇,以他先封恭王,后登帝位,在这里发迹起家,自诩是'双重喜庆',遂将恭州升格为重庆府。"②1984年编印、1986年出版的《四川省重庆市地名录》也称:"南宋时孝宗赵昚之子赵惇先封恭王,后即帝位(光宗),自诩为'双重喜庆',遂于淳熙十六年(1189年)升恭州为重庆府。"③"双重喜庆"的说法从此为更多人所熟知,逐渐根深蒂固,并一度成为正统观点。

到20世纪90年代,几部关于重庆的方志和学术专著中,对于重庆的这种得名观点也是深信不疑,对于"双重喜庆"的说法更是成为定论一样了。1992年《重庆市志》第1卷记载:"南宋淳熙十六年(1189年)八月,因其地为光宗皇帝赵惇原来的封地(当时称为潜藩),升恭州为重庆府,此为'重庆'这一地名的由来。"其字里行间"双重喜庆"的意思还不明显。④但1997年《重庆市渝中区志》这样记载:"南宋淳熙十六年(1189年)正月,宋孝宗封其子惇于恭州为恭王曰同年二月,孝宗禅位于赵惇(即光宗),因赵惇先既封王,后又称帝,自诩为'双重喜庆',遂于是年,将恭州改名重庆府。此为'重庆'这一地名的由来。"⑤这里,不仅公开承认

---

① 长航重庆分局旅行服务社汇编《长江三峡名胜古迹介绍》,长航重庆分局旅行社,1980年刊行,第2—3页。
② 重庆市外事办公室编《重庆旅游》,四川人民出版社,1981年,第4页。
③ 四川省重庆市地名领导小组:《四川省重庆市地名录》,四川省重庆市地名领导小组1984年编印,第1页。
④ 重庆市地方志编纂委员会总编辑室:《重庆市志》第1卷,四川大学出版社,1992年,第679页。
⑤ 重庆市渝中区人民政府地方志办公室编纂委员会:《重庆市渝中区志》,重庆出版社,1997年,第41页。

第三章 科学的历史与文化的历史的学术话语 259

"双重喜庆"说,而且杜撰出了同一年为恭王为皇帝说。到1998年余楚修、管维良编的《重庆建置沿革》一书中这样记载:"崇宁元年(1102年)改为恭州,淳熙十六年(1189年)八月,因其地为光宗皇帝赵惇的潜藩之地,依潜藩升府的惯例,恭州升府且命名为'重庆',以示此为双重喜庆之地。是为'重庆'这一地名的由来,并沿用至今。"①仍然认为重庆得名为"双重喜庆"。到2001年出版彭伯通的《重庆地名趣谈》一书中虽然从潜藩升府制度普遍性入手强调双重喜庆并不是重庆特有现象,潜藩升府都是双庆,只是恭州升府是想到运用这个名字,故仍然承认有双重喜庆的特殊含义在里面。②至今重庆市政府的所有宣传资料都以"双重喜庆"为根据,人人重庆、双重喜庆成为人们熟知的重庆城市标志。不过,我们注意到由周勇主编、胡道修编写的《重庆:一个内陆城市的崛起》《重庆通史》中并没有采纳这说法,可算是混乱中少有的清醒。

总的来看,重庆得名于"双重喜庆"之说源于20世纪40年代社会上"双重喜庆"话语流行风尚的影响,具体源于20世纪中叶卫聚贤《汉代的重庆》一文和赵廷鉴的《重庆》一书,后人不加分析使用,整个学术界和社会均不加鉴别而误入歧途达半个世纪之久。

2. 误入歧途的矛盾重重:"双重喜庆"含义具体解释中的乱象

正因为"双重喜庆"之说本身是望文生义的解释,所以,后来对哪双庆的具体解释可谓乱象丛生,矛盾重重。

"双重喜庆"说从一开始就出现了对这四个字具体含义的不同解释,主要是针对所谓"双重喜庆"究竟是指哪双喜,众说纷纭。

---

① 余楚修、管维良:《重庆建置沿革》,重庆出版社,1998年,第27页。
② 彭伯通:《重庆地名趣谈》,重庆出版社,2001年,第6—7页。

早在20世纪80年代初,管维良就提到了两种解释,认为"一种解释认为:光宗赵惇藩封在恭州,是为一庆,后又由恭州承嗣皇帝大位,这是二庆,故美其名曰'重庆';第二种解释认为:光宗即位时,其祖母——高宗皇后尚在,称太上皇太后,其父亲孝宗也建(笔者按,健误作建)在,称太上皇,这二位均临视了光宗的登基庆典,故曰'重庆'",他自己认为第一种解释较为有说服力。[①]此外,"有的说光宗非长子但却被封为太子又称帝,有的说光宗在即位后的同年又喜得贵子,太皇太后都前来庆喜",[②]可谓众说纷纭。其中,封王、即位为双喜,这种观点最为普及,几乎是现在的主流观点,重庆对外的旅游宣传一般也这么说。特别要说的是,在"双重喜庆"说的流变中,衍生出了两个匪夷所思的子观点,即"同年封王即位"说和"恭州即位"说。

关于"同年封王即位"说,1981年彭伯通的《古城重庆》一书就提到:"至于重庆名称的取义,很多人都知道:南宋孝宗赵昚于淳熙十六(1189年)年把他的儿子封在恭州为恭王。二月,赵惇就受孝宗内禅即位(死后庙号光宗),八月升恭州为重庆府。既封恭王,紧接着又即帝位,双重庆贺,作为府名。"[③]将赵惇封王和即位的时间记为同一年,完全是没有任何根据的。而1989年重庆市江北区政协文史资料工作委员会编成《江北区文史资料选辑》第2辑《"三庆"专辑》,其中朱平燊的《"三庆"漫话》一文更是称:"南宋第二个皇帝是宋孝宗,孝宗的第三个儿子赵惇被封恭州为恭王。

---

① 重庆地方史资料组:《重庆简史和沿革》,重庆出版社,1981年,第75页。
② 重庆地方史资料组:《重庆简史和沿革》,重庆出版社,1981年,第75页。
③ 彭伯通:《古城重庆》,重庆出版社1981年版,第17页。

时为宋孝宗淳熙十六年正月,即公元1189年,是年二月,孝宗传位惇,即宋光宗,赵惇自诩'双重喜庆',遂于同年八月初七,即公元1189年9月17日,把恭州改名为重庆府。"[1]将"同年封王即位"说进一步具体演变为"正月封王、二月即位"说,更是主观上想将两件事放在一年,为自己的"双重喜庆"说提供更好的缘由。

但宋代文献中明确记载赵惇封王、生子、立太子、即位四件事根本不在一年。

李心传《建炎以来朝野杂记》卷一:

> (光宗)(绍兴)三十二年九月,封恭王。乾德七年二月,立为皇太子……(淳熙)十六年二月二日,受内禅,即位皇帝。……乾德四年十月二十日,生于恭王府。[2]

李心传《建炎以来系年要录》卷二○○:

> (绍兴三十二年九月)是月,封皇子愭为邓王、恺为庆王、惇为恭王。[3]

刘时举《续宋编年资治通鉴》卷七、九、一○:

> (绍兴三十二年九月)九月,封皇子愭邓王、恺庆王、

---

[1] 重庆市江北区政协文史资料工作委员会编《江北区文史资料选辑》1989年第2辑。
[2] 李心传:《建炎以来朝野杂记》卷一,中华书局,2000年,第28—29页。
[3] 李心传:《建炎以来系年要录》卷二○○,中华书局,1985年,第3398页。

惇恭王。……（乾道七年）二月，立皇子恭王惇为皇太子……（淳熙十六年）二月……上内禅，移居重华宫，皇太子即位皇帝。①

宋人《续编两朝纲目备要》卷一：

（乾道七年二月）（淳熙十六年）八日癸丑，百官班文德殿，诏曰……宣诏毕，内出麻制，皇第三子恭王御名立为皇太子。……二月二日壬戌，孝宗吉服御紫宸殿，有司立仗，百官起居，免舞蹈。宰执奏事毕，驾兴，百官移班殿门外。内降诏曰……宣诏讫，百官入班殿庭，皇太子即皇帝位。②

后来，元代人编的《宋史》也进一步证明赵惇封恭王、即帝位的时间分别在绍兴三十二年（1162年）九月甲午、淳熙十六年（1189年）二月壬戌，时间相差了27年。不仅如此，在封王和即位之间，赵惇于乾道七年（1171年）二月癸丑受封为太子，而他唯一的儿子赵扩的出生时间又在乾道四年（1168年）十月丙午。③四大喜事不仅没有任何两件是在同一年的，而且都相隔较远。所以，所有同年同庆的说法完全都是有违历史事实的臆说。

而"恭州即位"说，如管维良提到过的"由恭州承嗣皇帝大位"，往往略过封为太子这一环节，强调赵惇是宋孝宗第三子，原

---

① 刘时举：《续宋编年资治通鉴》，商务印书馆，1939年，第92、113—114、129—132页。
② 佚名：《续编两朝纲目备要》卷一，中华书局，1995年，第6—9页。
③ 《宋史》卷三三《孝宗纪一》、卷三六《光宗纪》、卷三七《宁宗纪一》。

第三章　科学的历史与文化的历史的学术话语　　263

本没有继承皇位资格,将前后故事变成恭王由恭州入继皇位。这不仅有悖史实,而且即使不承认封为太子这一过程,赵惇的即位也和恭州没有多大关系。

第一,我们知道,中国古代皇室外封藩王分实封和虚封两种,宋朝皇子的封地都是虚封,皇子如非实授有官职则都留在京城,赵惇虽然封为恭王,完全有可能并没有到过恭州。据李心传《建炎以来朝野杂记》卷一记载:"宁宗诞圣。……乾德四年十月二十日,生于恭王府"①,这里的恭王府并不是在恭州,而在南宋临安府。乾道《临安志》卷一:"恭王府,右在德寿宫北。"②又吴自牧《梦粱录》卷一〇:野荣文恭王府,在佑圣观桥东。"③《宋会要辑稿》、《建炎以来朝野杂记》《续文献通考》等文献中大量谈到了这个恭王府,均是在临安。所以,在立为皇太子之前,赵惇虽然被封为恭王,但长期居住在临安,是否到过当时的恭州,是否在恭州有居所,均不得而知。

第二,宋元文献记载,赵惇于乾道七年(1171年)二月癸丑封为皇太子,同年四月甲子判临安府,并一度兼领临安尹(乾道七年四月辛未至九年四月己丑),到淳熙十四年(1187年)十一月己亥又专门设置议事堂令其参决庶务,次年正月戊戌赵惇"初决庶务于

---

① 李心传:《建炎以来朝野杂记》卷一,中华书局,2000年,第29页。
② 周淙:《乾道临安志》卷一《行在所宫阙》,商务印书馆,1937年,第2页。
③ 吴自牧:《梦粱录》卷一〇《诸王宫》,知不足斋丛书本。宁宗生于恭王府,但宁宗无后,立同宗荣文之子赵昀为皇太子(即宋理宗),故称荣文恭王府。

议事堂",同月乙巳孝宗又诏"自今御内殿,令皇太子侍立"[①]。则赵惇立为皇太子之后,不仅身为皇太子立侍皇室议政,而且兼任临安府的许多实职,恐怕不仅身体远离恭州,可能从字面上也跟恭州少有瓜葛了。此所谓恭王虽然没有废除,但皇太子之位远远覆盖了这个虚封,所以并不完全是直接由恭王即位皇帝的。

所以,应该将"同年封王即位""同年又喜得贵子"和"恭州即位"等种种完全违背史实的说法彻底摒弃。而"双重喜庆"本身及"非长子却封太子又为帝""或者太皇太后、太上皇共同健在"等说法更是没有任何资料证明的凭空臆想,这不是严谨的历史研究应有的方法和思维。

(三)新的猜测和臆想仍在出现:"诗经郑玄笺"说、"巴渝会合"说、"吴太后贺寿"说

2012年唐冶泽又提出"诗经郑玄笺"说,他认为:"至于'重庆'一语,其典出《诗经·鲁颂·閟宫》,全诗歌颂鲁僖公继承祖业,中兴鲁国,收复疆土,四夷宾服的功绩。其中唱道:'俾尔昌而炽,俾尔寿而富……俾尔昌而大,俾尔耆而艾。'郑玄笺:'此庆僖公勇于用兵,讨有罪也……此又庆僖公勇于用兵,讨有罪也。中时鲁微弱,为邻国所侵削,今乃复其故。故喜而重庆之。'这里的'重庆'是指反复颂祝鲁僖公,歌颂他让鲁国强大起来并祝他长寿幸福。光宗取此名的意思就是表明自己要学鲁僖公,继承孝宗未完

---

[①] 佚名:《续编两朝纲目备要》卷一,中华书局,1995年,第6—9页。脱脱等《宋史》卷三四《孝宗纪二》、卷三五《孝宗纪三》。"初决庶务"和诏令皇太子侍立的时间,卷三六《光宗纪》分别记为二月戊戌和九月乙巳,按,该年二月无戊戌,当以《孝宗纪三》为准。

成的事业,光复被金人占领的半壁河山,中兴宋室并祝孝宗长寿安康。因此,将恭州命名为'重庆'与他当时所处的历史背景和个人地位是完全一致的。据此,我们可以肯定地说,这才是'重庆'的本来含义。"[1]这种观点得到龚义龙的支持。[2]实际上,《诗经·鲁颂·閟宫》中并没有"重庆"一语,只是汉代郑玄在笺证《诗经》时解释前人的话语为"重庆",也是一种后人对前人的一种臆想。至于取名重庆是否是光宗之意?光宗是不是知道郑玄的笺证中有"重庆"的解释而命名?史无任何记载,只能是一种没有根据的猜测,作为实证的史学研究还是回避为好。

实际上,南宋时期出现的18个因潜藩升府而形成的府名中,含庆字的有10处,光以"某庆"形式命名的就有8处。用两条史料就可以证明光宗即位前后特别喜欢"重"字,即宋孝宗禅位前的一个月,"己未,改德寿宫为重华宫"曰二月壬戌,宋孝宗受禅,随即于同月辛巳日宣布"以生日为重明节"[3],也难以说明一定与"重庆"的命名直接相关。唐冶泽文中认为"光宗这样取名(包括给重庆取名)不仅仅是取其政治意义,它还体现了光宗对孝宗的曲意迎合,也是其内心深处所受重压感的曲折反映"[4],则完全是后人对前人话语的一种猜测臆想,毫无根据。如此,是不是"顺庆"的"顺"字、隆庆的"隆"字、崇庆的"崇"字都要找到喜欢的事

---

[1] 唐冶泽:《"重庆"得名新考》,《重庆师范大学学报》(哲学社会科学版)2012年第5期。
[2] 龚义龙:《"重庆"得名的"原义"》,《街巷渝中》,重庆出版社,2015年,第7—9页。
[3] 《宋史》卷三六《光宗纪》,中华书局,1977年,第695页。
[4] 唐冶泽:《"重庆"得名新考》,《重庆师范大学学报》(哲学社会科学版),2012年第5期。

实根源呢？另外，中国古代州县取名的过程相当复杂，并不是所有州县名称取名都是源于皇帝、太子之意，也可能有大臣意见、地方的诉求等原因。除非有直接的历史文献记载是由某人的某种诉求提出，不然从历史研究的基本要求应该尽量严谨而回避，不必望文生义猜想。

近年随着网络的普及发达，越来越多的人也参与到重庆得名的讨论中，一个名为"方言分子"的新浪博主就在其2017年4月22日的一篇名为《"重庆"得名考（1）：双重喜庆》的博文中提出了另一种说法，即"巴渝会合"说。他认为：南宋喜欢讨口彩，一般也只加一个吉利字眼，另一个字要么不加，要么跟原来名称有着紧密关系，在"重庆"中，"庆"是讨口彩，"重"还有着自己固定的含义……当1189年重庆升府时，除了讨口彩的"庆"，还要找一个能代表当地固有内涵的字，却一时犯了难，想来想去，最好的办法是将"渝"换一个字，既能表达"巴""渝"相会、相合之本义，看上去又比较吉利，"重"就是在这种情况下应运而生。这里，方言分子说重字是表达巴、渝相会相合，已堪称脑洞大开，异想天开。而所谓"只加一个吉利字眼，另一个字要么不加，要么跟原来名称有着紧密关系"的情况也并不是绝对的，比如果州升为顺庆府，顺字和庆字都是新加的字，也都和原来名称无关，顺字更是和当地固有内涵无关。总体而言，这种说法完全流于臆想，牵强附会。

近来，文史学者何江撰《八百年"重庆"得名之迷》，认为中国古代有三世同堂称"重庆"之说，重庆之名得名于宋光宗贺寿圣皇太后吴太后寿辰，将自己潜藩恭州更名"重庆府"。①但并无直接史料支撑，且早在北宋崇宁年间就在重庆设有重庆军，南宁绍兴十九年（1149年）就有韦谠为重庆军节度使的记载，均大大早于淳熙年间。所以，贺寿之说还需证明。②

（四）文化的历史对科学的历史的渗透

通过以上梳理，我们认为，重庆府的出现只是宋代潜藩升府背景下的一个普通例，"重""庆"字的使用也只是频繁用此字赐新名背景下的一个普通案例，其实最大的可能是根本就没有从主观上想去赋予什么特殊含义，因此最早的史料都只谈"潜藩升府"本身。"二庆之间"是源于明代正德年间的一种错误的臆想，而"双重喜庆"则是20世纪50年代才臆想出来的新说，与新近"巴渝会合"说一样，都是没有史料根据的臆说，故硬伤明显，是完全不科学的。"诗经郑玄笺"和"祝寿"说说看似合理，但也没有任何直接史实可以证明如此。

潜藩升府，本是有宋一代的普遍现象。据《宋史·地理志》记载，光南宋时期就有18例，依升府时间顺序分别为德庆、静江、隆兴、常德、宁国、崇庆、隆庆、重庆、庆元、安庆、英德、嘉定、同庆、宝庆、顺庆、咸淳、瑞安、庆远。《建炎以来朝野杂记》云："旧制，天子即位，尝所领州镇，自防御州而下皆升军名曰若节镇州则建为府……光宗自荣州刺史进封恭王，今上自英

---

① 何江：《八百年"重庆"得名之谜》，http://www.cqkaogu.com/xsyj14034.jhtml。
② 万历《四川通志》卷九《重庆府》，明刻本；李心传：《建炎以来系年要录》卷一五九绍兴十九年三月已亥。

国公出就傅后，封嘉王。四州皆为支郡，然三州蹿升为重庆、英德、嘉定府。"[1]它虽然提到宋光宗升恭州为重庆府是越级直接升府，但对于名字本身依然没有特别解释。实际上，中国古代地名取义往往普遍采用一些吉祥、喜庆、祥瑞之名，本身并不可能完全有一定的特指的事实作为基础，这就如同样是在宋代升府的崇庆、顺庆、绍庆、隆庆、安庆、德庆、宝庆、同庆等，可能并不是"崇""顺""绍""隆""安""德""宝""同"都有特殊的事实指意。如果有，可能大多也是后人望文生义臆想出来的。因为"重庆"这个地名放在宋代其他潜藩升府城市中，可能也能找到多重喜庆之事的。

笔者曾提出在中国历史研究中一直存在两种历史，一种是作为科学的历史，一种是作为文化的历史。不过，很长的时期内，作为文化的历史气场并不够强大，只是历史上的主流历史、主体叙事中的一个小插曲。也就是说在历史上历史传说、神话故事可能对我们科学的历史影响并不是太大。即使有影响也可能是在先秦史的研究中影响更大。不过，经过我们三十多年的田野考察和个案研究，我们对中国这种作为文化的历史的气场宏大和影响力的强势有了新的认识，我们终于发现，这种作为文化的历史一直强大，直到今天仍然势力强大而且渗透在我们作为科学的历史中，左右着我们的主流历史事实和历史观。

这里，我们从重庆的得名臆想的形成过程中发现这种作为文化历史的气场之强大，因这种作为文化的历史将我们主流的历史带入

---

[1] 李心传：《建炎以来朝野杂记》甲集卷九《故事·潜藩州建军府名》，中华书局，2000年版，第169页。

沟中而使我们误入歧途，以致我们自己也是在最近才有比较清楚的认知，而这个认知的形成对于反思我们的主流历史文本的科学性很有现实意义。

在作为文化的历史演进中，存在客观的演进和主观的演进两种范式。客观的演进主要是指演进者本身并没有想改变客观历史诉求，往往更多受到演进者知识素养、认真态度的影响而产生对历史误读和歪曲。以重庆得名的诸种说法来看，明代的"二庆之间"的产生，明显与明代治学粗疏有关，而近代"双重喜庆"的诸多矛盾也与近代学人治学浮躁有关。近代许多新臆想的产生，原因可能就较为复杂了，存在一种对家乡的感情的特殊解读，但可能更多的是对历史学研究的实证科学、史料的科学的理解差异有关。

而主观演进者往往是本身就想改变客观历史去满足某种诉求，包括政治诉求、经济诉求、文化诉求。这种演进可能对历史研究产生重大的影响。就重庆得名来看，到了近现代对于重庆得名的"双重喜庆"的解释可能更有社会意义，所以官方、学界也在刻意强化这种喜庆说，就使谬说得以强化。当然，就重庆得名本身来看，可能主观上改变客观历史的趋势还不明显。实际上在中国历史上，许多作为文化的历史产生主要是乡土的文化情感寄托与历史研究科学观缺失共同的结果，如我国遍地大禹、关公、孔明、三藏，麻城孝感这种作为文化的历史多是如此。不过，这种作为文化的历史已经让我们难辨客观历史的是非、清浊，而这种作为文化的历史在中国可能会不断产生而且一直存在下去。所以，近来在我们的学术研究中，从周老虎险些写入历史、名酒厂家的历史造假、巴蜀江湖菜的历史制造、鹤游坪城堡历史定位的个案中发现，历史往往在不经意中就被改变，形成了作为文化的历史。最大的问题在于不仅社会上有时对于作为文化的历史和作为科学的历史分不出来，而在于许多作为文化的历史一旦写入文本后，特别是进入官方文本后，过了许多年以后，往往学术界本身也难以分清真假，如这里谈到的"双重喜庆"说。可怕的是历史客体面对各种现实诉求往往如一个柔弱的婢女，任人摆布，我们知道历史文献中的许多历史事实是被臆说或改变后大为失真的。所以，当我们面对所有白纸黑字的历史文献时都要慎重万分，更不要说面对没有文献记载的口述。这可能是我们长期以来强调田野考察的重要原因，希望能从田野考察的对读、比对中尽可能删去那些被人臆说或有意篡改的历史，在分清两种历史的界线下，尽可能减少作为文化的历史对作为科学历史的渗透。

# 第四章
# 传统生产力与现实关怀话语

长期以来，在中国历史的研究中，主体叙事除关注几千年的政权更替、帝王兴废、血火战争、宫廷内斗外，也关注形而上的意识形态、文化制度的内容，所以，亚细亚生产方式、传统社会分期、土地与赋税制度、传统儒学、近代思潮与革命等一直是主流史学的显赫话语，而对于中国传统科技、社会生产力等虽然在科技史的领域有一些研究，但一直不能进入中国历史的主体叙事之中，虽然有一些中国科技史、中国农业科技史方面的著作面世，但目前中国仍没有一部《中国社会生产力史》著作面世。我们知道，科学技术如果没有运用到社会形成社会生产力就没有任何意义，而我们的各种中国通史的著作中，有关生产力技术层面的内容少之又少，更缺乏将科学技术转换为生产力而影响社会发展内容。

诚然，形而上的制度文化、意识形态对社会发展的影响巨大，但在任何社会的历史发展中，生产力层面的技术对于历史的影响也是相当深刻的，因为这是人类物质积累的最直接的要素。在生产力层面，生产工具、生产技术、生产资源在不同的时代和不同的地区的差异和影响是相当明显的。在生产资源中农作物的差异一定程度上会影响到社会发展进程的，故在当今天话语中有"生物入侵"之说。在中国历史发展进程中，有三次较大规模的农作物引进，一次汉唐时期的西域瓜果引进，一次是宋代占城稻的引进推广，一次是明代末年的高产旱地作物的引进，特别是明代末年美洲高产旱地作物的引进，对于传统中国农业生产中的大田作物结构、生产技术发展走向、经济产业结构、社会结构、人口规模都产生了重要的影响。如玉米、马铃薯、红薯的传入与推广，一方面使传统作物通过技术创新滋养人口的路径的诱发力削弱，同时，也使南方山地产出多样功能一定程度上丧失，形成了一种亚热带山地的"结构性贫困"。很有意思的是，"结构性贫困"的话语是我们上世纪末先在历史经济地理中提出，反而影响到现实应用经济学研究而被沿用下来，形成"结构性贫困"与"条件性贫困""生态性贫困""资源性贫困"的对应。

在传统中国的经济史研究中，本身古代重要的经济统计数据就不全面，而仅有的统计数据的统计口径复杂，使经济史的研究往往难以科学量化，所以以往中国古代经济史的研究往往多依赖于历史文献中的感性描述。而传统中国历史循环论下历代文人笔下朝代前期"盛世清明"朝代后期"衰世腐败"的固定范式下，更使我们对历史上各朝代的实际经济水平难以做出科学的评估。即使是有相对可比的统计数据，我们几乎只能考量绝对经济指数，很少考量投入与产出比、人口与总量比、产出与生态比的"三比"。在20多年前，我在经济史的研究中就关注这些问题，特别是从亚热带季风气候下的经典式砍烧制刀耕火种（畲田）的投入产出效益和生态价值意义上发现，如果我们考量中国古代经济史的投入产出比，会发现我们以前对许多事物的认知是粗浅幼稚的、处于表象的。黄宗智在研究明清江南经济时就充分考量了单位面积的投入无限带来的相对停滞，即没有发展的增长造成的"内卷化"也是此类命题。

李伯重先生在研究明清江南经济时相当关注生产资料的差异问题，如燃料、建材、肥料、作物品种等问题，将这些差异与江南的自然环境、社会背景结合起来，分析江南经济中的外延式和内涵式发展的差异，对于理解中国明清时期虽然出现了资本主义萌芽但又并没有出现现代农业和现代工业文明多有益处。在传统社会中，可再生的生物燃料一直是作为主体的燃料，在中国历史出现过一个从可再生生物燃料向不可再生的非生物燃料转变的燃料换代，这个燃料换代在不同的地区时间并不完全一样，而换代的影响也差异较大。早在汉代我国就开始使用天然气、煤炭这类非生物类燃料，但在传统时代可再生的生物燃料薪材一直是主体燃料。燃料换代不仅对森林资源的影响巨大，而且对城乡生态环境、建筑行业、制作行业、农业生产的影响也较为明显。如清代中叶以前长江上游在使用传统的生物质燃料时期燃料总体十分富足，唐宋元明时期个别煮盐业发达的地区出现了薪材匮乏的现象，但总体上并不影响生物质燃料整体丰富充足的状况。长江上游最早在汉代就开始发现火井，并在晋代利用天然气作为手工业燃料，但直到清代才逐渐在川东、川南部分地区盐业中广泛使用，而在生活中较多使用天然气等液化气是20世纪80年代以来的事。煤炭在中国也是早在汉代就开始出现，在长江上游的使用早在唐宋就出现，但很长时期内不论是在生产中或是在生活中都是煤炭与木材、木炭并用。近代以来，城市生活和生产中煤炭使用范围扩大，但农村受多方面的制约，煤的使用程度并不十分普及。直到21世纪初，农村生物质燃料仍为主体。历史上由于人口压力、工业化过程中燃料换代不能实现，清中叶以来至20世纪80年代，是长江上游生物质燃料的危机时期，也是从生物质燃料向非生物质燃料转换的转折时期，其中20世纪60年代至80年代达到危机的顶峰。近十多年来，由于液化气、煤炭、沼气、电力等非生物质燃料大量使用，燃料换代加速，加上城市化背景下农村实际生活人口减少、环境保护意识增强、烹熟可食用品增多，虽然生物质植物燃料在一些农村仍为主体燃料，但城市乡村的生物质燃料薪材采伐量大大减少，森林生态环境的压力大大减弱。

实际上我们关怀传统生产力，对现实生产力的影响也相当明显，因为许多传统生产力的趋势走向在今天一直没有改变，进程也没有中断而是延续着的。以"结构性贫困"的影响来说，一直到20世纪末，结构性问题在南方亚热带山地中仍然是形成贫困的一个重要因素，后来因为退耕还林和城市化的双重影响下的结构性调整，将高山居民迁到山下集体定居，不过是在21世纪初的这二十年的事情。实际上早在20世纪90年代初我的《三峡经济开发的历史反思》一书和相关论文中就提出应该移民外迁而不是就地后靠而进行结构性调整，应该将马铃薯请下山来，后来国家的退耕还林和"一圈两翼"战略正是在我们的思想基础上的一种发展。虽然我早在20年前就提出在中国经济史的研究中注意效益观、生态观，但直到当下，不知是由于史料的缺乏还是观念的陈旧，在中国经济史研究中这种意识并没有成为主流。同样，叶吉谦先生虽然很早就提出生态农业的概念，但现在生态农业也并没有成为主流，反而因为所谓高技术的大量投入，农业生产反而显现的是一种反生态的催化农业。但不可否认的是这种反生态的催化农业，一定程度上解决了量上的需求，但对农作物品质、生态环境中的水生态、土壤生态的负面影响也是明显的，所以现在国家已经在逐渐开始倡导使用农家肥，强调本土作物品种的保护。

## 一 亚热带山地"结构性贫困"形成与明清美洲农作物引进[①]

明清之际玉米、马铃薯、红薯的传入和推广除了有积极意义的一面外，还存在许多负面影响。一般认为美洲高产农作物引进的最大影响是为清代"人口奇迹"创造了基本条件，但由此而使南方亚热带山区形成了结构性的贫困，制约了亚热带山区产出多样性而来的商品经济发展，从而影响了资本原始积累的形成，制约了资本主义萌芽在这些地区的发展，影响了社会进步，人们往往就注意不够了。

"生物入侵"会对生物多样性产生致命打击，本是生态学中的一种现象。其实，现在来看，"生物入侵"并不只有消极意义，如引进生物进行灭虫也是一种积极的"入侵"。可能以往我们还没有引起足够重视的是：社会历史中的生物引进也会对当时社会发展产生十分积极的影响，但是有时也会打破原有的农业作物、土地资源与产业选择三者间的关系，使生产结构发生较大变化，进而对社会发展产生深远的正负面影响。

---

① 此文原刊于《中国农史》2001年1期。收入此书略作修改补充。

在近2000多年的中国农业发展史上，有三次农业作物的引进和培育对中国农业经济和农业社会产生较大影响。第一次是汉代大量西域农作物传入中原地区，第二次是宋代早熟稻的传入和推广，第三次是明清之际的大量美洲高产农作物的传入。之前已经有学者认识到这些美洲高产农作物引进对中国社会发展的影响极大，故何炳棣认为是中国土地利用、粮食生产的第二次革命。[①]其实，明清时期的美洲高产旱地农作物的引进，对于中国社会的影响可能就更加深远。尤其对中国传统社会产生的负面影响，以往虽然有人注意到了，如注意到从粮食生产角度其作为人口膨胀的条件之一，[②]也有人谈到玉米、马铃薯、红薯产量大增，与人地关系和新作物的生物学特征有密切关系，[③]但整体上看，人们对其对中国社会影响的全面性和深刻性还注意不够。本文便是拟分析美洲高产旱地农作物传入和推广对中国亚热带传统社会的负面影响。

(一) 传统农业经济发展水平的评价与开发模式的选择

评价传统社会农业经济的进步程度可从三个方面来考察。一是经济总量的增长，如财政总收入的增加、粮食总产量的增长、单位面积产量的增长。二是投入与产生效益，即投入与产生效益比。经

---

① 何炳棣：《明初以降人口及其相关问题（1368—1953）》，生活·读书·新知三联书店，2000年，第200页。何先生认为，宋代早熟占城稻的传入和推广，对于在南方地区确立经济重心的地位产生了积极的影响，因而他认为这是中国土地利用、粮食生产的第一次革命。
② 何炳棣：《美洲农作物的引进、传播及其对中国粮食生产的影响》，《历史论丛》第5辑，齐鲁书社，1985年；何炳棣《明初以降人口及其相关问题（1368—1953）》，生活·读书·新知三联书店，2000年，第206页。
③ 萧正洪：《环境与技术的选择——清代中国西部农业技术地理研究》，中国社会科学出版社，1998年，第145页。

济总量高低与效益的高低是没有正相关的互动关系的。个案研究表明，原始的刀耕火种可能从投入与产出讲有高效益，表现为一种相对效益。①三是产业与资源配置的合理性。从理论上讲，一个社会发展从根本上讲是产业与资源适应的合理性问题，故吴承明先生认为：" 从根本上看，经济发展还是不发展，主要看资源配置合理不合理，是优化还是劣化"。②应该看到，这种配置是否合理是维持经济总量持续增长和保证效益提高的关键。

从空间是否拓展层面上讲，中国传统社会传统农业粮食产量的增加，一是靠扩大耕地面积，主要是采取垦荒种植等措施，是一种外延式的发展模式；一是靠在恒定的单位面积上增大劳动和技术投入，采取集约化的精耕细作提高产量。朱国宏教授认为中国传统社会里西汉到北宋农业增长主要是靠扩大耕地面积。北宋以后则是扩大耕地面积与技术进步并重。③对于朱先生的结论需进一步分析。如果不仅是从农业产量增跌，而是从整个农业发展而言，还有一个不论外延内延的结构调整问题，内外延的发展选择往往影响到结构的调整。

由于东亚大陆特殊的环境文化，中国传统社会里农耕先进，而畜牧落后观念根深蒂固，故历代统治者都是一味鼓励加强垦殖的，上行下效，社会里以农为本（主谷制的种植业）的观念十分深厚。实际上在元明之前，长江流域下游、三角洲平原和成都平原、关中平原的土地多开垦无余，已没有多大外延式发展的余地。在这些地

---

① 蓝勇：《刀耕火种重评》，《学术研究》2000年1期。
② 参卓荦《中国封建社会前期和后期经济发展比较学术研讨会纪要》，《中国经济史研究》1997年3期。
③ 朱国宏：《人地关系论》，复旦大学出版社，1996年，第201页。

区明清时期主要是在精耕细作的基础上以发展桑棉渔副业为主，接纳了大量农业过剩人口，体现为对自然资源的合理运用。[1]而在北方地区因为土地稍加利用便可种植传统农作物，发展的空间很大。我们知道长江上游的成都平原地区早在宋代精耕细作便有很高的水平，南宋蜀人高斯得还将四川农业精细作经验推广到江南东路宁国府一带，故成都平原一带有"无寸土之旷"之称。实际上宋代以前以扩大耕地面积的发展为主，所扩大的主要还是平原、浅丘之地。

南方亚热带山地的大开发在长江下游肇始于三国时期，上游在唐宋时已经出现梯田和大量畲田，但直到明清之际南方亚热带山地为主的地区（川、云、贵、鄂、湘、桂、粤、闽、浙）仍多是森林茂密的处女地，而这些地区相近的平坝地区在明清时期多开垦无余，种植水稻、小麦及其他旱地农副作物。

从理论上讲在上面谈到的技术和区域开发背景下，明清有四种发展模式的选择：

一是内延式的发展粮食种植业方式，即在平坝地区开垦殆尽后，在原有的平坝地区耕地上实行更加集约的精耕细作，加大技术投入、劳动投入，培育新品种，实行更密集的间作套作，提高复种指数，提高单位面积产量，达到总产量的增长，以维持人口持续增长。但这种方式由于人口压力得不到缓解，技术投入不足的情况下，精耕细作发展到了尽头，会出现边际产出的递减。一旦遇灾荒，人口会自然损耗。

二是内延式的发展农牧副业方式，即在平坝地区开垦殆尽后，

---

[1] 李伯重：《明清江南农业资源的合理利用》，《农业考古》1985年2期；李伯重：《明清时期江南水稻生产集约程度的程度的提高》，《中国农史》1984年1期。

在原有的平坝地区耕地上实行产业结构调整，压缩粮食种植面积，增加农牧副业经济成分。明清时期江南地区以平原为主体的农业已经形成过密化生产，劳动投放达到极限，精耕细作已经到了尽头，劳动的边际产出递减，如李伯重所称生产发展依靠肥料投入为中心，人口压力主要靠桑棉副业来接纳过剩人口，形成相对合理的产业结构。

三是外延式的发展林牧副业发展方式，即依靠这些地区的森林覆盖的深丘、山地，利用南方亚热带生物多样性的特点，发展林牧副业，形成大区域产出多样性和区域内山地与平坝产出的互换，促进商品经济的发展，为资本主义萌芽的原始积累发展创造条件。

四是外延式的发展粮食种植业发展方式，即在深丘、山地扩大耕地面积发展粮食为主的种植业，但在这些地区一旦扩大耕地面积多半是面临深丘、山地等土地相对贫瘠的南方亚热带地区。如果在这些地区种植传统的旱地农作物粟、黍、高粱、荞麦、燕麦、大麦等，由于它们对土壤、气候要求相对较高，产量也相对较低，有些连正常生长都成问题，更谈到不上高产，自然不可能养活更多的人口，就形不成开发高潮。

这样，从理论上讲，当时走亚热带第三种道路的可能性是十分大的，也是南方亚热带山区的从产业与资源配置来看最优的选择。但是历史并没有这样选择。明清之际玉米、马铃薯、红薯等美洲高产旱地农作物的传入的推广，使南方亚热带山区形成以山地旱地粮食种植业为主的产业结构，以致出现延续到现在的结构性贫困。

## （二）清代南方亚热带山区的开发与美洲农作物的传入与推广

中国南方亚热带山地，指秦岭、淮河以南，北归回线以北的长江和珠江流域山地，北为北亚热带季风落叶、常绿阔叶林气候，南方多为中亚热带季风常绿阔叶林气候，最南部为南亚热带季风含季雨林的常绿阔叶林气候，一般海拔在1000米左右，年均气温14℃至20℃之间，无霜期一般在200天以上，年降雨量在1000毫米以上，相对湿度在75以上。在这个地区从生物群落而言，处于亚热带阔叶林为主的地区，生物多样明显，为产出的多样性奠定了基础。理论上，这个地区的最佳资源与产业配置为发展林牧副业，与相邻的平坝丘陵精耕细作种植业形成资源互补和产业互济，不会破坏自然生态环境，反而会形成环境互益，会形成相互有效的、成规模的物质互补性交流，促进地区商品经济发展和原始积累的形成。

玉米、马铃薯、红薯的原产地都是在美洲。玉米大约在十六世纪传入中国，红薯、马铃薯大约在十七世纪传入中国，但其在中国大量被推广相对较晚，一般认为是在清代乾隆、嘉庆、道光年间。①

明代末年和清代初年，在中国历史上是一个十分值得玩味的时期。一方面大量美洲农作物玉米、番薯、马铃薯、烟草、辣椒等相

---

① 何炳棣：《美洲农作物的引进、传播及其对中国粮食生产的影响》，《历史论丛》第5辑，齐鲁书社，1985年；何炳棣：《明初以降人口及其相关问题（1368—1953）》，生活·读书·新知三联书店，2000年。陈树平：《玉米和番薯在中国传播情况研究》，《中国社会科学》1980年第3期；郭松义：《玉米、番薯在中国传播中的一些问题》，《清史论丛》第7辑；曹树基：《清代玉米、番薯分布的地理特征》，《历史地理研究》第二辑，复旦大学出版社，1990年。

继传入中国,一方面明末清初的战乱对南方亚热带山地社会经济造成极大的破坏,人口大量耗损,造成人口在基数较低的条件下大流动和大增加。这种大流动、大增加一方面促使了美洲农作物的传播加快,大量非自耕农走上深山垦殖,而另一方面正好传入的玉米、马铃薯、番薯成为这些非自耕农山地垦殖的最佳农作物。因为就整个南方亚热带山区而言,如果仅依靠传统的粟、秫、荞麦、燕麦、大麦来开发高寒贫瘠的山地,山地的开发和由此而来的人口增长是不可能实现,反过来山地开发也不能付诸实际。但是明末清初美洲高产旱地物的传入使亚热带粗种植业为主的山地开发成为可能。

玉米因根系发达,耐瘠能力强,抗逆性也强,故适宜山地;而番薯是根块作物,要求土壤厚且疏松,故在丘陵、低山地区更能得到高产。再加上玉米系从西北传入,西部山地得其传播之先,而番薯系万历年间从东南沿海传入,东南丘陵山地也得其先声。玉米种植主要是川、湘、鄂、皖、豫等省移民平原区入山耕种的流民,东南海番薯区主要是闽浙诸省农民。大体上玉米扩展是由西向东的运动,而番薯产区的扩展则是由东向西的运动。[1]清代北方移民北移内蒙和关外,土地平坦肥沃,适宜于传统的粟、麦等作物,而南方移民地区的平坝早已经开垦殆尽,只有向山地进军,但只有种植玉米等才能得到高产。东南番薯种植地区主要是清代前期经济作物改变了粮食作物地位,往往造成粮食不足,而番薯的传入正好弥补了这一不足。[2]马铃薯更适合在高寒的地区种植。马铃薯传入的南

---

[1] 曹树基:《清代玉米、番薯分布的地理特征》,《历史地理研究》第二辑,复旦大学出版社,1990年。
[2] 曹树基:《清代玉米、番薯分布的地理特征》,《历史地理研究》第二辑,复旦大学出版社,1990年。

路从南洋印尼传入广东广西,向云贵发展,北路从俄国传入。其传入推广在中国的时间晚于番薯、玉米。①马铃薯的推广时间要晚得多,直到20世纪初才多在中国一些高山地带种植,②体现了马铃薯与玉米、红薯在种植高度上的时间发展顺序,透视出亚热带山地垂直开发的时间顺序。

(三)美洲农作物引进对中国亚热带山区农业社会的影响

1. 对亚热带山区人口发展的影响

明末清初美洲高产旱地农作物的传入,对中国农业,特别是中国南方亚热带山地地区社会经济的发展的影响很大,其中以对人口的影响较明显,以往中外的学者已经注意到这一点。如何炳棣先生认为玉米、甘薯、马铃薯等美洲高产旱地农作物的传入是继宋代早熟稻后的第二场农业革命,认为对"全国粮食产量的增加及使人口的持续增长,都做出了很大的贡献",这些高产旱地农作物的引进,极大地提高了粮食总产量。③珀金斯认为,仅1914年到1957年玉米的粮食产量便达1100万吨左右,1918年至1957年间红薯提高产量达900万吨。④这里要说明是的李中清等认为,清代西南地区人口增长主要是经济机会的增加,不是高产旱地农作物的传入。⑤其

---

① 陈文华:《中国古代农业科技史图谱》,农业出版社,1991年,第474页。
② 谷茂、信乃诠:《中国栽培马铃薯最早引种时间之辨析》,《中国农史》1999年3期。
③ 何炳棣:《明初以降人口及其相关问题(1368—1953)》,生活·读书·新知三联书店,2000年,第215—216页。
④ 【美】珀金斯:《中国农业的发展(1368—1968)》,上海译文出版社,1984年,第59—60页。
⑤ 李中清:《明清时期中国西南的经济发展和人口增长》,《清史论丛》第5辑。

实一方面李中清提到的西南主要是指云南、贵州和川西南,一方面如果从明末清初战乱后人口大量耗损后形成的人口真空而言,清代前期的"湖广填四川"可以称为经济机会增多对人口的刺激影响,但嘉庆以后的人口继续增长却应是与西南高产旱地农作物扩展为背景的山地垦殖高潮相关。据统计到嘉庆十七年四川耕地达7783.8万亩,超过了四川60至80万亩的坡耕地临界线,开始了大量垦殖坡耕地。①这正如何炳棣认为的"(马铃薯)适应玉米和甘薯都不适合的气候和土壤条件"。②实际上之后的研究表明20世纪马铃薯对亚热带山地生态环境、产业结构的影响远比玉米、红薯更大。

我们知道中国粮食作物从先秦的粟(稷、谷子)、黍、稻、麻、菽五谷向秦汉魏晋南北朝以来的粟、麦、稻发展,到宋元时期,北方地区的粟、麦,南方地区的稻、麦生产成为粮食的主干,其他南北方还有大麦、荞麦、燕麦等杂粮。由于生物属性的制约,特别是受气候和垂直高度的限制,这些农作物不可能在亚热带山地大量种植并获得较高产量,故元以前中国的农业经营一直主要立足于平坝和浅丘坡地,人口的扩展也因此受到了制约。

我们知道在清代人口增长的年均增长率与其他朝代相比并不高,但清代从明代的2亿人口的基数上发展,③人口对于粮食增加压力自然是比以前更大。应该看到清代人地比率已经十分小,珀金斯估计同治时期全国人均地在3.46亩左右,郭声波认为嘉庆时四川人

---

① 蓝勇:《乾嘉垦殖对四川农业生态和社会发展影响初探》,《中国农史》1993年1期。
② 何炳棣:《明初以降人口及其相关问题(1368—1953)》,生活·读书·新知三联书店,2000年,第221页。
③ 葛剑雄:《中国人口发展史》,福建人民出版社,1991年,第254页。

均耕地为4.1亩,笔者也发现乾隆时三峡人均耕地约为4.9亩,嘉庆时约为3.76亩,光绪时约为2.5亩左右;龚胜生认为两湖地区乾隆时期人均耕地为5亩至2.7亩,嘉庆时为2亩,光绪时为1.9亩。清代农业技术比前代并无根本突破,实际上清代末年粮食产量仍在下降,而有的专家认为清代南方农民一般要4亩耕地才能维持最低生活,[①]也有学者认为南方水旱田2亩是才可维持人的基本生活。[②]这样,一旦遇到自然灾害和战争动乱,清代南方地区人口会自然减少,在短时间内在如此大的基数上成倍的发展是不可能的。但这三种高产旱地农作物的种植往往很快使这种因战争、灾荒而来的饥荒的人口自然损害得以缓解,也使饥荒后的人口耗损恢复起来十分快。

具体讲美洲高产旱地作物表现为承平时一在于使山区人口自然增长成为可能,一在于遇饥荒使平坝、山区都赖以度荒,减少灾荒的自然衰减,一在于饥荒后利用他们的高产使人口的恢复速度提高,使人口可以持续增长。

历史上记载这三种植物代谷救荒的作用十分明确。

番薯:民国《福建通志·物产志》引《闽产异录》"番薯,福州呼金薯者,以万历甲午福州岁荒后,巡抚金学曾莅任始教民种之。"。《农政全书》卷二七:"闽广人赖以救饥,其利甚大"。乾隆《广信府志·物产》:"食之疗饥,可以备荒"。嘉庆《资州直隶州志·物产》"今则土人多种以备荒"。道光《城口厅志》卷一八,"皆可代谷食以救荒"。故周宏伟认为清代广东番薯的丰歉与饥荒

---

① 罗尔纲:《太平天国前的人口压力问题》,《中国社会经济史集刊》8卷一期。
② 郭声波:《四川历史农业地理》,四川人民出版社,1993年,第115页。

的发生密切相关。①玉米：道光《城口厅志》卷一八："亦可备荒，厅民悉以为食"。据郭声波研究，四川历史上在道光年间大灾后传统杂粮不足救济后开始对产量高、耐瘠、耐贮的玉米产生重视，出现了继冬小麦后的旱地作第二次嬗变。②马铃薯：吴其浚《植物名实图考》称"疗饥救荒，贫民之储"。《宁陕厅志》："山民藉以济饥者甚众"。道光《城口厅志》卷一八："煮熟之可久贮以备荒。"实际上，马铃薯对于亚热带高寒山区的开发有决定作用。

我们知道三种农作物在南方亚热带山区的推广主要在乾隆、嘉庆、道光年间，正是中国人口在大基数下的绝对数量大增加时期。研究表明，从乾隆四十一年至道光三十年，中国人口增加了34.32%，南方四川、江苏、江西、浙江、湖北、广东、广西、云南、贵州等省增加幅度超过平均数，最多四川增加了76.1%，而北方仅山东、河南超过平均数，高仅38.85%，有的地区还处于负增长。③这里增加较大的南方几省正是玉米、马铃薯、红薯种植较多的亚热带地区，而其增长的时期也是基本上是在乾隆、嘉庆、道光年间，与三种生物推广的时间同步，也与清代亚热带地区移民大流动时间吻合。

以四川地区为例，四川地区一般耕地突破60万顷，便开始有大量山地坡耕地，四川在乾隆末年开始突破60万顷。据郭声波研究认为，嘉庆年间四川耕地已经突破95万顷，应是已经大量开垦山地

---

① 周宏伟：《清代两广农业地理》，湖南教育出版社，1998年，第173页。
② 郭声波：《四川历史农业地理》，四川人民出版社，1993年，第181页。
③ 主要据曹树基《太平天国战前的中国人口》（《中国经济史研究》1997年3期）一文修正的人口数计算而成。东北地区人口增幅较大，主要与其人口基数小而清代闯关东的移民增长有关。

了。乾嘉拓殖时代，玉米已经传遍整个四川盆地和川西南地区。道光时期因大灾后，玉米的种植更加普遍。乾嘉时期盆地及周边县地番薯已经开始广泛引种，在道光大灾后番薯的种植也更普遍。而马铃薯传入四川相对较晚，从乾隆年间开始从四川东北山地向四川西南传播，嘉庆以后才逐渐传入四川西南地区，后主要分布在盆周山地、川西南和川西高寒山区。[1]就是说四川地区，乾隆末年开始的山地大规模垦殖是以玉米、番薯、马铃薯的种植为手段的。同时期，四川人口也快速增长。据李世平统计表明，乾隆中后期的30多年，四川人口从300多万上升到900多万。仅过20多年到嘉庆二十五年，四川人口一下发展到2500多万，[2]虽然有这样那样的其他原因，如外省移民的机械性增长、赋役制度上的摊丁入亩的影响，但这个时期乾嘉垦殖与乾嘉盛世背景下人口规模大的条件下的人口高速发展，三种农作物的影响客观存在，自在情理之中。

　　据龚胜生研究，从两湖地区清代人口递增率来看，集中在1711年至1812年的雍正乾隆嘉庆时期，道光时期也在不断增长，两湖地区玉米正好是乾隆中期至道光末年为迅速推广时期，甘薯也在乾隆后期至道光时期大量推广，马铃薯也在嘉庆道光年间传入两湖。[3]

　　何炳棣先生认为，玉米、番薯的传入对中国产生极大的影响，特别对南方地区"粮食生产革命和人口爆炸是互为因果的"[4]。葛

---

[1] 郭声波：《四川历史农业地理》，四川人民出版社，1993年，第173—174页。
[2] 李世平：《四川人口史》，四川大学出版社，1987年，第175页。
[3] 龚胜生：《清代两湖农业地理》，华中师范大学出版社，1996年，第132、140、145页。
[4] 转引自曹树基《清代玉米、番薯分布的地理特征》，《历史地理研究》第2辑，复旦大学出版社，1990年。

第四章　传统生产力与现实关怀话语　287

剑雄也认为:"甘薯、玉米、花生、土豆等高产耐旱作物的引种等都曾大大提高了粮食产量,从而使人口有了新的增加。"这种人口增长是造成"人口奇迹"的重要原因。[①]王育民也认为高产农作物引进是乾道间人口猛增的重要原因之一。[②]姜涛也认为:"粮食作物品种的不断改良,尤其是美洲高产粮食作物的引进,无疑也是中国人口在明清两代得以大增长的重要条件[③]。"不过以前的结论多是简单的推论,以上通过对亚热带山地开发与美洲农作物的关系的讨论则进一步证明和深化了以上的结论。

近些年笔者一直在亚热带山区考察,山民普遍认为,如果山区没有玉米、马铃薯、红薯的种植,加上没有良种水稻和化肥投入,山区农业居民的基本生存条件是不具备的。实际上清代中期以前良种水稻和化肥投入是不存在的,如果没有玉米、马铃薯、红薯种植,农民的基本生存条件更不具备,亚热带山区的人口飞速发展和旱地种植业的主导地位便无从谈起。

2. 亚热带山区结构性贫困的形成

由美洲高产农作物等主要因素造成的亚热带山地人口持续增长和人口膨胀是造成山地开发的条件。但是,如果我们对于明清之际玉米、马铃薯、红薯的传入的影响,仅仅停留在对人口增长这个层面,可能还十分不够。因为从生物引进这个角度讲,它的传入对社会经济的影响应是更深刻的。对此葛剑雄教授已经从人口增长角度

---

① 葛剑雄:《中国人口发展史》,福建人民出版社,1991年,第155页。
② 王育民:《中国人口史》,江苏人民出版社,1995年,第520页。
③ 姜涛:《历史与人口——中国传统人口构研究》,人民出版社,1998年,第85页。

对社会的影响有认识。[1]

直到21世纪初中国西部及南部亚热带山区还十分落后，但在不同的地区，落后的原因却不完全相同。一种可能是人类基本生存的资源都缺乏的生态性贫困，即资源性贫困，如中国西北许多地区缺乏基本的水资源和生物资源，是形成贫困的重要原因；又如西南地区许多喀斯特地貌，缺乏基本的土壤资源，也是构成贫困的重要原因。另一种是结构性贫困，即区域内各种资源十分丰富，但历史时期形成的产业结构与资源、环境相悖，资源丰富而来的产出多样性优势并没有体现出来，从而形成结构性贫困。

明代前期以前，中国农业开发主要是在平坝、台地、丘陵地区，广大山地还多是森林和草地覆盖。在平坝、丘陵、台地地区以种植水稻、粟、黍、小麦等传统粮食作物为主，而广大山地并不适宜种植这些作物的。在这种情况下，如果没有海外高产旱地农作物传入，农业的发展一是只能在平坝、台地、丘陵地区作内延式发展，一是外延式发展林牧副业。前面谈到，由于各种原因，内延式的发展受到制约，最优的发展是外延式的林牧副业发展方式。

这里要说明的是，实际上在清代生产技术条件下，山地种植玉米、马铃薯、红薯，其产量并不比平坝地区水稻、小麦等作物高多少，就是同在平坝地区种植其高产优势也并不突出，至少在清代单产不如水稻。山地种植这些作物的高产，主要是针对山地的传统旱作物，如荞麦、燕麦、大麦、高粱、粟而言。

据珀金斯统计，同时代的小麦产量约在120斤至198斤，高粱

---

[1] 葛剑雄：《中国人口发展史》，福建人民出版社，1995年，第254页。

在170斤左右,小米在160斤左右,大米在150斤左右。据郭松义统计,本世纪初松辽平原、河南南阳,玉米的单产量并不比其他作物高多少。①龚胜生也认为清代两湖地区玉米产量在0.5石至2石左右。②也就是说玉米的优势在于不宜种稻麦的山区。但红薯的优势则主要在于其产量上,如徐有榘《种薯谱》称:"亩收数十石,数口之家止种一亩,纵灾甚,而汲井灌溉,一至成熟,终岁足食"。故《农政全书》有"胜种谷二十倍"之称。黄可润《畿辅见闻录》记载当时浙江一亩收一千多斤。龚胜生认为仅有数石、数十石,为有意夸大。据郭松义统计21世纪初,奉天镇安县番薯亩产达850斤,河南南阳县达400斤。马铃薯也有较高的产量,更加适宜高寒贫瘠的山区,是一种既适宜高寒山区,又有较高产量的粮食作物。

表4-1　20世纪30年代南方六省三种粮食作物产量表(斤/亩)

|  | 稻谷 | 玉米 | 红薯 |
| --- | --- | --- | --- |
| 湖北 | 304 | 160 | 210 |
| 湖南 | 388 | 200 | 262 |
| 江西 | 332 | 152 | 241 |
| 四川 | 383 | 271 | 195 |
| 云南 | 317 | 144 | 217 |
| 贵州 | 290 | 235 | 189 |

注:据【美】珀金斯《中国农业的发展(1368—1968)》,上海译文出版社,1984年。

---

① 郭松义:《玉米、番薯在中国传播中的一些问题》,《清史论丛》第7辑。
② 龚胜生:《清代两湖农业地理》,华中师范大学出版社,1996年,第146页。

从生物属性和产量高低来看，这三种农作物在亚热带山区的社会和环境适应性如下：番薯，绝对高产量，适于丘陵、低山地区，对温度相对要求较高，为亚热带山区平坝、丘陵最重要的防灾食物。玉米，产量较高，适于不宜稻麦的贫瘠中低山地区，是亚带山区最基本的生存和备荒食物。马铃薯，高产，适于连玉米、红薯都难以很好生存的更高寒中高山地区，是亚热带高寒地区的基本生存的必须之食。

其一，玉米、番薯、马铃薯的推广，在初期对于亚热带山区的开发起的作用是积极的，但应该看到，由于山区趋向以种植业为主体，而种植业的单一性又较明显，这些作物在平坝地区也能较好生长，山区经济生物多样性的优势难以体现，产业与资源配置不合理，经济水平滞后，使山区经济形成结构性贫困，直到今天。以前我们对长江三峡经济开发史的个案研究表明，先秦时期，三峡地区采取的是采集、渔猎和射猎为主而农业为辅的开发格局，秦汉两晋南北朝时期为沿江水田农业、农副业的开发时期，唐宋时期为沿江水田农业、近山畬田、商业转输、盐业开发、林副业开发并重的时期。应该看到，从资源与产业合理程度来看，唐宋是三峡历史时期人地关系最合理的一个时期，沿江水田农业开发较好，山地开发适度，林牧副业比重相对较大，故当地三峡居民"未尝苦饥"。明清时期如果沿着这种道路发展是最好的结局，但明清三峡地区的开发并非如此。由于人口压力，加上传统重农轻末、重种植轻副业等传统思想影响，清代中叶伴随着玉米、马铃薯、红薯的在三峡地区的推广，形成以旱地垦殖为主兼营农副业的时期。这种格局下，由于水土流失等因素农业产出并不会很高，农林牧副业也仅仅是作为垦殖业的副业存在，规模小，产出多样性不能体现，山地不能与平坝地区在资源互补上对等交换，进而使资本原始积累十分有限。[①]

其二，结构性贫困还表现为三种旱地农作物，特别是玉米、马铃薯的大量种植，并向中高山推进后，高于25度的陡坡上垦殖，造成农业生态的破坏，水土流失加大，土壤肥力递减，使种植业的产出越来越少。清代中叶三种农作物的推广往往是以砍伐森林来种植的，如辰州府"垦山为陇，争种之以代米"，[②]鄂西山地"深山老林尽行开垦，栽种包谷"，[③]汉中一带"熙熙攘攘，皆为苞谷而来"，[④]四川太平一带"高山专以洋芋为粮，粒米不得入口"，[⑤]峨眉一带"山居则玉蜀黍为主"，[⑥]彭县一带"玉米，山居广植以养生"，[⑦]陕西石泉"（山内）遍山漫谷皆包谷矣"，[⑧]建始一带"深林剪伐殆尽，巨阜危峰，一望皆包谷"。[⑨]

早在清代，许多有识之士已经认识到这种种植对农业生态的自身破坏而来的肥力递减，及由此而引发的产出递减。如道光《鹤峰县志》卷六《风俗》："田少山多，坡陀多硗确之处皆种包谷。初垦时不粪自肥，阅年既久，浮土为雨潦洗尽，佳壤尚可粪种，瘠处终岁辛苦，所获无几。"[⑩]同治《宜昌府志》卷一六："常德、澧州

---

[①] 蓝勇：《三峡经济开发的历史反思——深谷回音》，西南师范大学出版社，1994年，第72—85页。
[②] 乾隆《辰州府志》卷一五，乾隆三十年刻本。
[③] 《林文忠公政书·湖广奏稿》卷二《筹防襄河堤工折》。
[④] 《汉南续修郡志》卷二一《山内风土》，民国十三年刻本。
[⑤] 光绪《太平县志》卷六，光绪十九年刻本。
[⑥] 嘉庆《峨眉县志》卷一，嘉庆十八年刻本。
[⑦] 嘉庆《彭县志》卷三九，嘉庆十八年刻本。
[⑧] 道光《石泉县志》卷四，道光二十九年刻本。
[⑨] 道光《建始县志》卷三，道光三十二年刻本。
[⑩] 道光《鹤峰县志》卷六，道光二年刻本。

及外府之人，入山承垦者甚众，老林初开，包谷不粪而获……迨耕种日久，肥土雨潦洗净，粪种亦不能多获者，往时人烟辏集之处，今皆荒废。"[1]道光《武宁县志》卷一一："棚民垦山，深者至五六尺，土疏而种植十倍，然大雨时行，溪流湮淤，十余年后，沃土无存，地力亦竭。"[2]光绪《乌程县志》卷三五引沈尧《落帆楼杂著》："包谷最耗地力，根入土深，使土不固，土松，遇雨则泥沙随而下。种包谷三年，则石骨尽露山头，无复有土矣。山地无土，则不能蓄水，泥随而下，沟渠皆满。水去泥留，港底填高，五月梅雨大至，山头则一泻靡遗，卑下之乡，泛滥成灾，为患殊不细。"[3]严如熤《汉南续修郡志》卷二〇："伐林开荒，阴翳肥沃，一二年内，杂粮必倍。至四五年后，土既挖松，山又陡峭，夏秋骤雨，冲洗水痕条条，只存石骨。又须寻地垦种，原地停空，渐生草树，枯落成泥。或砍伐烧灰，方可复种。"[4]同治《施南府志》卷一一："自改土以来，流人麇至，穷崖邃谷，尽行耕垦。砂石之区，土薄水浅，数十年后，山水冲塌，半类石田。"[5]

　　研究表明，明清三峡地区的山地垦殖过程是在唐宋一茬轮歇制或轮作轮歇制的畲田经过轮作轮歇越来越短暂，刀耕火种游耕向固定的非轮歇制山地陡坡垦殖发展过程。[6]到了明清的休耕不足的游耕火耕，以及随后的固定非轮作陡坡垦殖，往往是最初几年会有较

---

[1]　同治《宜昌府志》卷一六，同治四年刻本。
[2]　道光《武宁县志》卷一一，道光二十九年刻本。
[3]　光绪《武程县志》卷三五，光绪七年刻本。
[4]　嘉庆《汉南续修郡志》卷二〇，民国十三年刻本。
[5]　同治《施南府志》卷一一，同治十年刻本。
[6]　蓝勇：《三峡经济开发的历史反思》，西南师范大学出版社，1994年，第26—46页。

高的产出，所谓"一二年内，杂粮必倍"[1]、"不须加粪，往往种一收百"[2]。但随着农区水土流失的加重，土壤及肥力流失，或无土只存石头，或只存瘠壤，有"山地久耕利薄"的说法，以后普遍出现"粪种亦不能多获者"，"民生日繁，地土硗薄，各粮所出渐见减少"的局面[3]，故形成"辛苦开老林，荒垦仍无望"的结果，种植业并没有改变地区的贫困落后面貌。

其三，山区的水土流失，不仅仅在于对本地区农业生态的破坏，造成本区内部产出的减少，而且成为下游洪灾的隐患。早在清代便有人指出，长江上游"无业游民到处伐山砍木，种植杂粮，一遇暴雨，土石随流而下，以致停淤接涨"[4]。同时，应该看到一遇暴雨，不仅仅是对下游有洪灾隐患，而且洪水会淹没本地区小江河下游的良田，冲压泥土，对整个地区的农业经济都造成负面影响。

十分有现实意义的是，世纪之交，在三峡地区及中国其他山区实行的强制性退耕还林，实际是将玉米、马铃薯请下山来，与其说是从森林资源和生态环境角度保护出发的行动，还不如说是彻底改变清中叶以来形成的结构性贫困的重要举措。饶有意味的是，在三峡地区三百多年前这次美洲农作物引进是伴随"湖广填四川"的大量湖广、两广、江南移民进入三峡地区的山区开发高潮，而世纪之交，在三峡地区，退耕还林将美洲农作物请出山地也是伴随着大量三峡移民外迁两湖江浙广东等地。中国经济结构在亚热带山区绕了一个三百多年的圈子，又回到山地开发的起点，这是十分耐人寻

---

[1] 严如熤：《汉南续修郡志》卷二〇，民国十三年刻本。
[2] 严如熤：《三省山内风土杂识》，中华书局，1985年，第22页。
[3] 道光《紫阳县志》卷三，光绪八年刻本。
[4] 陶澍：《陶文毅公全集》卷一〇，淮北土民刻本。

味的。

3.结构性贫困所带来的深远的负面影响

如果我们仅仅分析认为清代的这种生物引进造成结构性贫困影响至今这个事实,可能还不够,还需要注意到生物引进对亚热带山区的平坝、山区产出互换机制的丧失的影响。

笔者注意到,这种生物引进同样也发生在欧洲一些国家,在16世纪玉米开始从美洲传入欧洲,在18世纪饥荒发生后玉米才开始在欧洲大面积种植;马铃薯传入相对晚一些,也是16世纪传入欧洲,18世纪中期才成为大田作物大规模栽培的。不过,为何在欧洲没有形成这样的结构性贫困呢?

早在罗马时代,西方与中国西汉在经济结构上形成成了较大的差异。比较表明,我国从商周以来实行"主谷制",粮食种植业占主导,相对而言,西方罗马的畜牧养殖业和园圃业发展较好。[1]在很长的时期内,西方国家平坝、丘陵、山地普遍种植葡萄、橄榄等经济作物,而畜牧业饲养业十分发达。在这样背景下,美洲这些旱地农作物传入后,与传入中国后的情形就不一样。

其一,当这些农作物传入欧洲国家时,这些国家人口密度并不大。

---

[1] 张齐政:《从古代农书看公元前一世纪西汉与罗马的农业生产水平》,《中国第二届世界古代史国际学术研讨会论文集选》,东北师范大学古典文明研究所,1998年。

表4-2  1720年至1930年欧洲各地区人口密度变迁表

| 地区 | 面积（万平方公里） | 1720年（人/平方公里） | 1820年（人/平方公里） | 1930年（人/平方公里） |
|---|---|---|---|---|
| 南欧 | 158.6 | 15.76 | 25.85 | 49.8 |
| 西欧 | 92，2 | 23.86 | 39.04 | 63.99 |
| 北欧 | 173.1 | 2.022 | 3.46 | 9.24 |
| 中欧 | 67.4 | 26.5 | 41.23 | 110.45 |
| 东欧 | 171.7 |  | 22.13 | 54.74 |
| 不列颠群岛 | 46.7 | 17.13 | 44.96 | 104.92 |
| 苏联东欧 | 694.8 | 2.44 | 5.61 | 17.99 |
| 欧洲 | 1428.2 | 7.7 | 14.7 | 35 |

注：据【美】乔治.W.霍人曼主编《欧洲地理》，天津人民出版社，1982年。

而在中国，清代1786年至1791年人口密度为每平方公里55.49人，1812年为67.57人。1830年至1839年为每平方公里75.32人，其中南方亚热带地区的人口密度，四川为每平方公里65.57人，湖南为每平方公里87.86人，湖北为每平方公里177.68人，江西为每平方公里134.68人，贵州为每平方公里30.02人，福建为每平方公里154.34人[1]。如典型的山地地区三峡地区的人口密度，嘉庆十五年（1810年）为每平方公里30.65人，1910年达每平方公里83.65人，20世纪80年代达每平方公里244人之多[2]。由此可见在同时期内中国的人口密度远远高于欧洲地区。并且，同时期欧洲国家的农村人口比重也

---

[1] 葛剑雄：《中国人口发展史》，福建人民出版社，1991年，第355页。
[2] 蓝勇：《三峡经济开发的历史反思》，西南师范大学出版社，1994年，第9页。

低于中国，如1850年美国农业人口占65%，法国占52%，英国则仅占22%[1]。相对而言农业人口压力更小，人地矛盾就更不突出。我们也知道，欧洲平坝地区占欧洲总面积的60%左右，而整个欧洲直到世纪之交的垦殖指数仅30%左右，这就是说直到现在大量平坝、丘陵都还没有开垦完毕，许多还是空旷的牧场、园艺场。在这样的空间关系中，这些农作物即使最初是作为人们的一种粮食作物种植的，都是广泛分布在平坝、丘陵和山区，如马铃薯。而在中国，马铃薯最先是在山区发展，发展若干年后也主要分布在山区，直到近百年才开始大量分布于华北、东北平原的。直到第二次世界大战前，欧洲的玉米种植主要分布在法国西南部和意大利波河平原地区。[2]以意大利为例，意大利的玉米产区主要在北部的平原地区，而南部山区则是以饲养业和蔬果业为主。如南部的卡拉布里亚大区，平原仅占19%，大量为丘陵和山地，其山地森林面积较大，以饲养业、蔬菜、水果业为主导，其中传统的橄榄、葡萄种植十分发达。[3]其他美国、法国、苏联等国，马铃薯、玉米仍是重要的农业作物，美国玉米种植在农业作物中居第一位，但其长时期以来主要是作为饲料，主要分布在平原地区，并不主要分布在山地。[4]苏联由于气候原因，马铃薯与玉米主要分布在西部森林带的南部和森林草原带，并不主要分布在山地地区。[5]

---

[1] 【意】卡洛·M.布波拉：《世界人口经济史》，商务印书馆，1993年。
[2] 【德】B·安德烈埃：《农业地理学——世界农业的构造地带与经营形式》，科学出版社，1991年。
[3] 戎殿新等：《意大利农业》，农业出版社，1982年，第22—40页。
[4] 广东哲学社会科学研究所：《美国农业经济概况》，人民出版社，1976年。
[5] 毛汉英：《苏联农业地理》，商务印书馆，1984年，第187页。

其二，欧洲传统的畜牧业发展，使这些农作物很快就从人们的粮食作物演变成为动物的饲料。在西方历史上马铃薯曾是重要的粮食，但由于人口压力不大，种植并不分布在山地，故并没有形成结构性不协调的问题。后来西方国家普遍用玉米、红薯、马铃薯为动物的饲料植物。如美国现在几乎所有玉米都是作为畜牧业的饲料种植，特别是作为青饲玉米种植。而玉米在清代传入中国后首先便是作为充饥的粮食作物广泛在山地推广，所谓"山农恃为命""岁视此为丰歉"等记载不绝于书，是作为缓解人口压力的重要食物。仅是从近20多年来，玉米才开始经过这种转变，逐渐成为一种饲料作物出现，而在许多落后地区这种转变才刚刚开始。

我们知道如果山区开发以种植业为主，其他林牧畜果等业仅是作为家庭副业，一方面难以形成规模经营而完成原始积累，一方面难以形成大的交流市场，特别是难以形成山区生物多样性而来的产出多样性的优势，与平原地区难以形成对等的交流地位，山区与平坝地区的互换机制难以平等形成，商品大流通不能出现，这就会制约资本的原始积累，影响资本主义萌芽的出现和发展。

总之，明清时期玉米、马铃薯、红薯的传入和推广除了有积极意义的一面外，还存在许多负面影响。其负面影响是为清代"人口奇迹"创造了基本条件，使南方亚热带山区形成了结构性的贫困，制约了亚热带山区产出多样性而带来的商品经济发展，从而影响了资本原始积累，制约了资本主义萌芽在这些地区的发展，影响了社会进步。

但是任何事物都是要辩证分析的，其一，生物引进对社会历史的影响是一个客观过程，我们指出其负面影响，主要是立足于对历史进程的宏观走向的理性分析,并不否定这些农作物传入我国在客观上对于山区丘陵开发、平原地区作物多样化、灾民备荒、提供饲料等方面所起的积极作用。这就如我们认为三峡移民在近百年内的开发方式并非最佳选择的同时,并不否定这些移民在这300多年中在三峡地区耕耘劳动对山区开发做出的贡献一样。其二,生物引进的影响在人地关系上十分复杂,不同的时期和环境所产生的作用往往差异十分大。如玉米、马铃薯的传入后在19世纪大量在华北、东北平原地区种植,其所起的作用则多是正面的、积极的。有的专家又提出,太平天国后人口大量耗损后再度回升,与平原玉米种植有关。同时,清末大量花生、烟草、棉花占用耕地后,玉米、马铃薯单产高弥补了粮食不足,又对平原经济结构调整起了积极的作用[1]。再者,相对而言,番薯在二种植物中,是相对而言对生态环境影响较小而高产的农作物,对于经济社会发展的影响,还不能与玉米、马铃薯完全等同视之。

## 二 "效益观""生态观"视阈下的刀耕火种[2]

近代科学的两个最大的分割是将无机界与有机界分割,将人类社会与自然界分割。近几十年的科学发展趋势表明,这种分割的弊端尤大。现代科学又重新强调减少学科分割,提倡各个学科的交融。其实对于这个问题马克思、恩格斯早就提出历史应分成自然史

---

[1] 章楷、李根蟠:《玉米在我国粮食作物中的地位变化》,《农业考古》1983年2期。
[2] 此文原名《"刀耕火种"重评》,原刊于《学术研究》2001年1期。收入此书略作修改补充。

和人类史，提出这两方面是"密切相联"和"相互制约"的。[①]遗憾的是，长期以来，我们的社会科学研究只注重分割，缺乏对"相联"和"制约"的思考，更缺乏在"相联""制约"的指导下的个案研究。

虽然在现实中人与自然矛盾十分突出，注重环境保护、生态平衡，注重可持续发展已在经济研究和决策中受到一定的重视。但是，目前经济史研究中毋庸讳言还没有树立现代科学观、生态观和发展观来审视我们的经济，更缺乏在现代科学观、效益观、生态观基础上的经济史个案研究，其突出的表现有以下三个方面：

第一，只注重人与人之间的关系，不注重人与自然的关系。由于以上学科分割的影响，再加上长期以来我们批判"地理环境决定论"投下的阴影，人们在经济史的研究中多只注重人与人之间的生产关系，注重阶级关系、赋税制度、土地制度、土地兼并、土地所有制等方面的研究，即使提到地理环境，也将其与人的关系看成无机的，简单地将地理环境只作为人类任意跳跃的一个死舞台。正是在这种传统思维下，传统经济史对与自然环境关系本十分密切的耕作制度、经济发展水平、经济发展差异的分析往往不是简单化、概念化，就是模糊化，忽视它们的时间差异和生态差异。

第二，对于经济发展水平，特别是农业发展水平的分析，一是用一些定性文字作描述，得出模糊的水平有所提高；二是即使用一些亩产、耕地总面积数据作为经济发展或亩产增长标志，但很少考虑这种"发展""增长"所隐藏的投入与产出的比例，即经济效

---

① 马克思、恩格斯：《德意志意识形态》，《马克思恩格斯全集》第3卷，人民出版社，1974年，第20页。

益问题。进一步讲，传统经济史研究思维方式只注重"亩产""增长"的表面增长或跌落，而不考察投入与产出的社会经济效益。应该看到经济史研究这种思维方式本身是近几十年现实中传统经济发展只追求产值在经济史上的折射，而这种经济史思维方式又反过来左右我们发展经济的取向，于现实危害尤深。

第三，传统经济史不仅只注重用产值来评价社会的进步程度，而且完全忽视产值增长而来的生态投入，即生态效益。历来经济史学界对移民的垦殖都不加分析地一味褒扬，但是历史地理学的研究表明在人口膨胀下的山地陡坡垦殖，其最终结果往往是使投入多于产出，从而走向反面，使投入与产出比意义不大，这不仅在现在如此，在历史上也存在。对此，我们已有理论和实证方面的探索，其他学者也作了许多有益的探索。

对于经济史研究在这三个方面的不足，对以往学术界对历史时期中国刀耕火种重新评价以引出一些有益的思考，无疑会对我们的经济史研究方式有一定的启示。

（一）传统刀耕火种的原始性和地域性问题

传统观点认为刀耕火种是中国最原始的和最早的一种农业耕作方式，所以一提起刀耕火种，就指明其代表一种极其落后的、原始的耕作方式，而且往往简单地认为所有地区的农业文明产生都是从这个阶段开始的。但是，通过从历史地理学、人类学对刀耕火种的深入研究表明，这种看法是有待商榷的。

首先要说明的是中国历史上经典的刀耕火种主要是指中国南方亚热带、热带湿润季风气候条件下以游动耕作和砍烧山林为基本特征的山地旱作的耕作方式，即人们说的"砍烧制""游耕制"，这种砍烧制并不是以往人们认为的任何地区都可实行的。

据美国哈兰教授、何炳棣教授等研究表明，中国北方黄土地区最原始的耕作方式并非人们习惯认为的刀耕火种。由于黄土质地均匀，略呈碱性，土壤中矿物质一般经久不易流失，基本肥力长期不易丧失，加上亚欧风沙不断形成堆积，形成"自我加肥"，从这一点上来看，华北农业不应该是游耕式的耕作。华北地区土地一般可以连续耕作，或一年耕作休耕两年，或两年耕作休耕一年，这样最多需要在规定土地上分三份便可耕作，而经典的砍烧游耕制一般要实耕八倍以上的土地。这样黄土高原农耕关键不是肥力递减，而是保持土壤的水份。据何炳棣先生研究表明，中国古代文献中反映的轮耕周期最多只有三年，证明了以上研究结论的正确。[①]

从考古发掘来看，不论是北方平原地区还是南方山地都有一个用石刀、金属刀耕作时期，这也被学者研究所证明。[②]至于火耕从古到今，从中国北方到南方都存在。具体分析起来有两种类型：

一是非游耕性火耕，这即是《盐铁论》称的"伐木而树谷，燔莱而播粟"。具体讲一是开垦山林为耕地的垦地方式，即《齐民要术》卷一《耕田篇》："凡开荒山泽田，皆七月芟艾之，草干即放火，至春而开垦，其林木大者劖杀之，叶死不扇，便任耕种。三岁后，根枯茎朽，以火烧之。"一般开垦出来就不能短期内休耕再成森林。一是指固定耕地内每年耕前放火烧掉干枯稻秆、杂草以肥

---

① 何炳棣：《华北原始土地耕作方法：科学、训诂互证示例》，《农业考古》1991年第1期。
② 梁家勉：《中国农业科学技术史稿》，农业出版社，1989年，第31页。

田。《齐民要术》卷二《水稻篇》："北土高原，一二月冰解地干，烧而耕之，仍即下水……"。江南、岭南盛行的"火耕水耨"也是指这种火耕类型。这种方式在中国南北地区都存在。如今云南纳西族在固定耕作地上将从外面收集的松叶背到地中与杂草一起焚烧以肥田。笔者少时在农村也经常看到固定耕作水田积稻秆焚而肥田。这决不能与砍烧游耕制相提并论。

二是典型的砍烧的耕作制下的火耕，这种火耕有两个特征：（1）游动撂荒制；（2）砍伐对象为原始木材为主。对此据尹绍亭先生通过长期对云南少数民族地区的民族人类学的调查表明，云南少数民族现在刀耕火种采用一茬轮歇制（懒活地，即生荒耕作制）和轮作轮歇制（熟荒耕作制），一般要求实际耕作4—20份土地。

尹绍亭谈到一种人工的轮作轮歇制形式下缩短土地休闲而获取经济效益的方式，是一般在每年阳历十二月至第二年开春二月之间砍木晒干，三四月雨季来临前烧地，四五月雨季来临播种。[①]

笔者对唐宋时期三峡刀耕火种研究表明，三峡地区是采取"一再砍烧"的游耕制，其一般旧历春初砍木，等雨前夕放火烧山，下雨后乘热土下种麦豆，夏种粟谷，秋收粟。[②]由于三峡地区温热条件不如云南，故砍木、烧山时间稍晚于今天的云南，但其反映的火耕的游动性、砍伐原生巨木、开垦与肥田兼有的火烧特征与今云南是不谋而合的。

从以上两个特征来看，中国北方地区不可能是典型的砍烧火耕

---

① 尹绍亭：《云南刀耕火种研究》，云南人民出版社，1991年版，第123页。
② 蓝勇：《三峡经济开发的历史反思》，西南师范大学出版社，1994年，第28页至31页。

制，因黄土土质肥沃和自我加肥特征没有必要实行游耕，这是《尚书》将雍州土列为上上等的原因。而黄土高原最长两年休耕的土地只能长出草而不可能是木材，目前中国历史文献中对北方休耕的记载最多仅两年，还没有典型的游耕制记载，更无人们臆测的长达20年周的休耕抛荒记载。这就是说中国北方最初的农业最多是刀耕加上休耕两年，在连续耕作下火烧草和作物杆肥田，而后者直到现在在中国南北农村生产都有较多保留，并不是原始农业的固有特征。

历史上中国北方华北平原原始农业并非经典意义上的砍烧制刀耕火种，那么是不是南方所有地区的原始农业都是经典的砍烧制呢？回答是否定的。

据笔者对三峡地区历史时期农业地理研究表明，三峡居民主要居住在沿江"山前遗址"，最原始的农业是沿江平坝、台地的固定农作。三峡自然资源丰富，最初的农业只是作为采集、射猎和渔猎的补充，而三峡沿江平坝、台地一般土地肥沃，多自然溪泉灌溉，虽然用原始的石刀、石锄、金属工具耕作，但在人口密度低的条件下，没有深入到山地腹地火种的必要，故无经典意义上的游耕制出现。[①]据笔者研究表明，西南地区刀耕火种，即畲田运动是在唐宋时期在人口增长的条件下向山地开发而产生的，是西南地区经济开发第三阶段的产物。[②]对此，对四川农业地理研究颇深的郭声波先生也谈到川东畲田运动出现在唐宋时期，是在移民压力下形

---

① 蓝勇：《三峡经济开发的历史反思》，西南师范大学出版社，1994年，第28页至31页。
② 蓝勇：《历史时期西南经济开发与生态变迁》，云南教育出版社，1992年，第262页。

成的。①

又据尹绍亭先生研究表明，云南地区的农业发展也不是以原始的山地刀耕火种为最早的农作方式。据考古遗址、民族迁徙史、历史文献研究来看，云南地区最早的农业是坝区农业，乃种植稻谷为主，云南的刀耕火种是萌芽于汉晋、兴盛于明清较晚的农业。②据笔者的研究表明，云南的刀耕农业最兴盛时期是在西南经济开发的第三阶段，即明清时期。云南地区农业起源的研究结论无疑可与三峡地区农业起源相互证明。传统认为历史上有刀耕、锄耕、犁耕的农耕发展三段论，但云南现代少数民族刀耕火种三种工具俱全。这样看来，虽然在中国南方新石器时代遗址中发展了石刀、金属刀等工具，但我们决不能简单轻率推论当时的耕作方式为刀耕火种，即经典的刀耕火种砍烧制，当然即使是在历史上出现了锄耕、犁耕也不一定就不是刀耕火种的游耕制。农业工具进步程度并不是百分之百与某种耕作方式有必然关系。

（二）历史上的刀耕火种产出一定低吗？

刀耕火种产出一定低吗？刀耕火种的效益一定低吗？请看尹绍亭先生的论述："首先，粗放比集约省力……粗放耕作所需工数不到集约耕作的一半，其省力的优越性是十分突出的。其次，粗放比集约产量高……在正常的情况下，滇南传统粗放的懒活地的陆稻产量，一般为600斤左右，有的甚至达到800—900斤。滇南傣族传统水稻产量也不过500斤左右，近年来改种杂交稻，产量大部分

---

① 郭声波：《四川历史农业地理》，四川人民出版社，1993年，第46页。
② 尹绍亭：《云南刀耕火种研究》，云南人民出版社，1991年版，第50页。

上升到600—700斤，也不比山地民族粗放的懒活地高多少。……粗放耕作比集约耕作省力、产出高、生态效益好，不仅刀耕火种如此，水田农业也是这样。"[1]从笔者对三峡地区经济开发历史的研究亦可知，"唐宋时期畲田的经济效益是应该肯定的。现代人类学研究表明，在人口稀少而林地广袤的条件下，火烧后的肥力是十分丰富的。历史记载也说明这个问题。刘禹锡《畲田行》称"巴人拱手吟，耕耨不关心；由来得地势，径寸有余阴"，这说明当时畲田的经济效益是较好的。范成大《劳畲序》称："巫山民以收粟300斛为率"，以一斛120斤计算，共可收36000斤左右。以一家六口计，人均一年仅粟便有6000斤。由此可见正常年景其不可能有饥迫之苦。范成大称当时三峡农民："虽平生不认粳稻，而未尝苦饥"，却非虚语。[2]再者国外学者罗·那帕坡特对新几内亚的赞比亚人刀耕火种的研究表明，其输入与输出的比例是1∶17.4，也证明了这种结论。[3]

传统观点认为历史时期的刀耕火种使水土流失加重，是对农业生态的极大破坏，似乎已经"臭名昭著"了。其实，刀耕火种在历史时期与自然生态的关系是十分复杂的。

首先，在远古时期，蛮荒四野，人少林多，人类利用火种方式烧山，使猛兽出没威胁人类基本生存的森林部分变成耕地，这无论从哪个方面来看都应是一种进步，自然不可简单地与今天的"乱砍

---

[1] 尹绍亭：《云南刀耕火种研究》，云南人民出版社，1991年版，第80页。
[2] 蓝勇：《三峡经济开发的历史反思》，西南师范大学出版社，1994年，第28页至31页。
[3] 转引自童恩正《中国北方与南方古代文明发展轨迹之异同》，《中国社会科学》1994年第5期。

滥伐"造成水土流失划上等号。

那么中古时期的中国南方刀耕火种的生态效益怎么样呢？我们通过对三峡地区的畲田运动考察发现，唐宋时期三峡地区出现了规模宏大的畲田运动，"漠漠烧畲烟"正是当时三峡农业开发中一个最明显的特征。可是在这种刀耕火种下，并没有出现明显的水土流失。唐宋时期三峡地区长江支流都清澈可掬，即使是在汛期也一样，这种状况甚至在明代仍然如此。[1]据郭声波先生研究表明，三峡长江干流在唐五代北宋秋季时清白清绿，只是到了南宋时出现浑浊的现象，[2]这已是三峡地区轰轰烈烈的畲田运动500年后出现的，且这种现象并不突出。这是为什么呢？

实际上在亚热带、热带气候条件下的刀耕火种不论是一茬轮歇制或轮作轮歇制，一方面有严格的护林制度，一方面在湿热的条件下休耕7年至30年之久，其抛荒休耕地随时保持丰茂的森林，不会造成水土流失。据尹绍亭深入研究表明，云南少数民族刀耕火种对保护森林有严格的制度，对于神山、坟山林、风景林、水源林、护道林、轮歇地林（包含树桩及根）不随便砍伐，在焚林时又有严格的隔火道制度作保障。又据郭声波在滇南调查表明，直到20世纪80年代，滇南腾冲、景洪等地刀耕火种基本上不会导致水土流失，相反是在汉族固定山地垦殖区出现了水土流失。

据对民族人类学的研究表明，典型的刀耕火种一般要求人口密度在15人/平方公里和人均耕地21亩左右。三峡地区唐宋人口密度在

---

[1] 蓝勇：《三峡经济开发的历史反思》，西南师范大学出版社，1994年，第28页至31页。
[2] 郭声波：《四川历史农业地理》，四川人民出版社，1993年，第524—527页。

5.90—21.65人/平方公里之间，基本在这个数字内。刀耕火种造成水土流失是在人口膨胀人多地少的状况下从一茬轮歇向轮作轮歇，继而向连贯固定的斜坡地农业演变的结果，是从刀耕、锄耕、犁耕演变的结果，不过那已经不是经典意义上的刀耕火种了。这种转变过程也可从明清三峡地区和今天云南少数民族中找到证据。

据我们研究表明，明清时人口膨胀，林地短缺，连年种垦，轮歇地变少以至不存，森林保土保肥功能失去；清朝后期三峡人口密度已在30至80人/平方公里之间了。唐宋三峡地区畲田砍伐和火烧的是巨木，可是在明代三峡地区畲田则主要是焚草了，便是这种现象的说明。明清时期三峡及川陕山地地区水土流失记载不绝于书，如"宜昌一带迨耕种晚，肥力为雨洗净，粪种也不能多获者，往往人烟凑集之处，今皆荒"。[1]鹤峰"初垦时土甚肥。年久为雨潦洗，尽成瘠壤，终岁所获无几。"[2]据严如熤记载，清嘉庆时三峡刀耕火种的休耕只有三五年，且由于用锄、犁耕作，树桩受损，故"挖土既松，水雨冲洗，三四年后，辄成石骨"，[3]故长江上游"无业游民到处伐山砍木，种植杂粮，一遇暴雨，土石随流而下，乃至停淤接涨"。[4]

尹绍亭认为今天云南少数民族地区刀耕火种处于衰落阶段，实际上也是人口与土地资源矛盾尖锐的表现，正是三峡地区火种变异为斜坡挂地固定锄耕造成水土流失而失去生态效益的最好说明。

由此看来，刀耕火种的经济效益和生态效益是一个历史概念，

---

[1] 同治《宜昌府志》卷一五、卷一，同治四年刻本。
[2] 同治《宜昌府志》卷一五、卷一，同治四年刻本。
[3] 严如熤：《乐园文集》卷七，三秦出版社，2015年，第218页。
[4] 陶毅：《陶文毅公全集》卷一〇，淮北土民刻本。

历史上在人口压力不大的条件下的经典的砍烧制刀耕火种并不会造成水土流失，且产出很高，其与自然生态系统的关系可引发我们的一些思考。

### （三）刀耕火种案例对传统经济史研究的反思

美国学者A.特里·拉博曾说道："当在适当的人口密度水平下实行刀耕火种耕作时，这种耕作方式乃遭受最小的病虫害侵扰，几乎不会引起环境生产力的退化而提供可靠的产量。"拉博的结论主要是据非洲现代刀耕火种民族研究的结论，而我们对中国历史时期刀耕火种发展嬗变研究表明，中国历史的刀耕火种是一个十分复杂的历史问题，决不能简单进行概念化的臆测。

必须说明的是，我们在此对前人及我们的刀耕火种研究做一总结，并不是仅想为历史上和现代刀耕火种正名，也不是仅想从传统的刀耕火种中吸取生态农业的合理内核，为今天的生态农业提供借鉴，在这一方面我们农业经济学者也做了许多工作，不必赘言。

我们最后由此引发出的是对传统的经济史研究内容和方式的思考。

从学术界对历史时期刀耕火种研究深入和有所突破历程来看，有赖于在系统论基础上多学科综合攻关，特别是有赖于自然科学研究方法的使用。这其中，有国外学者和国内学者尹绍亭先生的民族学考察，有何柄棣先生从土壤学、生物学、文献学方面的考察，有李根蟠先生、卢勋先生从考古学、文献学方面的考察，也有一些历史地理学工作者从历史地理学角度的考察。这活生生地告诉我们运用新方法、新思想来研究历史是大有前途的，同时也引发我们对以下三个问题进行思考。

首先，20世纪80年代社会科学"新三论""旧三论"风行一时，曾提出社会科学要借鉴自然科学方法，但这种说法犹如昙花一现，不久便在种种责难之中在社会科学界几乎销声匿迹了。不过我们认为这个昙花一现绝不能说明"新旧三论"和自然科学方法不好或不能运用于社会科学研究之中。之所以造成昙花一现的现象的原因可能有二：一是传统思维方式在人们心中根深蒂固，此所谓冰冻三尺非一日之寒。二是提倡新旧三论的社会科学研究者多是一些青年的自然科学工作者，囿于社会科学知识根基薄弱，缺乏用自然科学方法研究社会科学成功个案的支持，故终归是雷声大、雨点小。

20世纪90年代以来，随着政治经济改革开放的进一步深入，人们的思维方式发生了深刻的变化，同时一大批受过正规培训而相对有较高自然科学素养的社会科学博士、硕士生在继承老一辈国学基础上，有志于对传统的经济史做新的开创研究，可以预料中国经济史的研究新时代即将来到。

其次，中国经济史的研究，特别是中国古代经济史，很大意义上讲是一部农业经济史。中国古代农业经济与自然界的关系可谓密不可分。可近50年来中国古代经济史研究几乎是一部完全抛开自然环境的单纯社会经济史研究。当在80—90年代，现实中的人们惊呼环境保护，强调保护生态平衡时，人口膨胀、环境恶化使我们在现实中将环境保护立为基本国策时，我们的中国经济史研究者没有回过头来用现代生态观、人地观审视我们的经济史，没有去考察古人的生态效益，这不能说不是一件令人遗憾的事情。

最后，我们认为对于人类社会来说，只有当原始积累到了一定程度才能讲经济效益，即有一定规模才能有经济效益，但绝不是对任何阶段经济史的评价只以亩产、总产量或文献中的"国泰民安""夜不闭户"来评价一个社会经济进步发展程度。特别是在讲求经济效益讲求可持续发展的今天，对历史上经济发展效益的研究似乎尤为急迫。应该承认我们仅是对历史时期刀耕火种的经济效益有了一个明确的认识，不过我相信我们的学术界对中国历代生产经济效益作了系统研究后，一定会对中国封建社会长期停滞不前、封建社会科技无本质上突破等问题有新的认识。

## 三　从地理环境、生产力、生产关系看中国经济史研究的"倒置"与"回归"[①]

马克思主义认为，生产力决定生产关系，生产关系反过来影响生产力的发展，这是我们再熟悉不过的理论。以此理论研究中国经济史，本应先将中国经济史的研究重心放在生产力的研究上，而由于近几十年中国特殊的政治氛围，生产关系决定论一直左右着我们的理论研究，故中国经济史的研究一直以生产关系的研究为主，生产力的研究十分薄弱。近十多年来，区域经济开发的研究成果较多，多少涉及生产力的一些要素，但这种区域经济开发的研究多停留于简单数据的统计和经济现象简单的罗列，对一个地区从生产力角度全面分析的著述并不多见。近读李伯重先生的《发展与制约——明清江南生产力研究》一书（台湾联经出版事业股份有限公

---

① 此文原刊于徐少华主编《荆楚历史地理与长江中游开发》，湖北人民出版社，2009年。收入此书略作修改补充。

司，2002年），体会到作者的良苦用心，感受到中国经济史研究领域中的一种新气象，也引发我的一些思考。

正如该书前言所称"采用了当代经济学常用的一些理论与方法，例如供求关系分析、投入产出方法、数量研究、生产要素的相互替代理论等"，全书的分析研究正是在这样的背景下展开的。

该书首先重点对明清江南的生产力发展水平作了评价。李先生认为："因此，明清江南生产工具的制造业，在生产技术与产品种类等方面并没有多大进步，甚至还比不上前代国内某些地区曾经达到过的水平。"这个论断十分中肯，也十分必要。其实，我认为不仅仅是明清时期的江南，中国传统社会从秦汉开始，农业生产技术一直到20世纪50年代并无本质的变化。直到21世纪初，许多山地丘陵地区的农业技术，除了化肥、农药、良种投入的变化外，生产工具与2000多年前无本质变化。这里，我们所关心的是造成中国几千年来农业技术无本质突破的原因，是何种力量制约了中国传统社会农业技术没有一种诱发机制的产生？这方面我们的成果太少，有说服力的成果更少。

该书最出彩的是将中国明清时期江南经济与同时期欧洲国家的比较研究，对于我们的历史反思价值很大。如将中国明清时期江南与英国比较研究，表明明清江南的工具制造业明显落后。又比如，16世纪英国建筑普遍使用砖石，砖瓦逐渐取代木材，但由于江南地区受砖瓦石等条件局限，还主要是用木材作为建材。再与英国同时期比较显现，明清江南由于没有强大的基础工业（煤铁工业），成为从农业社会向工业社会转变的一个重要的制约因素。这些比较都是十分得体而重要的。这里运用地理环境中的物产来谈对生产力的制约，这在以往中国经济史论述中是不多但又十分需要的。

该书肯定明清江南农业生产发展主要表现为劣地改良，而不在于农业田地数量的扩大，而明清江南水稻种植集约化程度提高，不是通过每亩稻田上劳动投入来实现的，也不是表现在耕牛、农具、农药、种子等方面，明清时期江南的水稻种植的资本投入，主要通过肥料投入来实现。明清时期江南水稻生产的劳动投入与前代相比保持大致稳定，显现集约化提高。清中叶以来肥料投入已经达到一定水平，再投入只能使边际产量下降，而棉花肥料投入在明代增加，清代提高幅度小，不过明清桑蚕业中肥料与劳动的投入都明显显现集约化程度提高。棉花、桑蚕种植规模扩大，显现了集约化向高附加值部门转移，推动了整个农业生产集约化的提高。以上这些明清江南经济重要特征的分析都是十分精辟的。

该书还谈到，明清江南农业经济发展的发展并没有走扩大耕地外延的方式，而是在已有的耕地上内涵式的发展，这是明清江南地区经济发展方式的一个特点。我认为这个特点正好是明清江南经济发展与明清长江中上游地区以扩大耕地来发展的外延式发展的区别之处，也是江南农业经济优于长江中上游的一个重要之处。问题在于，这种内涵式的发展本应是形成技术诱发机制的重要条件，为何农业技术在江南地区又并无本质突破呢？在我看来，生产投入包括劳动力投入、技术投入和资本投入三种形式，明清江南地区农业生产的投入主要是简单增加肥料的资本投入，劳动力投入到了边际递减的程度，技术投入为何没有突破呢？是不是有农业从水稻向桑蚕、棉花等高附加值农业转移的负面影响呢？

该书专门谈资源利用合理化问题，这是一个十分重要的问题。

第四章　传统生产力与现实关怀话语

书中以斯波义信研究人类水稻种植等先是在河流上游盆地,然后是中游河谷与丘陵,最后才是下游的三角洲的模式为基础,提出江南地区的水稻种植也是先从浙西山地、宁镇丘陵开始,大运河以西平原种植扩大在其后。但后来,江南地区平原开发,浙西山地、宁镇丘陵地区地位下降。我认为,不管这个结论是否正确,这个问题的讨论意义十分重大,其本质是讨论人类生产力与环境之间的关系。我们在讨论中国古代经济重心东移南迁时就涉及这个问题,早期发达的农业文明产生于黄河流域,是在于黄河流域的地理环境适合以青铜文化为背景的生产力水平的,而当时长江流域没有适应这种生产力的环境背景,但当人类生产力发展到一定程度后,长江流域的环境更适宜当时的生产力水平了。同时,环境变化本身也左右着中国经济重心的东移南迁,中国历史上的周期性气候变化趋势对中国经济重心的东移南迁影响明显。[1]李先生在研究区域经济史中利用这种角度来分析历史,是值得我们赞赏的。

书中认为明清江南农业力使用人力占了绝大多数,牛力次之,英国同时期畜力、水力比例大,尤其是后期越来越大,就为蒸汽动力发展奠定了基础。但明清江南除浙西山区外,江南没有更多的水力资源。同时明清江南马少、牛少,牛价值昂贵,而英国畜牧业向来很发达。蒸汽动力主要还在于江南没有充足的煤、铁供应,而明清江南人力方面则大大优于英国。江南燃料缺之,稻草多用于燃烧,没有利用为饲料,畜牧业不发达。进而提出能源问题是江南生产力发展的主要制约因素,是影响农业社会向工业社会转变的一个

---

[1] 蓝勇:《中国历史地理学》,高等教育出版社2002年版,第40—58页、216—222页。

重要原因。

该书同时认为,明清江南地区与英国相比,铁和其他金属短缺,木材供应的不足是影响江南经济生产的一个重要原因。书中总结认为:"由此而言,江南通过输入煤、铁来建立一个为轻工业服务,应是可能的。"因轻工业机械所需金属和能源十分有限。但江南煤、铁资源匮乏,使江南没能够形成一个强大的基础工业,是明清江南地区经济近代化不能实现的一个重要原因。

该书还有一个观点:明清江南农业经济的发展,主要通过提高生产的集约化程度和资源合理利用的水平来实现的,而不是利用农业的技术发展,故发展受到局限,而工业发展所需要的大量原料和食物不能从本地获得。同时江南不可能建立强大的重工业,走上工业化道路,故工业以轻工业为主导。轻纺工业技术简单、运输方便,适合于传统社会的发展。书中最后总结认为:"由此而言,生产关系的变革(表现为初期资本主义雇佣劳动某些经济部门的出现)并不能导致经济近代化。只有当生产力发生重大变革(表现为技术、能源、材料等方面的革命)时,生产关系的变革才可能导致重大后果,经济近代化才可能发生和发展。"可以说这是本书中核心思想所在,也是本书最大的价值所在。这个理论,对于传统的生产关系决定论是一个有力的挑战。生产力本质是物质的,物质决定意识,这体现了李先生论断的合理性。

在我看来,生产力决定生产关系,李先生的结论是正确的,但李先生认为生产关系不可能导致经济近代化,似乎又与传统的生产关系反过来影响生产力的结论相悖。按传统理论,生产力与生产关系是一个相互左右矛盾统一体,生产关系不可能不影响生产力的发展。现实经济研究表明生产关系肯定会影响生产力的发展。不过循此思路，我们的研究很容易落入循环论的鸡与蛋谁先谁后的怪圈中。看来，我们还应做更深入的思考与分析。按照一般理论，生产力包括劳动者、生产工具、劳动对象三大要素，劳动者应该包括劳动者数量和素质，而劳动对象是人们将劳动加于其上的一切东西，一般仅反映土地和生产原料等东西，对生产特色形成和生产力水平形成作用明显。

但是我认为这个一般理论表述是不全面的，劳动对象应是土壤、地形、地貌、物产、气候、区位（地缘）等自然地理的总和，而这个总和对于劳动者、生产工具的影响是十分重要的。从某种程度上讲，这个总和可以游离出生产力，成为影响生产力中生产工具、劳动者的第三个要素，即地理环境，这样就形成了地理环境、生产力、生产关系三个要素。按照传统理论，生产力中劳动者是最活跃的因素，问题在于劳动者"群体"活跃的差异形成的根本原因何在？如果这种原因又推到社会层面来分析，我们又会陷入一个循环怪圈之中。走出这个怪圈，我们还非得回到地理环境之中，因为地理环境是初始的、决定的因素，对生产力的影响是直接的和长远的。生产力影响生产力关系，生产关系反过来影响生产力的发展，生产关系同样可以直接通过生产力影响地理环境，但从长时段和天地生大背景来看，这种影响是有一定有限度的。

按照这个理论，中国经济史研究是生产力与生产关系循环论怪圈就可破解，不然，我们很难解释为何有的地方经济发达，有的先进入近代化。直接归于生产关系差异，流于表面，更走进循环怪圈中；直接归于生产力高差，难道一个地区生产技术和劳动者先天就落后？所以我们应该看到地理环境这个潜在并左右着我们生产关系与生产力本身，中国经济史研究本应先从地理环境、生产力、生产关系的顺序研究其本与源的，但近几十年的研究我们却将其倒置起来，一直热心流于表面的生产关系研究。李伯重先生的《明清江南生产力研究》将这种研究回归了一步，这是十分必要的，但这个研究还需再走一步，将地理环境与生产力的研究更深入一步，再回归一步，就走到了事物的本源。

近十多年还有两部著述引起了我的关注，一本是萧正洪先生的《环境与技术选择——清代中国西部地区农业技术地理研究》，一本是郑学檬先生的《中国古代经济重心南移和唐宋江南经济研究》。前书将地理环境、生产力、生产关系结合起来研究明清中国西部农业经济发展，提出了许多十分新的创见。而后书也是以江南地区为研究背景，书中不乏从环境和技术层面来分析中国经济史的内容，也富有生气。上面的研究实践表明，地理环境、生产力、生产关系三者之间的综合研究十分必要，但难度十分大，因为这种研究的可变参数太多。我曾提出研究社会经济进步的三个考察方面，一是经济总量的增加，二是投入与产出效益比，三是产业与资源配置合理性，经济发展的关键是第三条。[①]但左右第三条的远不仅是人类本身，这就造成了世界经济历史的复杂和多样。

我曾研究过明清美洲农作物引进对亚热带山地结构性贫困形成的影响。当时亚热带山地有四种发展模式选择，即一是内延式发展粮食种植，一是内延式发展农牧副业，一是外延式发展林牧副业，一是外延式发展粮食种植方式。只因美洲高产旱地农作物的传

---

[①] 蓝勇：《从历史技术与环境互动的角度解剖中国西部》，《历史地理》第17辑，上海人民出版社，2000年。

入推广，使这些地区采用了第四种道路，形成世纪之交的结构性贫困。但同样是这些美洲高产旱作物，在华北平原、东北地区的经济开发中却完全拥有积极的意义。地理区位、地貌、地形、气候的差异使同样的事物完全产生不同的结果，这是值得我们思考的[①]。研究表明，历史上的刀耕火种（畲田）在人地矛盾不突出的条件下，是有较高的投入与产出效益的，同时也不会影响生态环境，但当人口孳生、人地矛盾突出起来，刀耕火种就出现产出递减、生态环境破坏的现象，成为落后的破坏生态环境的生产方式的代称。看来许多生产方式还有历史时段的差异，这种差异有时的结果是完全相反的。[②]以此来看，李伯重的《明清江南生产力研究》还是留给我们许多研究的空间，也引发我们更多的思考。

如果说畜牧业不发达，水力资源不足，煤铁、燃料资源的不足是造成明清江南地区经济近代化难以实现的原因，但中国的一些地区并不缺乏这些东西，如北方畜牧业发达，长江中上游水力资源丰富，华北、中南地区煤铁资源丰富，西南、华南的燃料也不缺乏，为何这些地区也没有实现经济近代化的过程呢？中国传统社会的交通业不能说不发达，历史上漕米、木材、滇铜、黔铅的转运在世界历史上也是十分壮观的，但为何不能形成一种资源互补条件下的近代化过程呢？从区域上看江南有发达的集约农业，却没有实现经济近代化的一些资源条件，而西南、华南地区有这些资源，却没有相当发达的集约农业基础。由此看来，区位因素的影响是否对中国传

---

① 蓝勇：《明清美洲农作物引进对亚热山地结构性贫困形成的影响》，《中国农史》2001年第4期。
② 蓝勇：《"刀耕火种"重评》，《学术研究》2000年第1期。

统社会近代化有较大的影响呢？这些问题值得我们进一步反思！

看来，在中国经济史研究中需要一个研究内容秩序的回归，即从研究生产关系为主向研究地理环境、生产力、生产关系重与轻的回归，李伯重先生《明清江南生产力研究》从生产关系向生产力走出了很好的一步，我们还需要顺着李先生的步伐向地理环境再走一步，将倒置的研究回归到应有的顺序上。

## 四　中国历史上"燃料换代"历史与森林分布变迁[①]

人类在历史发展过程中对生态环境的影响是明显的。在历史时期，人类生产和生活中燃料的取用对生态环境，特别是对森林分布的影响是相当直接的。人口规模的扩大与缩小，工矿业规模的扩大与缩小都会直接影响到森林分布的变迁，进而影响生态环境。同时，在人口和工矿业规模不变的条件下，人类生活方式和工矿业产业变迁也会影响到森林资源。其中，燃料的变迁对森林资源的影响就是十分明显的。对于这个问题，以往历史学界较少关注，龚胜生曾对北京、长安等城古代薪炭采伐对环境的影响做过一些研究，谈到北京城时涉及燃料换代问题，[②]但学术界对燃料换代对生态环境的影响这个问题专门研究的不多，更少有从人地关系角度去分析这类问题。这里我们仅以近两千年以来长江上游的燃料换代对森林资源的影响作分析，为多角

---

① 此文是与黄权生的合作之作，原名《燃料换代历史与森林分布变迁》，刊于《中国历史地理论丛》2007年1期。收入此书略作修改补充。
② 龚胜生：《唐代长安城薪炭供销的初步研究》，《中国历史地理论丛》，1991年第3期；《元明清时期北京城燃料供销系统研究》，《中国历史地理论丛》，1995年第1期。

度研究生态环境史提供一点研究案例。

(一) 传统生物质燃料危机的出现

1. 传统生物质燃料的富足时期

人类产生以来使用最早、使用时间最长的是可再生的生物质燃料，即以植物燃料为主。对燃料的取用在人类历史时期主要分成生活和生产两大领域。在传统时代生活领域薪材的人均用量总的来看是变化不大的，但随着人口的增加，对植物燃料的获取总量变化却是十分大的。从传统时代的生产来看，主要燃料也是依靠可再生的生物质植物燃料。随着生产技术的改变和生产规模的变化，对可再生的生物质植物燃料的采用绝对量变化也是十分大。

民用燃料的取用对森林的砍伐量在历史时期是十分大的。不过，在一定时期由于人口总数有限，人地比率不大，人们并没有感到薪材的匮乏。

以四川地区为例，唐代成都平原地区的人口地理密度才每平方公里247人，而丘陵地区的人口密度一般在每平方公里11—32人左右。北宋成都平原地区的人口地理密度为每平方公里210人，而丘陵地区的人口密度一般在每平方公里21—53人左右。[1]周边山地的人口地理密

---

[1] 以《中国历史地图集》第5册唐代益州图幅用方格求积法得出面积约为3750平方公里，以《旧唐书·地理志》记载天宝蜀郡人口928199计，为每平方公里247人。丘陵地区以典型的梓州、果州为例，同样求得两州面积分别为每平方公里8000和7500，以天宝人口246652和89225计算，人口密度分别为每平方公里32人和每平方公里11人。同样以《中国历史地图集》第6册北宋成都府图幅用方格求积法得出面积约为2800平方公里。以《宋史·地理志》记载崇宁人口589930计，为每平方公里210人。丘陵地区同样以典型的梓州、果州为例，求得两州面积分别为每平方公里8400和6000，以崇宁人口447565和130313计算，人口密度分别为每平方公里53人和每平方公里21人。

度就更低了，以三峡地区为例，三峡地区唐代人口密度仅每平方公里4.55—5.39人之间，宋代也仅在每平方公里5.53—15.03人之间。①在这样的人地关系背景下，这个时期成都的森林覆盖率一般在20%左右，丘陵地区一般在35%左右，而周围山地在70%—80%左右。②龚胜生研究唐代长安80万人，年均耗薪材在40万吨左右，每年樵采200—400平方公里森林。③以此推论，每人年均耗薪材约为1000斤左右，影响森林仅为0.0005平方公里。研究可知，唐代四川盆地一般州县人口约在15000至30000人左右，以此标准衡量，平均每年薪材消耗仅影响8.9—15平方公里左右的森林；宋代四川盆地一般州县人口40000—55000人左右，平均每年薪材消耗也仅影响21—27平方公里森林。这种损耗分散于面积普遍在2000多平方公里的县域可以说对森林资源和生态环境的影响是微不足道的。所以，唐宋时期，成都平原曾用桤木、桂树作为薪材，显现当时在薪材上并不感到十分缺乏。至于其他丘陵山地地区森林资源更是丰富，人口稀少，薪材更是富足，我们发现了这个时期的许多采薪记载，但没有薪材缺乏的记载。

　　历史上长江上游手工业中井盐业和冶铜业是规模最大的工矿业，也是对燃料依赖最大的产业。在汉晋南北朝时期，中国西南的盐业已初具规模，当时已经普遍使用木材和薪炭煮盐。定笮一

---

① 蓝勇：《长江三峡历史地理》，四川人民出版社，2003年，第175—187页。
② 蓝勇：《历史时期西南经济开发与生态变迁》，云南教育出版社，1992年，第21—29页。
③ 龚胜生：《唐代长安城薪炭供销的初步研究》，《中国历史地理论丛》，1991年第3期。注意这里的樵采并不是对这样面积的森林完全破坏，因古代多数樵采是只砍伐树枝，森林是可再生的，故这里仅是指樵采影响范围。

带"有盐池，积薪，以齐水灌，而后焚之，成盐"。越嶲一带煮盐"先烧炭，以盐井水沃炭，刮取盐"，显现了当时"刮炭取盐"方式对木材的取用情况。四川盆地大口井开采时普遍采用"敞锅煮盐"方式，更是主要用木材为燃料，这可从汉代四川的画像砖《盐井》《盐场》图中看出。但是，由于当时产盐区主要集中在川南、川西、滇北地区，在人口压力小的背景下产盐的规模十分有限，盐业开发从总体上来看是十分小的。仅从《盐井》《盐场》图中可看出当时盐场周围还是森林密布，甚至还有一些野生动物生存其间。

唐代长江上游地区的盐业开发的强度和范围都有所扩大，四川地区有27个州县产盐，云南地区有12个产盐重地，特别是川东地区井盐业发展起来，白居易"隐隐煮盐火，漠漠烧畲烟"正是这种情况的概述。不过，由于唐代长江上游地区的人口压力并不大，四川地区的井盐业仍用大口井技术，开凿困难，制约了盐业规模的发展，云南地区则仍然采用传统的"刮炭取盐"方式，虽然损耗木材，但同时也制约了盐业规模的进一步扩大，限制了盐业开发的强度和规模。

宋代中国经济重心东移南迁，四川的经济战略地位越来越重要，川南和川东地区开发加快，同时卓筒井和冲击式顿钻法的采用，大大提高了井盐生产的效率，井盐开采的规模扩大。研究表明，宋代四川地区产盐州军监34个，产盐县61个。南宋绍兴时盐井达4900多口，一年产盐6000万斤之多。① 在这样的背景下，川南和川东的一些井盐生产地区已经出现了对生态环境的较大破坏，如陵

---

① 贾大泉：《宋代四川经济述论》，四川社会科学院出版社，1985年，第131—135页；林元雄等：《中国井盐科技史》，四川人民出版社，1987年，第100页。

州、荣州、涪州等地盐井附近已经是童山秃秃，薪材十分缺乏。但是应该看到，虽然当时四川地区盐井周围的森林受到较大的影响，但产盐州县就全川来说毕竟是少数地区，而且就是在产盐州县内，盐井范围也是有限的。

　　长江上游地区同时也是重要的有色金属生产地，铜、铅、锡、铁等矿产生产历史悠久。这些工矿业开发对周边的环境在历史时期多少都有一定影响。宋代陆游在邛州便看到为冶铁从四周大山载竹炭入邛州的情况。①不过，这种小区域的森林生态环境破坏并没有对整体生态产生太大的影响，整个长江上游薪材蕴藏还是十分富足的。

　　明代以来四川的社会经济地位在全国并不及唐宋明显，经济开发的强度仍然在增加，盐井附近有无薪材成为是否开采的重要条件。如明永乐二十一年（1423年）十一月四川樊村等井灶丁言："本里有龙井泉井二处，薪水便利，乞遣官核实，定额开煎。"②宣德六年（1431年）七月二十五日四川盐课提举司上流等九井盐课司奏："今傍近民田内有古踪竹筒盐井一处，薪水便利，请令各丁修理煎办。"③由此可见薪柴对煮盐的重要性。永乐二年（1404年）二月辛巳户部言："四川永通盐课司金石井灶丁自陈本井额盐八万三千七百三十斤，去山远，难得薪。犍为县福全、保通二井水咸薪便，一岁得盐十万余斤，乞就彼开煎为便。"④由于离柴山远，煮盐不得不迁徙地点，可见，附近树木已被消耗殆尽。

---

①　陆游：《老学庵笔记》卷一，上海书店出版社，1990年，第116页。
②　《明太宗实录》卷二六五，上海书店出版社，1985年，第2414页。
③　《明宣宗实录》卷八〇，上海书店出版社，1985年，第1858页。
④　《明太宗实录》卷二八，上海书店出版社，1985年，第506页。

在明代，不仅川西、川南地区盐井开发对附近的生态环境造成较大的影响，而且，川东峡谷地区井盐开发也有了破坏的记载。明初，"各省流民一二万，在彼砍柴以供大宁盐井之用"。[1] 成化年间，一些盐井附近已经是"山童材少"，[2]有的地方"柴薪无地可采……煎办甚难"，[3]有的地方"去山远，难得薪"。[4]嘉靖时，钦差巡抚都御史潘鉴《奏减盐课疏》称："昔年，近井皆柴木与石炭也，今皆突山赤土。所谓柴木与石炭者，不但在五六十里以外，且在深岩大箐中。"[5]这更具体地说明盐场周围五六十里几无林木可言，明显对当地生态环境造成较大破坏。明代四川许多产盐区频繁出现山崩、井坍可能就与这种植被状况造成小区域水土流失有关。

不过与宋代一样，这些产盐区在整个长江上游经济开发中所占的面积还十分有限，对整个生态环境的影响还不突出，同时涉及水源林地区也不多，对整个生态环境的影响也不甚严重，整体上生活和生产的薪材取用还不是十分匮乏。

清代前期，由于明末清初战乱的影响，长江上游出现了一次严重的人口耗损，生态环境一度回复到十分原始的状况，人口稀少，森林丰茂，虎患酷烈。在这样的背景下，人类生产和生活是不虞燃料匮乏的。但随着"湖广填四川"的移民运动，长江上游的社会经济很快恢复。

---

[1] 顾炎武：《天下郡国利病书》，上海古籍出版社，2012年，第2231页。
[2] 正德《四川志》卷二五《经略》，正德十三年刻本。
[3] 《明孝宗实录》卷六，上海书店出版社，1985年，第102页。
[4] 《明太宗实录》卷二八，上海书店出版社，1985年，第506页。
[5] 嘉靖《四川总志》卷一六引，嘉靖二十四年刻本。

2. 传统生物质燃料的危机时期

清中叶以来，随着"人口膨胀"（指人口基数大条件下的绝对人口增多）奇迹的出现，长江上游地区的人口地理密度大增。以三峡地区为例，嘉庆到清末，一般州县的人口都在20—30万人左右，人口密度已经达到每平方公里42人—132人之间，到了现代更发展到每平方公里244人之多。[1]而四川盆地及平坝地区的人口密度则更大，到清末民初，一般县域人口达40—50万人左右。我们以40万人来计算，则要损耗200平方公里的森林面积，几乎占了一个州县面积的十分之一，森林覆盖率的一半左右。同时，这种人口对薪材需求的急增，还是与建筑器用、农业山地垦殖、城市化过程和工矿业发展相同步的，在对森林资源的影响加大的同时，薪材的采伐是越来越困难。

所以，清中叶以来，长江上游地区的城市已经普遍感到薪材匮乏，而盆地内农村也出现薪材要在较远地方采伐的情景。《芙蓉话旧录》卷二《薪炭》："省城外附近百余里皆无柴炭可采，柴悉来自彭山、眉山一带，皆樗、栋之材，不能作房屋器具者。"[2]王士禛《蜀道驿程记》："自双流至新津夹道竹林连绵数十里，居人斧斤狼藉，以供樵爨。"[3]同治《直隶绵州志》卷三二《木政》："绵州地处腹里，向无采运木植之案，然人烟稠密，层宇鳞差，使林木所出不足供民生日用之需……所赖涪水而来，波滋壮阔，绵民溯流而上取材于山，浮筏于川，由龙州顺达郭外。"[4]咸丰《阆中县志》卷三

---

[1] 蓝勇：《长江三峡历史地理》，四川人民出版社，2003年，第213—214页。
[2] 周洵：《芙蓉话旧录》卷二，四川人民出版社，1987年，第23页。
[3] 王士禛：《蜀道驿程记》，《小方壶斋舆地钞丛》第7帙。
[4] 同治《直隶绵州志》卷三二《木政》，同治十二年刻本。

《物产》："然近日人烟益密，附近之山皆童，柴船之停泊江干者，大抵来自数百里外矣。"[1]宣统《广安州新志》卷一二《土产志》："（柏木）数富有之山者，最近樵斧殆尽矣。"[2]光绪《资州直隶州志》卷八《食货志》："资山箐间极繁，差小者土人贩以为薪。"[3]说明采薪仅是灌丛为主了。民国《眉山县志》卷三《食货志》："自工作繁兴，斧斤不以时，材木之供虞缺乏矣。"[4]民国《荣县志》卷六《物产》："即宋坝东偏，濯濯然贫瘠区也。数十年前，沿溪森林阴，傍晚传为鬼窟，怪禽雨啸，夜禁行人。又往时北行不十里，群山如墨，号为老林，尽一担之薪不百钱而售。今童无一木，辟畛如百衲矣。"[5]

不仅四川盆地州县如此，许多边远山区城镇周围的薪材也开始出现匮乏之状。

曾采办楠木的屏山县一带早在乾隆年间就出现"屏邑山高路险，樵采维艰，城市柴薪不敷，多有烧煤及草者，惟五六月间金沙泛涨，有枯木朽株，从各溪壑随涨而下，男妇杂沓取之，谓之水薪"。[6]民国《万源县志》卷三《食货》记载："近以人稠户密，开辟殆尽，四望童山，不惟宫室材料不易得，即薪炭亦极艰。"[7]川西打箭炉一带本是一片森林，但人口急增不断砍伐林木，致使附近10里之内成童山，连树根也掘尽，民国时期甚至要到20里外进行樵

---

[1] 咸丰《阆中县志》卷三《物产》，咸丰元年刻本。
[2] 宣统《广安州新志》卷一二《土产志》，宣统三年刻本。
[3] 光绪《资州直隶州志》卷八《食货志》，光绪二年刻本。
[4] 民国《眉山县志》卷三《食货志》，民国十二年石印本。
[5] 民国《荣县志》卷六《物产》，民国十八年刻本。
[6] 乾隆《屏山县志》卷一《舆地志·风俗》，民国二十年铅印本。
[7] 民国《万源县志》卷三《食货》，民国二十一年铅印本。

采。[1]而大小金川则"自屯田开垦数据年来,居民日盛,樵苏所及近山童童"。[2]不过,当时四周山地广大农村的薪材还是较为富足的。民国《道孚县图志》记载:"森林不断,所产松、柏、杉、桧、杨、柳、榆、槐,青葱密茂以供人民之燃料而矣。"[3]道光时候四川太平大宁等县及楚省(当为鄂西)竹溪县连界,"先时不过土著居民樵采为活"。[4]清人王昌南《老人村竹枝百咏》:"山深容易度年华,除却农忙事亦赊。播种耘苗庄务毕,樵苏采药尽生涯。"显现了当时樵苏可以养活人民的生计。民国《定乡县图志》记载:"西山悉为森林,青葱弥茂,濯濯山麓,所产有松柏杉梁之材,乃无用武之地,在深山者自生自灭,近于人民者伐作燃料,本地风俗皆以碎柴,堆垒院墙,以宽大为富,此所谓百里柳荫尽柴扉。"[5]

这个时期在长江上游像成都这样的大城市仍以植物燃料为主,主要来自周边较远的州县。《芙蓉话旧录》卷二记载:"(成都)大抵贫家人少者皆烧柴,人多而稍有力者则烧炭。又有刚炭,则以青枫木煅成,专以御寒……桴炭为杂木细枝煅成,俗呼'桴槽'……枫炭不定期亦来自外县,桴炭则附城各地,多有设窑以煅者。"[6]民国《丹陵县志》记载:"冈炭,丹邑素多青冈树,烧炭家每岁秋后入山购买,就地成窑,伐木析薪……(冈炭)远至洪雅、蒲江,装载

---

[1] 林鸿荣:《历史时期四川森木变迁》,《农业考古》,1985年第2期。
[2] 李心衡:《金川琐记》,《小方壶斋舆地丛抄》,第7帙。
[3] 民国《道孚县图志》,北京民族文化馆图书馆油印本,1960年。
[4] 严如熤:《三省边防备览》卷一四《艺文》下,西南交通大学出版社,2018年,第378页。
[5] 民国《定乡县图志》,北京民族文化馆图书馆油印本,1960年。
[6] 周洵:《芙蓉话旧录》卷二,四川人民出版社,1987年,第23页。

销行嘉定、成都各处,岁约值千余元。"①可看出清代末年成都城区仍以木柴为主要燃料,而且主要来自外地。这与龚胜生研究表明直到清代中期北京城内仍以植物燃料为主的格局是相吻合的。②

《成都通览》记载当时成都柴分成把材(松木)、围材(青冈木)两种,大都从嘉定至江口一线农村提供,显现江口以上成都平原已经没有提供薪材的可能,唐宋时代那种以楷木、桂树为薪的条件已经不复存在,居民薪材取用对成都平原森林资源的破坏已经达到一百多公里以外。综合前面《芙蓉话旧录》对成都的记载、咸丰《间中县志》卷三《物产》对阆中的记载、林鸿荣《历史时期四川森林变迁》对川西山地的研究表明,当时成都平原薪材采用辐射范围已经达200公里左右,而四川盆地地区可能也在一百多公里以内,四周山区的薪材采用辐射范围在20里以内,显现不同地理环境、城市发展水平和规模对森林环境影响程度的差异。

清代以来,长江上游地区在明末清初大损耗后恢复十分快,清中叶以后人口绝对量的增长,使对植物燃料的采伐达到空前规模,盐业开发的强度也越来越大。云南地区的产盐区已经从滇西、滇中地区开拓到滇南地区,盐井数量增加较快。这样,盐业开发对生态环境的影响程度越来越明显,范围越来越广。

如大宁一带曾是重要的盐业开发区,人烟汇集,特别是"土人砍取成薪,编列成牌号,逐渐至场,利可倍蓰",以至大宁河沿岸"柴块居积如山,用以熬盐"。在这样砍伐下,大宁宁厂后乡一带

---

① 民国《丹棱县志》卷四《食货》,民国十二年石印本。
② 龚胜生:《元明清时期北京城燃料供销系统研究》,《中国历史地理论丛》,1995年第1期。

老山"嗣以人稠用广，斧斤频施，尽成童山矣"。清嘉庆时严如熤曾谈到宁厂逼近老林，薪材甚便，但光绪时人们已经感叹"今非昔比矣"。①现在大宁河一带多为草坡灌丛。彭水一带早在宋代就因盐业开发一度影响到盐井四周的生态环境，到了清代只能"刈茆以烧"。②云南地区多用材茅为燃料，但长期砍伐，盐场周围薪材又难以为继，故有"各炉户煎盐，从前柴甚近，迩来日伐日远"，造成"白井无患无卤而柴难"的局面。③乾隆《富顺县志》引李芝《盐井赋》对盐井对于生态环境的破坏作了生动的描述："尔乃连阡薙草，随山刊木，复涧权枒，阴崖跌踏，修则松楠，下及榆槭，糅以菅蔽，杂以萧遂。有山皆空，无岭不秃。"④在自流井地区，这种状况在清后期以来更为严重，由于采盐业发展和人口大增，四周一片童秃，无任何薪材可采。在21世纪初，由于附近木材短缺，加以牵牛较多，故"万户炉饭，多烧牛粪"，对空气污染十分严重。⑤20世纪以来，改用先进的旋钻法钻深井天然气后，天然气广泛运用于盐业等工业，燃料的转换使盐业对森林资源的破坏有了一定的好转，但生化污染却更为严重。20世纪六七十年代，自贡地区仍多是林木稀疏，江河污浊。

以前研究表明，中国宋代以前冶铁主要是用木炭，占70%以上，以后煤炭所占的比例才增高。但在生物资源十分丰富的长江上游，木炭使用的历史可能更长，直到明清仍是主要燃料。明清时

---

① 光绪《大宁县志》卷一，光绪十一年刻本。
② 光绪《彭水县志·艺文》，光绪元年刻本。
③ 张弘：《滇南新语》，《小方壶斋舆地丛抄》，第8帙。
④ 乾隆《富顺县志》卷二《山川》下，光绪八年刻本。
⑤ 樵斧：《自流井》，民国五年成都聚昌公司排印本。

期长江上游铜铁铅等金属矿产发展很快,对森林资源的影响越来越大。如川西一带采矿铜就是"山林树木,随处烧炭"[1]。清人杨国栋《峨边竹枝词》:"金山银洞路无穷,铁窖铜坑一线通。听说万人佣役处,峰峰宝气夜来红。"从事采矿的多达万人,可见对当地的森林资源的影响之大。当时冶铜铁多以植物薪材为主要燃料,同时还要消耗大量的木炭,一般是每炼1吨铁需6吨木炭。从现在史料看来,长江上游冶炼铜铁广泛用煤炭多在民国后,严如熤《三省边防备览》记载:"黑山为炭窑,须就老林伐装窑,烧成煽铁炭……而炭必近老林,故铁厂恒开老林之旁。如老林渐次开空,则虽有矿石不能出煽,亦无用矣……每十数人,可给一炉,其用人最多,则黑山之运木装窑,红山开石挖矿。"[2]民国时期荣县"自铁厂土法炼矿,寄铁命于木炭,万山皆童。今汉阳各铜铁厂专用石炭,原守土法而不知变哉。匪松之穷,将铁之绝矣。"[3]按今土法冶炼铁每一千斤约消耗硬杂木和木炭折合10.2平方米计算,不难想象当时铁矿区周围的森林情况。

明清时期滇东北地区铜矿业发展很快,对附近森林的影响最为明显。《滇南矿厂图略》:"凡礌厂多日久,遂至随近山林尽伐,而炭路日远,煎铜所需炭重十数倍于铜。"[4]光绪《东川府续志》卷三:"东川向产五金,隆嘉间,铜厂大旺,有树之家悉伐,以供炉炭,民间爨薪几乎同桂。"[5]据记载当时炼铜100斤,一般需要炭

---

[1] 王培荀:《听雨楼随笔》卷六《蜀中铜矿》,巴蜀书社,1987年,第368页。
[2] 严如熤:《三省边防备览》卷九《山货》,重庆大学出版社,第350页。
[3] 民国《荣县志》卷六《物产》,民国十八年刻本。
[4] 吴其濬:《滇南矿厂图略》卷上,清刻本。
[5] 光绪《东川府续志》卷三《轶事》,光绪二十三年刻本。

1500斤左右,以此统计从雍正年间到民国二十六年(1937年)的197年间,用木炭就达900多万吨。①

据杨煜达研究,清代云南铜矿从不同方面影响生态环境。首先在找矿方面,对矿山附近的植被进行清除,所以出现"有矿之山,概无草木"②的现象。而矿业生产过程中对森林的破坏更是巨大,如支撑坑道的镶木、冶炼过程使用的木根(疙瘩)、积薪烧岩,都要使用大量木材和薪材,特别是开挖木根,对水土流失的影响明显。生产过程中最大的影响是冶炼用的木炭。有人统计,乾隆年间云南铜产量为1600万斤,而每烧1000斤铜,需耗费10000斤炭,则每年需10平方公里森林。③杨氏还研究表明,倪蜕认为"开厂之处,例伐邻山"④,所以乾隆年间已经出现了"恐炭山渐远,脚费日多",⑤主要矿厂及周围的森林已经破坏殆尽,而增加脚步钱的趋势。随后云南铜业不断发展,炭山越来越远,故时人感叹"近山林木已尽,夫工炭价,数倍于前"⑥,"(薪炭)渐去渐远,竟有待给以数百里之外者"⑦。民国初年一些地方几乎是斤米斤柴,如巧家县60斤一斗的米价和70斤重的一担柴几乎相等⑧。杨氏最后认为,清代130年间,冶铜使滇东北地区森林损失达6450平方公里,覆盖

---

① 云南省会泽县地名办公室:《云南省会泽县地名志》附《地名与生态因素》。
② 倪蜕:《复当事论厂务疏》,《清经世文编》卷五二。
③ 中国科学院成都山地灾害与环境研究所:《中国艰苦流》,商务印书馆,第11页。
④ 倪蜕:《复当事论厂务疏》,《清经世文编》卷五二。
⑤ 乾隆《东川府志》卷二〇,乾隆二十六年刻本。
⑥ 王太岳:《论铜政利病状》,载吴其浚《滇南矿厂图略》卷上。
⑦ 孙士毅:《陈滇铜事宜疏》,《皇清奏议》卷六二。
⑧ 民国《巧家县志》卷七《商务附表·巧家县历年各种物价表》,民国三十一年本。

率下降了20个百分点①。对此《云南产业志》记载："滇境多山,天然林极其丰富,地广人稀之地,木材供给不虞不足。惟盐矿产区,燃料㯷木需用甚巨,附近森林采伐过度,山多成童,远地木材,难于搬运,极感缺乏。"②

另外历史时期长江上游在煤、天然气没有大量使用前,榨油、造纸、烧窑(砖瓦陶瓷石灰)、酿酒等手工业也直接或者间接损耗大量植物燃料。如严如熤《三省边防备览》卷九《山货》中便大量记载了老林中的炭厂、窑厂、纸厂、木耳香菌厂的情况,多是需要损耗大量木材的,其中"冬春之间藉烧炭贩炭营生者数千人"。

四川盆地丘陵地区在唐宋时期森林覆盖率可能在35%左右,但经过近千年的开发,人口大增,垦殖指数已经十分高,森林大量消失,到20世纪80年代初,森林覆盖率一度在5%以下,到处童山秃岭,其中乐至县森林覆盖率不到1%,薪材严重短缺,老百姓甚至将河边的芭茅都一铲而尽。③三峡地区在历史上曾是一个重要的商品林采办地区,直到20世纪初,一些腹地仍有原始森林。但由于人口压力和垦殖对森林的破坏,加之20世纪70年代交通梗阻,经济贫困,燃料短缺,农民将田坎上的草皮、草梗都挖来作为燃料,不然就只有高攀悬崖砍伐灌丛。据资料表明,仅巴东县万流乡12年内在悬崖绝壁上砍伐灌丛而摔死的乡民就达172人之多。④笔者之一黄权

---

① 杨煜达:《清代中期滇东北的铜业开发与环境变迁》,《中国史研究》,2004年第3期。
② 云南地志编辑处:《云南产业志》第一章第2节,《中国西南文献丛书》第104册《西南史地文献》第49页。
③ 蓝勇:《历史时期经济开发与生态变迁》,云南教育出版社,1992年,第72页。
④ 蓝勇:《历史时期经济开发与生态变迁》,云南教育出版社,1992年,第69页。

332 话语提炼与中国历史研究

生的家在重庆巫山县，祖父年轻时采薪只需到屋后一里山上，父亲年轻时就要到十里外的后山上，黄权生则要到二三十里外的九十门采薪，到20世纪80年代初许多人家开始用地瓜藤、红薯藤为薪。

在燃料使用过程中，中国古代一直有用木炭的习惯，而木炭的制作对木材的损耗十分大。严如熤《三省边防备览》卷九《山货》讲到："炭厂有树之处皆有之，其木不必大，山民于砍伐老林后，畜禁六七年，树长至八九寸围，即可作炭，有白炭、黑炭、栗炭……冬春之间籍烧炭贩炭营生者数千人"。[①]可见从事烧炭的人在秦巴山区之多。在古代城镇以及有钱之人取暖多用木炭（干馏过的木材），而一斤木炭至少需要三斤木材干馏。根据《中国农业百科全书·森林工业卷》记载，白桦树干馏为木炭的转化率为31.8%，山毛榉为34.97%，松树为37.83%。[②]如果加上干馏所用燃材以及损耗的木材，一斤木炭要三斤木材为燃料，故一斤木炭转化率当为1：6，而木炭又是许多冶矿的燃料，故烧取木炭对森林损耗是非常巨大的。至今长江上游的地名中反映的柴山十分多，如会东县黄坪乡有炭山坡、普咩乡炭山、洪雅县高庙乡炭窑坪、沐川县炭库乡炭库场、宣汉县三桥乡堆火梁、高县大益乡窑厂、龙潭乡窑厂塆、青川县火沟坝、绵竹县汉旺乡白炭窑、长宁县窑子坡等都与烧木炭有关。[③]木炭从春秋战国时候开始使用取暖冶炼，到今天一直成为影

---

① 严如熤：《三省边防备览》卷九《山货》，重庆大学出版社，第350页。
② 《中国农业百科全书·森林工业卷》"木材干馏"条，农业出版社，1993年，第172页。
③ 四川省各县地名录领导小组：《四川省凉山彝族自治州会东县地名录》《四川省洪雅县地名录》《四川省沐川地名录》《四川省宣汉县地名录》《四川省高县地名录》《四川省青川县地名录》《四川省绵竹县地名录》《四川省长宁县地名录》，内部资料，1982—1989年。

响森林资源的重要燃料。民国《康定县图志·森林》记载:"本县东北西部,由大炮山起至孔玉……有山皆树,苍翠蔽天。以至雅陇江边,杂树弥漫,为极茂之林厂,折多山麓,老树千章,为雪松,全境所产青柏杉桧杨柳,槐榆数十种,充之无用,土人取之作为燃料本贱。因汉人居多就林烧炭,每年至一万数千驮之巨,行以为常也。"① "每年至一万数千驮之巨",一驮当为一匹马所载重量,以一驮为100公斤计算,一万驮为100吨,按1:6为600吨,可见对森林的影响之大。

这样,从清中叶至20世纪80年代以前可视为传统生物质可再生植物燃料的危机时期,也是从传统生物质可再生植物燃料向非生物质不可再生燃料转换的时期。

(二)非生物质燃料的使用与燃料换代

人类使用不可再生的非生物质燃料的历史十分早,中国早在汉代就开始使用天然气和煤炭,使用历史已经有两千多年,西方早在罗马时代就开始使用煤炭炼铁,但广泛使用于生产中作为燃料则是在工业革命以后,而中国将煤炭作为主体生产燃料仅有一百多年的历史。

1. 天然气使用历史价值及前景

天然气在四川发现和开采应用较早,早在西汉时杨雄的《蜀都赋》已提到四川的"火井沉煢于幽泉,高焰飞煽于天陲。"晋代,长江上游的人们开始用天然气来煮盐,据张华《博物志》记载,临

---

① 民国《康定县图志》,北京民族文化馆图书馆油印本,1960年。

邛人"执盆盖上，煮盐得盐"。《华阳国志》称临邛首开火井"以竹筒盛其光藏之，可拽行终日不灭也。井有二，一燥一水。取井火煮之，一斛水得五斗盐；家火煮之，得无几也。"[1]但魏晋到明代，天然气的使用几乎是停滞状态，[2]究其原因，除天然气容易燃烧，易产生爆炸，利用技术不够外，关键是当时薪材足以支撑各地的煮盐业，没有必要用天然气来煮盐。只是到了明代开始如犍为、蓬溪、富顺等县纷纷开出火井，到清代逐渐在川东、川南部分地区广泛使用煮盐。如乾隆《富顺县志》记载："井火，在县西九十里，井深四五丈，大径五六寸，中无盐水，井气如雾，烽焞上腾。以竹去节，入井中，用泥涂口，家火引之即发；火根离地寸许，甚细，至上渐大，高数尺，光芒异于常火，隆隆如雷，殷地中。周围砌灶，盐锅重千斤，嵌灶上煎盐，亘昼夜不熄。如不用，以水泼之，火即灭。"[3]民国《富顺县志》载："浅井火多十余口，少七八口，甚少不足一口者。"[4]可看出，当时用火井煮盐工艺技术已经十分成熟，达到了控制自如，无爆炸之虞，故有诗描写道："有井穿旸谷，烈炎伏其中。聊然借腐草，声呼百丈雄。……纵有云林手，层烟画不工。嗟彼炼师家，擅巧最玲珑。汞水何时见，彼为凡火攻。应知燧人氏，轸念我哀鸿。九渊一炬起，高岭列灶烘；能省樵山力，兼成煮海功。"[5]此诗除说出利用天然气影响如燧人氏发明用火外，而且指明煮盐之巧能"省樵山力"，这对"有山皆空，无岭不秃"的井

---

[1] 常璩：《华阳国志》卷三《蜀志》，巴蜀书社，1984年，第244页。
[2] 张学君、冉光荣：《明清四川井盐史稿》，四川人民出版社，1984年，第68页。
[3] 乾隆《富顺县志》卷二《山川下·火井》，光绪八年刻本。
[4] 民国《富顺县志》卷五《食货·井火》，民国二十年刻本。
[5] 乾隆《富顺县志》卷二《山川下·火井》知县金肖孙诗。

盐地区环境保护确实有十分巨大的意义。

《盐法志》引李榕《自流井记》云富顺县："井火至咸丰七八年而盛，至同治初年而大盛，极旺者烧锅七百余口，水火油并出者，水油经二三年而涸，火二十余年犹旺，有大火有微火，合计烧锅至五千一百口有奇，折合足火三千六百口有奇。"①"于是富厂大开井灶，并办深井，及于火脉，火乃大升，盐产日增月旺，逾于犍为。"②这样，明清川南一度出现用天然气煮盐的繁荣局面。③咸丰以后自贡盐产量大体保持在20万吨左右，④其产量"为全国所需的三分之一，在全省中占产额的十分之六"。⑤自贡地区盐业有如此的地位，除了机遇外，最关键是有丰富的天然气资源，估计储量在142亿立方米。⑥而天然气使用清洁而便捷，一井可烧"锅数百余口"，相比薪材方便且持久，其"省樵山力"，因此自贡富荣盐场发展"托井灶为生者，已不下百万余众，加以船户水手，又不下数十万众。"⑦可以说盐业发展引发了对天然气的使用，而天然气的使用又大大提高了盐业的效率，使四川自贡成为盐都，这是盐业燃料更替后取得的巨大成果。嘉庆《四川通志》记载富顺县火井"以竹筒通窍引之，可以代薪烛"，⑧说明百姓已经开始用天然气作生活燃料。川南天然气的大量使用是煮盐所需而发展起来的，但百姓

---

① 民国《富顺县志》卷五《食货·井火》，民国二十年刻本。
② 吴炜：《四川盐政史》卷二，1932年版。
③ 张学君、冉光荣：《明清四川井盐史稿》，四川人民出版社，1984年，第68页。
④ 自贡市地方志编纂委员会：《自贡市志》，方志出版社，1997年，第431页。
⑤ 杜凌云、鼓惠中：《四川自流井盐税的掠夺战》，《四川文史资料选辑》第4辑。
⑥ 王仁远等编《自贡盐业史》，社会科学文献出版社，1995年，第17页。
⑦ 罗文彬：《四川盐法志》卷一二《转运》，光绪八年本。
⑧ 嘉庆《四川通志》卷一七《舆地志》，嘉庆二十刻本。

生活所需燃料除偶尔使用火井的附属物井油以外，用天然气来作为燃料还不是十分普遍，一则竹制管道运输困难，使用成本较高，二则一般百姓个体使用薪柴量较少，清中叶以前生活用薪并不是十分困难。

明曹学佺《蜀中广记》说："国朝正德末年，嘉州开盐井偶得油水……此是石油，但出于井尔。"[1]估计那时开始使用石油作燃料。井油的利用，由于是液体相对气体好运输，如《自流井记》："井油凡四色，米汤色，白者气较轻，光较明。晒牛马粪为干饼以此油浸之浮水不息"。[2]用牛马粪制为干饼，确实好运输。另外竹木器运输井油，也是比较方便的，如"油水兼出者吸出泻于器，水重而沉，油轻而浮，用竹木器轻挹出用以燃灯"，[3]"江中凿滩石，率用油烧之，石辄裂"[4]，而"价昂时一斤可值八十六"[5]。事实上历史时期我国用石油作为生活燃料并不多见，只偶尔在一些地区使用。到民国时代，中国以进口"洋油"度日，故川南之井油使用也是十分局限的。

民国初年，川南盐业遇到挫折。重庆作为陪都后，川南盐业又有大发展，天然气煮盐再次得到兴盛。但是整个长江上游百姓生活燃料还是以薪柴为大宗，城市辅以煤炭，天然气作为生活燃料是相当有限的，重庆也只是城区局部使用了灌装天然气。甚至到了20世

---

[1] 曹学佺：《蜀中广记》卷六六《方物记》，文渊阁四库全书本。
[2] 民国《富顺县志》卷五《食货·井火》，民国二十年刻本。
[3] 民国《富顺县志》卷五《食货·井火》，民国二十年刻本。
[4] 民国《富顺县志》卷五《食货·井火》，民国二十年刻本。
[5] 民国《富顺县志》卷五《食货·井火》，民国二十年刻本。

纪50年代,重庆天然气使用也相当有限。①抛开其他因素,以薪柴燃料供应来看,重庆水运四通八达,整个四川(云贵森林植被还相当好)森林植被还有一定的薪炭林存在,故在一定程度上并不是十分缺薪柴,而此时煤炭使用则在城市相对普及,故20世纪50年代,天然气的使用即使像重庆这样的大城市还不是普遍现象。据《四川林业志》估计,1950年—1961年12年间四川城市烧柴共消耗森林资源蓄积达146.3万立方米②,可见城市烧柴还比较普遍。

在这样的背景下,燃料转换虽然一定程度上减缓了对森林资源的破坏,但由于这种转换在空间和层度上的有限,故清末民国以来燃料匮乏和对森林资源破坏趋势并没有根本改变,仍为传统生物质可再生植物燃料的危机时期。

据《四川林业志》估计,1950年—1961年12年间四川农村用材为3978万立方米,③大炼钢铁以及大办食堂全省共消耗森林资源蓄积1132万立方米。④60年代后整个四川的森林植被几乎受到毁灭性摧残,许多农村地方缺少薪柴,川中地区不得不用秸秆取代薪柴为燃料,有的地方甚至只有用一片片掉下来的树叶为燃料。而城市用柴就更少了。这样,以重庆为代表的西南地区不得不为燃料而建设天然气集输工程,而此时天然气运输已经不是竹制管道运输时代。到八十年代初期重庆已经形成西部气田和东部气田两大气田集

---

① 重庆市地方志编纂委员会编《重庆市志》第4卷(上),重庆出版社出版,1999年,第263页。
② 王继贵主编《四川林业志》,四川科学技术出版社,1994年,第85页。
③ 王继贵主编《四川林业志》,四川科学技术出版社,1994年,第85页。
④ 王继贵主编《四川林业志》,四川科学技术出版社,1994年,第85页。

输网络。[1]近郊与远郊各区县都设立了天然气管理机构，用于民用天然气的集资建设和经营管理。[2]这些都为燃料更替提供了坚实的条件。到20世纪末重庆以及各区县煤和天然气并用，除一些小城镇还少部分使用薪柴外，基本上使用天然气与煤。20世纪后十年到21世纪初以重庆为代表的大城市为减少城市煤的烟尘污染，天然气使用的程度更普及，范围更广，同时大量烹饪电器（如电炒锅、电磁炉、电饭煲、微波炉等）也逐步使用。其他中小型城市地区区县的天然气使用比例也逐步提高，甚至在通公路的一些农村，有钱的农户也使用了罐装天然气（含煤气）。为煮盐而发展起来的天然气燃料，经历数百年之久，在城市实现了从植物燃料、煤炭燃料向天然气为主体的液化燃料更替。到20世纪末，长江上游地区的城镇化达到20%左右，可以说至少20%的人口实现了燃料的更替，这对整个长江上游森林的保护起到了积极作用。

目前我们国家正处于从天然气向页岩气的转换过程之中，前景可喜，但作为一种不可再生的燃料资源，也是有一定时代局限的。

2. 煤炭的使用意义及其局限性

一般认为我国在汉代就开始使用煤炭为燃料了，但可能是在宋代以后才较为广泛地使用，《天工开物》卷十记载中国冶炼铁的燃料中70%为煤炭，30%为木炭。宋代庄绰《鸡肋篇》卷中记载："昔汴都数百万家，尽仰石炭，无一家燃薪者。"可能有夸张成分，但多少显现了中原地区个别大城市使用煤炭的普遍。

---

[1] 重庆市地方志编纂委员会编《重庆市志》第4卷（上），重庆出版社出版，1999年，第263—267页。
[2] 重庆市地方志编纂委员会编《重庆市志》第4卷（上），重庆出版社出版，1999年，第316—317页。

不过，宋代长江上游由于薪材丰富、煤炭产运销困难等因素，城市家庭煤炭的使用仍十分少，远不能与中原汴京相比。但煤炭在长江上游，至少在晚唐及宋代已经开始开采并使用于工矿业中，如宣统《广安州新志》记载鱼子钱山："州东南六十里产矿炭，宋史梓州转运使崔辅判官张固清即广安军鱼子铁山采矿炭，置监于合州即此。"①这是国家以政府行为采煤矿。民间用煤当更早。《中国煤炭史志资料钩沉》记载川北"禁采煤碑"写道："自宋季开始挖煤以来，迄今五百余载。"②显现川北煤炭自宋一直在开采。煤炭的使用在宋代长江上游是比较多的，如重庆宋代遗留下来的重庆南岸涂山湖瓷窑以及姜家场瓷窑炉膛内均充满了煤渣，南岸小湾发掘的宋代瓷窑，附近有古煤井遗址。③甚至《奉节县志》记载奉节在晚唐时候就已经开采煤炭用于炊爨。④

四川地区从明代开始使用煤炭来作为煮盐的燃料，但直到清代仍未取代木材作为主体燃料的地位。日本汉学家竹添进一郎《栈云峡雨日记》卷下记载："产煤之地，成都则灌县，叙州则庆符，重庆则隆昌、永川、荣昌，其他所在有之，而以灌县、隆昌为上品，每斤价十数文。然独官吏及富者用之，众庶则皆资于薪柴。"该书《蜀产歌》则直言当时四川地区"山深却少栋梁材，运搬远从黔滇来。煤炭唯上富家灶，柴草仅给贫户炊"。清代末年产煤的垫江县一带就有"人家渐因（炭）价昂以柴代炭，而两山林木亦因日渐

---

① 宣统《广安州新志》卷四《山川志》，宣统三年刻本。
② 吴眃煜编《中国煤炭史志资料钩沉》，煤炭工业出版社，2002年，第285页。
③ 重庆市地方志编纂委员会编《重庆市志》第4卷（上），重庆出版社出版，1999年，第57页。
④ 奉节县地方志编纂委员会编《奉节县志》，1995年，第236页。

其濯濯焉"[1]。总的来看从宋到清近千年历史，煤炭主要还是用于手工业生产，如烧陶瓷，煮盐，冶矿等。严如熤《三省边防备览》说："凡产盐之处，未有不产煤者，水火相济，天所以育群生也"[2]，"大宁盐……泉水四季皆旺，无旁泄、旁渗之苦，逼近老林，薪柴甚便，近年谭家墩口出有煤炭，煤载小舟顺流而下，更为便当。"[3]说明煤的使用也提高了煮盐的效率。

但是在清代，煤炭在长江上游并没有在手工业燃料上完全取代薪柴，整个明清甚至到民国初年长江上游手工业还是煤（川南煮盐用天然气）、薪并行使用。如严如熤《三省边防备览》描述秦巴地区"灶户煮盐，煤户柴行供井用"[4]。而整个四川地区煮盐严如熤总结是"蜀井近山林，有煤，有火出自井，其煎熬视海盐为易"[5]。指出四川煮盐便利在于燃料充分，而燃料是薪、煤、气三者并用。当然清中后期煤和天然气在煮盐所使用的比例在逐渐提高，而康熙二十四年（1685年），从外地迁来水市口樵夫张荣廷最先在汤溪河发现煤炭，开采后卖给盐场试烧。[6]清康熙中期以前，云安盐场以柴薪作燃料生产柴花盐，康熙中期以后逐渐改烧煤炭，生产炭花盐。[7]也就是说煮盐业的燃料更替是一个过程，而非一蹴而就。

---

[1] 光绪《垫江县志》卷三《物产》，光绪二十六年刻本。
[2] 严如熤：《三省边防备览》卷九《山货》，重庆大学出版社，2013年，《稀见重庆地方文献汇点》上册，第352页。
[3] 严如熤：《三省边防备览》卷九《山货》，重庆大学出版社，2013年，《稀见重庆地方文献汇点》上册，第352页。
[4] 严如熤：《三省边防备览》卷九《山货》，重庆大学出版社，2013年，《稀见重庆地方文献汇点》上册，第351页。
[5] 严如熤：《三省边防备览》卷九《山货》，重庆大学出版社，2013年，《稀见重庆地方文献汇点》上册，第353页。
[6] 云阳县志编纂委员会：《云阳县志》，四川人民出版社，1999年，第336页。
[7] 云阳县志编纂委员会：《云阳县志》，四川人民出版社，1999年，第319页。

到了民国初年,四川20个产盐区中使用煤炭的有18个,但同时使用柴草等生物质燃料的也有12个之多,只有富荣、仁井、西盐三个地区使用天然气煮盐。所以有称:"川并除沿江各场外,其余各场以交通不便运费昂贵,多用木柴,或松柏树枝、稻草高粱杆、干草等燃料。"①

表4-3 民国初年四川盐厂燃料使用情况表

|  | 富荣 | 犍为 | 乐山 | 南阆 | 射蓬 | 云阳 | 三台 | 乐至 | 蓬中 | 仁井 |
|---|---|---|---|---|---|---|---|---|---|---|
| 柴 |  |  | √ | √ | √ |  | √ | √ | √ | √ |
| 炭火 | √ | √ | √ | √ | √ |  | √ | √ | √ | √ |
| 井火 | √ |  |  |  |  | √ |  |  |  | √ |
| 草 |  |  |  |  |  |  |  |  |  |  |
|  | 绵阳 | 蓬遂 | 奉节 | 西盐 | 大宁 | 盐源 | 射洪 | 资中 | 开县 | 简阳 |
| 柴 | √ |  |  |  | √ |  |  |  |  | √ |
| 炭火 |  | √ | √ |  |  |  | √ | √ | √ | √ |
| 井火 |  |  |  | √ |  |  |  |  |  |  |
| 草 | √ |  |  | √ |  |  |  |  |  |  |

注:据林振翰《川盐纪要》,民国八年,《近代中国史料丛刊三编》93辑。

而冶炼也是如此,如《江北县志》记载清道光年间采矿炼铁,用泥石筑炼铁炉,用木材作燃料,木制风箱人力送风。但民国二十七年(1938年)陆续建5个炼铁厂,开始以焦炭或者块煤作燃

---

① 林振翰:《川盐纪要》,民国八年,《近代中国史料丛刊三编》93辑。

料。[1]民国三十五年（1946年）《永川县志》载："过去炼铁，概用木炭……以后有技术人员沈在全、邓朗琴等在江北用冷风焦煤炼铁成功。"[2]而一旦煤炭被用于冶炼后，铁厂选址多在煤矿附近，如光绪二十年（1894年）《永川县志》记载泸龙山踏蹄沟"有数炭洞；又二十余里龙荡沟亦有数炭洞，由此至吉安场，炭洞甚多，兴废不一；其中炭洞灰窑纸厂，铁炉未可枚举，永地精华以此为最，此英山之形势也"。[3]这里"铁炉未可枚举"，因为有炭山为支撑也。光绪戊申年（1908年）《绵竹县乡土志》记载矿物无烟炭："西北近山河边多有之，土人以水淘取，名河炭，供炼炭之用，价独昂。"[4]因为冶铁使煤炭价格昂贵，而当时开采全系土法，手工作业，产量有限。

煤炭作为燃料运用在生产与生活，交通运输是一个至关重要的条件，如大宁盐场"煤载小舟顺流而下，更为便当"，[5]因其有大宁河水运之便。民国二十九年（1940年）《重修广元县志稿》记载："邑之煤产地甚多，种类各殊，若块煤米煤无烟煤，皆有开采……一嘉陵江西，一满天岭前，皆供城市运下游。"[6]因其有嘉陵水运之利。1949年前四川各主要河流木船营运下水货物多为煤和盐，上水货物为盐和煤，即在下水货物以煤为主，上水以盐为主。在以人

---

[1] 重庆渝北区地方志编纂委员会：《江北县志》，重庆出版社，1996年，第273页。
[2] 永川县志编纂委员会：《永川县志》，四川人民出版社，1997年。
[3] 光绪《永川县志》卷二《舆地·山川》，光绪二十年刻本。
[4] 光绪《绵竹县乡土志》丙《矿物》，清末抄本。
[5] 严如熤：《三省边防备览》卷九《山货》，重庆大学出版社，2013年，《稀见重庆地方文献汇点》上册，第352页。
[6] 民国《重修广元县志稿》第三编第一二卷《煤业》，民国二十九年铅印本。

力为主的木船时代，顺流而下节省人力，而下游干支交汇之处多为大中城市燃料所需较多，而盐场也多分布中下游，故下水多燃料煤炭，上水多盐。这里同时也说明近代煤炭多为工业以及大中城市生活燃料所急，而广大农村所用煤炭比例相当少，一是传统社会交通不便，煤炭虽不似天然气要管道，相对易搬运，但是在多山多峡谷的长江上游地区运输就只能靠河流了，故广大农村是难以大量运到家中以供炊爨的。直到二十年前许多山区难以用上煤，除经济原因外，交通是关键。

在长江上游地区，煤炭到世纪之交还主要是用于工业生产以及大中小城市燃料，交通方便的农村地区也仅是部分使用煤炭。在广大落后的农村虽然偶有烧炭的，但并没有取代可再生生物燃料的主体地位，因为在植被丰富的农村，在薪柴方便的情况下，人民是不会花钱去使用相对而言难于取得的煤炭的。农村生活用煤代薪是在万不得已才掘地取煤炭的，如同治三年（1864年）《酉阳直隶州总志》称："煤，石炭也。三县（彭、黔、酉）皆有之，酉阳向以柴薪易得，故烧煤者绝少，今则开辟殆遍，故木桶盖、巴罗、大白岩等地挖煤为业之人亦渐多矣。"[1]而森林的大量耗材客观上加速了对煤炭的开采，也就是说这种开采大都是在森林耗损情况下被动的选择，故有时会出现从煤炭燃料向植物燃料的逆转，如光绪二十六年（1900年）《垫江县志》记载"人家因价昂以柴代炭，而两山林木亦日见其濯濯焉"。[2]则体现了这种"以柴代炭"，在以煤和天然气取代薪材的历史发展中出现了倒退。

---

[1] 同治《酉阳直隶州总志》卷一九《物产志·财货》。
[2] 光绪《垫江县志》卷三《食货志》、卷六《物产·煤炭》，光绪二十六年刻本。

前面谈到，清中叶至20世纪80年代初是中国传统生物质可再生植物燃料危机的时期，其中20世纪60年代至80年代则是这个危机的顶峰时期，同样也是燃料从生物质可再生植物燃料向非生物质不可再生燃料全面转换的转折时期。

我们在田野考察中，四川省通江县八家坪农户张仕成和巴中市八家坪农户张星才提供了家中近五十年来使用燃料的变化情况，基本上可以作为长江上游农村地区在这个转换时期内的典型缩影。

| 20世纪50年代 | 烧树 |
| 20世纪50年代至80年代 | 烧麦草、玉米杆，要在三十里外才能砍到柴 |
| 20世纪80年代末 | 开始烧煤 |
| 20世纪90年代 | 主要烧煤 |
| 世纪之交 | 烧煤和木材 |

从上表农村可再生燃料木材变化来看，20世纪60年代、70年代和80年代前期是生物质可再生燃料最为紧张的时期，即传统生物质燃料危机的顶峰时期，也是森林植被受到最严重破坏的时期，这是当时人口增长快、工业化进程中燃料换代没有开始和合作社建居民点、办大食堂、大炼钢铁等诸多因素产生的结果。

应该看到，近二十年来，不论城市还是农村，燃料的换代都是迅猛发展的。长江上游的大中城市及部分乡镇已经完全使用天然气、煤炭、液化煤气、电力为燃料。城市的燃料换代一方面对城市森林生态环境产生积极的影响，同时也给予周围农村的森林资源一种减压，对于农村生态环境的保护自然是有利的。在21世纪初的农村，由于交通越来越方便，煤炭使用越来越容易，再加上沼气、

第四章　传统生产力与现实关怀话语

节柴灶的使用，生物质植物薪材的使用绝对量相对也越来越少，① 对森林资源的保护有积极的意义。不过，农村主要以生物质植物燃料和煤炭为主，只是由于实际生活人口减少（主要是民工为主的劳动力输出）和煤炭的使用，木材用薪的绝对取用量已经相对十分少了，但可能生物质燃料的使用比例仍较高。②

今天长江上游的许多地区森林覆盖率已经有了大大的上升，四川省的森林覆盖率已经从20世纪80年代的13.3%上升到21世纪初的30%左右，除了垦耕还林政策、环境保护意识、林权政策、农村人口空虚化等原因外，与近二十多年来城乡燃料换代过程中生物质可再生燃料使用的减少有较大的关系。

从历史发展的长时段来看，石油、天然气、煤炭在历史时期应是一种不可再生的资源，而生物质植物燃料是可再生的资源。总的来看，近两百多年来不可再生非生物质燃料的广泛使用为人类工业文明的发展立下了汗马之功，减轻了保护森林生态环境的压力，但在历史时期来看，这种燃料的使用仅是短暂的一刻。随着非生物质不可再生燃料的日益枯竭，不远的将来人类又将回归到传统的生物质可再生植物燃料时代。现实提出的挑战是，怎样在更高层次下完成这次回归，怎样在高科技背景下发展生物质可再生植物燃料，形

---

① 我们在通江县考察时，张新云老人还谈到，过去养猪往往要煮猪食，需使用大量薪材，但现大多用饲料喂，也节约了大量木材用量。这一点也是目前农村薪材绝对用量减少的一个重要原因。

② 虽然农村生物质植物燃料绝对量减少，但据统计长江上游农村生活中使用生物质植物燃料比例仍然很高，如2003年重庆农村生物质能源（薪材和秸秆）仍占82.8%，煤炭占12%，电力和其它能源仅占5.2%。（范例、刘德绍、陈万志：《重庆市农村家庭能源可持续消费研究》，《西南农业大学学报》（自然科学版），2005年第4期。）

成既能克服传统生物质植物燃料总量和热能上的局限,又不影响生态环境,显然是我们急需解决的问题。

［作者按］此文发表于十多年前,在城市化日益推进的今天,长江上游农村的燃料已经显现为可再生的生物燃料薪材与电能成为主体的态势。

# 第五章
## 资源、环境与干涉限度差异话语

不论是在历史环境地理研究语境中,还是在中国环境史研究视阈下,人类活动与资源环境互相影响是一个常识,并不值得我们太多思考。但是,由于中国环境史和历史环境地理的研究热潮都是在现实环境问题严重的背景下展开的,所以,海内外的很多相关学者都认为历史时期人类活动对环境的影响主体是一个负能量,历史时期人类"改变自然环境"往往与人类"破坏自然环境"的话语意义完全相同。正是如此,在历史学界出现秦代修筑阿房宫因到巴蜀伐木出现"阿房出,蜀山兀"的场景,就认为出现了严重的生态环境破坏。明末清初战乱后人口大量损伤,四川盆地出现较为明显的环境恢复原始生态,一时林深树密,虎狼成群,而湖广填四川的移民运动本来是使原始生态景观回归到正常的田园烟火景观的正常过程,却被一度视为环境破坏的案例。

对于环境而言,在工业化时代环境破坏的背景下,人们对环境的原生态追求成为主流,世界上绿色和平组织众多,人类的极端环保主义、极端原旨生态主义思想流行,后物质主义价值观出现,对我们研究历史时期环境变迁的理念影响甚大。所以，在历史研究的话语中出现秦代就有严重的人类破坏自然环境的现象。对于人类的资源来说，在当下生物催生素普遍使用和转基因生物影响越来越大的背景下，人们更强调对资源利用的本真性，仿佛资源越绿色、越原始、越山野就越好，这种观念折射在中国资源开发史的研究领域，往往使我们认为历史时期越是原生资源就越好，历史上人类对资源改造利用的力度越大，往往就越改变资源的原生性而不利于人类，好像"资源的原生"就等于"资源的优生"一样。

就环境史或者历史环境地理研究针对的近万年尺度的环境来看，从来就不是一个完全非人化的环境，即我们谈到的环境应该是相对于人类和人类社会而言的环境。即使在人类出现初期，环境因为有了人类就已经非纯自然了。环境、资源的好与坏应该完全以人类本体而言，环境和资源对于人类本体的好坏本身是一个不确定的概念，或者可以说是一个时间概念，这与极端绿色组织只强调自然的内在价值其实是相悖的。因为在不同的生产力背景下，人类本体对于资源、环境的好坏认知并不一样。为此，我们在多年的环境史研究的田野调查和理论反思的基础上，提出"干涉限度差异"理论，以期形成中国环境史或历史地理研究的本土学术话语。

"干涉限度差异"的提出本身是基于人类客观上影响环境和资源程度的强弱差异的历史过程提出的。它可以进一步丰富和深化人类与不同地域、不同海拔高度、不同物种等等之间的人类活动对环境影响的差异认识，将一种非主观的潜在选择客观过程提升为一种主观的公开的预后取向。所以，一方面我们很有必要提出环境改变的"临界线"、资源利用的"临界线"；另一方面也应深刻认识到这两个"临界线"可能因为人类影响程度的不同、生产力背景的不同、资源和环境类型的不同而导致"临界线"出现的时间和地点并不统一的客观性，即区域环境敏感度天然差异决定了人类改变环境干涉限度区域差异，不同生产力背景下的环境"临界线"差异进而使人类干涉环境的程度形成了空间差和时间差。具体地讲，历史时期的资源客观上存在"匠化""选择""重建"三种考量过程差异，就会出现主观上资源利用"干涉限度差异"。"干涉限度差异"表现在历史时期食物资源的利用中的"匠化"程度差异，历史时期燃料、建材资源利用与人类选择取向上的人类的干涉差异，历史时期植物资源与动物资源在重建上回归性差异。为此，中国环境史或历史环境地理学者更应有强烈的现实关怀，更应该多储备有关环境、资源的技术知识，更多从事小空间"小生境"的中国环境史或历史环境地理个案研究，更加重视田野考察在中国环境史或者历史环境地理研究中的作用，努力形成中国环境史或历史环境地理的本土话语。

"干涉限度差异"的研究一定要放在具体的地区、具体的个案基础上去研究，我们正是通过研究长江流域鱼类资源的人类利用变化，发现了许多规律性的问题。人类早期就驯化了猪、鸡、鸭等畜禽，使我们远离了野猪、野鸡、野鸭，不仅便于人类生活食用，而且口感也更适宜人类。但人类对鱼类的人工饲养却出现得相对较晚，主要是野生状态的鱼本身就适宜于人类的口感。直到今天，野生鱼类仍然是人类的最好的食材，而野猪、野鸡并没有完全适宜人类口感。这个案例显现了资源要素的复杂性决定了人类干涉力度的差异性。显然，对于资源中的食材来说并不是所有本土的、纯绿色的都是适宜于人类的。同样对于环境来看,并不是所有地区的环境都需要保持一种纯天然状态,在有一些地区适度的人类的环境干涉,使蛮荒瘴疠之地变成烟火田园对于人类来说显然是一种进步。我们倡导在中国环境史的研究中,积极从事田野考察支撑下的区域资源、环境干涉限度差异的研究,因为只有分清在历史时期人类对于不同的资源和环境的干涉限度差异后,我们才能在现实社会的资源开发和环境保护中合理使用人类科技的力度。直到当下,同样的科技投入,对于不同的资源的影响效果并不完全一样,如果品中对于苹果的科技投入产生一大批果大品质差的品种,传统的烟台苹果、陕西苹果声誉下降,而本土的昭通、茂汶苹果仍然品质较好。但对于柑橘类的科技干涉就相对较为成功,传统的红橘、广柑已经几乎退出市场,一大批科技干涉下的新品种因品质好受到消费者欢迎。显然,不是所有品种都需要科技的干涉力度的,也不是所有品种都使用同样的干涉方式的。

## 一 中国环境史研究与"干涉限度差异"理论建构[①]

### (一)环境的"改变"与"破坏":人类干涉环境的限度差异

在历史时期人类对环境的改变和对资源的利用中,环境与资源对于人类和人类社会而言是相当复杂的。环境改变并不等于环境破坏,人类影响生态环境有一个从正能量向负能量的转换点"临界

---

① 此文原刊于《人文杂志》2019年4期。收入此书略作修改补充。

线"。不同环境类型的地区、不同生产力背景下这个"临界线"又往往是不一样的,所以"临界线"出现的时间是一个动态的过程。

1. 区域环境敏感度天然差异与人类环境改变干涉限度差异

人类所处的自然环境本生在不同的气候带(区位地缘)、不同的海拔高程(环境高差)下,天然就会存在一种对外来影响敏感度上的差异,或者说环境天然的脆弱与稳定差,进而使环境在敏感度上差异明显,就会出现一种区域地缘和海拔高程差异形成的环境"临界线"差异。这种天然的差异显现历史时期人类干涉改变环境的影响在空间、高程上会出现明显的差异。应该承认在很长的时期内,不论是在中国环境史或是在历史环境地理的研究话语中,我们主观上可能并无这种区别认识的观念,大多只是发现同样的人类行为客观上可能对当时、后来的影响存在较大的差异。认识到这一点,对于我们的历史研究环境观和现实关怀的环境观都有很大意义。就是说我们在历史研究的话语中,对历史时期不同的地区人类改变自然环境行为的影响客观上差异明显,所以我们应该差别认知、具体分析。在我们现实开发发展的话语中,主观上一定要树立人类干涉改变自然环境的程度是有强弱差异的,形成对不同地域、高程的"干涉限度差异"理念。

比如在历史时期中国南方热带雨林、亚热带阔叶森林、暖温带针阔叶森林、干旱半干旱灌丛中砍伐同样量的植被,对生态环境的影响完全是不一样的。所以,同样是明清时期的皇木采办,在北方山西、河北一带松木的采办对生态环境的负面影响就更明显,而在南方亚热带地区的楠木、杉木采办对生态环境的负面影响就相对较小。我们认为岭南地区原始雨林很早就受到人类活动影响而出现环境破坏的观点并不是很科学的认知。因为在热带雨林地区砍伐一定量的木材对整个热带雨林的生态影响是相当微弱的，因为热带雨林的生物多样性和气候温湿性使森林系统的抗干扰性相对较强，这是北方干旱半干旱地区不能相比的。即使是在同样纬度空间内的相同等量的行为，由于海拔高程的差异，同样量的改变生态行为，出现的生态影响也是完全不一样的。在南方亚热带地区，由于采办对象桢楠、冷杉、云杉的环境适应性差异，也会出现影响的差异。如桢楠生存地区为相对低海拔的近水之地，而冷杉、云杉则主要生存在海拔2000米左右的山地，[①]所以，在同样多的积蓄量的背景下采伐同样多的树木，可能对生态环境的影响也是不一样的，因为在亚热带地区低海拔的自然森林恢复功能明显要比高海拔的强得多。另外生长云杉、冷杉的地区往往又是水源林地区，水源林地区的环境变化对整个生态系统的影响可能是巨大的。具体说就是采办云杉、冷杉对生态环境的负面影响远远大于采办桢楠的影响，而不是以前仅局限于笼统认为皇木采办对生态环境产生负面影响。

　　就是在同样纬度和高度的地区获取森林资源，由于获取森林资源的目的、方法的差异，造成的环境改变和环境破坏也是不一样的。据我们研究，在海拔2000米左右的亚热带山地对森林植被的改变过程存在具体差异性。如明清时期，皇木采办只是破坏个别巨大的冷杉、云杉，对整个森林的生态系统破坏整体上并不明显，即使是商业性采办也只是砍伐较大的林木，大量中幼林不会受到影响，整个森林植被的系统并没有失去回归复原的功能。但是清末以来，

---

[①] 蓝勇：《近500年来长江上游亚热带山地中低山植被演替》，《地理研究》2010年第7期。

特别是20世纪中叶以来在人口急增背景下，玉米、马铃薯高山垦殖运动不仅完全将地表植被完全砍去，而且还将森林灌丛的根系完全破坏，使整个森林生态系统遭到破坏，自然生态系统难以自然回归复原，这才是造成亚热带山地灾害性水土流失的重要原因。[①]很有意思的是目前地理学界将中国南方亚热带山地的许多高山草甸看成一种常态，所以，当这些草甸地区出现灌丛、幼林时还以为是草原退化。实际上现在许多纯粹的高山草甸本来在历史时期就是草甸灌丛乔木混交地带，只是近几百年来由于人类活动的影响才退化为纯草甸的。所以严格来讲，高山草甸出现灌丛、中幼林反而不是一种退化，而是一种自然回归的征兆。

在历史时期，中国东部暖温带和南部亚热带地区与中国西部干旱半干旱地区同样有一个天然水面减少和人工水面增多的过程，但其生态环境意义却完全不一样。因为北方干旱半干旱地区的水文生态环境更脆弱，改变以后自然恢复更困难。所以，历史时期华北平原地区湖沼水面的缩小对华北地区生态的负面影响更大。反观秦汉以来，江南地区的一些湖沼面积的缩小却要区别对待，在早期可能在人类的作用下天然水面减少，人工水面增大，甚至大量围湖造田造成的影响可能还是呈现一种正面的影响。因为在茫茫天然湖沼湿地"丈夫早夭"的环境背景下，部分湿地湖沼熟化为良田、赶走毒蛇害虫、建立村庄对于人类本体而言应该是一种发展，是一种进步。不过，这个行为过程的环境限度到来，即"临界线"在何时出现，是需要深入研究的。

---

[①] 蓝勇：《近500年来长江上游亚热带山地中低山植被演替》，《地理研究》2010年第7期。

当然，人类适宜的环境本身就应该有区域差异，如水源林地区我们要尽可能保持其原生态，但人类活动频繁的人口密集区，适度人化的自然环境可能更适宜人类居住生存。所以，我们对两种地区的人类干涉程度的干涉标准就应该分别制订，区别对待。以此去分析历史时期的人居环境的好坏，自然也应该是有不同的评价标准。这就如烟瘴满山的自然环境确实超原始、纯生态，这应该是人类生态林、水源林的理想状态，但这并不适合人类就近居住，并不应该是人类的理想居住环境。

总的来看，我们以前的历史环境地理、中国环境史研究往往是不分地区、不分高程、不分影响方式地将人类改变或获取森林和人类改变天然人工水面比例的行为统统视为破坏环境，即将人类改变环境的行为影响不论空间、高程、方式看成一种均质的影响。这种研究现状在20多年前是可以理解的，但现在中国环境史研究仍局限于这样的局面，这不仅是在学术诉求上，同时在现实关怀方面也都是令人遗憾的。因为同样的人类干涉程度，可能在不同的地区、不同的高程、不同的方式下，差异巨大，有的可能结果完全是相反的。所以，对于我们而言，以后的研究需要对不同的空间、高程、方式的背景进行研究，这就对我们历史环境地理和中国环境史研究提出了更高的要求。我们需要强调在小区域"小生境"与"微社会"的个案研究基础上总结区域话语的重要性。

2. 不同生产力背景下的环境临界线差异与人类干涉环境的时间差

历史时期人类同样力度的改变环境的行为，在不同的生产力背景下，对生态环境的影响差异也是巨大的。前人甚至将"蜀山兀，阿房出"认定为当时已经对巴蜀地区的环境造成了破坏,实际上这种认识完全是不科学的。从人地关系来看,秦汉时期的巴蜀地区,广大周边山地生态环境仍相当原始,森林植被还保存原生态状态,有大量的高大楠木资源作为制作船棺、悬棺之料,还有大象、犀牛等动物生存山地间,人类面临的主要问题是怎样躲避毒蛇猛兽的侵扰和让更多森林变成有人烟的田园耕地,所以,在这个时候修一个阿房宫的木材需求是远远不可能对巴蜀地区生态环境大格局造成破坏的。现在看来,所谓"蜀山兀,阿房出"不过是文人出于对秦始皇的敌意而出现的文学夸张而已。即使到了明清时期的皇木采办对西南地区的亚热带山地森林的整体影响也是较小的。西南地区真正对亚热带山地生态环境产生毁灭性的负面影响是20世纪以来的高山马铃薯、玉米等高产旱地农作物的种植运动。

实际上,生态环境的好坏是基于人类自己生存所需而定,这是人类生存的最基本的人本主义,自从有了人以后根本不存在也不应该存在一种超越人类自身的绝对原始生态环境。在人类社会早期,原始的生态环境对人类的基本生存本身就是一种威胁,原始密林中的毒蛇猛兽瘴气威胁到人类的基本生存,密林阻隔了人类基本的交通交往。在这样的背景下,人类才将"开启山林"赋以褒意,认为砍伐林木对打造人类生存的环境而言是一种走向正能量的行为。在唐宋时期,中国各地都有虎患,所以武松打虎才被人们千古称道。明末清初,巴蜀地区一度经历了历史上罕见的战乱,人口大量减少,出现了历史上最严重的虎患和巴蜀历史上少有的一次环境回归原始状态。所以"湖广填四川"的移民运动,垦殖旧地,实际上应该是一种恢复适宜人类基本生存的正能量行为。至于清后期人口大量向山地进军，主要原因并不是"湖广填四川"移民运动本身，而是与高产农作物的生物引进条件下人口空间拓展有关。这个空间拓展过程，即使没有明清人口的波折也可能会通过人口自然滋生出现。所以，我们不能简单地说"湖广填四川"移民垦殖破坏了巴蜀地区的生态环境。

在汉唐时期，巴蜀地区存在一种称为"鱼害"的自然灾害，指的是发生洪灾时江河里的鱼漫到稻田中将稻谷吃掉了，可是现在看来这种灾害是不会出现了，因为自然界的江河中没有那样多的鱼了；再则即使出现可能我们并不会将其称为灾害了，因为在当前的价值背景下，天然的鱼的经济价值可能远比吃掉的稻谷大得多，人们将鱼捕下后稻谷的价值可以忽略不计了。这又是一个不同环境和生产力背景下同样环境事件的性质完全不一样的鲜活案例。

同样是山地游耕，不同的生产力和人口规模背景，产出效果和生态影响也相差较大。尹绍亭先生在研究云南少数民族刀耕火种时最早提出这个问题。[①]后来，我将其放在唐宋时期西南地区的历史背景中去考察，也证明了山地游耕在历史时期的相对合理性。在唐宋时期人少地多背景下的山地游耕，不论是一茬轮歇制，还是轮作轮歇制，合理的林地比例和严格的隔火道制度下，是不会影响整个森林的生态系统的。同时，轮歇制下的火耕与休耕保证了土地肥力熵的持续性，使投入与产出比也较为可观。只是当人口急增，人地关系达到人地矛盾的临界线时，情况才越过熵限度。具体讲是当

---

① 尹绍亭：《人与森林——生态人类学视野中的刀耕火种》，云南教育出版社，1990年《一个充满争议的文化生态体系》，云南人民出版社，1991年《远去的山火——人类学视野中的刀耕火种》，云南人民出版社，2008年。

玉米、马铃薯等高产旱地农作物在亚热带山地广泛种植以后，从山地游耕变成山地固定坡耕，大量海拔2000米的水源林被砍伐变成旱地，南方亚热带山地形成结构性贫困，才出现对生态环境的严重负面影响。[①]所以，我们对于历史时期亚热带山地的刀耕火种不能简单认为是原始的、低产的、破坏生态的，要区别时代的差异来具体分析。

在历史水文地理或者中国水环境史话语中，往往根据历史文献中的片言碎语和诗歌中的一两句对江河水体清浊描述来分析当时的水生态环境，认为在中国古代很早就出现了水体破坏和污染。其实，在传统生产力背景下，至少在清代中叶以前，中国西南地区古代水体的特征有两点是可以肯定的。

一是大多数江河清浊的变化是江河湖沼水体自然常态差异，即季节差和自然环境差异，与人类活动破坏并无关系。我们知道江河湖沼由于所经地形地貌的不同、河道形式的差异、季节的不同，可能对江河湖沼的水文景观影响都相当大。如以地形地貌来看，三峡黛溪上游经过了煤层地区水体表面呈现黑色，所以才有黛溪之名，但如果我们仅以文献水色记载来看，往往就形成一种水土流失严重的认知假象，实际上黛溪河两岸森林植被相对较好，水体质量是很好的。再如金沙江支流溜筒河流经昭觉县红土地区，故水色显红褐流入金沙江，而仅十千米远的金沙江支流西苏角河因来自大凉山腹地森林地带则河水清澈见底。这种差异并不是人类干涉的结果，而是地形地貌差异形成的自然现象。历史上正是由于金沙江下游沿

---

① 蓝勇：《刀耕火种重评》，《学术研究》2000年第1期；蓝勇：《明清美洲农作物引进对亚热带山地结构性贫困形成的影响》，《中国农史》2001年第1期。

线有几条像溜筒河、牛栏江、小江这样的红褐色支流对整个金沙江历史时期水质黄褐色相起了决定作用。所以，在清中叶以前由于金沙江流域人类活动力度并不太大，人类的活动对金沙江水质的变化的影响是相当小的。以前有学者认为长江、乌江在1970年以前所有季节都是清澈的，1979年后所有季节都是混浊的，显然也是没有根据的。① 不过，当人类生产力发展到可以在金沙江上修建大量水库电站以后，由于大坝的拦沙蓄清作用，金沙江水质从表体上看相当清澈了，致使四川宜宾完全一改以前的"岷金分明"中的"岷清金浊"变为"金清岷浊"。显然，当人类生产力提高以后，对水文的干涉程度就完全不一样了，这就显现了人类干涉环境力度的时间性差异。

二是在传统时代，在没有生态意识的背景下森林砍伐、城乡污水排放当然会出现水文变化和污染。但是由于传统时代生产力的干涉力度限制，江河湖沼水体并无明显的生化无机污染，即使存在有机污染也仅限于少数大城市之小河之中。如汉唐时期成都的锦江还可以濯锦，有"濯锦清江"之称。即便到了清代末年，锦江河水仍可饮用，故才有"河水豆花""河水香茶"的话语。当然，清末成都城内金水河、护城河已经受到有机污染不能饮用，井水也受到影响。同样清末民初自流井附近的塘井和釜溪河都受到生活垃圾污染而难以饮用。② 不过这种污染仅是有机污染，主要为生活垃圾污

---

① 【美】罗兹·墨菲：《在亚洲比较下观点的中国环境史》；刘翠溶、伊懋可：《积渐所至：中国环境史论文集》上册，台湾"中研院经济研究所"，1995年，第107页。
② 蓝勇：《历史时期西南经济开发与生态变迁》，云南教育出版社，1992年，第256—258页。

染,大多数是可能通过停止污染源和自身净化实现清污的。但工业化时代以来,大量无机污染出现,许多河流表面上呈现不透明的绿色,但水质本质并不是我们想象的那样,而且难以自我分解净化。这一是说明我们不能简单用水的颜色来鉴别水质的好坏,一是说明当进入工业化时代后人类活动对水环境的污染起的负面影响更大,也显现了人类干涉环境的时间性差异。

在传统时代,特别是在冷兵器时代,社会上认为土匪都在乡野,山林往往是藏亡纳叛之地,所以在历史时期很多砍伐森林的目的都有消除森林的这种功能的诉求。但随着热兵器时代的到来,山林作为藏亡纳叛的功能相对削弱。在信息化、核武器时代,人们砍伐森林的诉求中自然没有这样的考量了。这种变化自然也是社会生产力发展的结果,同样也体现了人类干涉环境的差异。

应该看到,正是由于区域和时间这两种差异,使每个地区的环境临界线的出现时间往往都不一致。也就是说同样的改变环境行为、同样量的改变环境行为,放在不同地区、不同时期其影响可能都会有相当大的差异。所以,我们很难在一个太大的区域内定一个明显的环境变迁的"临界线",而是需要在不同的地区找出这个地区的环境变化正负临界线。这样,区域环境史或区域环境地理的研究尤为必要。对于一个"小生境"来说,比如一个县城、一个几平方公里的区域,可能一次较大的改变自然就会出现局部的环境破坏,就会出现我们称的"小生境"的破坏,但在"大格局"意义上来看,即确定一个几万、几十万平方公里的面积内的环境临界线出现,可能就较为复杂了。换句话说,如果要确定一个几万、几十万平方公里的环境临界线,可能就必须从地形地貌、气温湿度、人口规模与分布、生产方式、生产力水平、植被总量变迁、水源总量变化等综合考量了。就中国传统农耕时代背景下来看，浅丘地区的人口密度、人地比率是考量生态环境临界线的一个重要标志。以四川盆地为例，这个临界线可能是在清代嘉庆以后才显现出来的。就整个四川盆地而言，早期人类垦殖的基本规律主要是先在盆地内的平原和浅丘进行垦殖，但在传统生产力背景下，60—80万顷是一个环境承载的基本垦殖数字。也就是说四川盆地一旦突破这个耕地数字后，可能就要进行大量地山地坡耕。以传统观点认为清代中国南方地区耕地数人均4亩为传统社会基本温饱线为准，整个四川人口在2000万就是一个基本人口线。据我们研究这两个数字都是在清代嘉庆年间出现的，也就是说在传统农业生产力背景下，四川盆地耕地达到60万顷、人口超过2000万是环境变化的临界线。①因为在传统农业生产力没有本质性发展的背景下，农业社会只有采用扩展种植空间的外延式发展的道路，向四周山地大规模进军，进行山地种植，大量砍伐森林，特别是由于种植需要对林木根系的破坏，使森林失去了自我恢复的功能，才出现了对水源林地区的较大破坏。也就是说在长江上游地区对人类生存环境造成破坏性改变的环境变化可能是在这个时期以后，清代嘉庆年间是四川盆地的环境"临界线"出现的时期。

（二）资源的"匠化""选择""重建"：资源利用干涉的限度差异

在中国环境史研究中还必须注意人类利用环境提供的资源的

---

① 蓝勇：《乾隆垦殖对四川农业生态和社会发展影响初探》，《中国农史》1993年第1期。

"匠化"程度，即人类在资源使用过程中对资源改变程度大小的问题。首先这是一个客观性话语的讨论问题，即我们总结历史时期人类的资源利用过程中发现人类主观上或者客观上对资源的改变程度本身是有明显差异的。即不同的资源类型对于人类本体的适宜性天然存在差异，所以，我们在不考虑其他因素的条件下，人类干涉资源的用力程度就已有一定的差异。即历史时期资源"匠化"也不能简单等同于资源"退化"，不同的资源类型、人类影响程度、不同的生产力背景三个参数形成的复杂关系使得在历史时期"临界线"上出现巨大差异。这里仅以食物、燃料、建材三个方面资源来做一分析。

1. 历史时期食物资源利用中的"匠化"问题。

我们发现鸡、猪、鱼三种资源性动物的人为干涉差异在历史上客观存在，研究表明历史上人类很早就完成了对野生状态的猪、鸡的人工驯养，但对鱼的人工养殖却出现相对较晚。这主要是在于绝对野生的鸡、猪与绝对野生的鱼在适合人类口味上天然地存在着巨大差异，野猪、野鸡由于天然的腥膻味并不适宜农耕民族的日常口味，而天然的鱼却最能体现鱼的鲜味且少有泥腥味，所以，在历史上人们自然首先选择养殖了鸡和猪，而不是鱼。实际上经过人类驯养的鸡和猪在口感和口味上是野猪和野鸡不能比拟的。但是，当在科学技术发展、市场需求加大的背景下，人们加大对家养猪、鸡的干涉力度，使用催生激素类饲料喂养，使鸡和猪快速生长后，猪和鸡的肉质和口感又完全下降了。[1]这就又提出了一个"匠化"程度

---

[1] 蓝勇、刘静：《历史时期资源开发的技术"干涉限度差异"研究——基于唐宋以来长江流域渔业经济方式变化过程的反思》，《江汉论坛》2016年第5期。

的新问题。再如食用植物资源来看，也并不是原始野生状态的食用植物资源都一定比人工种植的好，比如野葱、野蒜的风味就远不如人工种植的葱蒜，但后来完全依靠催生素培育出来硕大无味的葱蒜又过犹不及。这同样是一个"匠化"程度问题。实际上在中国饮食史上有一个较为特别的现象，许多野菜与家蔬之间界线并不清晰，历史时期野生蔬菜资源的丰富和人口基数不大的背景下，人们除了大量人工栽培蔬菜外，还大量利用天然的野菜，因经常食用而好似家蔬，如苕（巢）菜、苦菜、绿菜、木鱼子、莼菜等；有的蔬菜则是人工栽培与野生同时并用，如竹笋、蕺菜、蜀葵等。所以，直到当下，有的菜类野生状态更适合人类口感味道，有的则是人工栽培的更适合人的口感味道，不是说所有蔬菜都是以野生状态为最好、最绿色。实际上历史时期在传统技术背景下人类培育选择的过程就是一个自然优化的过程。也就是，面对不同的资源，是否"匠化"，"匠化"到何种程度，历史时期人类已经走出了自己的道路，做出了自己的选择。

我们的研究表明，历史时期面对不同的资源类型、品种，人类干涉的程度是有差异的，这是一种历史上的资源本体属性与人类选择适应形成的客观现象，是历史上一个人类的主观选择的过程。当然，历史时期同一样资源品种可能人为干涉程度超过人类本体的适应性"匠化"过度可能也会走向反面。特别是当现代技术进入后，在市场利益驱动下，往往以总产量、单株重量为一个重要的追寻目标，反而使有的蔬果生物的品质显现良莠不齐之乱象。

当人类掌握了现代科学技术，人类使用激素饲料养殖，许多生物资源生长速度大大加快，资源总产量和个体重量大增，由此而

第五章 资源、环境与干涉限度差异话语

来的生物品质状况却较为复杂。许多资源在这种人类干涉下产量与品质同时提升，或者产量大增、体量大增但品质仍能维持原来的水平，或产量大增但品质口感味道大大下降，人类干涉的影响显现的结果并不完全一样。如许多新技术介入苹果后，单体重量大增，色相更好，但呈现品质大降，反而没有被介入新技术的昭通、茂汶苹果口感品质不减。但许多葡萄、柑橘接受了新技术介入后品质、果体、产量都比以前好得多了。出现这种差异现象，可能是生物本体的属性的差异所致，可能是人类干涉技术的差异所致。不可否认的是历史时期人类干涉技术提高后，使生物资源品质有较大提高，产量都有很大的提高，如在历史上许多鱼类资源在近20年内完成纯天然生长向完全或半人工养殖的过程，如我们熟悉的江团、青波、鲶鱼、黄腊丁完全可以人工养殖了，但齐口和重口裂腹鱼的雅鱼则只能半人工养殖，这是冷水鱼类特殊的环境背景要求和我们的技术还不能完全复原雅鱼的生存环境所致。实践证明，有些鱼类如果使用传统饲料人工饲养，鱼类品质与野生状况相差并不是太大的。在中国农耕社会里，牛往往是作为耕牛出现的，所以人们食用牛肉并不普遍。在中国古代食谱中，牛肉菜品在肉类菜品中是最少的。但到了工业化时代后，特别人力车耕地逐渐退出历史舞台后，牛作为一种相对绿色的食料资源往往更多地被用于饮食，人们才开始在牛的饲养中加大了人类干涉的强度。

不同的生物资源人类干涉的用力程度是完全不一样的，在历史时期就客观存在一种差异，这是生物资源本性差异与人类生产技术发展差异双重影响所致。所以，我们认识到历史时期不是所有的资源人类干涉都是不好的，也不是干涉到何种程度都是合理的，因为有的资源必须完全干涉它，使其失去原来的天然状态，有一些资源却需要完全保存它的原生态，更多资源是需要在不同的环境、生产力背景下进行适度干涉，所以，对历史时期的资源，我们是不可能有一个统一的资源"匠化"标准的。我们在中国环境史或历史环境地理的研究中对这些资源的利用结果一定要有一个分门别类细化评价，不能一看到人类技术介入就说不好，以为食物越原生态、越天然就越好。这应该是我们的一种历史资源评价的标准，也应该是一种正确的现实社会考量准则。历史资源地理或中国环境史的研究需要是对历史时期这种资源干涉程度的客观过程做出研究，然后再总结其规律性，将之融化在当下的社会干涉行为准则中。

2. 历史时期燃料、建材资源利用与人类选择问题

随着生产力的变化，作为燃料和建材的资源都在中国历史上发生过重大替代转换过程，即在燃料上出现了从可再生生物燃料逐渐向不可再生非生物燃料转变的燃料换代过程，[①]在建材上也出现了从可再生生物建材逐渐向不可再生的非生物建材转变的过程。虽然在中国古代煤炭、天然气的发现运用出现较早，利用砖石建筑房屋也出现较早，但整体上这两个转换过程是在20世纪这一百多年之间完成的。

传统社会的燃料主要是以可再生的生物燃料为主，即以树木薪材为主。在传统时代的生产力背景下，人类获取生物性燃料相对容易，而发现和获取非再生燃料却相对更困难。在生物燃料中，人类在传统时代已经开始部分转换，如将薪材转换为木炭。但是非再

---

① 蓝勇、黄权生：《燃料换代历史与森林分布变迁》，《中国历史地理论丛》，2007年第1期。

生生物燃料的运用相对更晚，石油、天然气虽然发现较早，但在社会生产和生活中广泛运用却较晚。在传统时代，人类对可再生的生物燃料的获取一般遵循就近获取的规律，所以，在人口密集的传统农耕区，特别是在城镇四周边，往往是一片童秃，绝非我们臆想的古代人生存的环境是如何的一片青山绿水。在传统时代可再生生物燃料的取用，对城镇周边的生态环境的破坏是明显的。不过，由于传统时代在高产旱地农作物传入中国之前，人类活动对广大水源林地区的影响相对较小，在中国西南亚热带山区的广大山区整体上森林生态环境还是较好的。到了21世纪，由于城乡广泛采用煤炭、液化气，完成了从可再生生物燃料向不可再生非生物燃料转变的燃料换代过程，叠加其他人口流动、环境意识的因素，可再生生物燃料的取用达到历史时期的一个相当低的水平。所以，中国目前南方亚热带地区的植被状况进入到了相当好的时期。但我们发现，由于可再生生物燃料有可再生性的优点，而非再生非生物燃料存在有不可再生、破坏不可回归、生化污染严重三大弱点，反而我们在这个时候又要鼓励适度选择使用可再生燃料。所以，在燃料转换过程中，人类对不同的燃料资源的选择是有区别的，体现在干涉资源程度上就会有选择的差异。显然，现在我们看见农村适度用薪材作为燃料就不应该一味指责。当然，适度利用可再生生物燃料这个适度是需要我们研究的。我们相信，当科学技术与生产力进一步发展，随着新类型燃料的出现，可能出现的人类干涉选择又有差异，如现在电能燃料、醇基燃料等。从此来看，资源的选择行为是一个与生产力水平、资源属性、社会观念相关联的行为，这就决定了人类干涉资源的选择具有时代性、差异性。显然，我们在中国环境史的研究中就不能一看到历史时期砍伐森林为薪材就认为是破坏环境，也不能一看到历史时期使用了石油、煤炭、天然气就以为更有利于环境优化，当然也不能一看到大量使用砖石、水泥、钢材为建材而不用木材而感到欣慰。

3. 历史时期植物资源与动物资源的重建在回归性上的差异问题

在历史自然地理的研究中，我们往往将森林变迁与野生动物的变迁联系起来研究。但我们较少注意到历史时期森林中的植物和动物受人类活动的影响显现的演变规律的差异性。我们研究历史时期贵州威宁石门坎地区环境变迁时就发现，植物资源与动物资源的破坏与重建的基本规律并不完全一样。研究表明，贵州威宁石门坎地区在清代末年的森林植被状况并不如现在好，但我们发现仍然有许多珍奇的野生动物存在其中。现在森林植被相对较好，反而野生动物种类大大减少。[1]这种在人类活动影响下动物与植物发展的差异性对我触动很大。我们发现这里有两种可能，一是虽然当时石门坎附近森林植被不如现在，但在广大的山地腹地仍然有较多的原始森林供野生动物们栖息；一种可能性是20世纪50年代以来人类对石门坎附近野生动物的猎取使野生动物遭受到灭顶之灾，生物链出现断链，一时难以完全回归到清代状况。我们发现最大的问题是野生动物破坏后的回归重建与森林植被破坏后的回归重建体现的回归性并不一样。森林植被的回归重建相对更为容易，而野生动物的回归重建则相对较难。在历史时期的中国南方亚热带地区，只要土壤、气候条件不变，如果树根不被破坏，森林的自然回归恢复是较快的。

---

[1] 蓝勇：《贵州威宁石门坎田野调查反映的环境变迁》，《明清以来云贵高原的环境与社会》，上海东方出版中心，2010年。

但是野生动物一旦被猎取捕杀到一定程度,特别是各种野生动物的生物链打乱形成断链以后,要想回归重建就相当困难了。所以,我们发现在中国南方亚热带山区很多地区的森林覆盖率已经达到历史时期较高的水平了,但并没有我们曾经熟悉的亚洲虎、熊类、猿类出现,并且连中小型兽类都较为少见了。不过,由于大量食肉天敌的消失,食杂的野猪、猕猴存量在森林恢复和农村人口减少背景下飞速增长,又显现了人类的另一种干涉力度的影响。从此我们可以看出,整体上野生动物生态脆弱性远比原始森林更明显,人类在历史上对野生动物的干涉一定要更为慎重,切记要控制好干涉强度。当然,即使是森林的回归也不是完全的回归,同样面积的原始林与次生林中幼林的生态意义完全是不一样的,更不要说同样面积的原始林与人工林的差异了。所以,森林覆盖率就是再提升,可能我们也无法找到历史时期的瘴气遍野的状况,因为演变成的人工林失去了产生瘴毒的众多物质来源。当然,在某种程度上讲从原始林到人工林的这种变化是有利于人类本体的,因为我们人类在受原始林瘴气威胁与享受人工密林环境之间选择可能更多应该选择后者,而不是极端生态主义选择的前者。

(三)中国环境史学科的新要求

如果从中国环境史或者中国历史环境地理角度来看,研究历史时期人类干涉环境和资源的程度差异,拟定不同时期、不同环境、不同资源的人类干涉差异标准,对于深化中国环境史或历史环境地理的研究在学理上意义重大,也会使中国环境史或历史环境地理的研究在现实部门看来更有可操作性。当然,如此对于我们研究者则提出了更高的要求。

一是要求中国环境史或历史环境地理学者有更强烈的现实关怀。如果在二三十年前，中国环境史或历史环境地理研究的现实诉求可能主要还是培养人们的环境意识，1992年出版我的《历史时期西南经济开发与生态变迁》一书时就仅有这种功能，只是想从历史研究的角度去培养社会的生态文明观，但在今天只有这种功能就远远不够了。因为当下整个社会和环境部门更多需要我们提供可资具体操作的方案和建议，而不是一些正确的口号。所以，我们中国环境史或者历史环境地理的研究者首先应该是中国环境现状的热心者、关爱者。

二是要求我们对有关环境、资源的技术知识有更多的储备。目前中国环境史或历史环境地理的研究者大多是人文学科出身，科学和技术素养相对较弱，所以，对于我们来说仅有关怀现实的热情还远远不够，在中国环境史或历史环境地理的研究中，储备相关的环境和资源的技术知识对于我们更科学、更深入地研究中国环境史或历史环境地理更有意义。特别是当我们深化到具体研究每一种"小生境"或每一样资源的具体干涉差异时，有关生物、地理的知识储备就尤为重要了。

三是要求我们有更多小空间"小生境"的中国环境史或历史环境地理研究的个案出现。中国历史上有1300多万平方公里的陆上疆域，环境背景和资源属性相差巨大。对如此大的空间，我们的认知往往是难以精准的，所以以小空间为研究背景对于我们深化中国环境史研究相当必要。只有当我们的研究精准到哪一个小区域、何种气候带、何种地形地貌、何种生物食物、何种燃料、何种建材后，我们的方案建议对社会才可能具体而精准，才具有可操作性。

四是要求更加重视田野考察在中国环境史或者历史环境地理研究中的作用。其实要真正实现上面三点要求，进行大量深入的田野考察是必由之路。正是我们多年来在亚热带高山草甸地区的考察才发现了这个地区生态变化的特殊性，正是我们数次带上老照片重走前人的道路才发现近百年来城乡植被变迁的差异性，正是我们吃遍大西南才发现许多食材资源的"匠化"的天然差异性。周琼教授正是通过大量云南瘴气的田野调查，科学地回答了学界一度认为的瘴气仅是中原文人的地域偏见而瘴气根本不存在的观点。[1]

五是在中国环境史或历史环境地理的研究领域内，我们急需形成中国环境史的本土话语去影响海外。改革开放以来，环境史的研究从理论到个案最早都是来自大陆以外，西方环境史的研究理论对中国环境史的研究影响巨大，梅雪芹、包茂宏、王利华等在介绍海外环境史理论方面做出了突出的贡献。40年过去了，虽然中国环境史或历史环境地理的研究成果已经不少，但建立在坚实的田野基础上的个案研究且形成本土话语去影响海外的成果并不多。所以，中国环境史或历史环境地理研究的当务之急是出现众多的成功个案并总结出本土话语去影响海外。

---

[1] 周琼：《清代云南瘴气与生态变迁研究》，中国社会科学出版社，2007年。

## 二 历史上鱼类资源开发差异与"干涉限度差异"[①]

人类文明史实际上是人类充分依托自然环境和利用自然资源而从纯自然向人化自然发展的过程。在这个过程中，人类多大比例改变自然，也就是一个怎样的"度"才能使人类自然走向量与质的可持续发展，确实是我们以前在历史研究领域缺乏思考的问题。现在人们提的生态经济，实际并不是完全的自然经济，只是让人类干涉自然的深度和广度控制在一定的程度，故在此提出人类影响自然的限度问题，即"干涉限度"。这里讲的一定限度，实际是一个相当大的变数，可能不同的事物、不同的时空，其限度都是不一样的。作为历史研究的个案研究，可能最重要的是需要从许多具体的个案研究中总结出一些特定的话语。这里，我们对长江流域一千多年来渔业经济人类"干涉程度"的变化和影响作研究，从历史上鱼类资源开发与其他生物资源开发技术影响的差异中提炼出"干涉限度差异"话语。这既是中国历史地理研究提炼本土话语的需要，也是现实社会生活中关怀现实的迫切诉求。

研究表明，唐宋以来长江流域渔业经济总的发展趋势是淡水捕捞比重逐渐下降，人工养殖的比重逐渐上升，迄今人工养殖已经占了绝对优势。有学者从科技史的角度单线回溯了历史时期我国淡水养殖技术变迁的过程，或是从鱼类养殖的角度来探讨水产养殖的发

---

[①] 此文系与刘静合作，原名《历史时期资源开发的技术"干涉限度差异"研究》，刊于《江汉论坛》2016年5期。收入此书略作修改补充。

展对水环境的不利影响等，对于其他方面的影响则谈及不多。[1]总的来看，以上成果并未将淡水捕捞与人工养殖有机结合，整体性、动态性地对长江流域渔业经济结构的变化过程及原因、影响等进行研究。实质上，渔业经济中自然捕捞与人工养殖比重的变化，是人类对鱼类资源利用方式的变化。这一利用方式发生变化的原因及影响都是多重的。推动二者比重发生变化的原因，既是因消费需求使然，也与二者自身发展情况有关。二者比重变化所带来的影响也是多方位的，包括饮食结构、烹饪方式、鱼类品质、产业结构、水生态环境等诸多方面。本文以此为视角，通过动态、全面的复原人工养殖与自然捕捞在渔业经济中所占比重的嬗变，分析自然与人为因素在鱼类资源开发过程中由于其所占成分的差异而产生的作用及影响。我们以鱼类资源的开发为例，探讨人类对自然资源开发利用方式和影响程度的"干涉限度差异"的问题。

（一）唐宋以来长江流域渔业发展过程

1. 唐宋至明代前期——自然捕捞占绝对优势，人工养殖初步发展

唐宋至明代前期，长江流域渔业经济自然捕捞占有绝对性优势。景龙元年（707年），李乂在江南为官时上疏曰："江南水乡，采捕为业，鱼鳖之利，黎元所资，土地使然，有自来矣。"[2]随着

---

[1] 蒋高中：《20世纪中国淡水养殖技术发展变迁研究》，南京农业大学2008年博士学位论文，该文分时段对我国20世纪初至20世纪90年代淡水养殖技术的发展变迁过程及原因进行了梳理。至于养殖发展对水环境的影响，此类研究成果较多不一一列举。
[2] 《旧唐书》卷一〇一《李乂传》，中华书局，1975年，第3135页。

捕捞业的发展，出现了一批专门"以网捕为生"的捕鱼专业户，叫作"渔人"或"渔户"。五代时吴越"置渔户、蟹户，专掌捕鱼蟹"，[1]尽供王室消费。到了宋代，中下游地区渔业捕捞的商品化程度和其在经济中的地位均有提高。通过宋代张达明《吴江渔具》可以看出，宋代使用的渔船、渔具规模较大，其所著《帆罟》诗中描述的就是一种大型的渔船。宋代渔具专业性增强，出现了如专捕大型鲟鲤鱼的鲟鱼钩，[2]捕河豚截流为栅等。[3]渔具专业化的增强是鱼类捕捞业发达的表现。唐宋时期长江中下游是淡水产品的主要进贡区域，尤其是洞庭湖、鄱阳湖、太湖流域，捕捞种类丰富如鲥鱼、鲟鱼、白鱼等，通过一定方式进行加工保存后，冰鲜鲥鱼、鲟鱼鲊、糟白鱼等成为地方源源不断进贡朝廷的珍品。

上游地区水流湍急险滩甚多，唐宋时期捕捞不甚发达，但在部分水流较缓的河流或江段，捕捞业亦达到一定水平。杜甫《观打鱼歌》中"渔人漾舟沈大网，截江一拥数百鳞"，[4]可以看出涪江上使用的网具规模较大，一网下去可捕获数百条鱼。唐代沱江流域也有"多鱼鳖"的记载。[5]除此以外，适应于上游河道多岩石、滩险流急的水文情况，唐宋时期还有关于利用动物如鸬鹚[6]和水獭[7]捕鱼的记载，捕鱼方式多样化。正是由于鱼类资源丰富，才有杜甫的"家

---

① 钱仓水校注《蟹谱蟹略校注》卷二，中国农业出版社，2013年，第59页。
② 范致明：《岳阳风土记》，台湾成文出版社，1976年，第33页。
③ 胡道静校注《新校正梦溪笔谈·补笔谈》，中华书局，1957年，第330页。
④ 彭定求等编《全唐诗》，中华书局，2005年，第2314页。
⑤ 《元和郡县图志》卷三一《剑南道·上》，中华书局，1983年，第785页。
⑥ 段成式：《酉阳杂俎》卷五，中华书局，1981年版，第53页；张鷟《朝野佥载》卷四，中华书局，1985年，第56页。
⑦ 胡道静校注《新校正梦溪笔谈·补笔谈》，中华书局，1957年，第166页。

家养乌鬼,顿顿食黄鱼"之说。[1]宋代苏轼有诗赞誉青衣江"想见青衣江畔路,白鱼紫笋不论钱"。苏辙写有一首七律《纪胜亭》极赞新津南河"渔艇纵横逐钓筒"。[2]

明代前期长江流域渔业经济的发展体现在渔业专门管理机构河泊所的广泛设置上,政府对渔业经济的管控程度加强。长江中下游鱼课数量极丰,是朝廷财政税收的重要来源。除了鱼课外,有明一代的鱼贡也是一项大宗,除了传统的鲥贡、鲟鳇鱼贡外,成化年间新增鱼鲊一项,渔民负担极为沉重。鱼类成为重要的商品,鱼市发达,在秋冬季节产鱼丰富的湖泊区,其所产鱼虾价格贱不值钱,"罾高岸阔秋水深,湖上鱼虾贱如土"。[3]各地水产品加工产品不仅行销于本地,大宗产品或地方特产如常德府的盐鱼[4]、太湖地区的银鱼干、荷包鲊等更是行销外地。长江上游地区明代前期也设置了一定数量的河泊所。以四川为例,就在叙州、夔州、嘉定、泸州、顺庆、建昌卫军民指挥使司等行政区域设置10个河泊所。[5]

唐宋至明代前期长江流域对鱼类资源的利用,除了自然获取外,人工养殖也获得初步发展。人工养殖的基础是鱼苗,长江中下游地区是传统的淡水鱼类养殖区,也是重要的鱼苗产区。整个长江江段以湖北的嘉鱼、武汉,江西的九江、湖口等地鱼苗产量最多,这成为中下游渔业养殖发展的基础。唐宋时期随着经济中心的东移南迁,中下游的人工养殖进一步发展,渔业养殖商品化程度逐渐提

---

[1] 彭定求等编《全唐诗》,中华书局,2005年,第2539页。
[2] 张春林编《苏轼全集》,中国文史出版社,1990年,第265、1406页。
[3] 李东阳:《怀麓堂集》卷三《西浦渔罾》,文渊阁四库全书本。
[4] 嘉靖《常德府志》卷八《食货志》,嘉靖十四年刻本。
[5] 尹玲玲:《明清长江中下游渔业经济研究》,齐鲁书社,2004年,第424页。

高。唐代皮日休《种鱼》诗："移土湖岸边，一半和鱼子。池中得春雨，点点活如蚁。一月便翠鳞，终年必颁尾。借问两绶人，谁知种鱼利。"①唐宋时期人工饲养鱼种类逐渐增多，唐代以前以鲤鱼为主，唐代以后青、草、鲢、鳙这四种鱼被广泛养殖，称之为"四大家鱼"。宋代淡水养殖的发展集中体现在其鱼苗培育与转运上，南宋时期周密的《癸辛杂识》对此有详细记载。②

由于未能解决鱼苗问题，一直以来，长江上游地区人工养殖发展缓慢。适宜的气候和水环境，使得鱼类资源在长江上游的水田和水塘中得以自行繁衍生殖，所以汉晋时甚至出现"鱼害"。大量的考古发现和文献记载表明，早在两汉时期长江上游的四川盆地地区水田、水塘等人工环境水域中鱼类资源丰富，且为人们所利用。《华阳国志》中记载四川地区鱼池、渔田多处。③至于这种人工水域的鱼类资源是否能算作是人类进行渔业养殖的表现，因缺乏相关鱼苗孵化资料。性质尚待研究。长江干支流中更是鱼类繁多，有"民赖鱼罟"之说。④应该看到，两汉以后此种关于人工水域鱼类的记载在上游地区都很难见到。应该说在这个较长的时间段，小规模零散的个人养殖应该是有的，但商品化程度较低，在渔业经济中所占的比重不大，直至晚清民国之际人工养殖始有一定发展。

---

① 彭定求等编《全唐诗》，中华书局，2005年，第2551页。
② 吴企明点校《癸辛杂识》别集上《鱼苗》，中华书局，1988年，第221页。
③ 任乃强校注《华阳国志校补图注》，上海古籍出版社，1987年，第175、152—181页。
④ 乐史《太平寰宇记》卷一四九，中华书局，2007年，第2887页。

2. 明代后期至20世纪60年代——自然捕捞比重逐渐下降，人工养殖比重上升

明代后期开始，长江中下游地区在巨大人口压力下农业规模迅速扩展，水域面积和鱼类资源减少，自然捕捞有所下降，河泊所机构纷纷裁撤，鱼课征收数量下降，鱼贡日难，但自然捕捞在渔业经济中依然占主体地位。如果说明代后期长江中下游由于水域缩小自然捕捞有所下降的话，在河道较为稳定，湖泊水域面积较少的上游地区则基本不存在此类问题。相反伴随着捕鱼经验的积累，上游地区的自然捕捞应该呈上升状态。明代前期上游自然捕捞在前代基础上进一步发展，渔具种类多样，嘉靖《洪雅县志》记载青衣江流域的捕鱼方式多种多样："取鱼则以獭、以鸬鹚、以桴、以百袋网、以拦江网、以撒网、以浮筒、以钩、以竹。"[1]但由于长江上游捕捞量并不大，在长江流域整体自然捕捞与人工养殖比重中影响不大，总体来看，明代后期长江流域自然捕捞比重开始呈下降趋势。

明清时期长江中下游地区水产养殖业有显著的发展，"低乡先民，利在蓄鱼"，[2]养鱼业的商品生产性质在全国最为明显。这一时期太湖流域劳动人民利用低洼地势创造了桑基鱼塘渔业养殖模式。中下游地区通过围圈河床、湖荡，建设了大量成片的鱼池。除了池塘养殖外，还向外荡（野荡、米荡）发展。清顾禄《吴趋风土录》记载："蓄鱼以为贩鬻者名池为荡，谓之家荡。有所谓野荡者，荡

---

[1] 嘉靖《洪雅县志》卷一，天一阁藏明代方志选刊第66册，上海书店，1981年。
[2] 《吴县水产志》编纂委员会编《吴县水产志》，上海人民出版社，1989年，第125页。

面必种菱芡，为鱼所喜而聚也。"[1]这里的"野荡"养鱼即是河道养鱼。技术上，长江中下游地区注意水体的综合利用，实行多品种的混养模式。《湖录》记载："青鱼饲之以螺丝，草鱼饲之以草，鲢独爱肥，间饲之以粪。盖一池中，蓄青鱼、草鱼七分，则鲢鱼二分，鲫鱼、蝙鱼一分，未有不长养者。"[2]在悠久的养殖历程中，长江中下游地区对鱼苗的采集与运销、鱼池的处理、放养的数量、品种搭配、鱼苗及成鱼生长各阶段的营养方法、饵料投放、鱼病害防治等一系列养殖问题积累了一定经验。[3]明代黄省曾《养鱼经》、徐光启《江西养鱼法》等著作均是养鱼经验的总结。民国时期中下游地区伴随着人口增多，对鱼类资源需求的增加，鱼类养殖日益受到重视。总的来看，长江中下游虽然渔业经济发展历史悠久，但至20世纪60年代中期，渔业人工养殖比重仍然不大，以淡水捕捞为主体。

长江上游地区成规模的人工养殖始于清末民国之际，尤以抗战时期最为显著。当时上游鱼苗主要来源有二：其一，每年惊蛰前后的产卵季节，沿江农民和当时为数不多的专业渔场在江河中采卵捞苗。在自行采捕鱼苗的沿江地区，包括嘉陵江、沱江、涪江流域等都有一定的渔业养殖活动。如遂宁地区"居民多以养鱼为业，每岁各处池塘可得鱼千斛或数百斛不等。邑东门外有鱼苗市，春夏之交鱼贩麇集，生理甚盛，鱼苗佳者，蓄养得法，一年可长至七八斛，

---

[1] 顾禄：《吴趋风土录》（十），《小方壶舆地丛钞》第6帙，浙江古籍出版社，1985年版。
[2] 《吴县水产志》编纂委员会编《吴县水产志》，上海人民出版社，1989年，第125页。
[3] 江苏省水产局史志办公室编《江苏省渔业史》，江苏科学技术出版社，1993年，第5、49、64页。

第五章　资源、环境与干涉限度差异话语　377

渔业之利顿占优胜云。"[1]遂宁地区的淡水养殖有一定发展,并有专门的鱼苗市。其二,从外地运进,其中以汉口居多。从汉口所贩运鱼苗多是经万县转运,万县乃是上游鲩、鲢鱼苗之集散转运地。[2]当时临靠鱼苗产地两湖较近的川东地区,如万县、开县、梁山等以当地鲩、鲢鱼苗来源相对容易,多购入放养于堰塘中,任其天然成长。

下游贩运来的鱼苗品种以草鱼、鲢鱼为主,改变了上游传统时期多养殖鲤鱼的状况。由于贩运距离较远,加之技术受限,鱼苗的贩运规模并不大,但无疑是上游养殖所需鱼苗来源的有力补充。随着川江航运的发展,鱼苗贩运日益成为四川地区鱼苗的主要来源,并持续至20世纪60、70年代"四大家鱼"人工育种技术成熟后。抗战期间长江上游地区淡水养殖业的发展是在政府提倡与主导下进行的,兴办许多养鱼场,在此推动下私人也纷纷开设养鱼场,为渔业养殖的发展提供了契机。但总体来看,20世纪60年代中期前长江流域渔业经济中自然捕捞比重均超过人工养殖。

3. 20世纪60年代中期至今——人工养殖为主的发展

20世纪60年代中期我国渔业中鱼的人工养殖的比重开始超过自然捕捞。1965年,全国淡水渔业养殖产量占总产量比重的53%,捕捞占总产量比重的47%,人工养殖的比重超过捕捞。[3]作为全国重要淡水鱼产地的长江流域,二者比重是什么时候发生关键性转变的?通过对长江流域七大省份上海、江苏、浙江、安徽、湖北、

---

[1] 《遂宁渔业》,《广益丛报》1906年第13期。
[2] 傅万方:《长江上游鲩、鲢鱼苗之集散地——万县》,《水产月刊》1947年第2期。
[3] 丛子明、李挺主编《中国渔业史》,中国科学技术出版社,1993年,第153页。

湖南、四川从1949年至1988年自然捕捞与人工养殖的比重进行统计发现，同样是在1965年，长江流域淡水养殖比重超过捕捞比重，养殖产量占总产量比重的52.4%，捕捞占总产量比重的47.6%，与全国地区的状况基本一致，1965年以前自然捕捞比重无一例外均超过人工养殖。20世纪80年代人工养殖快速发展，1980年自然捕捞比重仅占29.4%，人工养殖比重占到70.6%，1988年自然捕捞比重则仅占15%，人工养殖比重占85%[1]，发展至今人工养殖占有绝对性优势。1986年，我国颁布实施《渔业法》，以法律形式确立了"以养为主"的渔业发展方针，实现了渔业发展从"以捕为主"到"以养为主"的历史性转变。

需要注意的是，虽然长江流域乃至全国人工养殖超过自然捕捞的比重是20世纪60年代中期，但具体来看长江流域各大省份，其变化时间并不同步。以下游的江苏和上游的四川地区为例，可以看出下游的江苏地区其养殖比重超过捕捞的时间较晚。江苏省1957年捕捞水产品和养殖水产品产量为3.36∶1，1970年淡水捕捞与养殖比重仍呈2.7∶1，1985年全省养殖产量第一次超过捕捞产量。直至20世纪80年代中期这一转变才得以实现。[2]上游四川地区，由于水文状况所限，捕捞难度系数较大，在鱼苗培育技术难题得以解决后，养殖相对较易。1949年江苏省捕捞比重占80.2%，远远高于四川所占自然捕捞比重58.87%。在20世纪50、60年代四川地区其养殖比重就超过捕捞比重，1957年人工养殖比重占54.40%，超过自然捕捞所占

---

[1] 中华人民共和国农业部水产司编《中国渔业统计四十年》，海洋出版社，1991年，第21—27页。
[2] 江苏省水产局史志办公室编《江苏省渔业史》，江苏科学技术出版社，1993年，第5、49、64页。

的比重45.60%，早于江苏地区。与长江流域的整体发展趋势一样，此后四川地区人工养殖所占比重日益增大，淡水捕捞所占比重逐渐减少。但直至1980年，江苏地区自然捕捞仍占到48.7%，而四川地区则仅占16.92%。[1]虽然各个省份人工养殖超过自然捕捞比重的时间有个体差异，但这并不影响对长江流域乃至全国淡水渔业经济整体结构的把握。

总的来看，唐宋时期至20世纪60年代中期的长时段内，长江流域渔业经济都是以自然捕捞为主体，即所谓"采捕为业"。亦有部分人认识到"蓄鱼获利"，人工养殖有一定发展。明后期始随着天然水域和鱼类资源的减少，自然采捕受到一定影响，但主体地位并未受到动摇。与自然捕捞比重呈下降趋势同时发生的是，随着商品经济的发展，人工养殖的商品性加强，人工养殖的技术发展，而所占比重也逐渐提高。也就是说，明代后期这二者比重开始呈现出转变的趋势，在一系列因素的综合作用下，20世纪60年代中期二者最终实现关键性的变化。20世纪80年代改革开放以后，人工养殖逐渐占绝对性优势。

（二）渔业经济发展方式主体转变的推动力

唐宋以来长江流域渔业经济发展实现了从最初的自然捕捞占绝对优势、人工养殖为辅，到20世纪80年代人工养殖为主、自然捕捞为辅的转变。这一转变初现端倪是在明后期，此后逐渐明显。这种转变的实现是市场、政策、资源、技术等多种因素的合力所致。

---

[1] 四川省社会科学院农业经济研究所、四川省水产局编《四川渔业经济》，四川省社会科学院出版社，1985年，第11页。

1. 市场因素：人口增加、经济发展背景下对鱼类资源需求量上升。

明清之际人口迅速增加，对鱼类资源消费量增大，推动了人工养殖的发展。民国前期，伴随着长江三角洲南京、上海、杭州等几大城市的发展，长江中下游地区渔业养殖有一定程度发展。吴县、吴江、无锡、江宁等地均有大面积的连片鱼池。据统计，吴县有鱼池36794亩，吴江有鱼池13867亩，江宁有鱼池11137亩。①

抗战期间，长江上游地区内迁人口大量拥入，尤其是沿海一带内迁人士惯于食鱼，对鱼类食用需求增加，以致鱼价奇昂，甚至影响到猪肉的价格："自抗战军兴，吾国沿海之渔业损失殆尽，三江两湖之陆内渔产价受影响，而外货又不能大量输入。鱼价高，影响猪肉价格。"②这一时期上游地区渔业养殖有了初步发展。20世纪50、60年代人口增长速度和城市化进程加快，有效解决食鱼供给成为人工养殖迅速发展的重要推动力。

除了人口增多刺激鱼类消费外，经济发展背景下对鱼的食用性、益智性认知的增强也是推动渔业养殖发展的原因。传统时期灾荒年份即有"以鱼为粮"的情况，到了抗战时期鱼类增产同样被认为是粮食增产的一部分。③食鱼的功效也得到进一步重视，"鱼为食中之上品，肉含磷质，有助于脑之发育。"④食鱼有助于人智力的开发更是受到人们的喜爱。

---

① 华东军政委员会土地改革委员会：《江苏省农村调查》，内部资料，1952年刊，第300—304页。
② 施白南：《四川省养鱼推广问题》，《农业推广通讯》1943年第5卷第1期。
③ 《中央实业建设农林鱼类增产》，《西南实业通讯》1942年第5卷第6期。
④ 施白南：《四川省养鱼推广问题》，《农业推广通讯》1943年第5卷第1期。

第五章 资源、环境与干涉限度差异话语 381

2. 技术因素：养殖技术进步，解决人工养殖诸多问题

对鱼类资源需求量的上升推动了养殖技术难题的解决。

唐宋以来长江流域在养殖技术上积累了一定经验，但总的来说还是沿袭传统养殖方式，属于量上的积累，并未实现质的突破。鱼苗的来源、饵料获得以及养殖管理诸多方面皆受到气候、养殖水环境等自然因素的限制。20世纪60年代后淡水养殖技术产生一系列的革新。鱼苗是渔业养殖的基础。50年代前，长江流域的鱼苗仍主要承袭传统自然水域捕捞技术。60年代"四大家鱼"的人工繁殖技术突破，淡水养鱼的苗种培育发生了根本变革，彻底扭转了我国淡水养殖对象受天然苗种限制的局面，为淡水养鱼业的大发展，提供了充足苗种来源。①除了四大家鱼养殖品种外，在最近几十年间大量的珍稀味美鱼类如中华倒刺鲃、松江鲈鱼、江团鱼、中华鲟、黄颡鱼、大口鲶等人工繁殖技术的成功大大推动了淡水养殖的发展。

在技术进步方面饵料来源与类型的不断变化也相当重要。饵料是养殖增产的物质基础，适当投放饵料是增产的重要途径。饵料构成上，传统时期养殖所使用的多是水草、玉米、螺蛳等天然有机饵料，20世纪50年代开始运用各种原料的粉状混合饵料，70、80年代进一步加以革新开始使用人工配制的颗粒无机饵料，开发出一系列的饵料替代物，养殖效率逐渐提高。②

在养鱼管理方面，我国科技工作者在总结池塘养鱼传统经验的基础上，提出小型水面的"水、种、饵、密、混、轮、防、管"八

---

① 丛子明、李挺主编《中国渔业史》，中国科学技术出版社，1993年，第153页。
② 蔡仁逵主编《中国淡水养殖技术发展史》，中国科学技术出版社，1991年，第194页。

字精养法。①为了适应湖泊、水库、河道等大型水面鱼类养殖业发展的需要,在全国范围内先后进行了渔业资源、生态环境与渔产潜力的系列调查研究,较全面系统地查明我国江河、湖泊、水库生态系统的基本结构、渔业资源状况、湖泊水库营养类型及渔产潜力,科学地总结了湖泊、水库、河道鱼类增产养殖综合经验。②

3. 政策因素：社会认识到淡水养殖是农业发展的重要途径

淡水养殖具有投资少,收效快,收益大等特点,是农民创收的途径。明清时期随着养殖商品生产性质的提高,"低乡先民,利在蓄鱼"。明代政府征收的鱼课赋税中也开始征收鱼类养殖赋课,人工养殖的经济价值也逐渐为政府所重视。民国时期发展淡水养殖成为改善民生振兴农村经济的途径之一。"近年政府以防御旱灾督饬民间筑塘潴水。若能每塘皆以养鱼,以全川之大塘数之多,年产鱼类数量曷可胜计。此种种而易,祈民向副业只需政府加以倡导,则国民经济之增进当无限量。"③同时渔业养殖对于改善土地的利用,增加农民收入,促进农业发展亦有一定功效。④

20世纪50、60年代政府也认识到渔业养殖的经济价值,提出"以养为主"的方针。当时有"向水里索取财富,向水里要拖拉机和化学肥料"的口号。⑤渔业养殖的经济价值逐渐得到重视。但20

---

① 中国淡水养鱼经验总结委员会编《中国淡水鱼类养殖学》,科学出版社,1961年,第4、5页。
② 蒋高中：《20世纪我国淡水养殖技术对淡水养殖业发展的作用及存在问题初探》,《南京农业大学学报》,2009年第4期。
③ 《四川省农业改进所四川省议会第一届第四次大会提案》,四川省档案馆藏,档案号：148—232。
④ 夏世福：《泛论我国淡水养殖事业》,《新渔》1948年第4期。
⑤ 水产部办公厅编《水产工作概况》,科学技术出版社,1959年,第16页。

世纪60年代在以农业为纲的路线下,水产业发展的目的仍是为了支援农业建设。改革开放以后,渔业是大农业重要组成部分的认识得到强化,政府强调要树立"大粮食"的观点,调整农业内部结构,做到宜农则农,宜渔则渔。"田土山水都是宝",克服片面强调抓粮食,忽视多种经营的思想,①提出"合理利用资源,大力发展养殖,着重提高质量"的方针,逐步扭转重捕捞、轻养殖的局面。②渔业的经济价值独立性得以凸显。

20世纪80年代长江流域淡水养殖进入快速发展时期。1979年全国水产工作会议制订充分利用水面,大力发展养殖的任务。1980年《人民日报》发表文章《重视和发展淡水渔业》指出,"发展淡水渔业,必须从自然捕捞逐步转向人工养殖和增殖,这是渔业发展的必然趋势。"③1982年全国首次淡水渔业工作会议召开,提出实行"以养为主,养殖、增殖、种植、捕捞相结合"的指导方针。④在国家政策的要求下,地方政府纷纷加大对渔业养殖的支持,淡水养殖蓬勃发展。

4. 资源因素:天然水域鱼类资源减少,捕捞量下降

传统时期也存在一些不利于鱼类自然繁殖的因素,主要是不合理的捕捞,包括捕捞产卵鱼,用药毒鱼以及民国时期出现的电捕鱼、炸鱼等。随着人口增加,明代长江上游出现一定程度的水土流失和下游地区的围湖造田等均使得自然水域鱼类资源量受到影响。

---

① 国家水产总局政策研究室编《水产工作文件选编》(1981年),1982年刊。
② 高润英主编《中国渔业经济研究》,中国农业出版社,1990年,第7页。
③ 《重视和发展淡水渔业》,《人民日报》1980年5月29日。
④ 陈洁、罗丹等:《中国淡水渔业发展问题研究》,上海远东出版社,2011年版,第121页。

但这一时期鱼类资源的变动不大，直至20世纪50年代初长江鱼类产量依然比较稳定，年均产量在26万吨左右，此后自然水域捕捞量呈波浪式的下降。其原因大致包括以下几方面：20世纪50年代我国开始大规模进行大坝水利工程的修建，改变了原有水域鱼类的生存环境，使原有鱼类的区系和分布发生变化，并且隔断了洄游鱼类的洄游通道，影响了鱼类的产卵和繁殖。随着工农业发展，人口增多，污废水的排放使得河流遭受污染，水质变坏。大量的有毒物质不仅毒死鱼类，而且污染江河地质，影响鱼类生物饵料的繁衍，降低了水体生产力。利用有害渔具，过度捕捞等不合理捕捞亦影响了鱼类繁殖。同时，片面"以粮为纲"，盲目推行围湖造田使得鱼类生存水域缩小。20世纪70年代以来，长江干流和附属水域的捕捞量急剧下降，渔获物的组成和种群结构也在发生变化，大中型经济鱼类资源减少，小型野杂鱼类比重增大。一些传统时期的经济鱼类如上游的特有鱼类鲟鱼、胭脂鱼、中华倒刺鲃、白甲鱼、岩鲤，下游的鲥鱼、刀鱼等在渔获物中已很少见到，渔民出现"捕鱼难"的情况。自然水域捕捞量的下降使得渔民进一步对渔具加以更新，鱼类资源状况更是加剧恶化，呈现出恶性循环。

（三）渔业经济发展方式主体转变的影响

渔业经济中自然捕捞与人工养殖这一开发利用方式比重的变化所带来的影响是多方位的，包括产业结构、鱼类品质、饮食烹饪方式、水生态环境、生物多样性等诸多方面。生活饮食上，人工养殖使食鱼机会增多，"吃鱼不再难"。随着食鱼的商业化，带来了鱼的烹饪方式的多样化与烹制技巧的复杂化。产业结构上，一系列相关产业应运而生，同时使得以渔业为中心的职业群体构成多元化，有利于解决就业问题。但是应该看到，在生态环境上，快速发展的人工养殖造成水环境污染，影响生物资源的多样性，甚至出现对食鱼者的间接毒害的食品安全问题；同时，在渔业经济发展的方式的转变上，人工养殖的初衷是形成量上的大增，但往往忽略质的保证，更谈不上质的提高，往往形成量上大增品质却下降的结果。

1. 人工养殖有利于膳食结构的调整和蛋白质的补充

在淡水捕捞为主的时代，鱼类并不是普通老百姓经常食用之物。人工养殖的发展推动了鱼类供给，给人们的餐桌带来变化。抗战时期旅居重庆的高绍聪写道，重庆江流太急，池塘太少，所以鱼鲜很难得。在江浙一带生长习惯食必有鱼，不免令人兴遗憾之叹。近来重庆很多饮食店忽然专以鲜鱼号召起来。我起初觉得很奇怪，不知有何妙招竟能鲈鲙平添，后来知道有人做投机生意，特地掘池塘养鱼。①尽管如此当时的养殖发展规模依然远远不能满足需求，民国时期长江上游重庆的中等之家亦是经常叹食无鱼，"重庆百万人口，每年鲜鱼总销量不过十万斤，平均每十人仅得食鲜鱼一斤，中等之家亦经常叹食无鱼。"②

这种"吃鱼难"的局面在20世纪中叶后依然存在，1958年人年平均水产品只有九斤。③20世纪80年代前，我国淡水产品产量占全国水产品的比例不足三分之一，供给量有限。1978年《人民日报》

---

① 高绍聪：《重庆琐记》，《旅行杂记》1940年第14卷第4期。
② 萧伯均：《重庆市水产市场概况》，《水产月刊》1947年第1期。
③ 水产部办公厅编《水产工作概况》，科学技术出版社，1959年，第16页。

发表社论《千方百计解决吃鱼问题》。[1]那个时代吃鱼对老百姓来说是奢侈的享受，只有特别重要的日子才能消费到。当然这种"吃鱼难"的局面除了鱼类供给量有限外，与供销体系单一，水产品流通不畅亦有关系。

随着20世纪80年代渔业养殖的发展，鱼类供给量的增加及流通体系的开放，鱼类在人们餐桌上出现频率增高。鱼肉成为人体补充蛋白质的重要来源之一，"吃鱼难"的问题得到了解决。1985年全国平均人均占有水产品达到6.8公斤，比1980年增加47.8%。[2]1957年四川人均水产品占有量0.44斤，1983年则达1.66斤。[3]人均占有量的提高很大部分归功于养殖的发展。随着养殖业的发展，餐饮业中水产餐饮成为重要的力量。在淡水鱼产量丰富的湖北、湖南、江苏、四川等地，淡水鱼餐馆遍布，各大城市食鱼蔚然成风。这有利于改善我国居民的膳食结构，强体健身。

2. 人工养殖使鱼类品质口感发生较大变化，也使烹饪方式多样化、技法复杂化

食鱼机会的增多催生新烹饪方式的诞生。同时由于养殖鱼类和天然鱼类口感、种类上的差异对烹饪方法也带来了影响。生长在自然水域的鱼类与现代水产养殖的鱼类，由于生存环境、饲料性质、生长周期的不同，同种鱼类的天然鱼与养殖鱼在体型、体色、口

---

[1] 中华人民共和国农业部渔业局：《中国渔业五十年大事记》，中国农业出版社，1999年，第126、127页。
[2] 高润英主编《中国渔业经济研究》，中国农业出版社，1990年，第9页。
[3] 四川省社会科学院农业经济研究所、四川省水产局编《四川渔业经济》，四川省社会科学院出版社，1985年，第53页。

感等方面是有较大差异的。[1]一般来说，天然鱼类味道纯净、无杂味，肉质富有质感，味更鲜美，养殖鱼食用时的泥腥味较重，肉质松软，缺乏鲜美之味。除了表面因素的差异外，养殖鱼与野生鱼的营养成分含量也不尽相同。同时，还应看到，由于大量催生的添加剂饲料的使用也可能潜藏着对公众食品安全的威胁。

鱼肉口感与味道的变化及主要食用品种和食用价格的变化引起了烹饪方式的变化。我们知道质量上乘的鱼品可以适用于多种烹饪方法，唐宋时期上层人士中流行的烹饪方式"鱼鲙""啖生"，简单点说就是生鱼片，将鱼肉细切成极薄的丝状或片状，使用的调料极少，但由于鱼品质较高，故味道鲜美无比，为士大夫们所钟爱，唐代诗人杜甫有"鲜鲫银丝脍"。[2]宋代李新"得鱼且斫金丝鲙"[3]之赞。另外，还有最简单的"滑水煮活鱼"可谓是最为本色的烹鱼方式，所食用的是鱼肉的本色味道。而鱼品质量较差，本身肉质不鲜美的话，则更加追求烹制手法的复杂化和调味料的使用。现在市面上流行的烹鱼方式多样，包括清蒸、炖汤、干烧、黄焖、水煮、过水、煎烤等，食用方式多样化，但最传统简单的烹鱼方式逐渐减少。占主流的诸多流行鱼菜多重油、大味，通过重油、多用料的方式来掩盖养殖鱼类泥腥味、肉质较差的缺点。

3. 人工养殖带动相关产业与职业群体的产生

传统时期的淡水养殖带动了人工养殖产业的发展，包括从鱼

---

[1] 周剑：《野生淡水鱼与人工养殖淡水鱼的选择鉴别》，《四川农业科技》2007年第7期。
[2] 彭定求等编《全唐诗》，中华书局，2005年，第2397页。
[3] 成都市文联、成都市诗词学会编《历代诗人咏成都》下册，四川文艺出版社，1999年，第343页。

苗捕捞、转运、喂养等均形成专业。20世纪中期随着淡水养殖的发展,从鱼种孵化、鱼苗饲养到成鱼销售、储藏、加工、运输等形成了一条新的产业链。尤其是水产养殖的发展为水产饲料产业的发展带来巨大的潜力和空间。1991年中国水产饲料产量只有75万吨,仅占中国饲料总量的2.1%。至1999年,产量已增至400万吨,占饲料总量的5.8%。[1]除了产量增多外,水产饲料品种增多,安全性、科技性不断提高。但为了提高饵料的养殖效率,饵料中添加剂的使用也逐渐增多。除了水产饲料行业外,鱼药、鱼病害防治等行业也蓬勃发展。

淡水养殖业是劳动密集型产业,能够吸纳大量劳动力。总的来看,近几十年来从事淡水渔业的劳动力比例不断增加,其职业构成也呈现多元化态势。随着自然水域捕捞的下降,渔业中以捕捞为业的渔民减少,"退湖""退河"之后的渔民转而从事其他事业。1983年四川地区从事渔业生产的兼业劳动力在渔业总劳动力中的比重,由1957年的55.76%上升到86%。[2]伴随着经济的发展,20世纪90年代以来,大渔业中的休闲、观光渔业所占劳动力比例进一步提高。

由渔业发展而带动起来的水产储藏、加工、运输、销售、渔用饲料等一批产前产后相关行业,其规模不断扩大,从业人数大量增加。渔业对扩大就业,推动我国农村产业结构优化和农村经济全面

---

[1] 陈洁、罗丹等:《中国淡水渔业发展问题研究》,上海远东出版社,2011年,第121、69页。
[2] 四川省社会科学院农业经济研究所、四川省水产局编《四川渔业经济》,四川省社会科学院出版社,1985年,第11、53、57页。

发展发挥了积极的作用。①淡水养殖业成为农民发家致富的重要途径，也是我国经济一个新的增长点，渔业已经成为大农业中一个重要组成部分。

4.人工养殖给生态环境和生物多样性带来不利影响

传统时期的人工养殖由于规模小，并未给生态环境和生物多样性带来明显的不利影响。但当我们在为20世纪中期人工养殖的蓬勃发展所带来的益处称赞时，必须认识到人工渔业养殖的迅速发展对生态环境也带来了不利影响，主要体现在以下两方面。其一，水产养殖带来的水体生化污染。我们知道不合理的自然水域捕捞会影响自然状态下的鱼类资源量，影响自然生态平衡，更重要的是水产养殖业自身引起的生化污染不容忽视，其污染源主要包括投放的大量饲料、肥料、药剂以及鱼类的排泄物、底质释放等。这些污染源在水体中分解并消耗溶氧，产生氨氮。这样一来，水中的溶氧降低，氨氮上升，水体呈富营养化；②同时水体中浮游生物也增多，喜生活在高有机物含量水体中的藻类形成了优势属种；大量剩余饲料和鱼粪便在养殖区域底部逐渐积累，这些都会对水产养殖水体环境产生污染，并造成大范围水体富营养化。其二，水产养殖的不当影响土著鱼类生存和鱼类生物多样性。鱼类在水中生存是水域生态系统的一个组成部分。人类在开发、利用某种鱼类资源，或为了提高水域产量而采取一些措施时，都可能影响整个水域生态系统的影响。任何局部的变化，都有可能引发整个生态系统的变化。例如要在一

---

① 蒋高中：《20世纪我国淡水养殖技术对淡水养殖业发展的作用及存在问题初探》，《南京农业大学学报》，2009年第4期。
② 王瑞梅：《我国水产养殖业环境污染防治研究》，《中国渔业经济》，2010年第5期。

个湖泊里养殖某种鱼类,不仅要研究和掌握这种鱼的生物学特性、湖泊自身的自然条件与饵料基础,还要考虑养殖后湖泊自身环境所发生的变化,以及对鱼类群落结构和食物链关系的变动。[1]养殖过程中,土著鱼类生境的破坏、野生苗种资源的毁灭、外来种的引入都会导致本地鱼种基因库的改变,对可能的物种组成和生物多样性产生影响。以滇池为例,1958年滇池从外省引进了青、草、鲢鱼等品种,也带进了一些野杂鱼类如麦穗鱼、鰕虎鱼,这些小型野杂鱼类不但消耗大量饵料生物,而且杂鱼的不断繁衍吞食鱼卵,影响了原有土著鱼类的繁殖。[2]

### (四)人类历史上的"干涉限度差异"与技术忧患

渔业养殖与自然捕捞的比重是渔业产业结构的重要内容,二者的比例是否合理关系着渔业在国民经济中的地位及发挥的作用,同时对于居民生活水平、饮食结构、鱼类品质、饮食安全、鱼类资源保护等诸多问题都有影响。20世纪80年代以来国家强调大力发展养殖业是调整渔业产业结构的举措,但不得不承认从历史上来看这也是在自然水域捕捞量不断下降的情况下的无奈之举。

从自然捕捞为主到人工养殖为主,是人们对鱼类资源利用方式的变化。人工养殖这种生产方式背后人为因素所发挥的作用贯穿于鱼种培育到鱼类养殖生产过程的始终。利用方式变化带来了生产效率的提高。以淡水养殖中高效率的网箱养殖为例,其生产力能达到

---

[1] 殷名称编《鱼类生态学》,中国农业出版社,1995年,第4页。
[2] 何纪昌、刘振华:《从滇池鱼类区系变化论滇池鱼类数量变动及其原因》,《云南大学学报》,1985年第7期。

池塘养鱼的100倍。但由于网箱养殖主要是在水库、河道、湖泊等大型水面养殖，养殖密度又高，其所养殖的鱼类品质并不高，带来的对水环境的污染也逐渐显现。加之有些不法养殖群体在经济利益的驱使下，通过使用各种添加剂的方式短时间催熟养殖鱼类，给食品安全带来隐患。

马克思在其早期著作中提出人类与自然的关系，有天然自然、人工自然两个类型。在人类社会的早期，自然属于天然自然。人类利用自己的智慧通过生产、培植、蓄养将纯自然的动植物转化为家畜禽鱼以及各种农作物、果树等，这属于天然自然向人工自然转变的初期。这一阶段人为生产所带来的影响是巨大的，在此基础上创造了伟大的人类早期农耕文明。实际上从人类历史来看，生物资源的驯化是一个相当复杂的过程。人类在很早就完成野鸡到家鸡、从野猪到家猪、从野鸭到家鸭的驯化，无疑是一种极大的进步，这种进步是量与质上的双重进步，因为家养这些动物不仅产量大大提高、食用可控，而且传统时代家鸡、家猪、家鸭的味道远远超过野鸡、野猪、野鸭。但是野生鱼类从主体品质方面来看超过人工养殖而又相对容易捕获。所以，人类早在几千年前就完成了鸡、猪、鸭三种动物从野生到家养的驯养过程的完全转变，而鱼类资源这个转变不到一百年。原因一是水环境下鱼类资源更易于保存，鱼也相对容易捕捞，二是因为野生鱼类品质本身更适合人类。所以，针对不同自然对象，历史上人类干涉自然的限度本身自然控驭而形成差异。

在人类历史上人工养殖方式的内在差异也较大，主要是养殖方式具体差异，人工养殖具有鱼苗孵化、有机和无机饲料、饲养周期的区别。早期的人工养殖主要体现在鱼苗孵化基础上自然生长或简单投放有机饲料的方式，鱼的生长周期基本上是按照自然周期生长的，产量的增加主要依靠规模化、集约化、精细化来实现，鱼的品质并无根本变化。如20世纪60、70年代始开展的在自然水域进行的增殖放流则仅是在鱼种这一初始阶段有人为干预，鱼类的生长过程及水域都还是自然状态。这一方式可以说既解决了鱼类供应，保证了鱼类食用品质的同时又保存、增殖了自然状态下的鱼类资源，是维护生态平衡的有效举措。当然这必须以合理增殖放流为前提，放流不当会引发生态危险。增殖放流需要研究放流对象与野生对象的相互作用机制，保证生态系统不受破坏、减小放流的生态风险。[1]

在天然自然向人工自然转换的中后期，尤其是遗传科学、分子化学、基因生物技术出现后，通过科学技术的革新，人为对自然界的改造深度大大加强，在人工养殖领域，大量鱼类实现了人工繁殖，这对于扩大养殖规模增加鱼类产量相当重要。但人类同时不仅大量使用无机饲料，大量添加催生添加剂，而且开始试图从内改变生物基因，使鱼类的种属产生变化，这不仅使鱼类出现生物安全问题，可能更直接的是使鱼类品质口感大大下降，而且造成水体和鱼类的生化污染，也间接使人们面临食品卫生的安全问题。我们知道，人类运用技术是用一种非自然的力量促逼自然，从而实现人们自身的利益。人类开始反思到底技术应该怎样发挥作用，这被称之为"技术忧患"。但是我们目前只是反思感叹

---

[1] 尹增强、章守宇：《对我国渔业资源增殖放流问题的思考》，《中国水产》2008年第3期。

人类到底可以在多大程度上改造自然？实际上更具体地说，从历史上来看，不同的生物驯化对人类影响并不完全一样。对于我们认为在人类养殖干涉程度方面，人类主观上应该是有差异的，历史上人类的选择过程也体现了这一点。可见，人类利用技术作用于自然相当必要，我们不能完全排除技术因素，但也不能将技术影响泛化和过度。我们应该提倡的是基于有具体"限度"的技术和人为因素上而产生的生态文明。具体讲，对历史上各种生物驯化过程作精细的分析，进而总结出不同生物人工干涉的限度值，对于我们整体把握人类社会发展过程中技术因素影响生物资源的"干涉限度差异"是十分有益的。

就我们近百年的技术干涉生物过程来看，往往会将"质"与"量"对立起来，技术使生物的产量大大提高的同时，随之而来的往往是品质口感的明显下降。这既一种是技术忧患问题，也是一种社会取向问题。前者往往是受自然规律的约束且科学技术的难度更高造成的。但后者往往是与社会发展程度，人类社会受短缺经济和市场经济的双重影响从而寻求产量的增加的诉求相关的。我们认为，当结束了短缺经济后，我们的政府和科学工作者应更多地谋求从技术上提高产量向技术上提高品质的转变。对于鱼类资源来说，由于它的特殊天然优越性，在人工养殖中提倡一种更文明的生态养殖观就尤为重要。

回到学术话语这个角度来看，中国历史研究中对人地关系的研究相当粗疏，还停留在口号应对，只是一再强调资源开发中要保护自然、尊重传统，而对人类技术因素在资源开发具体作用的差异研究则相当薄弱。实际上从历史上来看，人类利用生物资源中受不同生物属性与社会发展程度的制约,人类干涉的程度应该有很大差异,故形成"干涉限度差异"这是一种学术话语,更应该是一种现实理念,它不仅应该融入我们的历史研究中,也应该是我们现实社会发展中需要遵循的准则。

# 第六章
## 中国传统科技与技术传承、逻辑类分话语

自从李约瑟提出了中国传统社会为何不能产生现代科学技术的疑问后,"李约瑟难题"一直如数学界的"哥德巴赫猜想"一样,虽然试图解开者众多,但至今仍无满意的答案。

在多年的历史研究实践中,中国历史上的手工业技术传承问题一直是困扰历史研究的一个重要问题,但在主流历史学的话语中几乎没有任何地位。我们在川江木船技术传承的研究中发现,传统中国手工业技术路径和类分口径上存在一些值得思考的地方。

在我看来,在传统科学的发展过程中,知识阶层的事物逻辑类分、技术传承方式、科技的社会应用三大问题是相当重要的。因为,现代科学的基础是以数学的量化为基础的,而量化的数据必须建立在可比的逻辑层面的,而统一的逻辑层面是事物类分的基础,客观事物的类分又是现代科学的基本条件。技术传承从来就可分成标准性传承与经验性传承,实际上在中西方的早期,技术传承都是一种经验性传承,但西方自15世纪以来,标准性传承,即通过文本来传承的比例大增。我们发现,中国古代有关的技术文本也是较多

的，但多是一种事功总结性文本，并不是一种技术性设计蓝本。直到近代中国传统手工业技术的传承一直是经验性的父子、师徒口口相传为主，这种传承方式存在标准性不够、知识积累容易流失、知识互补不够等特点，对于中国现代科学的产生造成极大的制约。至于中国的许多传统科学技术，从古代发明直到近代，往往一直被束之高阁或流失民间，并没有应用到社会中产生生产力，也是制约中国现代科学产生的一个原因。比如北宋毕昇发明了活字印刷术，但直到近代铅字印刷术出现前，中国印刷业还一直是以雕版印刷术为主体，活字印刷术一直没能广泛运用在社会产生生产力。同样，我们古代虽然发明了指南针，但直到清末中国传统文献中的方位记载仍然是一种虚拟的方向，而传统地图中的地理方位标注的精度还相当低。

我们以川江木船为例进行有关的研究表明：西方在16世纪就开始了木船的标准性传承，而中国历史上的川江木船制造技术则一直是一种经验性传承。我们把川江木船制造技艺先进与传承途径落后的巨大反差，概括为"川江案例"的概念，以便于反思中国传统技术的传承问题。川江木船技术先进与川江特殊的河流环境和相对较高的经济发展水平密不可分。而川江木船技术传承落后的原因则较为复杂。研究表明"川江案例"中在技术传承上存在"文本化式弱"和"文本精度弱"两个问题。中国传统制造技术文献更多是一种主观的事功文化总结而非制造蓝本，中国传统图像感性写意的艺术表现形式是造成中国传统木船"文本精度弱"的重要原因。川江木船制造技术"文本化式弱"，一方面在于巴蜀社会传统重义理之学而轻应用技艺之学、手工业集约化弱而规模小、国家介入程度低，另一方面在于川江木船技术独特性和功能区域性不仅使木船在区域内丧失了文本化的主观诉求和客观需要，而且使川江木船对区域外影响力很弱，以致在全国性木船文本化过程中川江木船处于"失语"状态。

在历次调查近代的川江木船中，最多的一次发现了70多种木船名称，考虑到历史上许多船名、船型的消失，历史上川江可能曾出现100多种木船名称或船型。我们发现，近代川江木船船型类分口径无序，名实混乱，而近代川江木船调查基本上是对船型名实类分现状的客观表述记录，并没有从木船结构、功能差异的内在客观进行分类，调查主要是按行驶流域、船型大小、行驶省别大类划分，调查文献中各种船型之间的分类命名混乱，关系流变同样不清。历史上川江出现过多少种船名，实际上又有多少种船型，两组不多的数据现在都无法很精准考证。历史上川江木船名实分类的混乱、历史记忆的错乱，使经验性传承背景下的技术传承更加杂乱无序。同样，我们还发现，战乱对传统制造技术传承影响远远大于一般民俗文化传承，对经验性背景下技术传承影响更大，直接影响到传统技术的积累。川江木船名实研究为从技术分类混乱、技术积累式微角度研究"李约瑟难题"提供了一个具体案例。

在中国古代，基本没有概念口径一致的学术语境，以我们熟悉的古代文献的四类分法来看，经、史、子、集在学人眼中已经习以为常而完全认同了，但我们知道经、史是按哲学、历史学的学科分类的，而子、集是按文献载体性质的专题研究、总体集成分类的，将口径完全不一致两类概念并列在一起，就形成了分类的杂乱，概念外延上形成不周延。同样以往我在研究川江木船的分类、植物名实类分时发现，发现中国古代对事物的命名、分类相当率性、随意，往往按各人对事物的表象去命名和分类。如川江木船分类中人们按外在形象、行驶地域、造船原料、内在结构、实用功能五种口径分类且并列在一起，结果使我们对川江木船的名实与分类认知一头雾水。如中国古代对植物、动物的名实和分类中，也不是按动植物的内在生理结构和属性划分，而是按动植物表象特征来划分，这便使中国古代难以产生科学的动植物分类体系。至今我们对许多古代植物动物的科学归属难以确定，如我们研究川菜史时，面对历史上的蒟酱、诸葛菜、鲟鱼、黄鱼为今天何种植物动物争论不休。

## 一 对"先进制造技艺"与"落后传承途径"的反思[①]

对中国传统技术的反思，学界已有大量论著，但关于技术文本化问题，成果还不多，只有余同元论及明清江南工业技术的文本化，[②]许路指出中国造船技术传承主要依靠师承家传。[③]迄今为止，很少有人专门提出先进的中国传统技术与落后的技术传承途径存在巨大反差这一命题。具体到木船制造领域，有关研究寥寥可数，遑论深入研究这种反差的自然和社会原因。在此，笔者拟从历代川江木船文献入手，分析形成这种差异的原因，以期深化对中国传统技

---

① 此文原刊于《历史研究》2016年第5期。原标题为《对"先进制造技艺"与"落后传承途径"的反思——以近代川江木船文献为例》。收入此书略作修改补充。
② 余同元：《传统工匠现代转型研究——以江南早期工业化中工匠技术转型与角色转换为中心》，天津古籍出版社，2012年，第104—133页。
③ 许路：《〈漳州海澄郑氏造船图谱〉解读》，《海交史研究》2007年第1期。

术传承的认知。需要说明的是，历史上的川江有狭义和广义两种含义。狭义的川江是指四川宜宾到湖北宜昌的长江主干道，是长江上游航运最为繁忙的航道；广义的川江，是指长江上游四川盆地通航的所有河道。本文所称的"川江"主要是指后者。

实际上，前人很早就对长江上游的木船作了记载，如《战国策》《华阳国志》《晋书》等文献就有巴蜀舟船的记载。在成都百花潭发现的战国铜壶上也绘有战船图案。唐代王周《志峡船具诗并序》最早对长江上游峡江木船作了系统记载。宋代夏圭《长江万里图》出现了长江上游较早的木船图绘。宋明时期，陆游《入蜀记》、王士性《广志绎》、宋应星《天工开物》对于长江上游木船也多有记载，特别是《天工开物》对于四川八橹船的记载可谓详细。清代陈明申《夔行纪程》、吴焘《游蜀后记》、洪良品《巴船纪程》、罗笏臣《峡江救生船志》也有一些对川江木船的记载，特别是清代谢鸣篁的《川船记》，是第一篇专门记载川江木船的文献。20世纪30年代，《四川经济月刊》刊载了《川江木船业概况》一文，简单记载了33种川江木船的形态特征和航行区域。[①]20世纪40年代，胡成之《长江中上游的舟筏》一文，记载了7种川江船型。[②]20世纪80年代，四川省交通厅内部刊印了《四川内河航运史料汇集》，首次系统整理了近代对川江木船的调查材料，涉及70多种船型，内容包括名称、行驶区域、船型特征、载重量等。[③]但至今笔者尚未发现近代有关川江木船制造的图谱、船簿、船规流传

---

[①] 《川江木船业概况》，《四川经济月刊》1939年第11卷第1、2期。
[②] 胡成之：《长江中上游的舟筏》，《海事》1947年第1期。
[③] 四川省交通厅地方交通史志编纂委员会编《四川内河航运史料汇集》第1辑，内部印刷，1984年。

下来。

以上文献对川江木船的记载基本上都限于文字描述，仅是对传统木船的名称、一般特征、行驶区域、载重量等方面的记载。除了绘画作品中偶尔出现川江木船的艺术性图像外，几乎没有准确图绘资料传世。同时，也没有技术层面的数据尺寸、规格形制方面的资料记载，更不用说可供参考的设计图样了。所以，就川江木船而言，虽然船型繁多、制造技艺复杂且先进，但制造工艺则完全保存在传统"水木匠"的头脑中。川江木船通过口传身授实现技术传承的特征非常明显。

不过，近代外籍人士的游记和受西方人控制的中国旧海关的调查资料、日本各种组织和机构对中国的调查资料，关于川江木船的记载和图绘，为研究川江木船制造工艺提供了宝贵的史料，也为思考中国技术传承历史提供了典型的案例资料。

（一）近代西方人的川江木船记载和调查

近代西方人对于长江上游的了解主要始于鸦片战争以后，特别是重庆开埠以后，西方列强进入长江上游，对川江上的木船作了不少记载。笔者发现，早期记录主要来自游记。如英国人托马斯·布莱基斯顿（Thomas W. Blakiston）的《江行五月》、英国人约翰·汤姆逊（John Thomson）的《中国与中国人影像》、英国人阿奇博尔德·约翰·立德（Archibald John Little）的《扁舟过三峡》、英国人丁格尔（Edwin J.Dingle）的《丁格尔步行中国游记》、英国人戴维森（R.J.Davidson）等的《中国西部的日子》、英国人莫里森（George Ernest Morrison）的《中国风情》、美国人威廉·埃德加·盖洛（William Edgar Geil）的《扬子江上的美国人》对川江上的木船都有许多描述。①其他如美国人路得·那爱德（Luther Knight）、英国人威尔逊（Ernest H.Wilson）、坎普（E.G.Kemp）、德国人弗瑞兹·魏司（Fritz Weiss）、英国人蒲兰田（Cornell Plant）和美国人甘博（Sidney D.Gamble）也对川江木船作了文字记载或照片记录，或详或略。②这些西方人比同时期中国人对川江木船的记载详尽得多。如布莱基斯顿对四川木船舱室作了描述，称："所有这些四川帆船的结构都大致相同，平底、方头、翘尾，牢牢地拼装在一起，以便在穿越急流和碎石河段时抵御冲击。"③盖洛则相当详细地记载了他所乘兵船的情况，称"只有一根桅杆，船头呈方形，船尾较高，总长约四十英尺，横梁的长度不足九英尺"，还更为详细地描述了桅杆、风帆的结构功能。④英国人立德则记载所乘船"船身长约30英尺，宽5英尺，深3英尺。中部有船篷遮盖，我在里面刚

---

① 【英】托马斯·布莱基斯顿：《江行五月》，马剑、孙琳译，中国地图出版社，2013年；【英】约翰·汤姆逊：《中国与中国人影像》，徐家宁译，广西师范大学出版社，2012年；【英】阿奇博尔德·约翰·立德：《扁舟过三峡》，黄立思译，云南人民出版社，2001年；《丁格尔步行中国游记》，陈曾谷译，商务印书馆，1915年；Robert J. Davidson and Isaac Mason, *Life in West China*, London: Headley Brothers, 1905；【英】莫里森：《中国风情》，张皓译，国际文化出版公司，1998年；【美】威廉·埃德加·盖洛：《扬子江上的美国人》，晏奎等译，山东画报出版社，2008年。

② 【美】路得·那爱德：《华西印象》，王虎、毛卫东译，四川人民出版社，2003年；Ernest H.Wilson, *A Naturalist in Western China*, London: Methuen & Co.Ltd., 1913；E.G.Kemp, *The Face of China: Travels in East, North, Central and Western China*, New York: Duffield & Co., 1909.【德】塔玛拉·魏司编著《巴蜀老照片：德国魏司夫妇的中国西南纪行》，周枫然等译，四川大学出版社，2009年；Cornell Plant, *Glimpses of the Yangtze Gorges*, Shanghai: Kelly & walsh, Limited, 1921；Nancy Jervis, *Gamble's China Revisited From 1917 to 1931*, New York: China Institute and EastBridge, 2004.

③ 【英】托马斯·布莱基斯顿：《江行五月》，第112页。

④ 【美】威廉·埃德加·盖洛：《扬子江上的美国人》，第75—76页。

好能坐直；船尾有篷，供舵手和厨子歇息；船的前部有一块敞开的地方，是两个船工面向船头站着划桨之处。船上有一根桅杆，主要供拉纤用；有一张小斜桁四角帆，在风向正对船尾时才扯起来同时还对"神婆子"（即辰驳子）做了详细的描述。[①]到20世纪20年代，英国人蒲兰田在《峡江一瞥》一书中也对川江木船作了较多记录，涉及木船造价、尺寸、载重、行程、船员数，还详细描述了纤夫、舵手、厨师、鼓手等职位情况。[②]到了20世纪40年代初，英国人沃斯特在其《中国的船民》一书中专门对川江歪尾船作了详细的记载，并认为这种船"别具匠心"。[③]更重要的是，以上西方人文献中所附的大量川江木船照片，是同时期中国人游记完全不具备的，这为我们研究清末民初川江木船提供了宝贵的图像资料。不过，近代西方人游记对川江木船的记载，虽夹有一些尺寸规格，但也主要是一种感性的描绘，尚未从船型外观、尺寸参数、载重性能等方面对木船进行系统考察。西方人对川江木船商业意义上的记载和研究始于19世纪80年代，其组织者主要是当时受西方人控制的中国旧海关的外籍职员。

据《海关十年报告：1882—1891（重庆）》记载，中国旧海关曾调查了重庆货运民船，涉及船舶类别、载重、原发地、用途、船夫数、上滩纤夫数等，共统计有48种船型。[④]同时，中国旧海关还

---

① 【英】阿奇博尔德·约翰·立德：《扁舟过三峡》，第15、166页。
② 【英】Cornell Plant, *Glimpses of the Yangtze Gorges*, pp.36—46.
③ 【英】G.R.G.Worcester, *The Floating Population in China*, Hong Kong: Vetch and LeeLimited, 1970, p. 44.
④ *Decennial Reports: 1882—1891Chungking*，中国第二历史档案馆、中国海关总署办公厅编《中国旧海关史料：1859—1948》，京华出版社，2001年，第152册，第125—127页。

调查了宜昌的24种船型，将其分成南船和川河船，前者主要航行于长江中下游，后者主要航行于长江上游，其中川河船包括麻阳子[①]等15种船型。[②]由于宜昌调查中有10种船型与重庆相同，因此实际共调查了53种川江木船。

海关本是清政府的一个衙门，却几乎完全被西方人控制。中国旧海关一方面为清政府做对外贸易的工作，另一方面也为西方列强的经济贸易活动提供各种便利和情报。晚清时期，木船仍是川江上的主要运输工具，川江木船在商业贸易中的地位仍很突出。所以，中国旧海关主要出于商业贸易的需要，对川江木船进行了有关调查。因此，此调查主要是包含川江木船的贸易数据，并未涉及船型、寸尺等技术层面的内容。

西方人对川江木船真正具有科学意义的技术调查开始于20世纪30年代，调查人为英国人沃斯特（G.R.G.Worcester），其为中国旧海关总税务司副巡江事务长。虽然早在30年代，沃斯特就写成《扬子江的历史：贸易与木船》(*The History of the Yangtze: Its Trade and Ships*)，但油印未刊，其最终调查报告《长江上游的帆船与舢板》(*Junks and Sampans of the Upper Yangtze*)于1940年作为海关的综合系列出版物51号出版。

《长江上游的帆船与舢板》一书共十二章，涉及船型50多种。总的来看，此书有三个特点：首先，此书第一次系统地从造船技术层面对近代川江木船进行记载和研究，不仅记载和研究船体本身主

---

[①] 亦称麻秧子、麻阳船等。以下统称麻阳子。
[②] *Decennial Reports: 1882–1891, Ichang*，中国第二历史档案馆编、中国海关总署办公厅《中国旧海关史料：1859—1948》，第152册，第164页。

要构件（涉及木料、涂料、结构、尺寸、船具），还记载了帆篷、锚碇索具、活动工具等常被忽略的附属物件，可谓历史上最早系统记载近代川江木船技术状况之作。其次，此书并不像以前的商业调查一样仅是对木船类型、载重、行驶区域作简单统计，而是针对长江上游船型的特点，按流域有选择地记载了主要的川江木船，进行了较为详细的分析研究。其中记载的类型较为丰富，有按特色名称分类的，如麻秧子、扒窝子、辰驳子、老划秋、中元驳等船；也有按用途分类的，如红船、煤船、龙船、捕鱼船、住船、花船、渡船、盐船、面粉船等；还有按地区和类别分的，如重庆划子、宜昌划子、竹筏、木筏。此外，从技术发展和保护角度谈到了改良木船和木船模型。最后，此书配有大量木船技术制图，共计有40个单元的图组，图样多达170多个，另有5幅船型汇总图对多种船型进行比较，全书共有图样240多个，另有地图2幅，照片1幅，图形涉及整体船型、舵型、帆型、纤绳、船籍标识、船型剖面、侧面外观和结构、仰面结构、侧面内部结构、桡桨梢橹等，且大多有比例尺标注。这些图形不仅是保留下来的最早的系统的考察川江木船技术的图绘资料，也应该是所能见到的最早、最系统具有现代科学意义的川江木船制图文献。特别是船籍标识弥补了以前有关长江上游内河船旗文字记载缺失的遗憾，为我们深入了解川江木船航运文化提供了不可多得的直观材料。

另外，中国旧海关还出版了沃斯特的《四川歪头歪尾船记》（Notes on the Crooked-Bow and Crooked-Stern Junks of Szechwan）。后来沃斯特又依据长江中下游木船调查资料写成《长江之帆船和舢板》（The Junks and Sampans of the Yangtze），于1947年作为海关的综合系列出版物53号出版。1971年，美国安纳波利斯市（Annapolis）的海军研究院出版社将这三种出版物汇集在一起，也名为《长江之帆船和舢板》(The Junks and Sampans of the Yangtze)，再次出版。1970年，沃斯特在香港还出版了《中国的船民》(The Floating Population in China)一书，里面也有对川江木船的记载。

可以说，中国旧海关在20世纪三四十年代的调查资料，至今仍是川江木船工艺技术记录最完善的资料，是对传统中国木船技术经验性传承方式的最好补充。需要指出的是，20世纪40年代日本出版的中国木船文献，很多都参考了这些资料。

到20世纪40年代，在西方，机动轮船已经成为航运的主力，同时期中国川江上轮船也迅速发展，川江木船在航运中的主体地位受到影响，木船的商业价值明显下降。因此，这时的木船调查，商业意义已大为减弱，而文化保护和技术传承的意义则逐渐凸显。

（二）近代日本人的川江木船记载和调查

在明治维新之后，日本开始以一个新的视角来观察中国，对中国进行了广泛的调查，近代日本官方和各种民间组织对中国调查之多，远远超过西方国家。仅看其对长江上游的调查，其深入详细，足令我们震惊！[1]日本文献对于川江木船的记载也较早，如早在19世纪70年代竹添进一郎《栈云峡雨日记》就对川江木船进行了详细的记载，涉及舿子、五板、三板的名实，大盐船橹桨数目和功能

---

[1] 蓝勇：《近代日本对长江上游的踏察调查及影响》，《中国历史地理论丛》2005年第3期。

等。①后来山川早水《巴蜀》、②中野孤山《横跨中国大陆——游蜀杂俎》、米内山庸夫《云南四川踏查记》等书都记载了川江木船。③特别是中野孤山不仅统计了麻雀尾等7种民船，还介绍了其用途和载重吨位。

日本人对于川江木船的专业调查也较早。1913年，大村欣一的《支那政治地理志》就统计了35种三峡木船，涉及载重量、所属地和功能。④1915年出版的《中部支那经济调查》一书记载了麻雀尾等11种船型，将船分成大型、中型、小型、极小型四大类，对客船、货船进行了区分，转引了《海关十年报告：1882—1891（重庆）》中重庆48种民船资料表格。⑤这一时期，东亚同文书院在中国开展了大范围的调查，其第5期调查报告《湖南四川线调查报告书》第三章《水运》记载了重庆民船中的麻阳子等14种船型，重点介绍了麻雀尾、麻阳子、辰驳子、舟秋船、五板船、挂子船6种船的用料和尺寸。⑥

1921年日本外务省通产局编《在重庆日本领事馆管内状况》收录了《重庆领事馆管辖区域内事情》，其第十一章为民船调查，

---

① 【日】竹添进一郎：《栈云峡雨日记》，沈云龙主编：《中国近代史料丛刊》第59辑，台湾文海出版社，1966—1973年，第60页。
② 【日】山川早水：《巴蜀》，东京成文馆，1909年。
③ 【日】米内山庸夫：《云南四川踏查记》、中野孤山：《支那大陆横断游蜀杂俎》，【日】小岛晗治监修《幕末明治中国见闻录集成》第10、17辑，东京：ゆまに书房，1997年。
④ 【日】大村欣一：《支那政治地理志》上辑，丸善株式会社，1913年，第216—219页。
⑤ 【日】东则正编著《中部支那经济调查》，上海日本人实业协会，1915年，第16—21页。
⑥ 东亚同文书院：《湖南四川线调查报告书》第1辑第3章，《东亚同文书院调查报告第五期》，台湾"国家图书馆"藏，第32—34页。

其中三峡35种，岷江13种，沱江9种，嘉陵江14种，涪江2种，①共计73种木船，因各流域间有几种船为同一种船型，所以实际有64种木船。

稍后，东亚同文书院的马场锹太郎在1922年由上海禹域学会出版的《支那经济地理志》交通篇关注宜昌重庆间的水运航路，也涉及川江木船。东亚同文会调查编纂部在1924年编的《支那开港场志》对川江木船的记载也较详细，涉及长江干流、岷江、沱江、嘉陵江四个流域的木船近70种。其中长江干流35种，岷江17种，沱江9种，嘉陵江14种，②共计75种木船，因各流域间有几种船为同一种船型，所以实际有68种木船。同书《宜昌》也记载了麻阳子等15种川江木船。③其中有5种为《重庆》所未载，这样《支那开港场志》实际记载了73种川江木船。1940年中支建设资料整备委员会《四川考察报告书》也谈到6种川江木船。④

总的来看，以上日本人的调查多是从商业经济角度来考察长江上游的木船，虽然调查的船型种类繁多，但主要关注木船名称、载重量、船型发源地、行驶地区和主要功能等，最多是将船分出大中小类别，而对船的具体形状、规格、尺寸并无文字记载，更没有可用于造船的图样。不过，1917年和1918年的《支那省别全志》四川卷和湖北卷，不仅有对船的功用、形状、规格尺寸文字记载，而且

---

① 日本外务省通产局编《在重庆日本领事馆管内状况》，东京日本外务省通产局，1921年，第125—127页。
② 东亚同文会调查编纂部：《支那开港场志》第2辅，东亚同文会调查编纂部，1924年，第116—124页。
③ 东亚同文会调查编纂部：《支那开港场志》第2辅，第267页。
④ 中支建设资料整备委员会：《四川考察报告书》，日本兴亚院，1940年，第161页。

还带有一定科学意味的相关图纸。

《支那省别全志》第五卷《四川省》第五编第四章《民船》中记载了长江干流麻雀尾等7种船型，嘉陵江流域毛板船等16种船型，另在《保宁》处谈到扒尾船等6种船型，在《昭化》处谈到毛板船等4种船型，在《绵州》处谈到贯牛舵等4种船型，在《岷江流域》记载了挂子船等18种船型，在《沱江流域》记载柳叶船等9种船型。①《支那省别全志》第九卷《湖北省》第五编第五章《民船》在长江干流宜渝段主要记载了四川船中的麻雀尾等9种船型，另还记载来自湖南、河南、陕西、江西及湖北本地的木船。②由于四川各流域调查中有10处重复，而湖北调查又有5种与四川相重，故实际调查了58种川江木船。1927年日本海军水路部出版的《扬子江水路志》第三卷《中扬子江及上扬子江》中也记载了长江上游麻雀尾等10种船型，涉及船的外观、尺寸、吃水、载重等内容。③

比较来看，《支那省别全志》和《扬子江水路志》对川江木船的调查与《中部支那经济调查》《重庆领事馆管辖区域内事情》《支那开港场志》等对川江木船的调查有一定差异，《支那省别全志》和《扬子江水路志》两书不仅对川江木船的外形、规格尺寸、原料、功能特征有较多记载，而且载有许多重要船型的图绘。图绘有剖面图、仰视图、透视图，部分还标有尺寸，已经具有一定技

---

① 东亚同文会编纂《支那省别全志》第5辑《四川省》第5编第4章，东亚同文会，1917年，第319—381页。
② 东亚同文会编纂《支那省别全志》第9辑《湖北省》第5编第5章，东亚同文会，1918年，第319—331页。
③ 日本海军水路部：《扬子江水路志》第3辑《中扬子江及上扬子江》，海军水路部，1927年，第288—289页。

第六章 中国传统科技与技术传承、逻辑类分话语 409

术图范式雏形。1941年日本中支戎克协会编印了《戎克：中国的帆船》，此书实际上是将以前西方海关调查资料中的川江木船资料与日本关于中国的调查资料汇编在一起的一部文献。此外，根据时代发展，书中也记载了新出现的船型，如中元驳——沱江流域20世纪30年代以来出现替代柳叶船的一种更大的船型。①

日本人对川江木船调查分别是由东亚同文会、上海日本人实业协会、海军水路部等组织或部门来承担的，调查主体的属性往往决定其调查目的。东亚同文会是近代日本民间主张"亚细亚主义"的团体，也是1901年上海东亚同文书院的前身。东亚同文书院创立初以研究汉学相标榜，在中国进行了大量调查，当日本军国主义势力膨胀而觊觎中国时，东亚同文书院实际上充当了为日本侵略中国了解中国国情提供情报的角色。所以，东亚同文书院的调查具有明显的为经济侵略和军事侵略服务的色彩。外务省通产局、上海日本人实业协会的调查，商业目的更加突出，如上海日本人实业协会专门出版《中国的工业和原料》等书，经济目的明显。②而日本海军水路部编写《扬子江水路志》，其军事目的不言而喻。总而言之，近代日本有关川江木船的调查科学参数相对缺乏，有数据也多是从西方调查资料中援引而来，与西方人调查相比，商业和军事色彩更浓厚，科学调查色彩则淡薄一些。

---

① 中支戎克协会编《戎克：中国的帆船》，中支戎克协会，1941年，第109—127页。
② 参见安原美佐推编著《中国的工业和原料》，上海日本人实业协会，1919年。

### （三）三种木船图范式与"川江案例"的提出

首先，我们对近代中国、西方、日本对川江木船记载和调查作一个总体的比较和评价。近代西方对川江木船的调查详细程度远远超过中国和日本，其文字记载更详尽，图绘更精准，按图复制更具有可操作性，整体的科学含量远在中国和日本之上。日本的调查工作比同时期中国人的记载和调查做得更详细、更深入、更系统，而且包含具有一定科学色彩的图样。中国人虽然对川江木船记载较早，但就记载的科学性而言，明显不如日本人和西方人。

表6-1 清代以来川江木船记载和调查情况

| 调查主体 | 文献名称 | 时代 | 涉及种类 | 外在形态 | 尺寸规格 | 载重 | 船型图 | 总体评价 |
|---|---|---|---|---|---|---|---|---|
| 中国 | 川船记 | 清前期 | 1 | 简单描述 | 无 | 笼统 | 无 | 1.5 |
| | 夔行纪程 | 清中叶 | 9 | 简单描述 | 无 | 无 | 无 | 0.5 |
| | 峡江救生船志 | 清末 | 2 | 简单描述 | 有 | 无 | 无 | 1.5 |
| | 川江木船业概况 | 1939年 | 33 | 偶有简单描述 | 少有描述 | 无 | 无 | 2 |
| | 长江中上游的舟筏 | 1947年 | 7 | 简单描述 | 有1种有简单尺寸 | 部分有 | 无 | 1.5 |
| | 四川内河航运史料汇集 | 20世纪70年代 | 72 | 简单描述 | 部分有 | 部分有 | 无 | 3.5 |

续表

| 调查主体 | 文献名称 | 时代 | 涉及种类 | 外在形态 | 尺寸规格 | 载重 | 船型图 | 总体评价 |
|---|---|---|---|---|---|---|---|---|
| 西方 | 海关十年报告：1882—1891（重庆）、（宜昌） | 19世纪80年代 | 53 | 无 | 无 | 有 | 无 | 3 |
| | Junks and Sampans of the Upper Yangtze | 1940年 | 50 | 有 | 大部分有 | 大部分有 | 大部分有，明显有技术图色彩 | 6 |
| | The Junks and Sampans of the Yangtze | 1971年 | 50 | 有 | 大部分有 | 大部分有 | 大部分有，明显有技术图色彩 | 6 |
| 日本 | 支那政治地理志 | 1913年 | 35 | 无 | 无 | 有 | 无 | 2 |
| | 中部支那经济调查 | 1915年 | 11 | 偶有 | 无 | 小部分有 | 无 | 1 |
| | 支那省别全志（四川省、湖北省） | 1917年、1918年 | 58 | 大部分有 | 部分有 | 大多数有 | 部分有，部分有一点技术图色彩 | 5 |
| | 在重庆日本领事馆管内状况 | 1921年 | 64 | 无 | 部分有 | 有 | 无 | 3.5 |
| | 支那开港场志 | 1924年 | 73 | 无 | 无 | 无 | 无 | 3 |
| | 扬子江水路志 | 1927年 | 10 | 有 | 有 | 有 | 无 | 3 |
| | 戎克：中国的帆船 | 1941年 | 38 | 部分有 | 部分有 | 少部分有 | 部分有，多为引自西方制图 | 3.5 |

注：根据记载种数、外在形态、尺寸规格、具体载重、船型图五种参数，可以对表1文献科学性进行量化评估。此处把记载25种船型以上的文献定为1分，可以叠加，25种以下的定为零分。其他四项每一项1分，"有"和"大部分有"为1分，"简单""部分"和"少部分有"计0.5分，另据制图技术性强弱加0.5—1分。

由表6-1可知，中国6种文献，平均每种得分只有1.75分，日本7种文献，平均每种得分3分，西方3种文献，平均每种得分5分。如果不计入20世纪70年代的调查，则中国的得分就更低了。实际上，据四川省交通厅《四川内河航运史料汇集》披露，我国在20世纪70年代才真正开展对川江木船的系统调查，比西方晚了近80多年。20世纪80年代刊印的《四川内河航运史料汇集》对川江木船的记载仍完全是文字描述，技术数据统计和详细结构图付之阙如，其科学性与西方人30年代的调查相比仍然存在明显差距。

从近代列强的相关调查可以看到，他们对中国社会信息掌握非常细密。早在1915年陈曾谷先生在其译作《丁格尔步行中国游记》的"序"中就谈道："夫丁君西人也，而于吾国之事，其用心之深，关怀之切如此，宁不使吾人愧怍而悚惧耶。"[①]实际上，中国旧海关调查资料就是殖民主义时代列强觊觎中国的历史见证。近代日本人对长江上游的调查也主要是为日本侵略中国服务。但今天，这些史料成为研究近代中国社会不可多得的资料，这倒是与当时西方和日本调查者们的初衷大相径庭了。

从以上调查文献可以发现，中国川江木船调查的主体，多是文化人和有教育背景的官员，如《川船记》的作者谢鸣篁为江西南丰县著名诗人；《夔行纪程》的作者陈明申为南郑县正八品照磨；《长江中上游的舟筏》的作者胡成之为平汉铁路的职员。因此，中国的调查以感性的描述为主，往往缺乏科学精神，带有明显的文化色彩。而日本的调查主体比较复杂，既有文化团体，也有商业协会和

---

① 《丁格尔步行中国游记》，"序"，第1页。

军事部门，带有明显的商业色彩和军事色彩。

西方人的调查目的相对复杂。早期的中国旧海关调查主要对木船数量、载重、行驶区域等感兴趣，带有明显的商业目的。而后期的调查目的则更多样化，如曾担任过海关第四任总税务司的梅乐和（F.W.Maze）在为沃斯特《长江上游的帆船和舢板》一书所写的序言中称：①

> 对长江上游地区的造船工艺至今都没有详细准确的记录。我们应该认识到，古代和当代的中国人造船的详情相对鲜为人知。伦敦和巴黎博物馆仅有为数不多的真正的中国平底帆船展示品——无论是海运船还是河运船，都规模合适，且做工考究，而世界各国的图书馆也没有多少关于中国航运的典籍。尽管如此，中国人可能比世界上任何民族在造船上更具创造力，他们极具天赋地造出了各种适合不同条件或有特殊要求的船。这本书对此进行了详细易懂的记述。
>
> 沃斯特先生提供的资料无疑对亚洲造船学的学生们有所助益，也能成为茶余饭后的有趣谈资，而他就职于巡江事务局的经历确保了一手资料的准确性和真实性。这是沃斯特先生为我们献上的同时具有科研价值和浪漫情怀的作品。

显然20世纪40年代，受西方人控制的中国旧海关总署更多从科

---

① 【英】G.R.G.Worcester, *Junks and Sampans of the Upper Yangtze*, China: The Maritime Customs, Miscellaneous Series, no.51, The Statistical Department of the Inspectorat eGeneral of Customs, 1940, Prefatory note.

学和文化意义上记录这些即将过时的木船，这种行为科学探索和传承文化的意识是明显的。而且沃斯特本人在书中的序言也表明他做这一项工作的目的。他称：

> 旧的秩序正在飞速地改变。以具有强大动力的轮船、飞机、载重汽车、摩托艇为代表的机械化形式的科学不可避免地会冲击平底帆船行业，而且一定会使许多有趣的船变得过时。最近对一种可以在任何水域里航行的叫作"全能船"的标准类型船只的介绍已经预示了这一点。尽管从实用的角度看这种变化是令人满意的，但是老水手会为一些珍贵船只的过时而惋惜，他们每个人都对自己的船只恋恋不舍。如果这些船只从这些水域消失，以后就没有关于它们的可靠记录了。这就是这本书所描写的对象，通过按原物比例画的图例和仔细的观察，记录了长江上游的水域里依然可见的一些主要类型的船只。①

显然，不论沃斯特还是中国旧海关，他们已经明确知道川江木船实际上是过时或即将过时的，因此他们做这样一件需要仔细调查的工作，更多是出于科学文化遗产保护的目的，而非完全出于商业或军事目的。而且我们发现，沃斯特还撰有《中国的船民》，关注的是中国船民这一下层社会人物群体，书中充满了科学精神和人文关怀。正是出于这样一种科学和人文精神，一位西方人做了中国人

---

① 【英】G.R.G.Worcester, *Junks and Sampans of the Upper Yangtze*, Prologue.

至今都还没有做的按原比例绘制川江木船工艺图的工作,这真是令我们感慨良多。

所以,我们从以上三种对川江木船的图绘,可以看到三种文化背景存在强烈反差。

西方范式的川江木船图。从欧洲工业革命时期的西方木船设计图(如18世纪的"亚特兰大号")①中,我们可以看出18世纪西方已经出现木船正侧面的网格图,还有侧面尺寸的内部结构图。受这种文化背景的影响,西方范式的川江木船图也很具科学性。从西方人绘制的20世纪30年代川江上的麻秧子、辰驳子②图中可看出,已经有按照比例尺绘制的侧视图、仰视图、剖面图和内部结构图。另用线描绘出了舵、帆、绳的样式。整个图绘呈现出较为明显的科学设计图风格。

日本范式的川江木船图。从《支那省别全志》绘的20世纪20年代川江上的南河船、麻阳子,③可以看出已经绘有木船的仰面尺寸图、船舵结构图。实际上,早在江户时代,日本就绘制了大量唐船图绘。虽然这些图也完全是中国传统的艺术表现范式,但在图上标明了部位及尺寸,已经有一定分解示意的意味。④这些日本的木船图绘凸现出近代日本文化兼融中西的文化特征。

---

① 【英】查尔斯·辛格等主编《技术史》第4卷,辛元欧主译,上海科技教育出版社,2004年,图版41。
② 【英】G.R.G.Worcester,*Junks and Sampans of the Upper Yangtze*,Plate6,17.
③ 东亚同文会:《支那省别全志》第5册《四川省》第5编第4章,第361、321页。
④ 卢嘉锡总主编、席龙飞等主编《中国科学技术史·交通卷》,科学出版社,2004年,第215—225页;王冠倬编著《中国古船图谱》,三联书店,2000年,图第19—32页;席龙飞:《中国造船史》,湖北教育出版社,2000年,第282—288页。

传统中国范式的川江木船图。目前我们还没有发现中国人专门绘制的川江木船图绘,仅在乾隆朝的《金沙江全图》、光绪朝国璋《峡江图考》、张云轩《重庆府治全图》、艾仕元《渝城图》等地图上发现有江川木船的图示,与清代《鸿雪因缘图记》这类完全艺术表现的舟船基本上是同一类。这与近代西方人制图的科学性相去甚远,甚至与明清以来文献中中国东部地区的漕船、战船、站船等图绘的精准度相比亦相差较大。近来,学界所发现的乾隆年间《闽省水师各标镇协营战哨船只图说》,不仅有相关尺寸的文字记载,而且有船的整体图、侧视图、内部分形图,并标有部件名称,绘有部分部件样式。[①]而川江木船并无这样水准的图绘出现。

相比之下,在近代川江木船的调查中,西方的调查最为深入,调查文本的现代技术性最强;中国的调查最粗浅,文本的科学性、精准性最差;而日本虽长期受中国文化浸润,但在近代明治维新以后率先接受西方文化,故对川江木船的调查,往往中西兼融,其科学性、精准性处于中西方之间。中国、日本、西方的川江木船调查文献在文化性、商业性、科学性方面存在差异,这有助于分析近代西方、日本、中国的科学技术传承差异问题(见表6-2)。

---

① 《闽省水师各标镇协营战哨船只图说》抄本,共284页,原件藏于德国普鲁士国家图书馆。另参见金秋鹏:《中国古代造船与航海》,中国国际广播出版社,2011年,第88—89页。

表6-2 近代川江木船图示三种范式的思维背景

| 范式 | | 主要绘制目的 | 精准度 | 透视图 | 平面图 | 剖面图 | 比例尺 | 内部结构图 | 部件名标注 | 分解部件图 | 思维背景 |
|---|---|---|---|---|---|---|---|---|---|---|---|
| 西方范式 | | 商业、科学 | 高 | 有 | 有 | 有 | 有 | 有 | 有 | 有 | 西方式 |
| 日本范式 | | 商业、军事 | 较高 | 有 | 间有 | 无 | 无 | 间有 | 间有 | 间有 | 中西式 |
| 中国范式 | 川江船 | 文化 | 弱 | 少 | 无 | 无 | 无 | 无 | 无 | 无 | 中式 |
| | 闽民船 | 文化、商业 | 弱 | 无 | 无 | 有 | 无 | 无 | 间有 | 有 | 中式 |
| | 闽战船 | 军事 | 弱 | 有 | 无 | 有 | 无 | 有 | 有 | 间有 | 中式 |

历史上知识的传承可分成经验性传承和标准性传承两种路径。前者主要依靠师承和家学，是一种经验性传承，随意性较大；后者主要依靠文本教材、著作在社会中传授，是一种标准性传承，更为精准。就造船技术来看，中西方早期都主要以经验性传承为主体。西方国家的造船技术从文艺复兴到工业革命，才实现了从经验性传承到标准性传承的转变。西方在16世纪后期出现了大型帆船的剖面结构图，开始运用大圆规绘制造船的技术施工设计图，到17世纪末西方已经有网线的剖面和平面设计图，并已经公开出版了第一部关于造船的技术教材，到18世纪前期已经出现帆船内部结构、剖面结构、局部分解等设计图。①到18世纪中叶，西方出现了专门研究造船构造学的学术著作，许多当时设计的草图也保存至今，已经具备

---

① 【英】查尔斯·辛格等：《技术史》第3卷，高亮华、戴吾三译，上海科技教育出版社，2004年，第333—336页。

现代设计图的基本要素了。①

其实，中国古代传统造船业相当发达，仅就木船造船技术本身来看，中国古代比西方毫不逊色。学界早已承认中国的水密舱壁、车轮船、中线舵、橹等发明在世界造船史上的重要地位。②特别是水密舱壁技术，早在晋代就出现，而西方在18世纪末才出现。③历史上长江上游地形地貌复杂多样，河流众多，水文条件非常复杂，川江木船能适应这种自然条件，表明其制造技术在中国乃至世界都应有特殊地位。如川江历史上的舫舟、大型楼船、歪尾船、无铁钉船在世界造船史上皆具有特殊的地位。唐代征伐高丽，专门在遥远的剑南道伐木造船。④宋代曾广泛在四川地区打造马船、米船以应官役。⑤所以，历史上"蜀舟""蜀船""蜀艇""巴船""川船""川桨"已经成为当时经济领域的流行语。清末西方人看到川江木船的水密舱壁时，就感叹道："底舱也被分成许多小隔间，顺便说一下，我们'有先见之明'的造船厂最近才开始采用这种样式，但在中国的船只上早已司空见惯。"⑥前面谈到，清代川江木船就达60多种，据调查，20世纪50年代川江上有70多种木船类型，⑦有的学者认为

---

① 【英】查尔斯·辛格等：《技术史》第4卷，第391页、图版40—41。
② 辛元欧：《中国古代造船技术中的四项发明》，《机械技术史》2000年辑，机械工业出版社，2000年，第221—226页。
③ 蔡薇等：《水密舱壁：中国古代船舶技术的领先贡献》，《中国文化遗产》2013年第4期。
④ 《资治通鉴》卷一九九《唐纪·太宗贞观二十二年》，中华书局，1956年，第6261—6262页。
⑤ 蓝勇：《西南历史文化地理》，西南师范大学出版社，1997年，第395页。
⑥ 【英】托马斯·布莱基斯顿：《江行五月》，第81页。
⑦ 冯汉镛主编，四川省文史研究馆编《巴蜀科技史研究》，四川大学出版社，1995年，第111—116页；蓝勇《西南历史文化地理》，第393—404页。

第六章　中国传统科技与技术传承、逻辑类分话语　419

有100多种，①但据吴中孚《商贾便览》记载江苏、安徽、江西、湖南、湖北五省一共仅才六七十种。②由此可见，川江一带木船种类之多十分罕见。如果从木船的图绘历史来看，中国并不比西方晚，数量也不比西方少。如汉代各种器物中就有各种帆船图绘，宋代绘画中也有不少帆船图，明清时期的众多笔记、志书、类书、游记、图记绘画中木船的图绘也相当丰富。中国古代有关木船记载的文献就有近40种之多，其中有官方背景的文献都有官船的具体尺寸和部件尺寸的记载，如《南船纪》（也称《南船记》）、《龙江船厂志》《天工开物》《使琉球录》等。有的文献还有总体示意图，并标有各部件的名称和尺寸。但需要指出的是，编纂这些文献的主要目的并不是将其作为设计依据的一种设计蓝本。而个别有设计蓝本意图的船样的科学精度很差，没有该种船型制造经验的工匠是不可能根据图样造船的。相对而言，有关民船，特别是内河民船文献对木船的具体尺寸记载较少，图示标绘则更少。如从《中国丛书综录》收录的有关木船文献来看，厉鹗的《湖船录》和丁午的《湖船续录》不过是以西湖游船为线索记载士人风尚；潘之恒本为明代戏曲评论家，他的《南陔六舟记》不过是对江南6种客船的名称、特点和作用作了一种描述性的比较而已；谢鸣篁《川船记》虽然直接记载川江木船，但全是描述性的记载，并无详细的尺寸数据，更无任何图绘。以前面统计的近代川江木船文献来看，胡成之等的调查主要涉及船名、航行区域、船型外部特征和载重量等，更多是从经济需要

---

① 祝慈寿：《中国工业技术史》，重庆出版社，1995年，第1153页。
② 吴中孚：《商贾便览》卷二《各省船名样式》，半舫轩藏板，第1册，第22—29页。

和文化传承角度加以考虑。因此，从整体来看，中国木船文献的文本精度很弱，这与先进的造船技术形成一种明显的反差。

历史上，川江地区这种先进技术与落后传承方式的反差更为明显。虽然在中国古代川江木船种类最为繁多，制造技术最为独特，在世界造船史上享有特殊的地位，但除了一篇简单的《川船记》外，几乎没有关于川江木船的系统文献，也无任何图绘类船样传世，到了近代连上面谈到的以艺术性手法所做的木船图绘都少有。所以彭德清主编《中国船谱》和王冠倬编著《中国古船图谱》时，没有收录任何明清时期长江上游的木船图谱。[1]至今，我们没有发现一种关于近代川江木船的设计图纸留传下来，不仅没有像沿海一带的船簿、船规，更谈不上有图谱出现。即使20世纪中叶开展的川江木船调查，也仅具文化和商业的意义。从这个角度讲，川江木船的技术传承，具有极其明显的经验性传承特色。

综上可见，虽然在世界造船史上中国木船制造占有重要地位，有关木船的文献也较多，但如果从技术文献文本内在特质方面考察，中国古代有关木船的记载更多为描述性文字和艺术性示意图绘，对计量、尺寸、比例的关注较少，图绘精准性方面存在明显不足。从整体上看，中国古代木船技术的传承方式主要是以经验性传承为主。其中，川江地区这种制造技术先进与传承方式落后的反差最为明显和典型，我们提出"川江案例"这一概念，来指称制造技术先进而传承方式落后这种中国古代技术史的普遍现象。

---

[1] 参见彭德清主编《中国船谱》，经济导报社、经导出版有限公司，人民交通出版社，1988。

## (四)"川江案例"形成的自然和社会机理分析

对于我们来说更重要的是分析中国历史上形成这种"川江案例"的自然和社会机理。"川江案例"中技术先进与技术传承途径落后的原因各不相同,但之间可能又有关联。相对而言,研究"川江案例"中技术先进的原因比研究技术传承途径落后的原因相对简单,技术先进的形成一方面在于复杂环境的催生,另一方面在于发达文明的保障。

"川江案例"中制造技术先进这一点,西方人早就感叹"长江上游的舢板的设计和做工让人钦佩"。①具体而言,川江木船技术的先进性可能与川江特殊的河道状况有很大关系。川江流域河流众多,其河流宽窄、长短、弯曲、落差、滩险、水流情况复杂,不仅中国少有,在世界诸河流中亦属罕见。特别是河床坡降大、航漕多变、暴涨暴落等特点,客观上对造船技术提出很高的要求。有学者总结了川江木船的一些突出特点:种类繁多,结构坚固,操纵灵活,线型合理,稳定性好。②这是川江木船对环境高度适应的结果,此所谓"因河制宜地创造出上百种适合大小河流行驶的具有独特风格的船型"。③川江航运在民国时期仍有高达10%的失事率,④很高的失事率成为水密舱壁等应对技术的巨大诱导因素。就河道而言,各种复杂的因素叠加在一起,诱发催生了川江木船特殊的前后

---

① 【英】G.R.G.Worcester, *Junks and Sampans of the Upper Yangtze*, p. 10.
② 祝慈寿:《中国工业技术史》,第1153页。
③ 王绍荃主编《四川内河航运史》(古、近代部分),四川人民出版社,1989年,第316页。
④ 【英】Cornell Plant, *Glimpses of he Yangtze Gorges*, p. 40.

梢、大橹、歪尾、双侧大枘等技术发明。对此，民国时期西方人写道："每条河流的船都有不同的特点……几乎所有的平底帆船和舢板都必须在特定的急流中行驶，因此它们打造得非常坚固"，[1]日本人也认为"被称为四川船的民船有着非常坚固的构造，适合在峡江的急流中航行"。[2]显然，主动适应复杂的自然环境是造就川江木船船型繁多、结构坚固等优异特性的重要原因。

此外，"川江案例"的形成还因为在这样的环境上叠加了几千年来较为先进的人类文明。长江上游有先秦的三星堆、金沙文明，到汉代成都平原是中国三大农业经济区之一。从唐代的"扬一益二"到宋代的"蜀学"显赫地位，从明清铜、铅、皇木运输到近代川江开埠通商，川江流域相对发达的经济文化在客观上滋生出对木船航运的巨大需求，也使木船生产有了整体上较发达的综合经济实力保障。综合比较，川江地区内外因素可谓世界少有：在世界上许多地区有辉煌的人类文明，但却没有这样特殊的河流环境对木船技术的客观需求；而有的地方即使存在这样的河流环境，但却没有这样的文明沉淀和经济基础，故缺失这样的经济环境的客观诉求和创造发明的主观能力。

探索技术传承途径落后的原因前，我们需要提出两个不同的概念，一个是"文本化式弱"，一个是"文本精度弱"前者指技术传承经验特征明显，即技术很少转换成文本来实现传承；后者是指即使有文本传承，但文本艺术示意性明显，精度差，可操作性弱。从整体来看，中国技术传承落后主要体现为"文本精度弱"，而川江

---

[1] 【英】G.R.G.Worcester, *Junks and Sampans of the Upper Yangtze*, p. 2.
[2] 日本海军水路部：《扬子江水路志》第3册《中扬子江及上扬子江》，第288页。

地区的技术传承则同时具有"文本化式弱"和"文本精度弱"的双重弱势。这两种"弱"在中国的表现形式和形成原因是有差异的，需要从不同的角度分别研究分析。

1. "川江案例""文本精度弱"成因分析

中国传统技术传承的"文本化式弱"，不仅中西差异大，而且中国各地的差异亦较大。但就"文本精度弱"来看，中国内部各地间的差异并不明显，也即整个中国普遍存在"文本精度弱"的问题，其成因可从中国传统文化角度进行分析。

第一是制造蓝本与事功总结的功能差异。

在中国文化中，做人的道德规范、行为举止约束方面的文本多且规范详细，但做事的具体操作层面往往缺乏预备文案，存在较大的随意性。中国传统文化对事功总结相当重视，编修志书、类书的工作世界上任何国家都无法与之相比。具体工作做事前的预案是一种设计蓝本，但做事的总结文本往往为事功总结专志。换句话说，文献编纂的目的往往决定了文献的特征。

笔者统计的40余种古代中国木船文献，可以分为三类：一是志书、类书、杂说类，如《龙江船厂志》《漕船志》《古今图书集成》《三才图会》《闽省水师各标镇协营战哨船只图说》等；二是游记、杂记类，如《使琉球录》《川船记》《湖船录》等；三是船样类，如制置司《船样》《船政》《钦定江苏省内河战船则例》等。总的来看，前两类为主体，约占90%。中国古代编纂志书、类书重在"资治、教化、存史"，主观上并没有技术传承的意图，而游记杂记更多是文化人的直观体验，而非技术传承。近代胡成之等的川江木船调查，记载的主要是船的名称、载重、航行区域、外形等，主要关注商业经营、文化保护，科学调查、技术传承方面则关注不足。因此，这类文献即使有木船图绘，往往也是艺术性、示意性的，缺乏精准的数据尺寸。显然，虽然中国古代有关木船的文献众多，近代也有木船调查文献，但大都并不具有设计意义。有学者注意到，明代木船文献虽然对工料定额、尺寸、数量记载十分详细，但是尚未涉及船舶设计。[①]当时的编著者的任务并不是提供造船的设计蓝图，其编纂活动的文化属性决定了其成果"文本精度弱"，不可能起到技术传承的作用。这种功能差异是由编纂者主观目的不同决定的。

正是因为这样，虽然有关中国木船的文献绝对数量很多，但从历史文献看到的，往往是从不同地方调派船匠造船，或在船匠较多的地区造船的记载，而很少有当地船匠依靠设计蓝本制造木船的记载。如唐代为征高丽在剑南一带造船，[②]宋代广信军曾从江南招募船匠制造锁伏船，[③]也是从江南调派船匠来黄河一带造战船，[④]清代山西曾从湖北调派船匠制造艒船、麻阳子。[⑤]

其实，对中国技术史稍有研究就可以看出，中国古代大量的工艺文献主观上往往都不是一种制造蓝本，而更多是一种文化专志，体现了一种事功的文化总结。所以，即使这种文化专志出现再多，

---

[①] 中国科学院自然科学史研究所主编《中国古代科技成就》，中国青年出版社，1995年，第663页。
[②] 《资治通鉴》卷一九九《唐纪》，"太宗贞观二十二年"，第6261—6262页。
[③] 欧阳修：《文忠集》卷一一七《乞置御河催纲》，《景印文渊阁四库全书》，台湾商务印书馆，1986年，第1103册，第214页。
[④] 李复：《潏水集》卷一《乞罢造船》，《景印文渊阁四库全书》，第1121册，第7页。
[⑤] 傅泽洪辑录《行水金鉴》卷一四〇，商务印书馆，1937年，第2029页。

若没有师承家传的经验性传承，技术传承仍然无法真正实现。

第二是图像精准写实与感性神似之差体现的客观效果差异。

对于木船的技术传承而言，最直接的传承不是文字，而是设计图，即用于造船的图样，而且最好是按比例绘制、标注详细尺寸的图样。但是，中国传统志书、游记、类书中的图绘并非用于技术设计，只不过是一种感性的示意图，是一种艺术性质的描绘。即使少数主观上有设计意图的船样图，由于受中国传统绘画方式的影响，写意特征明显，文本精度很弱。

中国古代绘画作品在手法上有写意、工笔、兼工带写三大类，构图取景在写意与写实之间，以写意为主，一般采取散点透视方式取景，只求神似，这就极大削弱了图像反映客观事物的精准度。因此，西方人很早就认为中国画是"可怜的涂鸦"，不能描绘出各种物体的正确轮廓。[①]相对而言，西方图像资料的精准度更高，如笔者在德国考察时曾发现，从15世纪到19世纪，画家在德国海德堡对岸绘制海德堡城堡的多幅油画，完全采用了西方的聚焦透视写实的方式，画面从早期的城堡四周童秃无树，到18世纪以后树木成荫的变化明显直观。在构图取景方面，中国绘画的写意与西方绘画的写实之差在艺术领域不过是风格之异，但这种艺术风格运用在技术领域却凸显了落后与先进之别。在聚焦透视写实风格影响下，西方早在16世纪后期就出现了大型帆船的剖面结构图，17世纪末已有带网线的剖面和平面设计图，18世纪则开始出现木船正侧面的网格图。英国人巴兹尔·拉伯克（Basil Lubbock）于1919年编的《中国帆

---

① 【英】柯律格：《明代的图像与视觉性》，黄晓鹃译，北京大学出版社，2011年，第4页。

船》一书就大量使用了网格型海船图，[①]这种海船图绘的精准度是同时代中国木船文献中的图绘完全无法比肩的。

所以，这种差距不仅是由经验性传承下对图绘重要性客观诉求不高的外在因素决定的，更主要是由中国传统图像艺术写意的基本内在特征决定的。我们将西方15世纪的木船设计图与我国明代的最完备的设计图《船政》图一比较，中西方这种差异就相当明显了。如果我们将西方15世纪到19世纪木船设计图及西方20世纪前期绘制的川江木船图，以及同时期中国在地图、绘画作品上完全写意的木船图三者放在一起相比，这种科学与艺术、感性与理性的差异就更是跃然纸上了。在某种程度上讲，中国的各类木船图绘，最多提供给造船者一个简约的外在形象，船匠们必须根据自己记忆经验和实物船样进行施工，造出的船也往往大类相同，细部则因人而异了。

有人认为中国在宋代就已经有绘制"船样"的历史，如《宋会要辑稿》记载："温州言制置司降下船样二本，仰差官买木，于本州有管官钱内各做海船二十五只。"[②]然而，这里的船样是尺寸样还是图式样，还有待研究。宋代也有先制"船模"后建船的例证，[③]后来还有对海船和长江中下游木船记载的图绘。明代以降还有《船政》《钦定江苏省内河战船则例》《闽省水师各标镇协营战哨船只图说》《漳州海澄郑氏造船图谱》等有设计蓝本意图的文本。不过，由于这些船样图示精度差，并非具有较高可操作传承的设计图，因此如果没有师傅亲自指点，靠这种文本几乎不可能实现直接施工。

---

[①] 【英】Basil Lubbock, *The China Clippers*, Glasgow：J.Brown&Son, 1919.
[②] 《宋会要辑稿·食货》五〇之三四，中华书局，1957年，第5673页。
[③] 参见金秋鹏：《中国古代造船与航海》，第87页。

第六章 中国传统科技与技术传承、逻辑类分话语虽然清末民初以来沿海一带出现过一些船尺簿、船簿、船规之类关于造船规格的文本，但大多失传。即使保存下来的民国时期《漳州海澄郑氏造船图谱》，严格地讲也只是造船师傅放样的记录文本，其中的船图仅是一种示意图，而且出于家传保密，完全用鲁班字和闽南方言自造字标识，在外人来看图谱犹如天书，所以有人称之为"秘籍"。没有特定的师傅的直接指导，根本不可能依靠文本进行施工。所以，历史上中国木船制造，整体上主要还是依靠船工代代口传身授，即"造船师傅多凭经验尺寸现场放样，而没有精确的图纸"。①

2．"川江案例""文本化式弱"成因分析

前面已经谈到，川江地区"文本化式弱"和"文本精度弱"两个"弱"都相当明显。其原因何在？实际上，就整个中国古代技术来看，不论是与西方相比，还是与中国的理论科学相比，如果将技术文献中的农学和医学排除在外，制造类技术文献存在明显的"文本化式弱"现象。这种"文本化式弱"具有明显的地域和官民差异，表现为：宋以来在经济文化更发达的江南地区"文本化式弱"相对不明显，而川江地区则较为明显；官府控制的技术领域，"文本化式弱"相对不明显，而官府控制相对较少的技术领域，"文本化式弱"更为明显。"川江案例""文本化式弱"的成因，可以从文化背景、手工业特征、技术独特性、国家介入四个方面来分析。

第一是重义理轻应用的传统淡化了技术文本化的氛围。在中国传统价值观中，在科举制度背景下，整个社会"蔑视工巧"，技术

---

① 许路：《〈漳州海澄郑氏造船图谱〉解读》，《海交史研究》2007年第1期。

工作和技术总结都被士大夫所蔑视。这一点在环境相对封闭而手工业整体上不发达的长江上游更是明显。因为在这种地区科举往往成为单一的进取途径，所以科举文化很发达，与之相关的学术文化更盛。我们以前在研究宋代四川文化地理时也发现这种现象。[①]

从长江上游的社会经济文化发展史来看，历史上四川地区的文学、小学、易学、史学等在全国都占有重要地位。这样的学术背景，使历史上的四川形成了重视义理之学，轻视应用技艺之学的文化氛围。中国传统的四部文献之中，子部涉及学科最广泛，技术类著述包含在其中，所以，唐以前中国各地子部的文献普遍最多，但宋元时期的四川却以经部最多，史部其次，集部再次，子部最少。到了明清时期，四川虽然经、史部比例相对下降，但集部成为最多的一类文献，子部一直没有超过集部。[②]这种文献比例关系反映了四川文化中专题研究薄弱，科技文献比例较小。我们再以余同元先生统计的《20世纪20年代前中国历代工业科技文献统计总表》为例，其中统计了1003种工业科技文献，[③]可知作者籍贯的有733种，其中四川籍的仅有21种，占全国的2.86%，数量相当少。在这样的文化土壤中，近代川江木船技术先进但传承方式落后的"文本化式弱"现象典型就属情理之中了。

观察余同元的统计表可以发现，明清时期江南地区的手工业文

---

① 蓝勇：《西南历史文化地理》，第95页。
② 蓝勇：《西南历史文化地理》，第142—161页。
③ 《20世纪20年代前中国历代工业科技文献统计总表》中著者为四川籍的工业科技文献22种，而王灼的《糖霜谱》与《颐堂先生糖霜谱》为一书，实则只有21种。参见余同元：《传统工匠现代转型研究——以江南早期工业化中工匠技术转型与角色转换为中心》，第425—460页。

第六章　中国传统科技与技术传承、逻辑类分话语　　429

献量较丰富,远远超过四川。相应地,江浙一带民间已经出现了船簿一类的图绘,明显比四川地区的造船技术文本化程度高,这说明造船技术文本化在中国存在地域差异。所以,余同元先生谈到工匠"习艺求名,志在不朽"的风尚,可能在明清时期的江南地区较明显一些,在长江上游则不明显。

在这样的氛围中,蜀中一般士人"多溺于逸乐,少从宦之士""而士多自闲,聚会宴饮,尤足意钱之戏",[①]心醉于茶楼酒舍;上层士人则往往多潜心于文学、哲学等形而上的义理之学。"好文""颇慕文学""易学在蜀耳""蜀学""夙产文士"等常见于文献的话语,反映了历史上巴蜀地区学术的主流特征。在这样的主流文化下,巴蜀地区一直缺乏技术文本化的文化氛围,很少有文化人会将精力投入到技术文本化的工作中去。以木船为例,中国古代唯一的一篇有关川江木船的专文《川船记》,其作者是清代江西南丰县文人,而非巴蜀本土士人。此书仅是在蜀中旅游时对所见闻舟船的记录,目的只是"后之有意蜀游者,览余文,其亦可以无憾矣"。本土文化人中只有陈明申《夔行纪程》对川江木船有一点描述性的记载。《四川内河航运史料汇集》虽然篇幅很大,对川江木船的记载详细,但内容上并无各种船型的尺寸数据,更无具体的船型图绘,主要还是对川江木船历史文化的总结。

第二是手工业集约化弱制约了技术文本化。巴蜀地区以丘陵为主的地理环境,极大地限制农业生产的规模化经营。传统时代巴蜀地区有"父子率多异居"的传统,[②]主张尽早分家而居,这是适应

---

① 《隋书》卷二九《地理志》,中华书局,1973年,第830页。
② 《隋书》卷二九《地理志》,第830页。

丘陵地带耕地分散的生产环境的结果。在这种农业生产背景下，单一的家庭生产成为常态，大家族聚居并不常见。只是到后来"湖广填四川"移民运动后，外省移民的大家族在四川才相对多了起来。四川的李家坪、王家沱、张家湾之类"姓氏+地形"的地名在清代才出现。不过，受传统巴蜀文化的影响，外来移民虽聚族而迁，但到四川后往往分居生息。故有研究表明，清代民国时期四川地区聚族而居远比福建、湖南、江西等式弱，各家族通常分散居住，且受经济实力弱和组织难度大的影响，家谱编修、家族教育水平远不及福建、湖南、江西等地区。[①]巴蜀地区的木船制造受这种社会条件影响，也通常为小家族、小规模生产。经济实力弱，组织难度大，制约了木船技术传承的"文本化"过程。

　　从历史上看，虽然巴蜀地区造船技术很发达，多有从巴蜀征调船匠或者在四川征匠民打造官船的历史，如宋代在巴蜀打造马纲船、米船，但四川地区并没有出现过官办的大型船厂。近代依然如此，造船多是私营船厂和更松散的"揽头"组织营造，规模比较小。如清宣统年间，重庆一带船厂有鲁东山、李老八、傅仕全等12家，集中在所谓"四厂三湾"，但这些所谓船厂不过是一种小家族式的木船作坊，船匠多分散于民间，维系关系主要靠加入当地的"鲁班会"（交纳码头钱），由船匠师傅带帮手形成规模不大的手工作坊。在重庆，严格意义上的木船厂是开设于1915年的渝兴木船厂，[②]规模也相当有限。清末民初时期，四川南充沿江一带造船主

---

[①] 左宇菲：《清代至民国时期四川部分地区汉族家谱所见宗族文化研究》，硕士学位论文，四川师范大学，2011年，第101页。
[②] 重庆市交通局交通史志编纂委员会编《重庆内河航运志》，科学技术文献出版社，1992年，第306—307页。

要是由水木工"掌墨师"带领徒弟在河边搭棚为厂,生产时并无设计图纸。[1]20世纪三四十年代,四川12个重要港口的造船厂,平均每个造船厂只有16个工人,多的也不过三四十人,超过一百人的相当少。[2]1939年,重庆江北漕江河厂因规模较小,为应合川盐务局造盐船之役,只能临时雇佣水木工100多人来赶工。[3]重庆江津一带在民国时制造木船还主要是依靠城关三渡五码头的"锤锤帮"水木匠来完成。[4]即使民国时因战时需要,由交通部设厂造川江木船,其所谓工场"实际并无固定工人及厂房设备,其造船工程系由官方抽取20%—30%的手续费后,转包各私营修造厂及'揽头'制造"。[5]总的来看,民国时期四川的所谓造船厂往往是在大的港口码头有专门私营木船修造的船厂,由揽头负责组织人手施工,但中小码头则主要由船主自己购料,雇工营造。但不论何种船厂,多是季节性开工,在枯水季节打造,临时雇用,均无固定厂房设备,仅有一个工作码头露天作业,一到淡季,工人转作其他苦力。[6]在这样的背景下,主观上船匠出于技术保密不可能有绘制公开技术文本的诉求,而客观上经济实力和文化素养也使这些人不可能完成技术文本化过程。所以,连外国人都知道长江上游的舢板"设计和做工让

---

[1] 南充地区交通局编《南充地区交通志》,四川人民出版社,1992年,第291页。
[2] 四川省交通厅地方交通史志编纂委员会编《四川内河航运史料汇集》第1辑,第172—173页。
[3] 重庆市江北区地方志编纂委员会编《重庆市江北区志》,巴蜀书社,1993年,第551页。
[4] 江津县交通局交通志办公室编《重庆市江津县交通志》,内部发行,1985年,第429页。
[5] 王绍荃主编《四川内河航运史》(古、近代部分),第245页。
[6] 四川省交通厅地方交通史志编纂委员会编《四川内河航运史料汇集》第1辑,第173—174页。

人钦佩",但这种手艺主要来自"祖祖辈辈造船经验的积累"。①中国传统技术传承的封闭性、保守性特征,在小家族、小规模生产的长江上游表现得更为突出。

第三是区域外适应性弱使其在全国性木船文本化过程中"失语"。川江木船种类繁多和技术独特,主要是由多种多样河道特征决定的,而木船性能的特殊性却反过来使川江木船的航运区域受到限制,也使木船技术传播限制在一个狭小的人员群体范围内,这样川江木船就失去了通过文本向外传播的客观需要和主观诉求。以前学界引杜甫诗中"门泊东吴万里船"之句,以为长江上游的木船可以直航到下游。其实大多数情况下,由于川江航道和川江木船性能的特殊性,川江木船只航行至中游荆楚中部地区,下游船也只上行到荆楚中部地区,形成上游与中下游两个相对独立的木船技术文化区。如战国时上游的大舶舡、方船等往往只通达郢都。宋代陆游到蜀夔州,先乘下游船到沙市,然后换入峡船进蜀。②明代宋应星《天工开物》记载:"然川船达荆州而止,此下则更舟矣。"③清代乾隆时,滇铜京运时,在四川泸州雇募的夹䑸船到了汉口后,一般都要换中下游船型,所谓"旧例易舟换载"。④而一般民船"凡自东南入蜀者,皆直抵湖北之汉口始换川船"。⑤在这种背景下,川

---

① 【英】G.R.G.Worcester, *Junks and Sampans of the Upper Yangtze*, pp.28—30.
② 陆游:《入蜀记》,陈新译注《宋人长江游记》,春风文艺出版社,1987年,第143页。
③ 宋应星:《天工开物》,管巧灵、谭属春点校注释,岳麓书社,2002年,第231页。
④ 黎恂撰《蛉石斋诗钞》,王德毅主编,李淑贞等编辑《丛书集成三编》,新文丰出版公司,1997年,第44册,第3页。
⑤ 谢鸣篁:《川船记》,顾沅辑:《赐砚堂丛书新编》,1830年,第12册,第1页。

江木船基本可以在区域内部师承家传营造，根本没有通过文本在盆地以外传播的必要，故失去了区域外的客观需要。同时，由于川江木船制造技术的独特性，即使荆楚地区的川船修理往往也形成川人自己包办修造的传统，如宋代在沙市一带就形成由蜀人聚集修理川船的状况。再者，为适应川江复杂河道而产生的多种特殊船型离开特定的地域到别处传播的适应性、可能性也较小，如川盐转运从自流井开始，先使用歪尾橹船（又称歪脑壳船）运到邓关，然后用拨船运到泸州，再用长船分运至各重要支流河口。[①]在支流河口还须换成地域性船只，如在支流乌江上用歪尾股船运输，而在支流赤水河先用中元棒、黄瓜皮等运到赤水，然后用大牿牛船运到二郎，再用小牿牛船、茅村船运到今茅台一带。[②]而滇铜转运中除陆运外，在金沙江是用一种小舣船运到长江上游的叙州和泸州，再换夹舣中船、枘船、秃尾舣船等大船运到汉口再换船。川江木船的地域适应性使木船制造文本化的必要和可能都大大削弱。我们发现至今为数不多的老川江水木匠的技术地域性明显，一个人往往只能造自己熟悉的小流域的几种船型，而当时也只需要造那几种就已经够用了，根本没有通过文本外传其他区域的必要，技术文本化也就没有了内驱力。

很有意思的是，1939年至1940年，国民政府交通部在四川推行改良木船，想用近代轮船技术统一打造一种只有吨位区别且可加轮

---

① 四川省交通厅地方交通史志编纂委员会编《四川内河航运史料汇集》第1辑，第59页。
② 中共赤水市委宣传部编《川盐入黔仁岸——赤水》，中共赤水市委宣传部，2007年，第51—53页。

机的木船在川江上航行，虽然造出了322只，<sup>①</sup>但由于技术设计与实际运用上的差距较大，航行中问题较多，实际运行中船商并不愿意采用这些木船，改良木船尝试失败。<sup>②</sup>这反过来证明传统川江木船船型的内部区域差异性的不可替代性。

正是因为川江木船的这种特性，使其在其他区域的影响力较弱。明清时期的舟船类文献，在系统谈到全国木船时，大都没有论及当时四川的木船状况，川江木船处于"失语"状态。如明代《三才图会·器用》所载木船，基本上是海船和长江中下游内河船。《古今图书集成》中《考工典·舟辑部》重点辑录海船、漕舫，只是在"杂舟"中引用宋应星《天工开物》时提及四川八橹等船。清乾隆时吴中孚《商贾便览》中"各省船名样式"条目下专门记载了长江上的木船名称、行驶区域，其中江西30多种木船，江苏、安徽、湖南、湖北30多种木船，但只字未提川江木船。<sup>③</sup>以上资料表明，长江中游与下游的木船互通性更好，这与中下游河道共性较多有关。川江木船与中下游木船在技术上各自都有其独特性，通融性不强。此外，宋以来长江中下游成为中国经济文化的重心所在，国家介入强，手工业更发达，船型适应性广，中下游木船的文本化可能性和必要性更强，故木船技术文本化程度相对较高。

由上可见，川江木船在历史上形成了独特的技术特征和行驶区

---

① 王洸：《交通部在四川监造的改良木船》，《中国航业》1941年第1卷第1期，第42页。
② 四川省交通厅地方交通史志编纂委员会编《四川内河航运史料汇集》第1辑，第176页。
③ 吴中孚：《商贾便览》卷二《各省船名样式》，半舫轩藏板，第1册，第22—29页。

域，其在外的影响反而受到限制。在川江木船性能和适应特殊性的背景下，川江木船技术不仅没有外传的必要和可能，而且内部各小区域也没有这种互传的必要，这就往往在区域内丧失了主观上的文本诉求和客观上的文本需要；而川江木船在区域外的影响力弱，造成在全国性的木船文本化过程中川江木船的"失语"。

第四是国家介入程度低影响了技术文本化。造船技术文本化程度高的地区除了手工业经济更发达外，国家对造船业的控制程度也影响着造船技术的文本化程度。比较中国古代的造船文献可以看出，在漕船、官船、宫廷船制造领域技术文本化程度最高，而在民间造船领域技术文本化程度最低。

表6-3 中国古代木船文献的内容性质

| 文献名称 | 时代及作者 | 内容性质 |
| --- | --- | --- |
| 船样 | （宋）制置司 | 海船 |
| 武经总要·水战并图 | （宋）曾公亮 | 战船 |
| 天工开物·舟车 | （明）宋应星 | 漕船、海船、杂船 |
| 武备志·军资乘 | （明）茅元仪 | 战船 |
| 三才图会·器用 | （明）王圻 | 综合类 |
| 漕船志·船式 | （明）席书 | 漕船 |
| 漕运通志·漕船表 | （明）杨宏等 | 漕船 |
| 南船纪 | （明）沈启 | 综合类，以官船、战船、漕船为主 |
| 船政 | （明）兵部车驾司 | 官船 |
| 龙江船厂志 | （明）李昭祥 | 综合类，以官船、战船、漕船为主 |

续表

| 文献名称 | 时代及作者 | 内容性质 |
| --- | --- | --- |
| 洗海近事 | （明）俞大猷 | 海船 |
| 图书编·古今漕船总略 | （明）章潢 | 漕船 |
| 兵录 | （明）何汝宾 | 战船 |
| 筹海图编 | （明）胡宗宪 | 海船、战船 |
| 登坛必究 | （明）王鸣鹤 | 战船 |
| 漕船经制疏 | （明）汪宗伊 | 漕船 |
| 使琉球录·造舟 | （明）萧崇业 | 海船 |
| 使琉球录·造舟 | （明）夏子阳 | 海船 |
| 船政新书 | （明）倪涷 | 官船 |
| 通漕类编 | （明）王在晋 | 漕船 |
| 金汤借箸十二筹·舟制 | （明）李盘 | 战船 |
| 南陵六舟记 | （明）潘之恒 | 内河民船 |
| 古今图书集成·考工典·舟楫部 | （清）陈梦雷等 | 综合类 |
| 北新关志 | （清）许梦闳 | 综合类 |
| 台海使槎录 | （清）黄叔璥 | 海船 |
| 商贾便览 | （清）吴中孚 | 综合类 |
| 靖海全图 | （清）佚名 | 战船 |
| 鸿雪因缘图记 | （清）麟庆等 | 综合类 |
| 洴澼百金方·舟制 | （清）惠麓酒民 | 战船 |
| 舟师绳墨 | （清）林君升 | 战船 |
| 浙江海运全案初编 | （清）黄宗汉 | 海船 |
| 江苏海运全案 | （清）贺长龄 | 海船 |
| 川船记 | （清）谢鸣篁 | 内河民船 |
| 钦定江苏省外海战船则例 | （清）官修 | 海上战船 |

续 表

| 文献名称 | 时代及作者 | 内容性质 |
|---|---|---|
| 钦定江苏省内河战船则例 | （清）官修 | 内河战船 |
| 峡江救生船志 | （清）罗笏臣 | 官设救生船 |
| 湖船录 | （清）厉鹗 | 游船 |
| 湖船续录 | （清）丁午 | 游船 |
| 闽省水师各标镇协营战哨船只图说 | （清）官修 | 战船 |

由表6-3可见：中国古代木船文献内容以官船为主，主要涉及漕船、站船、战船、座船、差役船，而民船相对较少。从地域上来看，文献主要是关于海船和运河船，其他内河船相对较少，特别是黄河流域和长江中上游内河木船文献最为稀少，表6-3所列综合类木船文献中也很少有长江上游木船的记载。其中《川船记》不过是一位外省人士游川江时对川江木船外在形制的描述，而《峡江救生船志》则是从官府角度对救生船蜀中成式和武汉成式的简单记载，其他文献很少记述川江木船。

目前发现的有关中国木船的文献主要集中在明清时期。而明清时期中国政治经济文化重心东移南迁，漕运、海防、手工业与商业，大都集中在东南地区。这个时期政府的管控重心也在这个地区，国家介入程度比较高。这个时期的官办船厂几乎都集中在江南地区，如明代南京的宝船厂（龙江船厂）、淮安府的清江船厂和东昌府的卫河船厂，由工部直接管理，船匠数量庞大，如宝船厂船户达400余户，清江厂工匠共达8873人。[1]清代东部地区的官办船厂更是繁多，如福建就有福州船厂、泉州船厂、漳州船厂、台湾船厂等重要官办船厂，造船数量巨大，如苏州每年制造的出海船多达千艘，厦门以造船为生的工人多达万人。[2]一方面在这样的规模下，出于标准化的需要，文本化的提高也就是很自然的结果；另一方面，中央政府对江南重视与江南地方政府财政实力强为文本化程度提高提供了保障。而如前所述，长江上游直到民国前期，手工造船仍然多是私营船厂或"揽头"承担，由民间"掌墨师"临时沿江搭棚季节性招工造船，组织形式松散，船厂规模小。因此，清代在长江上游即使有滇铜黔铅京运这样的国家工程，也没有在巴蜀地区专门设官办船厂造铜铅船（官府为办漕运在江南专门设官办船厂造漕船），而是由官府派运员在四川泸州临时雇募民船，或提前派人让泸州民间船户打造木船来完成运输任务。从这个意义上讲，国家介入弱是导致长江上游木船技术文本化程度低，经验性传承明显，标准性传承式弱的重要原因之一。换个角度看，四川地区手工业集约化程度相对较高的制盐业，正是官府控制最直接的产业，其文本化程度则相对较高，如制盐业方面出现了《自流井风物名实说》《自流井记》、《自流井》《川盐纪要》《四川盐法志》《四川盐政史》《川卤概说》《四川盐矿志》《川南盐务要览》等。而在近代川江木船调查文献中，有官方调查背景的《四川内河航运史料汇集》虽然存在文本精度弱的缺陷，但相对其他川江木船文献，内容确实最为详尽。抗日战争时期，南京国民政府交通部，令汉口航政局按西方

---

[1] 王冠倬编著《中国古船图谱》，第174—189页。
[2] 祝慈寿：《中国工业技术史》，第1119页。

现代轮船技术绘制"改良式川江木船图",并让船商照样制造,但因技术与实际脱节问题,最终宣告失败。①不过,由此可见,国家介入对技术文本化影响之大。

## 二 传统制造"名实类分无序"与技术"时代断层"②

学术界关于"李约瑟难题"的研究论述众多,但目前几乎所有的论述都是基于一种宏观视阈从理论层面来研究,少有从具体的中国科技传承史本体个案的角度来分析。之前,笔者曾以近代川江木船文献为例,针对先进制造技艺与落后的传承途径进行了反思,从经验性传承角度提出了技术传承上"文本化式弱"和"文本精度弱"两个概念,探索了形成这种现象的自然和社会原因③,为我们进一步思考有关问题提供了一些基础。

值得指出的是,在以往有关"李约瑟难题"研究的众多结论中,有两个观点引起我们的关注,一是逻辑性思想的缺失④,一是连续性破坏的原因⑤,不过,这些分析缺乏具体的中国传统科技本体特征个案支撑。而且观点本身也存在一定的局限性,如连续性破

---

① 四川省交通厅地方交通史志编纂委员会编《四川内河航运史料汇集》第1辑,第176页;王绍荃主编《四川内河航运史》(古、近代部分),第246页。
② 此文刊于《西南大学学报》2019年5期。原标题为《传统制造"名实类分无序"与技术"时代断层"——以近代川江木船调查反映现象为例》。收入此书略作修改补充。
③ 蓝勇:《对先进制造技艺与落后传承途径的反思——以历史上川江木船文献为例》,《历史研究》,2016年第5期。
④ 林鸿伟:《从先秦矛盾律思想角度看东西方思维方式的差异及其影响》,《哲学动态》,1999年第3期。
⑤ 刘里远:《中西自然科学思想》,中国大地出版社,1999年,第604页。

坏中西方都有，其中中西方差异在哪里？逻辑思想的缺失在技术领域的具体表现和影响机理怎样？有意思的是，我们在研究川江木船船型种类时也发现一些很特别的现象，一是船型名实类分口径无序，名实混乱，即船型分类命名的混乱；二是制造技术的时代断层问题，即后代对前代技术积累获取稀少问题。

（一）近代川江木船调查显现的木船命名和分类情况

我们之前的研究已经表明，近代川江木船船型种类的调查并不是由国人开始的，而是由受西方人控制的中国旧海关开始的，始于19世纪80年代。后来，西方、日本和我国的一些文献都先后对川江船型、命名、分类作了记载。[①]这些记载都显现出当时川江木船的命名和分类情况。

据《海关十年报告：重庆（1882—1891）》记载，在1882—1891年这十年间，中国旧海关曾调查了重庆货运民船48种，涉及船舶类别、载重、原发地、用途、船夫数、上滩纤夫数等项，共计有厂（敞）口麻秧子、辰州麻秧子、辰边子、辰驳子、辰条子、桥眼船、千担哥、金银锭、秋秋船、秋子船、冲盐棒、厚板、小辰驳子、桡拐子、牯牛船、瓜皮船、贯牛舵、贵州麻秧子、锅铲头、老鸦秋、柳叶帮、橹板、马耳朵、毛板、毛鱼秋、南河船、南（楠）板麻鹊尾、鹅儿子、扒扦船（竹筏）、扒窝子、百甲头、白（柏）板麻鹊尾、半头船、三板船、收口麻秧子、大河船、太红船、刀口船、提篮船、钓钩子、舵龙、舵龙子、草药船、东瓜船、乌江

---

① *Decennial Reports: 1882—1891*，中国第二历史档案馆，中国海关总署办公厅《中国旧海关史料：1859—1948》第152册，京华出版社，2001。

子、乌龟壳、烟火船、阴阳合等名目。又据《海关十年报告：宜昌（1882—1891）》记载，在十年间中国旧海关还调查了宜昌24种船型，其中分成南船和川河船，前者主要航行于长江中下游，后者主要航行于长江上游。川河船有麻阳子、麻雀尾、辰驳子、鳅船、辰条子、辰扁子、桡摆子、沽阳子、鹅儿子、扒窝、划子、五板、脚船、三板、跨子15种等名目。同时，调查还涉及船的载重、原发地、用途功能、平时船夫数、上滩纤夫数等事项。

西方人真正从事科学意义上的长江上游木船的技术调查开始于20世纪30年代，代表报告为英国人沃斯特（G.R.G.Worcester）的《长江上游的帆船与舢板》[①]。其报告共分成十二章：第一章研究了长江上游木船的造船技术；第二章研究长江上游的帆、固定索具、活动索具；第三章分别对长江上游主要的船型麻秧子、梢麻秧、涪州浆轮面粉船、坐船（漂浮住船）、红船（救生船）、龙船、改良木船、宜昌划子、重庆划子、撒网捉鱼船、竹筏、扒窝子、吉林陀煤船、帆船模型、其他船类作了详细的记载；第四章主要记载大宁河神驳子；第五章主要记载了乌江的歪尾盐船、小歪尾船、蛇船、涪州过河船、其他船型；第六章主要记载嘉陵江的老划秋、舵笼子、巴湾船、东河船、板罾捉鱼船、金银锭、厂边边；第七章主要记载綦江的小河船、三板船；第八章记载赤水河的木料船、杉木筏子；第九章记载沱江的中元驳、歪尾船、东瓜船、锅铲头、毛鱼秋；第十章记载岷江的南河船、小木船、大木船、沙船、

---

① 【英】G. R. G. Worcester. *Junks and Sampans of the Upper Yangtze*. China：The Maritime customs，Miscellaneous series.，no.51.The statistical department of the inspectorate general of customs，1940.

汽车过渡船、水老鸦捕鱼船、小花船、花船；第十一章记载雅江的竹筏船；第十二章记载关河的木船。全书涉及的木船船型可达50种以上。

日本文献对于川江木船的记载也较早，19世纪70年代日本人竹添进一郎《栈云峡雨日记》就对川江木船进行了详细的记载[①]。后之山川早水《巴蜀》[②]、中野孤山《横跨中国大陆：游蜀杂俎》、米内山庸夫《云南四川踏查记》等中都有对长江上游川江木船的记载[③]。特别是《游蜀杂俎》专门统计了《峡中民船种类》，计有麻雀尾、麻阳船、辰驳子、鳅船、宝庆船、五板船、掛子船7种，论述了船的用途和载重吨位。[④]

日本对于长江上游川江木船的专业调查也很早，1913年《支那政治地理志》就记载了白板麻雀尾、收口雀尾、南板麻雀尾、麻阳船、辰驳子、鳅船、五板子、胯子船、阴阳同、乌龟壳、马耳声（朵）、厂口麻秧子、原（厚）板、舵笼子、小表（辰）驳子、鹅儿子、草药船、毛鳅、锅钟头、 船、大河船、贯牛舵、毛板、烟火船、舟詹哥、老雅秋、南河船、木戈（扒）杆船、百甲头、牛头船、乌江子、钓钩子、表（辰）边子、麻秧子、牯牛船，共35种[⑤]。1915年出版的《中部支那经济调查》一书也对民船、载货民

---

① 【日】竹添进一郎：《栈云峡雨日记》，沈云龙主编《中国近代史料丛刊》第59辑，文海出版社，1966—1973年，第60页。
② 【日】山川早水：《巴蜀》，成文馆，1909年。
③ 【日】米内山庸夫：《云南四川踏查记》，《幕末明治中国见闻录集成》第10卷．東京ゆまに書房，1997年。
④ 【日】中野孤山：《游蜀杂俎》，郭举昆译，中华书局，2007年，第73页。
⑤ 【日】大村欣一：《支那政治地理志》上卷，丸善株式会社，1913年，第216—219页。

第六章　中国传统科技与技术传承、逻辑类分话语　443

船进行了研究，涉及麻雀尾船、麻阳船、梢麻阳船、辰驳子、䑢船、五板船、宝庆船、胯子船、划子、舵笼子、扒窝船11种，并将船分成大型、中型、小型、极小型四大类，并转引了《海关十年报告》中的重庆48种民船资料表格[①]。同时期的东亚同文书院大调查的第五期《湖南四川线调查报告书》第三章《水运》记载了重庆民船中的麻阳子、麻雀尾、辰驳子、䑢船、辰条子、辰扁子、沽阳子、鹅儿子、扒窝子、划子、五板船、脚船、三（板）船、胯子船14种，重点介绍了麻雀尾、麻阳船、辰驳子、䑢船、五板船、掛子船六种船的原料、尺寸[②]。《支那省别全志》第五卷《四川》第五编第四章"民船"在长江干流主要记载了麻雀尾、麻阳船、辰驳子、䑢船、宝庆船、五板船、胯子船；在嘉陵江流域记载了毛板船、燕尾船、扒柁船、拨船（驳船）、麻鸡船、䑢子船、老娃邱、三板船、五板船、半头船、舵笼子、挑子船、州帮船、强牛船、游乐船、花板儿船、扒湾儿船、拦载船；另在保宁处谈到扒尾船、毛板船、燕尾船、木扒子船、䑢子船、竹扒子船；在昭化处谈到有毛板船、彦（燕）子船、䑢子船、扒尾船，在绵州处谈到毛板船、贯牛船、舵笼、草叶船；在岷江流域记载了大四舱掛子船、三舱掛子船、三舱小掛船、大南河船、小南河船、五板船、麻阳船、大半头船、小半头船、毛蓬船、材杆船、百甲头船、大河船、草菜船、毛䑢船、锅钟头船、车爪船、竹筏；在沱江流域记载有柳叶船、小

---

① 【日】东则正：《中部支那经济调查》，上海日本人实业协会编，1915年，第16—21页。
② 东亚同文书院：《湖南四川线调查报告书》第1卷第3章，《东亚同文书院调查报告》第五期，台北"国家图书馆"藏。

河船、金银锭、鳅鳅船、冲盐棒、瓜皮船、歪屁股船、木板船。[①]《支那省别全志》第九卷《湖北》第五编第五章"民船"在长江干流宜渝段主要记载了四川船中的麻雀尾、麻阳船、辰驳子、毛鱼鳅船、五板船、胯子船、挠拢子、扒窝子、梢麻阳，还记载来自湖南、河南、陕西、江西及湖北的本地木船。[②]《支那省别全志》四川卷共调查了66种船型，湖北卷调查了9种，删去重复的15种，共调查60种船型。

1921年日本外务省通产局编《在重庆日本领事馆管内状况》收录了《重庆领事馆辖区内事情》第十一章中对民船作的调查书。该调查书共调查了66种重庆境内的民船，其中三峡民船35种，即白板麻雀尾、收口雀尾、南板麻雀尾、麻秧船、辰驳子、鳅船、五板子、胯子船、阴阳同、乌龟壳、马耳声、厂口麻秧子、原（厚）板、舵笼子、小表（辰）驳子、鹅儿子、草菜船、毛鳅、锅钟头、辴船、大河船、贯牛舵、毛板、烟火船、艚哥、老雅秋、南河船、杖杆船、百甲头、牛头船、乌江子、钓钩子、表（辰）边子、麻秧子、牯牛船；岷江民船17种，即大四舱挂子船、三舱挂子船、三舱小挂船、大南河船、五板船、小南河船、麻阳船、小半头船、毛蓬船、朵杆船、大河船、毛鳅船、车辰船、百甲头船、草菜船、锅钟头船、竹筏。沱江民船9种，即柳叶船、小河船、金银定、秋秋船、秋子船、冲盐船、瓜皮船、歪屁股船、木板船；嘉陵江民船14种，即毛板、五板、燕尾船、舵笼、扒舵、桃子船、鳅子、州帮、

---

① 东亚同文会：《支那省别全志》第5卷《四川省》第五编第四章，东亚同文会，1917年，第319—381页。
② 东亚同文会：《支那省别全志》第9卷《湖北省》第五编第五章，东亚同文会，1918年，第319—331页。

老娃邱、强半船、三板、扒湾船、半头、槛载船；涪江民船4种，即毛板、舵笼、贯牛、草菜。①以上共记载79种木船，因各流域间有五板、草菜、大河、老雅秋（老娃邱）、舵笼子、百甲头、锅钟头为同一种船型，实际记载了67种木船。书中还记载了竹木筏、皮革船和红船。同时，东亚同文书院的马场锹太郎在1922年和1928年分别在日本堂书店出版了《支那经济地理志》交通篇和制度篇，其中交通篇对宜昌重庆间的水运航路作了调查和记载，也涉及木船的资料。东亚同文会调查部在大正十三年编的《支那开港场志》中对长江上游木船的记载也较详细，涉及长江干流、岷江、沱江、嘉陵江四个流域的木船近70种。其中长江干流的木船35种，即白板麻雀尾、收口雀尾、南板麻雀尾、麻阳船、辰驳子、鳅船、五板子、胯子船、阴阳船、乌龟壳、马耳朵、厂口麻秧子、原（厚）板、舵笼子、小表（辰）驳子、鹅儿子、草菜船、毛鳅、锅钟头、辄船、大河船、贯牛舵、毛板、烟火船、艚哥、老雅秋、南河船、材杆船、百甲头、牛头船、乌江子、钓钩子、表边子、麻秧子、牯牛船；岷江木船17种，即大四舱掛子船、三舱掛子船、三舱小掛船、大南河船、五板船、小南河船、麻阳船、小半头船、毛蓬船、朵杆船、百甲头船、大河船、草菜船、毛鳅船、锅钟头船、车辰船、竹筏；沱江木船9种，即柳叶船、小河船、金银船、秋秋船、秋子船、冲盐船、瓜皮船、歪屁股船、木板船；嘉陵江的木船14种，即毛板、五板、燕尾、舵笼、扒舵、桃子船、鳅子、州帮船、老娃邱、强

---

① 日本外务省通产局：《在重庆日本领事馆馆内状况》，日本外务省通产局，1921年，第125—127页。

半、三板、机（扒、巴）湾船、半头、槛载船。①以上共记载75种木船，因各流域间有五板、草菜、大河、老雅秋（老娃邱）、舵笼子为同一种船型，实际记载了68种木船。同书《宜昌》中也记载川河船有麻阳子、鹅儿子、麻雀尾、扒窝、辰驳子、划子、鳅船、五板、辰条子、脚船、辰扁子、三板、挠摆子、跨子、沽阳子15种民船，其中有五种为《重庆》中没有涉及的，这样《支那开港场志》实际记载了73种川江民船。1927年日本海军水路部出版的《扬子江水路志》第三卷《中扬子江与上扬子江》中也涉及长江上游麻雀尾、麻阳船、辰驳子、鳅船、宝庆船、五板船、胯子船、划子、梢麻阳、舵笼子10种，涉及船的外观、尺寸、吃水、载重等内容。②

1941年中支戎克协会编印了小林宗一编辑的《戎克：中国的帆船》，在上海出版。此书实际上是将西方人海关调查资料中的川江木船资料与日本人关于中国调查资料汇合改编在一起的一个重要文献。书中记载了长江干流的麻秧子、宜昌划子、梢麻秧、重庆划子、面粉船、撒网捉鱼船、坐船、扒窝子、红船或救生船、吉林陀煤船、龙船、竹筏、改良木船，大宁河的神驳子，龚滩河的厚板船（歪屁股）、小厚板船、蛇船、涪州过河船，嘉陵江上的老划秋、舵笼子、巴湾船、东河船、板会捉鱼船、金印锭、敞边边，綦江河的小河船、三板船，赤水河的木料船、杉木筏，沱江流域的中元驳、岷江河南河船、小木船、大木船、沙船、汽车过渡船、水老鸭捉鱼船、小花船、花船等。重点介绍了麻秧子、蛇船、老划秋、金

---

① 东亚同文会调查编纂部：《支那开港场志》第2卷，东亚同文会调查编纂部，1924年，第116—124页。
② 日本海军水路部：《扬子江水路志》第3卷《中扬子江与上扬子江》，海军水路部，1927年，第288—289页。

第六章　中国传统科技与技术传承、逻辑类分话语　447

银锭、小河船、中元驳、南河船、舢板和木筏、面粉船、红船、神驳子、歪屁股的船型。总的来看,这本书应该是近代日本人对中国川江木船调查的集大成者。[1]1942年,此书在上海再版,同时在日本东京由扬子江社用《支那的戎克》一名再次出版。[2]

国人最早系统记载川江船名和功能的是清中叶嘉庆年间的陈明申,其《夔行纪程》记载板跨子、麻阳船、厂船、螳螂头、柏木船、吊钩子、爬纲子、板头船、五板船(划子)[3]等类型。后来光绪年间傅崇矩《成都通览》中记载了大四仓挂子船、三仓大挂子船、三仓小挂子船、大南河船、小南河船、麻阳船、大半头船、小半头船、筏子[4]等。

中国人的川江木船系统调查始于20世纪30年代,很有意思的是,最早的一个调查是由一位只署名焦女士的人士发表在《申报》上的《千奇百怪的旧木船》,记载了巴蜀地区的18种木船,涉及猫鱼鳅、麻雀尾、老鸦秋、舵笼子、安岳船、半头船、竹筏子、驳船、大五板船、神条子、挂子船、敞口麻阳船、麻阳船、橹船、神驳子、黄瓜船、歪屁股船、红船,涉及川江木船的历史发展轨迹。[5]同年出版的《重庆市一览》也记载了春盐棒、南河船、黄瓜皮、五板、三板、毛叶秋、蔴秧(又名敞口)、半头(又名小南河)、艄船、挂子船、广船(又名蔴雀尾)、敞口(又名山蔴秧)、

---

[1] 中支戎克协会:《戎克:中国帆船》,中支戎克协会,1941年,第109—127页。
[2] 【日】小林宗一:《支那的戎克》,扬子江社,1942年,第150—173页。
[3] 陈明申:《夔行纪程》,《小方壶斋舆地丛钞》第7帙,杭州古籍书店,1985年,第101页。
[4] 傅崇矩:《成都通览》上册,巴蜀书社,1987年,第305—306页。
[5] 焦女士:《千奇百怪的旧木船》,《申报》1936年8月30日。

厚板、蛇船、辰驳子、小江船（又名橹船）、扒离、老鸦秋、安岳船、半头船、千担船、敞口、倒栽葱（又名降灾瘟）等23种木船，包括载重、行驶河段、特殊外观、现有数目、功能等事项。①

1939年《四川经济月刊》发表了《川江木船业概况》一文，记载了椿盐棒、黄瓜皮、五板、三板、毛叶秋、麻秧（又名敞口）、半头船（又名小南河）、艄船、挂子船、广船（又名麻雀尾）、敞口（又名山麻秧）、厚板（歪尾）、蛇船、辰驳子、小江船（又名橹船）、扒窝、老鸦秋、千担船、安岳船、半头船（涪江）、合渝敞口、倒栽椿（又名降灾瘟）、黄豆角、巴河船、金银锭、十八包（又名四脚蛇、赶叫）、渠河老穆秋、当归船、毛板、滚筒子、舵笼子、东河船32种木船，也涉及船型外观、行驶河段等。②同一年，陆思红《新重庆》记载了椿盐棒、南河船、黄瓜皮、五板、三板、毛叶秋、麻秧（又名敞口）、半头（又名小南河）、艄船、挂子船、广船（又名麻雀尾）、敞口（又名山麻秧）、厚板、蛇船、辰驳子、小江船（又名橹船）、扒船、老鸦秋、安岳船、半头船、千担船、敞口、倒栽葱（又名降灾瘟）、黄豆壳、巴河船、金银锭、十八包（又名四脚蛇、赶叫）、渠河老鸦秋、当归船、毛板、滚筒子、舵笼子、东河船33种，包括载重、行驶河段、特殊外观、现有数目、功能等事项。③

到20世纪40年代，宋其新曾统计了半头船、南河船、中元棒、舵笼子、滚筒子、老雅艘、金银碇、歪屁股、毛班船、扒窝船、

---

① 重庆市政府秘书处：《重庆市一览》，1936年，第75—76页。
② 《川江木船业概况》，《四川经济月刊》1939年11卷一，2期。
③ 陆思红：《新重庆》，中华书局，1939年，第128—131页。

燕尾船、吞口船、三板船、五板船14种。①胡成之《长江中上游的舟筏》记载了麻阳船、麻雀尾、辰驳子、毛鱼鳅船、胯子船、扒窝船、艄麻秧7种船，涉及船的外观、载重、功能、大小等事。②到20世纪80年代四川省交通厅内部出版了《四川内河航运史料汇集》，首次系统公布了新中国成立后对近代川江木船的调查材料，涉及72种船型，计有中元棒、黄瓜皮、麻秧子、敞口、赶架子、椿尾、舵笼子、辰爻子、金鸭子、桡拐子、特性五板、南河船、牛头船、半头船、麻糖啄、五板船、毛叶秋、炭花船、降灾瘟（倒栽葱）、黄豆角、四脚蛇、老木鳅、巴河船、金银锭、巴河扒船、厚板（歪屁股）、蛇船、綦江三板、软板、冬瓜船、北河船、舵舵船、梢梢船、滚筒子、毛板船、划子船、安岳船、老鸦鳅、千掛船、半截船、舵三板、沙鱼鳅、金银三板、横辅干、千担竿、灌牛童儿、三板、高架子、小江橹船、凯江橹船、釜溪河橹船、威远河橹船、千担壳船、鹅儿子、鳅船、乌棒船、石头船、铜河船、雅河船、三河船、大肚子、毛鸡船、齐头鼓、牯牛船、东河扒窝、御林河扒窝、爻煤船、当归船、草蓬船、铁船、双飞燕、梢船，也涉及行驶区域、船型等事项。③

从以上调查来看，我们发现历史上的历次调查中，最多的一次也只是调查出70多种。考虑到历史上许多船名、船型的消失，再加上如横江、梅溪河、濑溪河、渚江、乌江上游等支流在历史上并没有进行过调查，如横江上的苞苋船、濑溪河的乌篷船、乌江上游的

---

① 宋其新：《川江木船运输概要》，《旅光》，1941年第5期。
② 胡成之：《长江中上游的舟筏》，《海事》，1947年第1期。
③ 四川省交通厅地方交通史志编纂委员会：《四川内河航运史料汇集》第1辑，内部印刷，1984年，第130—132页。

调羹船即少见于记载，所以，历史上川江出现100多种木船名称或船型是可以肯定的。其实，更重要的是我们发现，除了中国旧海关沃斯特的调查有一定科学传承味道外，其他调查基本上都是只有船名、行驶区域、载重、外观形状类的商业调查。针对船型本身的调查基本上也只是对名实类分现状的客观表述记录，并没有从木船结构、功能差异的内在客观差异进行分类分析，涉及分类的主要是按流域、大小、省别大类划分，各种船型之间分类命名混乱，流变不清。我们知道，川江历史上出现过多少种船名，实际上又有多少种船型，本身是两个不同的概念，但由于调查本身的科学性局限，现在都无法很精准的考证。由此，我们需要思考一些中国传统科技的深层次的命名和分类原则问题。

（二）命名分类混乱、技术时代断层与木船技术传承

从历史语境来看，由于文献对上古、中古船名往往失载，我们对清以前川江木船的种类多少、名称何许并不是很清楚，自然对上古、中古与近代船型、船名之间的承传关系不清楚。所以，我们也期望能通过川江木船船型、船名的承传关系来探索传统中国技术传承的一些问题。

总的来看，中国传统科技中船型的命名并无严格的科学分类体系支撑，带有明显的随意性、感观性特征。不仅历史上对船型类分口径无序，名实混乱不清，近代以来的中外调查、记载也是分类混乱，也使今天笔者考证川江船名实变化时会出现一些混乱不清之处。这种混乱不清的名实状况对技术传承会带来何种影响需要深入研究。

1. 川江木船历史上名实分类混乱使经验性传承背景下的技术传承更加杂乱无序

我们知道,现代分类学有广义和狭义之分。狭义的分类学为taxonomy,指动植物分类;广义的分类学为systematics,指系统分类的科学。不论何种分类法,都建立在现代系统学、逻辑学、生物学、物理学的基础之上,讲求分类口径一致,标准一致。不可否认,中国传统分类学出现很早,但是不能回避的是,中国传统科学分类在系统性、逻辑性方面并不是太严格,命名分类带有相当明显的随意性、感观性,使分类命名带有明显的混乱交结,如传统的经、史、子、集分类。

在技术领域这种现象就更为明显。以川江造船的分类和命名来看,我们发现历史上川江木船命名依据往往有外在象形、行驶地域、造船原料、内在结构、实用功能五大类。

表6-4 近代川江木船名称分类表

| 分类 | 名称 |
| --- | --- |
| 外在形象 | 中元棒、歪屁股、牯牛船、柳叶舟、麻雀尾、掛子船、舵笼子、乌龟壳、黄瓜皮、扒窝船、黄豆角、滚筒子、鰍船、半头船、红船、蛇船、金银锭、大木船、小木船 |
| 行驶地域 | 麻阳子、辰驳子、南河船、大河船、小江船、安岳船、东河船、巴河船、小河船、广船、长船 |
| 造船原料 | 柏木船、筏子、木板船、大柏木 |
| 内在结构 | 五板、三板、艄船、敞口、橹船、划子 |
| 实用功能 | 面粉船、坐船、救生船、龙船、改良木船、捉鱼船、渡船、煤船、木料船、花船 |

这里要说的是，这五种分类如果放在各自同一统计标准内，并无任何不妥，问题是以往的命名、分类往往是在同一分类语境之中将五大类混在一起的，便常出现互相纠结，混乱不已的状况。同时，我们还发现大量五大类互相叠加的命名方式，如地域十结构类：綦江三板、小江橹船、凯江橹船、威远河橹船、釜溪河橹船；如地域十象形类：东河扒窝、御林河扒窝、巴河扒窝等；如有结构十地域类：收口麻秧子、敞口麻秧子；如新旧地域类：贵州麻秧子、辰州麻秧子；如结构十象形类：楠板麻雀尾、柏板麻雀尾。这种叠加使船名的分类更加混乱了。

川江木船用料主要是柏木、楠木、青冈三大类，一般重庆以上楠木使用比例相当大，重庆以下柏木比例更大，所以，在湖北往往将四川船统统称为"柏木船"，但历史上却出现特指某种船型的"柏木船""大柏木"名称。[①]救生红船本来主要用五板小舟，但又称红船，五板船又单独分成一类。渡船使用的船型较多，但历史上渡船又往往与众多船型放在一起。三板船本意是舢板或船底只用三板，意指小船，但历史上在川江又指一种特殊的大型船。如麻阳子，历史上不仅有麻秧子、麻秧船、麻阳船的名称之别，还有按新旧地域分类的辰州麻阳子和贵州麻阳子，也有按特征地域分类的收口麻阳子和敞口麻阳子，但民间将麻阳子又称敞口，也有称山麻阳为敞口，更搞乱了我们对麻阳船的名实认知。又如称小江船为橹船，但称橹船的船往往有很多，有小江橹船、凯江橹船、威远河橹船、釜溪河橹船。再如乌江上的厚板称歪屁股船、歪尾船，还有专

---

① 孝顺武：《川行日记》，《蜀藏：巴蜀珍稀交通文献汇刊》第11册，第281页。

第六章 中国传统科技与技术传承、逻辑类分话语

门一种小歪尾船,但又称釜溪河上的橹船为歪屁股船或歪脑壳船。在川江上以前将游船、卖唱船称为"花船",在《丁治棠纪行四种》、刘光第《南旋记》、沃斯特调查报告中都有记载,但《南旋记》同时将运输棉花的大船称为"花船",[①]而自贡贡井到艾叶滩间有一种运盐的小船也称"花船",[②]如果不解释就无法分清船型。

有些船型船名完全一样,仅是大小不一,或行驶区域不同,却往往被分成不同的船型。如《在重庆日本领事馆内状况》记载有长江上载重800担南河船、岷江上载重500担的大南河船、岷江载重400担的小南河船,分别为三种船型;同时记载长江上载重300担到600担的麻阳船,也记载岷江上载重600担麻阳船,分别为三种船型;记载长江上载重100担的五板子、岷江上载重40—50担的五板船、嘉陵江上载重1万五千斤的五板船,也分别为三种船型;记载长江上载重300担的毛板船、嘉陵江上载重3万斤的毛板船和涪江载重40担的毛板船,也分作不同的船型[③]。有时,虽指出一种船也有另一种船名,但却同时记载为两种船,如陆思红《新重庆》记载岷江半头船又称小南河船,[④]《在重庆日本领事馆内状况》记载岷江上本身就有400担小南河船和70—100担的小半头船并列,还记载眉州的70担的半头船、嘉陵江上的2万斤的半头船,[⑤]使我们一头雾水,难以理清之间的关系。又如小辰驳子,在大宁河称柳叶舟,但在个别地方称五板船。同时,沱江上的圆载驳船也称小五板船。安

---

① 刘光第:《南旋记》,《刘光第集》,中华书局,1986年,第102.105页。
② 宋良曦:《盐都故实》,四川人民出版社,2014年,第140页。
③ 日本外务省通产局:《在重庆日本领事馆内状况》,第125—127页。
④ 陆思纪:《新重庆》,第129页。
⑤ 日本外务省通产局:《在重庆日本领事馆内状况》,第126—127页。

岳船与遂州老鸦鱿外形几乎一样，也与南河船相似，只是大小不等，但由于行驶地域不同，故名称不一，成为并列的船型。岷江上的南河船、渝万间的艄麻秧（敞口麻阳子）与嘉陵江上的舵笼子船形酷似，外人难从外观上分出差异，只是地域差异和内部的细微差异，也被命名为不同的船型。如《戎克：中国的帆船》称南河船为桥眼船，[①]但在许多调查报告中南河船与桥眼船并列为两种，令人费解。所以，今天我们仅从老旧照片的川江木船外观上很难区别船型。许多人也以为乌江上的歪屁股船与釜溪河的歪屁股船是一种类型的船，实际上两者名实完全不同。前者为一种中型帆桨木船，只是后尾歪斜，后者是一种小型橹船，只是船头歪斜，尾只有一点高差，所以，前者为歪屁股船，后者只能称歪脑壳船。

正因为分类混乱，名目繁多，不仅使历史上川江木船的制造、运输领域内乱象丛生，也使近代川江木船调查者们力不从心，错误百出。许多调查报告中对同一种船名的拼写往往多种多样，如麻秧子、麻阳子、辰驳子与辰爻子、神驳子、钓钩子与吊钩子、中元棒与冲盐棒、春盐棒，将柏板麻秧子误为白板麻秧子，楠板麻秧子误为南板麻秧子，敞口误为厂口，等等。外国人的调查名称更是错误不断，如《支那政治地理志》将厚板误为原板、小辰驳子误为小表驳子、辰边子误为表边子。[②]《支那开港场志》将厚板误为原板，小辰驳子误为小表驳子、辰边子误为表边子、扒湾船误为机湾船等。[③]沃斯特就谈到："实际上，在中国四川省'舢板'，叫作'三

---

① 中支戎克协会：《戎克：中国帆船》，第120页。
② 【日】大村放一：《支那政治地理志》，第216、219页。
③ 《支那开港场志》第2卷，第118、119、125页。

板'，指的是一种小型的平底帆船，而外国人所认为的'舢板'，其实是叫错了名字，中国人把它叫'划子'，地方上的人叫它'木船'或是'木舟'。"[1]所以，在20世纪30年代的外国的川江木船调查中，出现了宜昌划子、重庆划子的船型。[2]但我们知道在四川民间，划子往往是泛指一种中小木船，并不是一种特殊的船型，不过，新中国成立后的调查报告中确实有嘉陵江的划子船存在。又如广船，其名原意是粤广、湖广船之意，历史上在川江是指麻雀尾这种特殊的船，应该也是移民带入的船型。但《申报》调查认为所有旧式柏木船都统称广船。[3]各位调查者名实意指差异较大，很大程度上是因现实中本身用名的混乱造成的现状紊乱使调查者们莫名其妙，无所适从。

从中国大的传统文化背景来看，川江木船船型分类和命名的混乱主要是受中国传统分类科学缺乏系统性、标准性所致。如雍正《江南通志》中就将长船、赣船、河船、焦湖船、川船、乌船、剥船、桨船等不同口径命名的船型并列在一起。[4]我们注意到清代有一个船名的长清单，在汪启淑《水曹清暇录》中记载："凡船有曰粮船、曰茅桍船、曰江山船、曰明堂船、曰河马船、曰河粮船、曰塘船、曰麻阳船、曰茅篷船、曰使客船、曰六挠船、曰小木船、曰战船、曰哨船、曰舢犁船、曰赶缯船、曰双篷船、曰唬船、曰快哨船、曰沙船、曰八桨船、曰柳船、曰浚船、曰拖风船、曰舟彭平底

---

[1] *Junks and Sampans of the Upper Yangtze*，第9页。
[2] *Junks and Sampans of the Upper Yangtze*，第38—399页。
[3] 焦女士：《千奇百怪的旧木船》，《申报》1936年8月30日。
[4] 雍正《江南通志》卷七九《食货志》，景印文渊阁四库全书本，台湾商务印书馆，1986年，第290—291页。

桨船、曰红船、曰花座船、曰桨船、曰摆马船、曰八桨哨船、曰六桨船、曰四桨船、曰大舟彭船、曰京报哨船、曰巡船、曰小舟彭船、曰巡江船、曰水艇船、曰钓船、曰艋船、曰舟彭仔船、曰乌舟皮船、曰黄快船、曰红马船、曰宣楼船、曰仙船、曰便民船、曰杉板头哨船、曰小船、曰小巡船、曰快哨巡船、曰海哨巡船、曰双篷艋船、曰大舻船、曰六橹船、曰两橹桨船、曰四橹船、曰八橹船、曰一橹桨船、曰急跳桨船、曰快桨船、曰舻艚船、曰艟艚船、曰快马船、曰楼唬船、曰救生船、曰座船、曰站船，凡数十种"[1]，以上一口气共统计了68种船型，但完全是将船的外在象形、行驶地域、造船原料、内在结构、实用功能名称混杂在一起的。

　　同时，我们应该看到，川江木船船型本质多样与名称多样，又同时受其自身的地方性特征制约。川江木船船型多样性首先是由于长江上游川江特殊的河道环境所致。川江河道具有河流众多，河流的宽窄、长短、弯曲、落差、滩险、水流情况复杂，特别是河道坡降大、航漕多变、暴涨暴落的特点，客观上产生了诱发多种船型的机理。所以川江上船型复杂多样，也就是说川江木船船型多样性正是环境多样性的折射。从地方性差异因素来看，川江木船名称多样性和命名的混乱也与川江特殊的自然环境和生产方式相关。川江河道所经的地区，有高山深谷、浅丘台地，也有平坝地区，生产方式差异大，经济类型封闭性明显，使木船的互通性较弱，使命名的一致性上受到影响，表现为船的命名在主观上无统一意向，客观上也无法统一，各地任意发挥，各人随心随欲，就使同一种船型名称往

---

[1]　汪启淑：《水曹清暇录》卷一，汪氏飞鸿堂刻本，乾隆五十七年。

往在不同的地方也不一样，显现更加混乱的现象。

近代川江木船的制造技艺一直是经验性传承，依靠家传师承的方式实现，而不是依靠标准性文本的传承。应该看到，川江木船分类和命名的混乱与这种传承方式互为因果。也就是说，一方面川江木船分类和命名的混乱会影响经验性传承的效果，反过来，经验性传承也会使川江木船的分类和命名更为混乱。众所周知，现代科学的一个最重要特征就是系统性、标准化，而系统与计量的基础就是作为研究元素的科学分类和命名。互有交结的分类和混乱无序的命名无疑使经验性传承的精准性、安全性受到极大的影响，最终使中国制造技术的历史积淀受到伤害，极大地制约中国传统科学技术传播效果。反过来看，经验性传承的一个最重要的特征就是缺乏标准性和一致性。木船技术的经验性传承本身会使我们的川江木船分类和命名更缺乏统一协调、互通信息的机会和可能，出现同一种木船名称不一，同一种名称实际差异较大的状况。这种名实的混乱不仅使川江木船在历史上难以有更好的互通改进提高的可能，也使我们今天要想寻找"水木匠"重造川江木船有较大的困难。因为我们不只需要寻找一个类型的"水木匠"，可能是要寻找几十个不同类型的"水木匠"。即使我们找到一种船型的"水木匠"，也只能造出这个"水木匠"心中的某种船型，可能是"王氏舵笼子""张氏舵笼子""马氏舵笼子"，而不是一种通行的船型，这就是经验性传承缺陷的重要特征。

2. 战乱对传统技术传承的影响远远大于一般民俗文化的传承，对经验性传承背景下的川江木船技术传承的影响更是巨大

在中国传统史学的主体叙事中，对于历史传承的叙述往往是

建立在一种模糊的思维范式上,往往表述为社会经济文化在以前的基础上有了"很大""长足""突出"的发展,缺乏新旧量发展的定量分析,缺乏发展中的承旧、创新在量的具体比例分析。我们知道,一个地区的技术积累是一个从量变到质变的过程,技术传承量往往是技术创新的保证之一。之前已经有学者谈到,东汉时人们不知在西汉已经出现西汉纸和灞桥纸,所以才将东汉蔡伦的造纸认为是一种发明;东汉张衡造地动仪后失传了,北魏人研究许久才又造出了地动仪,但又失传,到20世纪50年代中国历史博物馆经反复试验才重新造出。①所以,技术积累在技术创新中相当重要。川江木船从唐宋到明清及近代的发展,有多少技术承传沉淀?时代断层对经验传承下的技术传承有多大的影响?这是一个很有必要研究却又较为困难的问题。这里的时代断层是指重大战乱对社会经济文化造成毁灭性的破坏后新文化的植入形成新文化层,后面文化层与前面的文化层差异明显而所形成的断层。如明末清初战乱后出现的唐宋四川文化断层,是一种在比较意义上相对的文化断层。

历史上很早就对川江木船有记载,如《战国策》《华阳国志》《后汉书》《三国志》《晋书》等文献中,就有对巴蜀船较详细的记载,由此留下有大舡舶、方船、楼船、轻舟、露桡船、内江船、万里船、马船、罾船、碾船、米船、蜀艇、拖梢大五板船、蜀舟、下峡船、出峡船、五板小舟、四川八橹、巴船、峡船、短蓬船等名称,但许多并不是具体的船型名,船型也大多不可考证。②唐代王

---

① 李映发:《中国古代科技纵横谈》,科学出版社,2010年,第218页。
② 蓝勇:《西南历史文化地理》,西南师范大学出版社,1997年,第394—397页。

周《峡船志》可谓最早最系统的对于长江上游木船的记载,我们将其与清代谢鸣篁的《川船记》作一番比较,可以发现千年尺度的变化幅度。

表6-5 唐《峡船志》与清代《川船记》船具名实变迁表

| 唐代《峡船志》 | 清代《川船记》 | 变化特征 |
| --- | --- | --- |
| 樯 | 桅 | 名称不一 |
| 帆 | 帆 | 一样 |
| 柂 | 柂 | 一样 |
| 前艄、后艄 | 前艄 | 数量不一 |
| 橹 |  | 清代川江船大多无橹 |
| 百丈 | 伙掌 | 名称不一 |
| 戙 |  | 清代一般不用,转指插篙的洞眼 |
| 篙 | 戙篙 | 清代戙篙仅指篙竿 |
| 五两 |  | 清代川江船少有此测风仪记载 |

显然,从上表可以看出,大多数船具的名称都有变化,船上的设备和数量也有不同。如记载川江船前后都有一个如橹的梢,夏圭《长江万里图》中也有这种形象,但清代《川船记》只谈到船头有梢,船尾有舵,互相配合。据记载,清以前四川的船多有用橹的,《天工开物》就谈到有名的四川的八橹船。[①]但清代川江的大船少有用橹的,只有个别小船使用橹。

---

① 宋应星:《天工开物》,广东人民出版社,1973年,第252页。

唐宋文献记载纤绳为百丈,[1]《广志绎》记载为火丈,[2]《天工开物》中称为火杖,[3]但清代《川船记》记载纤绳称伙掌。对于滩师,《唐国史补》中称为"篙工",[4]陆游诗中亦称为"篙工",与清代称"滩师"明显不一样。我们再观察宋代夏圭《长江万里图》(又名《巴船出峡图》),可以看出,宋代峡江船与清代以来川江船船型变化也较大,宋代峡江船桅杆普遍偏前,而清代桅杆一般居中。宋代峡江船燕尾仓多是空敞,无任何篷,但清代川江船大多数中大型船燕尾仓上后篷全覆盖(大型船中唯中元驳后面多无篷)。同样,中古时期的船与清代以来的船在船名上变化可能也相当大,前面提到的唐宋元明时期船名在清代几乎看不到一点影子,而清代记载的几十种船名也大多数不见于清以前的文献记载。清代川江木船外在船型和名实与以前船型和船名的明显差异,显现出川江船型的继承性并不明显。事实上,我们发现反而是"湖广填四川"的移民运动在舟船文化上对四川地区的影响巨大。

清代嘉庆年间的《夔行纪程》记载川江船有板跨子、麻阳船、厂船、螳螂头、柏木船、吊钩子、爬纲子、板头船、五板船(划子)。[5]后来,只有麻阳船、五板、厂船、吊钩子四种在清末民初的文献中还有记载,其他如螳螂头、柏木船都不见于记载。至于板跨子是不是后来的胯子船,爬纲子是不是后来湖南的巴杆子,板

---

[1] 王周:《志峡船具诗并序》,《全唐诗》第22册,中华书局,1979年,第8682—8683页。
[2] 王士性:《广志绎》卷五,中华书局,1981年,第106页。
[3] 宋应星:《天工开物》,广东人民出版社,1973年,第253页。
[4] 李肇:《唐国史补》,古典文学出版社,1957年,第62页。
[5] 陈民申:《夔行纪程》,《小方壶斋舆地丛钞》第七帙,杭州古籍书店,1985年,第101页。

头船是不是后来的半头船，还不能完全肯定。就近代调查的资料来看，百年尺度的变幅也相当大，川江上大量大型民船是在清初以来的"湖广填四川"的移民运动时，从湖北、湖南、广东一带进入巴蜀地区的，如麻阳麻阳子、辰州辰驳子、湖南钓钩子、长沙乌江子、汉水秋子船、湖南巴杆子（嘉定扒杆船、爬纲子）、湖南宝庆的毛板船、广东一带的麻雀尾、湖广的鰍船等，其中麻阳子、辰驳子、毛板船、麻雀尾、毛鱼秋等船在清代川江上曾是最重要的主体船型。有一种说法，认为大宁河上的辰驳子（柳叶舟）是大宁河上最早的木船，但实际上这种木船也是"湖广填四川"时湖南移民带入的，在大宁河大昌古镇河边还有一条辰州街，可以想见当时湖南辰州人的影响。也有一些船型只是在清末民国初年流行，到了民国三四十年代就绝迹了，如胯子船（又称板胯子、挂子船）、麻雀尾、贯牛船、乌江子等。有些船型在清末只是个别河段行驶，或出现较晚，到民国后期时才大量使用，如中元棒、滚筒子、黄瓜皮、巴湾船等。由此可以看出，当时船型的变化速度相当快，显现出的川江木船百年来的变化尺度也是相当大。

既有研究表明，在巴蜀历史上曾出现过文化时代断层，主要与南宋末年、元末明初、明末清初四川历史上出现的几次重大战乱有关。特别是明末清初的四川战乱，使四川中古文化的传承和影响大大削弱，造成巴蜀历史上最明显的文化断层。我们发现巴蜀地区上古和中古时期的大量风物名词都没有保留到清代。例如，虽然唐宋的一些地名的用法保留下来，如栋、浩、瀼、坝、溉等，但清代的地名大多数并不见于唐宋元明时期。如现在巴蜀普遍存在以姓氏叠加坪、湾、沱等的地名命名方式，即李家湾、李家沱、陈家湾、杨家坪等,几乎不见于唐宋元明文献,多是清代"湖广填四川"移民进入后的地名。又比如从方言来看,中古时期普遍是有入声的四声,但清代以后,巴蜀地区古入声仅仅局限上下川南地区。从饮食上来看,虽然"尚滋味,好辛香"风尚一直相沿,但唐宋时期麻甜特征演变成麻辣鲜香,而今天我们的传统川菜菜品出现时间几乎都不超过清代。

现在看来,这种断层也体现在技术领域。本来,早在宋代巴蜀就出现卓筒井,改变以前大口井技术,发明了小口井技术。但明清时期并无大的突破,特别是清初井盐生产"承大乱之后,井灶已毁",[①]"从前井灶,夷塞无余",[②]好在是官府控制的产业,倒退不明显,但技术上并无本质的进步了。而对于民间产业,这种技术断层就十分明显了。如纺织业,巴蜀地区在历史上丝织业相当发达,蜀锦在中国丝织史上影响巨大,历史上益州、果州、嘉州、阆州都是重要丝织业中心。但是很有意思的是,明清之际的多次战乱对巴蜀丝织业产生巨大的破坏,清代甚至出现从外面引进丝织业的情况,故有记载蜀中"明季兵燹后,锦坊尽毁,花样无存,今惟天孙锦一种,相传犹为遗制云"。[③]所以《竹枝词》称:"本城只织天孙锦,老陕亏他旧改新。"重庆璧山一带,清初也只是江浙织工在制造锦缎里。[④]就纺织业来看,清初出现"川民不谙纺织"的状况,以致产生"至江楚成布,运川重售"状况。为了改变这种状

---

① 吴炜等:《四川盐政史》卷一,四川盐政史编辑处,1932年。
② 周洵:《蜀海丛谈》下,巴蜀书社,1986年,第18页。
③ 民国《华阳县志》卷三四《物产》,《新修方志丛刊》,学生书局,1968年。
④ 蜀锦史话编写组:《蜀锦史话》,四川人民出版社,1979年,第44页。

况，只有"广招织工，教习土人"。①再如印刷业，唐宋时期的巴蜀印刷业很发达，唐代蜀地的历书印制在全国影响很大，而宋代蜀版曾是与杭版、闽版并立的宋代三大雕版印刷之一。②但明清时蜀版已经没落，有记载"明末清初四川大动乱，图书文物几乎荡然无存"，乾嘉后在外省移民技术进入下才恢复起来，但已经远没有唐宋时的地位和影响了。③上面分析川江木船名实的这种巨大变化，更是证明了巴蜀地区在近几百年来文化发展中，由于元明易代和明末清初战乱对巴蜀中古文化的破坏，不仅影响到文化层面，对制造技术层面也影响也巨大。

要注意的是，由于一般意义上的民俗文化具有大众性、普遍性的特征，保留面广泛，而传统专业技术往往只保留在极个别传承人脑中。如严格讲川江木船制造技艺主要保存在"水木匠"中的极个别"掌墨师"脑中，所以同时面对重大战乱的影响时，传统专业技术更容易丧失，技术传承远比一般民俗文化传承更加困难。

我们也知道，经验性家传师授与标准性文本的技术传承受重大战乱的影响程度是有相当大的差异的，因前者往往出现"人走技失""人走技变"的变动，显现传承的脆弱性明显，而后者因有文本蓝图，往往是"人走书在""人走技恒"，相对而言更具稳定性。经验性技术传承背景下这种技术分类、命名混乱在面对足以使文化产生断层的战乱时，会使技术的传承更为困难，技术的历史积累也更加式微。进一步讲，标准性文本传承背景下，依靠的往往是科学

---

① 《清高宗实录》卷七四七，乾隆三十年十月辛未，中华书局，1986年。
② 李敬洵：《四川通史》第3册，四川大学出版社，1993年，第245页。
③ 陈世松等：《四川通史》第5册，四川大学出版社，1993年，第246页。

测量技术蓝图的传承,但经验性传承背景下,传承主要依靠人长期经验的积累或一时的感觉、印象。即使在和平时代,仅依靠感觉和观察而来的技术也是很不准确的,如西方人发现自流井的歪脑壳船和乌江歪屁股船型的认知误差,真正让我们感受到实体科学测量的科学意义。[1]也正是因此,直到今天我们要想寻找"水木匠"重造川江木船,会遇到较大的困难,因为川江木船已经在川江上消失了三十多年,20世纪90年代四五十岁左右"水木匠"长期的积累技艺变成了耄耋之年模糊的技术印象。这种场景放在几十年战乱的人口大损背景下,大量"水木匠"离开人世或流徙异乡,极个别幸存下的"水木匠"的技术印象可能更加模糊,依靠记忆传承的技术与依靠文本传承的技术就会有明显的差异,依靠记忆传承的技术的力度和精度都会变化,技术积累就会大受影响。

总的来看,近代川江木船变迁显现的传统科学分类命名的口径无序,名实混乱是与近代科学的分类系统、标准统一、计量统计之精神相悖的,而时代断层对脆弱的经验性技术传承的影响巨大,使时代的技术积累大受影响,成为技术从量变到质变的巨大障碍。所以,从技术分类混乱、技术积累式弱角度研究近代川江木船,为进一步深入研究"李约瑟难题"提供了一个鲜活的具体案例。

---

[1] *Junks and Sampans of the Upper Yangtze*,第75页。

# 第七章
## 历史地理区位地名考证与方法话语

在中国历史地理研究中，古代地名名实、指示区位的考证是一个基础性的工作，虽然这类型的研究在中国古代一直就存在，但对于这类考证在方法上我们并没有太多的总结和反思。传统的地名考证方法基本上是建立在历史文献法之上，很多时候望文生义、望音生义，传说证史成为历史地理区位地名考证的重要方法。虽然我们古人一直将"读万卷书、行万里路"作为追寻的理想境界，但传统时代的知识分子真正有条件进行实地考察的少之又少。

从理论上来看，我们缺乏对中国传统地理认知形成的机理思考，所以，对历史文献中的有关地名演变的规律我们认知并不深刻，往往都有拔高中国古代地理认知的趋向。至于将历史文献记载的不足，在认知到位的背景下补充田野考察的支持校正的路径，我们没有刻意去实践，更谈不上对这个路径的方法进行总结和反思。

我们发现，中国古代的地理空间认知多是一种"虚拟空间认知"，如我们称的"某某山、某某关在某县北多少里"的表述，就是传统中国地理认知的一个标准范式。这种标准范式本身就存在明显的技术缺陷，在现实环境中本身就难以用这种认知去具体定位，而一旦出现社会动荡后的"传承断层"或重大格局变化后而来的"区位重构"，地理认知往往出现的误差率就会更大。

我们发现，从秦汉以来广元段的金牛道主线实际有一个道路体系的位移过程，在历史上白水关道在汉魏最为重要，嘉陵江道在唐宋为主线，到元明清时期神宣中子道成为主线，藁本山道等其他三道仍是次要交通通道。从道路的空间体系中线路位置重要性趋势来看，存在路线主线随时代发展逐渐向东偏移的整体趋势。

从金牛道的道路体系变化轨迹中可以看出，由于历史时期主线的易位，许多原来主线的山脉、关隘、驿站名称完全被后人转移到新的主线上，或重新构建在东面的一些道路上，而原来主线上的关隘、山脉、驿站反而被历史遗忘而无法寻找了，我们将这种地名的集体位移现象称为"地理认知易位"，也可称"地名整体漂移"。

在研究唐代昌州治所变迁及静南县治地变迁中，我们提出将文献分析与田野中的记忆、形胜、文物三视阈相结合，来考证研究中古时期州县治地位置的方法。考证过程中发现，由于传世历史文献地理认知上存在里程计算感性、方位坐标僵化、方位指向模糊、简脱衍串明显的"四大不精"，所以，在考证古代州县治地位置时，为了保证研究的信度，须用田野考察获取的乡土历史记忆、实地山川形胜、周边文物支撑的"田野三视阈"对历史文献记载进行校证。

研究历史地理的考证过程中，我们当然也会存在没有或少有事物同时代记载的困惑。从史源学角度来看，运用后面时代的记载去论证前面时代的事物往往信度不高。但如果我们用就近时代的后人记忆叠加上田野考察的互证，也不失为一种没有办法而相对科学的方法。正是我们发现春秋战国秦汉时期的巴与蜀之间存在着一条带状巴蜀分界线，虽然在这个时期的文献中记载不系统不明确，但唐宋时期人们对此有较多的历史记忆，这种历史记忆以文本化的形式保存于唐宋各类地理总志之中，为我们复原这条带状界线提供了更多的史料。研究表明，"后代记忆"的种类中地域记忆和风土记忆相对可信度更高，这对我们历史地理的研究多有益处。当然，利用"后代记忆"进行复原之时，其离回忆年代越久，其精度和信度就会更低，这就要求我们在运用"后代记忆"研究时，尽可能地运用最近时代的历史记忆，并一定要与时人记录、地理环境、考古资料相互结合起来研究。

## 一　文献与"田野三视阈"：中古州县治城位置考证方法研究[①]

在中国历史地理研究之中，魏晋隋唐时期的一些州县治位置由于文献史料缺乏或文献记载的矛盾，长期以来争论不休，特别是在旅游开发和文化资源得到重视的今天，有一些争论已经显现为一种利益之争。在这种背景下，通过历史地理研究得出科学的结论不仅有较大的学术价值，而且有较强的现实意义。从理论上讲，如果对所有争论的地区进行一次系统的地下发掘，有可能最好地解决这类问题，但现实并不可能做到。所以，更多时候可能还必须要先把仅

---

① 此文原刊于《历史地理研究》2020年1期。收入此书略作修改补充。

有的历史文献与实地考察结合起来,对州县位置进行辨析,这就有了对这种研究途径在理论方法上进行总结的必要。所以,这里,我们拟以唐代昌州治地变迁和静南县的位置考辨为例,总结中古时期州县治所位置确定研究的基本方法。

关于昌州唐代静南县的治地位置,一直是巴蜀历史研究中一个未决的难题,现在对于唐代静南县治地的位置一共有五种说法,以至于今天大足区内各乡镇之间互相争论,各以自己的乡镇为唐代静南县故地。第一是大足区龙水镇说。民国《大足县志》卷二《方舆下·县治》认为:"自其方位度之,龙水镇似即古之静南县。又碑文究之,亦与《元和郡县志》所记吻合。"①对四川行政区划治地研究较深的薄孝荣先生《四川省政区沿革与治地今释》一书中也坚持龙水说。②第二是大足区三溪镇说。1996年编《大足县志》就认为《元和郡县图志》记载的"地凭赤水,北倚长岩",因三溪镇南临赤水溪(即濑溪河),北有长冈,方位在大足县西南,所以,静南县治地就在三溪镇。③重庆市勘测院等编印的《重庆历史地图集》第二卷便采用此说。第三是认为在大足区高升镇。1996年《大足县志》谈到高升说,认为高升太和坝相传为静南坝,附近宝峰寺明代石刻造像记中有"静南乡"之名,附近有唐代尖子山石刻,故应为静南县治。④第四是大足县东南说。其实,此说历史最为久远,早

---

① 民国《大足县志》卷二《方舆下·县治》,民国三十四年(1945年)铅印本,第1b页。
② 薄孝荣:《四川省政区沿革与治地今释》,四川人民出版社,1986年,第228页。
③ 大足县志编修委员会:《大足县志》,方志出版社,1996年,第65—66页。
④ 大足县志编修委员会:《大足县志》,第66页。

在《读史方舆纪要》卷六九中就记载："静南废县，在（大足）县东南。唐乾元中置，属昌州。五代初废入大足县。"①受此影响，道光《重庆府志》卷一记载："按静南废县在大足县东南，今名旧州坝。"②同时，清代《历代地理志韵编今释》也称静南县在大足县东南，③后来，民国《大足县志》中也有类似记载，认为在大足县东南，当时名旧州坝。④1996年《大足县志》就谈到此说。⑤2017年笔者主编的《重庆历史地图集》中由杨光华教授主绘的政区图也采用此说。第五种说法是网上有人撰文认为静南县在荣昌区吴家镇。

（一）历史文献中唐宋昌州倚郭县的变迁

这里要说的历史文献中的昌元县、静南县往往都是以昌州州治为核心来定位，所以，首先确定昌州治县的变化尤为重要。关于昌州设立的时间，一般认为是在乾元元年（758年）。⑥昌州初置时的治所仅从州县名称来看，从理论上讲应该是昌元县，有关记载也证明确实如此，如《新唐书·地理志》："（昌州）乾元二年，析资、泸、普、合四州之地置，治昌元。"⑦后来，明代的万历《四川

---

① 顾祖禹：《读史方舆纪要》卷六九《四川四》，中华书局，2005年，第3278页。
② 道光《重庆府志》卷一《建置沿革》，蓝勇主编《稀见重庆地方文献汇点》，重庆大学出版社，2013年，第435页。
③ 李兆洛：《历代地理志韵编今释》卷一一，江苏广陵古籍刻印社，1992年，第228页。
④ 民国《大足县志》卷二《方舆下·县治》，民国三十四年（1945年）铅印本，第1b页。
⑤ 大足县志编修委员会：《大足县志》，第66页。
⑥ 《元和郡县志》《太平寰宇记》记载为乾元元年，但《舆地广记》《舆地纪胜》和《新唐书》记载为乾元二年。
⑦ 《新唐书》卷四二《地理志六》，中华书局，1975年版，第1091页。

总志》记载："唐置昌元县，为昌州治。"①再《读史方舆纪要》卷六九也称："唐乾元二年析置昌元县，并置昌州治此。"②

史料证明昌州最初治昌元县，但最初昌元县的具体位置，历史上的记载并不是太具体。《嘉庆重修一统志》卷三八八《重庆府二》中有这样的记载："废昌州，在荣昌县北……今名旧州坝，在大足县东南。"③但我们在今大足县东南并没有发现有旧州坝之地。万历《重庆府志》卷三记载明代荣昌县北七十里有昌元镇和昌元里，应即指此。④今荣昌区盘龙镇昌州村正处荣昌县西北，七十里的距离也基本相符。再据《蜀中广记》卷十七记载："大抵昌州今之旧州坝，是昌元里，即唐昌元县地也。"⑤卷五三："府志，旧州坝有昌州巡检司。又云荣昌治西昌元里，即唐昌元县址，亦尝充静南军节度使"⑥，从方位上来看，称治西也较为符合。再据《宋会要辑稿》食货一六至一七"商税"中昌州下记载有"旧州"务⑦，宋代的昌元县在今荣昌县，故唐代的昌元县在宋代已有旧州之称，也就是说，宋明以来昌元县旧址被称为"旧州""旧州坝"。故2000年出版的《荣昌县志》认定昌元县在荣昌县盘龙镇昌州村狮子坝。由此，我们认为狮子坝即宋明时期的旧州坝，所以至今当地人一直认

---

① 万历《四川总志》卷九《郡县志·重庆府》，明万历刻本，第2b页。
② 顾祖禹：《读史方舆纪要》卷六九《四川四》，第3277页。
③ 《大清一统志》卷三八八《重庆府二》，上海古籍出版社，2008年，第180—181页。
④ 万历《重庆府志》卷三《疆域》，蓝勇主编《稀见重庆地方文献汇点》上册，第179页。
⑤ 曹学佺：《蜀中广记》卷一七《上川东道》，文渊阁四库全书本。
⑥ 曹学佺：《蜀中广记》卷五三《蜀郡县古今通释三·上川东道》，文渊阁四库全书本。
⑦ 徐松：《宋会要辑稿》食货十六之十七，中华书局，2006年，第5081页。

为狮子坝、狮子林一带为古昌元遗址。1984年，重庆市博物馆和荣昌县文化馆也在此进行过发掘，发掘出大量墙基石、水沟、灶坑、水井、烧土及宋代陶瓷。①

但是由于州治和县治都在变化，唐宋文献对昌元县位置的记载较为混乱。据《元和郡县图志》卷三三记载，昌元县"东至州一百二十里"，而且形势是"东接赖波溪，西临耶水"②，《太平寰宇记》卷八八则记载昌元县在昌州"西一百里"，有"东接赖婆溪""赖婆溪，在县南五十步"的地理方位。③我们注意到，元和时的昌州治在静南县，故这里的方位"东"应该是"东北"，"西"应该是"西南"。太平兴国时昌州治大足，昌元在州治的西南，也不是西。两地以盘山曲折之路各计100—120里也是可以理解的。问题是今天荣昌区狮子坝一带一马平川，无大一点的河流，更无两河交汇，更无赖婆溪的任何历史记忆。我们发现大历四年（769年）昌州治和昌元县治都曾迁到赖婆溪的赖婆村，即今荣昌区河包镇。因此，笔者推断《元和郡县图志》《太平寰宇记》记载昌元县的里程是以最早的昌元县治狮子坝来计算，但州县治形势却是按大历四年（769年）后的赖婆村来描述，如《太平寰宇记》卷八八："旧理赖婆溪，南以昌元县为倚郭……东接赖婆溪……因赖婆村为名，旧为州所理……赖婆山，在县南九十里，四面悬绝，大历四年在山上

---

① 重庆市荣昌县志编修委员会：《荣昌县志》，四川人民出版社，2000年，第925页。
② 李吉甫：《元和郡县图志》卷三三《剑南道下》，中华书局，2005年，第868页。
③ 乐史：《太平寰宇记》卷八八《剑南东道七·昌州》，中华书局，2007年，第1747页。

置行州"①，这个赖婆溪就是现在的珠溪河，在今珠溪镇流入赖溪河，称为甘沟子。赖婆村则指今河包镇，明代万历《重庆府志》中称为赖川镇、赖川里，②因曾为昌州治所，当地习惯称赖州。

另据《元和郡县图志》卷三三："（昌州），大历十年，本道使崔宁又奏复置，以镇押夷獠。其城南凭赤水，北倚长岩，极为险固"③，这里重置时昌州的州治在何处？仅有《读史方舆纪要》卷六九称："（大历）十年，复置昌州治此（荣昌县）"，④好像是指最初的昌州治，其他并无明确记载，所以从大历十年复置到昌州治迁到静南县之间的时间坐标仍存疑。故对"南凭赤水，北倚长岩，极为险固"所指，一直不明。如果从山川形势来看，不可能是荣昌县昌村州狮子坝的昌元县，因狮子坝一带没有较大河流，一马平川，更无一点山岗。也不可能是静南县所处的太和村太和坝静南县，因为虽然附近也邻近高升河（即唐代始龙溪，现在又称窟窿河），但距离太和坝附近的一些山岗较远，体现不了"倚"的感觉。因此，"其城南凭赤水，北倚长岩，极为险固"，更像大历四年（769年）后的荣昌河包镇的昌元县形势。《元和郡县图志》卷三三记载昌元县濑波溪在县南五十步。（昌元县）东接濑波溪，西临耶水，⑤实际描绘的是河包镇昌元县的情况，南依赖婆溪，可能在古代因流入赖溪河统称赤水，与同书记载的"城南凭赤水，北倚长岩，极为险

---

① 乐史：《太平寰宇记》卷八八《剑南东道七·昌州》，第1746—1747页。
② 万历《重庆府志》卷三《疆域》，蓝勇主编《稀见重庆地方文献汇点》上册，第179页。
③ 李吉甫：《元和郡县图志》卷三三《剑南道下》，第867页。
④ 顾祖禹：《读史方舆纪要》卷六九《四川四》，第3277页。
⑤ 李吉甫：《元和郡县图志》卷三三《剑南道下》，第868页。

第七章 历史地理区位地名考证与方法话语 473

固"相合,因河包镇北靠一条南北长岗(金凤山)。同时,以《元和郡县图志》记载的"始龙溪,在县东,南流屈曲五十里合赤水溪流也"来看,[1]这里的"县"也是指今河包镇的昌元县。也就是说,从大历十年(775年)复置到元和八年(813年)的38年之间,有关昌州的治所在昌元县还是静南县、昌元县在何地并无唐宋文献的直接记载,我们只能肯定元和八年昌州治所肯定已经从昌元县改为静南县。在道光《重庆府志》记载的大历十年复置昌州治静南县,并无任何前代史料可依,不可为信。而《读史方舆纪要》卷六八认为大历十年复置时,称"治此"相当含糊,是指昌元县初址今昌州村狮子坝,还是改移的昌元县赖婆村今河包镇,还是指静南县,不得而知。关于昌州治所从静南县迁到大足县的时间,存在《舆地广记》《新唐书·地理志》认为的光启元年和《太平寰宇记》《舆地纪胜》认为的景福元年两说,[2]我们依1996年《大足县志》所考,[3]认为景福元年可能性更大一些。

综上所述,从唐代乾元元年设立昌州开始,昌州治所在昌元县,宋明时期开始称为旧州坝,即今荣昌区盘龙昌州村狮子坝狮子林会龙桥的古昌州城。大约是大历四年(769年)昌州治所因战乱迁往赖婆村,昌元县作为"倚郭",也迁到赖婆村,这个赖婆村当时显现的形势正是"南凭赤水,北倚长岩,极为险固",即今荣昌

---

[1] 李吉甫:《元和郡县图志》卷三三《剑南道下》,第868页。
[2] 欧阳忞:《舆地广记》卷三一《梓州路》,四川大学出版社,2003年版,第912页;《新唐书》卷四二《地理六》,中华书局,1975年,第1092页;乐史:《太平寰宇记》卷八八《剑南东道七·昌州》,第1746页;王象之《舆地纪胜》卷一六一《昌州》,四川大学出版社,2005年,第4877页。
[3] 大足县志编修委员会:《大足县志》,第64页。

区河包镇。大历六年（771年）战乱后昌州治废去，大历十年（775年）重置时，昌州治是在原狮子坝昌元县、赖婆村昌元县还是静南县，因史料记载少且混乱而无法确定。但可以肯定的是至迟到元和八年（813年）时昌州治所已经迁到静南县。到唐末景福元年（892年），昌州治迁到大足县。以前以曾治于永昌寨而认为昌州治五迁，因永昌寨就在大足县城边，只是与大足县城相近，[1]只认定为一次。所以，昌州治城历史上确考的只有四迁，即昌元县、赖婆村昌元县、静南县、大足县四迁，总的迁移规律是从西南向东北推移。

（二）历史文献中的有关唐代静南县治地考

我们对昌州的治所迁移时空规律研究清楚后，才可能进一步分析静南县治地的位置所在。传统历史文献中有关静南县的相关记载是我们研究唐代静南县治位置的重要参考资料，所以，这里首先需要系统梳理一下有关静南县的相关历史记载。

据《元和郡县图志》卷三三记载："皇朝乾元元年，左拾遗李鼎祚奏以山川阔远，请割泸、普、渝、合、资、荣等六州界置昌州，寻为狂贼张朝等所焚，州遂罢废。大历十年，本道使崔宁又奏复置，以镇押夷獠。其城南凭赤水，北倚长岩，极为险固……静南县，中。郭下，乾元元年与州同置。铜鼓山，在县北八十里。赤水溪，经县南，去县九十步。始龙溪，在县东，南流屈曲五十里合赤

---

[1] 大足县城曾在虎头大足坝、永昌寨、河楼滩等地，但多相近，只能认定为一地。

水溪流也。"①仅以此记载我们可以得出以下几点结论。

第一，从乾元元年（758年）所割六州设立的昌州来看，泸州在昌州的南面，普州在昌州西北，渝州在昌州东南，合州在昌州东北，资州在昌州西，荣州在昌州西南。从理论上，大足西北应该是从普州普康县分出，而且《舆地广记》和《舆地纪胜》也都确实称光启元年是"以普州普康县地置静南县"②，所以静南县治地只可能是在昌州的西部，即大足县的西北或西南的地域内。

第二，昌州设立最初治地在昌元县，但大历十年（775年）复置昌州时的治地记载并不明确，可以肯定唐宋元明时期文献并无记载此时已经改治静南县，只是在道光《重庆府志》卷一记载："大历六年，州废，十年移州治静南县"③，其实并无任何前代资料支持，故在清代乾隆、嘉庆、光绪的《大足县志》中并无大历十年昌州治移静南县的记载。所以，《元和郡县图志》记载的"南凭赤水，北倚长岩"的州治形势并不明确是指何地。

第三，静南县成为昌州治所的时间在唐宋历史文献中并无记载，所以静南县为昌州治的具体时间待考，但可以肯定元和年间静南县已经成为昌州治所。因《元和郡县图志》的成书时间是在元和八年（813年），所以我们只能认定静南县为昌州治所时间不会晚于元和八年（813年）。

第四，《元和郡县图志》此处记载相当乱，如记载"赤水溪，经县南，去县九十步。始龙溪，在县东，南流屈曲五十里合赤水溪

---

① 李吉甫：《元和郡县图志》卷三三《剑南道下》，第867—868页。
② 欧阳忞：《舆地广记》卷三一《梓州路》，第912页；王象之《舆地纪胜》卷一六一《昌州》，第4877页。
③ 道光《重庆府志》卷一《建置沿革》，第434页。

流也"①。赤水溪即今濑溪河，始龙溪即今窟窿河（库录河），以今两河位置来看，如果一个城镇同时在这两河的只有大足双河，但如果是在一起，又不可能流五十里才汇合，十分矛盾。我们注意到，这里可能是将赖婆村昌元县与静南县的空间记忆混杂在一起的缘故。因"赤水溪，经县南，去县九十步"与"南凭赤水"正好应该是描述的赖婆村的情况。而"始龙溪，在县东，南流屈曲五十里合赤水溪流也"，②正好是描述赖婆村东北较远处始龙溪（窟窿河）的情况。

这里有关铜鼓山的记载更可以证明这一点。因铜鼓山在今荣昌县铜鼓镇，位置完全是确定了的。中华书局本《元和郡县图志》在静南县下记载铜鼓山"在县北八十里"③方向就完全不对，实际情况是铜鼓山在静南县西南，在赖婆村昌元县西北，在旧昌元县东北。所以，这里明显是在静南县下用旧昌元县的坐标来记载的，明显是一种地域坐标记忆混杂。到了明代和清代乾隆到光绪年间，人们才记载铜鼓山在荣昌县北一百里或一百二十里，④方位才准确了。

《太平寰宇记》卷八八也记载："唐乾元元年，左拾遗李鼎祚奏以山川阔远，请割泸、普、渝、资、荣等界地置昌州；至二年，张朝、杨琳作乱，为兵火所废。大历十年，西川节度使崔宁奏复置，以御蕃戎。旧理赖婆溪，南以昌元县为倚郭。景福元年移就

---

① 李吉甫：《元和郡县图志》卷三三《剑南道下》，第867—868页。
② 李吉甫：《元和郡县图志》卷三三《剑南道下》，第867—868页。
③ 李吉甫：《元和郡县图志》卷三三《剑南道下》，第867—868页。
④ 嘉靖《四川总志》卷九《重庆府》，明嘉靖刻本；乾隆《荣昌县志》卷一《山川》，乾隆二十九年刻本；光绪《荣昌县志》卷三《山川》，光绪十年增修本。

大足县,即今理……赤水溪,源从普州安居县界来……赖婆溪,在(昌元)县南五十步。源自静南县来,多有石碛,不通舟行。因赖婆村为名,旧为州所理……赖婆山,在县南九十里,四面悬绝,大历四年在山上置行州……废静南县,在州西五十里,与州同置。西接龙溪,地名静南坝,因为县名。以地荒民少,皇朝并入大足等三县。铜鼓山,在县北八十里……始龙溪,在县东七十五里。"[1]对此,我们可以有三点认知:一是从《太平寰宇记》的记载来看,昌州旧理赖婆溪,南以昌元县为倚郭,这是以昌州治静南或大足时回忆赖婆村旧理的语气。二是其记载"废静南县,在州西五十里,与州同置。西接龙溪,地名静南坝",[2]因当时昌州治大足县已经没有任何争议,所以静南县在今大足西五十里肯定无误。所以,仅从方位来看,唐代静南县在高升太和坝应可确定。三是其在永川县条或废静南县下记载始龙溪在县东七十五里似均不正确,亦似以赖婆村昌元县为基点的记载。

近来,有人认为静南县应在荣昌区吴家镇,并无直接证据,也与宋文献中"州西五十里"不相合,因当时昌州治今大足区治城。而《元和郡县志》时的昌元县在今荣昌区盘龙镇昌村,并不在今荣昌区治城,所以"一百二十里"里程计算与今治城的关系并不妥当。

《元丰九域志》卷七载:"上,昌州,昌元郡,军事。唐中都督。皇朝乾德元年为上州。治大足。……上,大足。五乡。大足、龙水、陔山、安仁、永康、河楼滩、刘安、三驱磨、獠母城、静

---

[1] 乐史:《太平寰宇记》卷八八《剑南道七·昌州》,第1746—1748页。
[2] 乐史:《太平寰宇记》卷八八《剑南道七·昌州》,第1748页。

南、李店、龙安、米粮一十三镇。"①这一则记载相当重要,因为在十三镇中同时有龙水、静南并存,所以,这条史料可以作为铁证,说明今大足龙水镇绝不可能是静南县之治地。

欧阳忞《舆地广记》卷三一载:"昌州……唐属资、普、泸、合四州,乾元二年析置昌州,大历六年,州、县废,其地各还故属。十年复置,后曰昌元郡。皇朝因之。今县三……(大足县)光启元年州徙治焉,及以普州普康县地置静南县,属昌州。"②此处有一重要信息,昌州于大历十年复置后称"昌元郡",这从侧面证明了大历时昌州的州治并没有改为静南县,仍在昌元县,但是否仍置于初置昌元县时的今狮子坝或是河包镇则不得而知,不过从山川形势来看,可能在今河包镇的昌元县。这里称"光启元年州徙治焉,及以普州普康县地置静南县,属昌州",说明静南县只可能在昌州境内的西北和西北角,也不可能在大足东南或龙水镇。

《舆地纪胜》卷一六一载:"如昌州以乾元元年李鼎祚奏请,二年建置,大历六年为贼焚荡而废,至大历十年而复置,其年月不相乱也……大足县……以界内大足川为名。县旧治在虎头山大足坝。景福元年称理大足……铜鼓山,《图经》:在昌元县东十里……废静南县,在州西五十里,与州同置。西接龙溪,地名静南坝,因为县名。"③《方舆胜览》卷六四也称"唐为泸、普、渝、合、资、荣六州地,肃宗时割六州界置昌州,寻为狂贼张朝等所焚,州遂废,地各还所属。其后复置,仍充静南军使以镇蛮獠。五代属

---

① 王存:《元丰九域志》卷七《梓州路》,中华书局,1984年版,第326页。
② 欧阳忞:《舆地广记》卷三一《梓州路》,第912页。
③ 王象之:《舆地纪胜》卷一六一《昌州》,第4876、4877、4883、4885页。

遂州。皇朝升为上州，隶潼川府路。今领县三，治大足……东临赤水，《元和志》'云云，西枕营山'。北倚长岩，同上，'云云，最为险固'……赤水溪，在大足县，其水源自普州安溪县界来"。① 从以上两条史料，我们可以看出三点：一是南宋文献并没有认为大历十年（765年）复置昌州时以静南县为州治，只谈到充静南军使以镇蛮獠。二是《方舆胜览》时昌州治所在大足，但仍称"北倚长岩"，说明南宋也没有确指是静南县的形势，指向不明。三是《舆地纪胜》引《图经》认为铜鼓山在昌元县东十里，从两个昌元县或静南县、大足县为基点来看均明显有误。

这里有两条关键史料可能进一步证明以上我们的结论。

《宋会要辑稿》食货一六至一七《商税》：

> 昌州旧在城及大足、昌元、永州（川）、龙水、陔山、米粮、李店、龙安、刘安、安仁、静南、河楼、永康、一驱、僚母、颇川、宝盖、龙会、永安、赵市、龙门、清滩、丰安、归仁、砲子、小井、滩子、旧州、永昌、铁山、龙归、来苏、候溪、永祥、牛尾、永兴、权（懽）乐、成昌三十八务，岁五万一千五十七贯。②

这一则记载相当重要，因为前面引《元丰九域志》记载的十三镇中同时有龙水、静南二镇并列，所以，今龙水绝不可能是静南

---

① 祝穆：《方舆胜览》卷六四《潼川府路·昌州》，中华书局，2003年，第1121—1122页。
② 徐松：《宋会要辑稿》食货十六至十七，第5081页。

县治地,从而首先否定了龙水说。《宋会要辑稿》中更是又证明龙水、静南并存。同时,《宋会要辑稿》中"颇川"的"颇"字本身识读较乱,从前后关系来看,很有可能就是指明代万历《重庆府志》卷三记载的荣昌县的"赖川里""赖川镇",在明代荣昌县城北一百里,[①]应该即今河包镇,与我们习惯称河包镇为赖州相符合。

三溪(珠溪)镇在唐宋时期的名称无考,据万历《重庆府志》卷三记载大足县:

里凡三十三:安贤、长受、三溪、从顺、昌宁、嘉胜、得阳、青平、遇仙、后院、高峰、同古、雍溪、富春、锡山、米粮、曲水、双山、崇泰、汶水、善庆、伏元、静南、月富、兴昌、丰成、永安、三花、仁政、中山、进德、招贤、存义。镇凡四,县西四十五里老官镇,南四十里珠溪镇,南三十里龙水镇,西南三十二里刘安镇。[②]

据《舆地纪胜》卷一六一记载:"玉溪,在大足县赤水",[③]可见珠溪河可能在唐宋时被称为玉溪。《读史方舆纪要》卷六九记载:"又宝珠溪,在县南四十里。志云唐贞观中渔人郭福得珠于此,因名。"[④]明代记载中有三溪里和珠溪镇之名,这条史料更为珍贵,一

---

① 万历《重庆府志》卷三《疆域》,蓝勇主编《稀见重庆地方文献汇点》上册,第179页。
② 万历《重庆府志》卷三《疆域》,蓝勇主编《稀见重庆地方文献汇点》上册,第179页。
③ 王象之:《舆地纪胜》卷一六一《昌州》,第4880页。
④ 顾祖禹:《读史方舆纪要》卷六九《四川四》,第3278页。

第七章 历史地理区位地名考证与方法话语

是说明珠溪镇可能为三溪里的驻地，二是三溪里与静南里并存，也成为否定三溪（珠溪镇）为唐代静南县旧址的铁证。

综合以上唐宋文献的分析，我们可以看出，唐代静南县可以肯定不在今大足县龙水镇，也不在今三溪镇。唐代静南县可以肯定是在今大足县西五十里之地，仅以区位论之，大足区高升镇太和坝张家坝为静南坝的可能性最大。昌州治并不是在大历十年（775年）迁移到静南县的。"南凭赤水，北倚长岩"可能是对赖婆村昌元县形势的描述，即今荣昌县河包镇。

**（三）田野考察三视阈：乡土记忆、山川形势、周边文物**

田野考察是校正历史文献分析的重要手段，不过，我们对怎样系统地通过田野考察来为历史地理研究提供支持的相关理论总结较少。多年的田野考察实践告诉我们，在研究古代州县治地位置时，乡土历史记忆、实地山川形势、周边历史文物三个方面，可对历史文献的分析提供充分的互证，我们这里简称其为田野考察的三视阈。

1. 通过田野考察，从乡民的历史记忆中，即乡民口述中发现历史空间的沉淀相当必要。我们在研究唐代静南县位置时，先后前往大足区高升镇、三溪镇、荣昌区盘龙镇昌元村、河包镇考察，询访了当地大量乡土老人，老人们的口述记忆成为我们在进行历史文献系统分析时的重要互证材料。

我们在大足区首先考察了高升镇，在高升镇我们访问了太和村73岁的龙顺富，他告诉我们太和坝的张家坝子以前又称静南坝，而且是他家的老人传下来的，邻近窟窿河，又称高升河。其中，张家坝子上以前有三尺步道，在田中挖出了大量房屋基脚石和瓦片。这些信息，在后来我们采访了太和村万世水（65岁）、万世昌（68岁）老人时也得到了证实。

我们考察了三溪（珠溪）镇，先后采访了刘金民（60余岁）、毛生海（75岁）等七八位老人，有的已经年近90岁，但几乎都没有任何静南县的历史记忆，只有清代珠溪镇街道和多处寺观庙宇的历史记忆。我们在昌元县遗址考察时，先后采访了昌州村支书田世杰、昌州一队田庆能（87岁）、田庆模（80岁）、王弟富（62岁）、王世连（68岁）等老人，老人们一致认为他们孩提时代就从更老的村民口中听闻当地是古昌州城之地，以前在劳动时就时曾挖掘出文物，后来又见证了考古工作者的发掘工作。我们在河包镇考察时，当地百姓普遍认为该地曾作为昌州的行州治所，古有赖婆村、赖婆溪之名，故有赖州的简称流行，历史记忆相当强烈。总的来看，乡土历史记忆反映的情况与我们前面系统分析历史文献的结论基本吻合。

2. 对今天山川形势的观察，可以对证历史文献的相关山川记载。应该看到，由于古代历史空间认知的局限性，古代文献中对山脉、河流的分合、名实记载只具有相对科学性，许多方位、里程都是相对数字，所以，我们需要结合实地的山川形势来分析。

我们在考察中发现，今大足区龙水镇虽然也在古代赤水溪（濑溪河）边上，但并无始龙溪的一点痕迹，即从山川形势上证明了我们从历史文献否定龙水镇的合理性。我们到大足区三溪镇考察时发现，三溪镇确实是南依赤水溪，但附近并没有可以称为"长岩"的山形，只有一处低矮的花碑坡，从山形上也完全不合。附近也没有始龙溪的窟窿河，始龙溪进入濑溪河远在北面的双河村。附近只有一个干沟，称宝珠河，流入濑溪河。我们考察大足区高升太和坝的形势时，发现其中的张家坝子被称为静南坝子，离高升河（窟窿河）仅几十米之远，与宋代文献中记载的"西接龙溪"完全吻合。周边有三个连续不断的丘陵山体，似也可以称为"长岩"。但后来我们考察了荣昌区河包镇的形势，发现河包镇更像"南凭赤水，北倚长岩"形势，其核心赖婆村南面正好包裹宝珠河（即赖婆溪），北依金凤山（可能就是历史上的长岩，也可能就是赖婆山，历史文献中记载的赖婆山的位置有误），地形相对于三溪镇、太和坝都更为险要，这与当时迫于战乱而设立行州治"以镇押夷獠，其城南凭赤水，北倚长岩，极为险固"相符。相对来说，昌州初设和设立静南县时更多考量了地势的平坦程度，所以，旧州坝（狮子坝）、静南坝（太和坝张家坝）就成为设立昌元县、静南县的治所之地。

3. 周边历史文物对州县治所的确定也尤为重要，如果有系统的地下发掘，应是坐实中古时期州县治地的重要手段。但由于我们不可能对这些地区开展系统的地下发掘，只能依据仅有的地下文物和地面文物来分析，但也不失为分析历史文献结论的重要参考。

对于地下文物，以前老乡们在高升镇静南坝一带挖地时曾发现大量的房基石和瓦片，据《大足县志》记载，明代宝峰寺内石刻中曾有"静南乡"三字，附近又有唐代的尖子山石刻。[1]我们专门考察了遗弃的宝峰寺，发现庙宇的基础相当久远。同样，正是考古工作者对古代昌州昌元城周边进行的系统发掘，为我们肯定旧州坝为

---

[1] 大足县县志编修委员会：《大足县志》，第66页。

唐代昌元县提供了可靠的证据。

地面古迹文物更是我们田野考察的重要目标。作为一个县城，县城废弃后，衙门官署可能很快被破坏而消失，但由于大量居民继续生息此地，信仰类建筑的功用会继续发挥下去，所以，分析一个地方的寺庙情况就可能发现历史传承的久远程度。静南县太和坝虽然较为荒凉，全是村舍，但我们发现现今仍有半边寨、琼林寺、东岳庙等庙宇地名，可见其往日辉煌。在河包镇，我们发现金凤山上的宋代白塔和斜经幢，周边的传统庙宇也较多，透露出唐宋的繁华之气。在昌元狮子坝，老人们也说以前庙宇众多，与古昌州的地位相配。当然，我们在三溪镇也发现了大量的庙寺，有东岳庙、王爷庙、城隍庙、禹王宫、文昌宫、惠民宫等，距今300多年的七孔桥，但大多只是清代以来一般城镇的标准配置文物，并没有唐代历史的遗留。

### （四）中古时期州县治地考证的四大途径

总的来看，我们将历史文献的梳理分析与田野考察获取乡土历史记忆、观察山川形势、获取地面地下文物的印证合在一起，构成我们考证中古时期州县治地的四个基本路径，其中最基本的就是历史文献的梳理和判读。应该看到，具体的个案研究中，这四个路径的选用也是需要特别考量的，而这往往是以往我们历史地理学界疏于总结的地方。所以，这里笔者想对路径的相关方法做一些总结。

1. 传世历史文献地理认知的"四大不精"

应该看到在历史地理的研究中，传世历史文献的系统梳理和分析是必需的。历史文献的梳理首先是需要从史源学的角度，从早到晚排列历史文献中的对相关问题的记载，并从中发现问题。对每个历史文献的记载、刊刻的时间也要做出具体考量，因文献的时代不同，反映的州县分属、治地位置都不一样。这里一定注意的是，我们需尊重历史文本，但切不可将历史文献记载中的地理认知看得精准无比。实际上，中国古代由于测量技术、交通通信、版本文献局限等客观条件制约，古代人对地理空间的认知往往并不精准，呈现为"大空间不虚，小空间不精"的特点，即对大的空间范围认知往往有明显的空间限制，而对这个范围内的具体的点的位置认知并不求也无法达到精准。此处所言传统历史文献中对地理空间认知的"不精"体现为四个方面：里程计算的感性、方位指向的模糊、方位坐标的僵化和简脱衍串的明显。

一是里程计算的感性。学术界已经对中国古代文献中"四至八到"开展过一些研究，如汪前进、曹家齐、成一农、梁晓玲等，[①]都认定中国地理总志的"四至八到"是交通里程数据，并不是直线距离。至于一般的山川州县治地相互里程，更有可能只是交通里程，而不是直线距离。由于是交通道路里程，就可能受两种不同形成因素的影响而结论差异巨大。首先这种交通里程是一种测量数据里程，还是一种体验感性里程呢？如果是一种测量数据，我们在历史文献中很少有发现实测这些数据的过程史料，特别是在传统中国的技术水平下，采用传统的步测、绳测、计里车在山高水险的山

---

[①] 汪前进：《现存最完整的一份唐代地理全图数据集》，《自然科学史研究》1998年第3期；曹家齐《唐代地志所记"四至八到"为道路时程考证》，《中国典籍与文化》2001年第4期；成一农：《"非科学"的中国传统地图：中国传统舆图绘制研究》，中国社会科学出版社，2016年；梁晓玲：《疆理天下：中国传统地学视域中"四至八到"研究》，西南大学硕士学位论文，2017年。

地上实测，必定难以精准。而且，中国古代是否进行过系统的州县间里程实测仍然存疑，成一农就认为掌握了测量技术并不等于实际测量中就运用了这些技术。①如果是一种体验感性里程，因具体道路的地形地貌千差万别，坡度和弯度系数完全不一样，由于行者体力、负重状况等差异，感知的道路里程更是差异巨大。如《元和郡县志》卷三三记载昌元县"东至州一百二十里"，《太平寰宇记》卷八八记载昌元县"在西一百里"。这里，我们如果硬要用"一百二十里""一百里"来硬算，在直线距离上就完全达不到。如乾隆年间才记载铜鼓山在荣昌县北一百里，到光绪年间就变成了县北一百二十里。②所以，我们在考证历史交通地理和古代州县治所时，切不可简单以文献中的里程数据按图索骥，纸上走马，而必须与乡土历史记忆、山川形势、文物结合起来分析。30多年的田野考察体验告诉我们，历史文献中的里程数据只是一种参考数据，早在20多年前，笔者就引宋代洪迈《容斋随笔》中的"古今舆地图志，所记某州至某州若干里，多有误差"，认为切不可对此太为死板较真。③

二是方位指向的模糊。中国历史上的方位认知同样并不精准，虽然历史上使用的方位词众多，除了用东西南北"四正"和西北、西南、东北、东南"四隅"外，还有"正向微偏"的表示，但不论何种形式都是一种不精准的认知。具体表现在两种形式，一是"四正"与"四隅"往往区别并不明显，北与东北、西北，东与东北、

---

① 成一农：《"非科学"的中国传统地图：中国传统舆图绘制研究》，中国社会科学出版社，2016年，第358页。
② 乾隆《荣昌县志》卷一《山川》；光绪《荣昌县志》卷三《山川》。
③ 蓝勇：《对古代交通里程的运用要审慎》，《中国历史地理论丛》1995年第1辑。

南东，南与西南、东南，西与西北、西南往往并用。如我们前面谈到万历《重庆府志》载明代荣昌县北七十里有昌元镇和昌元里，实际上今盘龙昌州村正处荣昌县西北，而不是正北。前面还谈到《元和郡县志》所载昌元县"东至州一百二十里"，但元和时的昌州治在静南县，故这里的方位"东"应该是"东北"。太平兴国时昌州治大足，昌元在州治的西南，而不是西。乾隆《荣昌县志》中记载赖婆山、赖婆溪都在荣昌县西北，但光绪《荣昌县志》又改为在县西北四十五里，①但正确的方位应该是北。一是大的格局方向认知与小生境方向认知存在误差。我们知道，在地理方位认知上整体方位与区域方位差异，一条河流、一座山脉，整体方位与区域方位会出现位移现象，如长江在整体方位上是东西向的，但在个别段落会出现南北走向情况。由于长江整体上是东西向，所以，人们在整体形成了江分南北的认知，比如重庆渝中半岛从朝天门到太平门一段长江实际呈现为南北走向，但重庆人仍然以为此处江分南北，而不是江分东西。

三是方位坐标的僵化。由于中国古代的乡土地理认知并不可能经过不断系统的修改校正，地理志往往都是不断转抄之前的结论，但是历代由于州府治、县治地点不断变化，坐标体系随之发生变化，但后来在转抄山川方位里程时并未顾及这一点，往往简单因袭以旧治为坐标基点的方位和里程，造成方位与里程的错乱不清。如《元和郡县志》记载昌州时，州治为静南县（大足太和坝），但随后记载的铜鼓山、始龙溪从方位里程来看却是原来以州治昌元县

---

① 乾隆《荣昌县志》卷一《山川》，第15b页；光绪《荣昌县志》卷三《山川》。

（荣昌河包镇）为坐标基点。[①]而《太平寰宇记》记载昌州时昌州治大足县（大足区），在永川县（今永川区）下记载废静南县本身是错误的，同时将以昌元县（荣昌河包镇）为坐标基点的铜鼓山仍记载在废静南县下，将以昌元县（荣昌河包镇）为坐标基点的始龙溪记载在永川县坐标上，一片混乱。[②]造成这种状况是可以理解的，当传统时期地理认知一旦形成后，即使认知坐标发生变化，如州治变易、县治迁移，但人们很少去对每一条地理认知进行系统修正，所以大多数旧的地理认知往往会被后代的地理志书简单地沿袭。

四是简脱衍串的明显。中国传统文献中文字的表述简约精练，有其优点，但同时存在简约不清的弊端，在地理文献中也表现较为明显。另外，文献版本转抄过程中脱漏、串文、多衍现象明显，如我们在研究过程中就发现，《元和郡县志》卷三三："皇朝乾元元年，左拾遗李鼎祚奏以山川阔远，请割泸、普、渝、合、资、荣等六州界置昌州，寻为狂贼张朝等所焚，州遂罢废。大历十年，本道使崔宁又奏复置，以镇押夷獠。其城南凭赤水，北倚长岩，极为险固。"[③]这里表述简约的"其城"是指何城，何时之城？不明。怀疑此处有脱漏。再如《太平寰宇记》卷八八也记载："唐乾元元年，左拾遗李鼎祚奏以山川阔远，请割泸、普、渝、资、荣等界地置昌州。至二年，张朝、杨琳作乱，为兵火所废。大历十年，西川节度使崔宁奏复置，以御蕃戎。旧理赖婆溪，南以昌元县为倚郭。

---

① 李吉甫：《元和郡县图志》卷三三《剑南道下》，第868页。
② 乐史：《太平寰宇记》卷八八《剑南东道七·昌州》，第1748页。
③ 李吉甫：《元和郡县图志》卷三三《剑南道下》，第868页。

景福元年移就大足县,即今理……(大足县)赤水溪,源从普州安居县界来……(昌元县)赖婆溪,在县南五十步。源自静南县来,多有石碛,不通舟行。赖婆村为名,旧为州所理。赖婆山,在(应为大足)县南九十里,四面悬绝,大历四年在山上置行州……(永川县)废静南县,在州西五十里,与州同置。西接龙溪,地名静南坝,因为县名。以地荒民少,皇朝并入大足等三县。铜鼓山,在县北八十里……始龙溪,在县东七十五里。"①此处在描述山川时,时用州为坐标基点,时以县为坐标基点,时又不署何县,方位错乱让我们疑窦丛生。中华书局点校本将废静南县、始龙溪置于永川县的废县中来谈,显然是受上下对齐格式误导而出现的错误。

所以,我们在研究中古州县治地的位置时,对历史文献记载的山川名胜方位和里程切不可深信不疑地在地图上死板对应,而应该进行系统分析,特别是要将田野考察获取的乡土历史记忆、实地的山川形势和发掘的地上地下文物胜迹结合起来分析,也就是用田野考察的"田野三视阈"来克服历史文献的"四大不精"。

2. 田野三视阈对历史文献记载的校正

第一视阈:乡土历史记忆。我们知道乡土历史记忆是我们重构乡土历史的重要来源,但是应该看到口述中的历史记忆对不同性质的内容、内容的时间、口述者多少在科学信度上有很大差异。就内容和时间来看,一般来说,对于历史人物和历史事件的记忆传承失真更大,所以信度相对不高,特别是时代久远的事件和人物。但一般来说,口述记忆中的地域空间认知相对传承失真率小一些,故科

---

① 乐史:《太平寰宇记》卷八八《剑南东道七·昌州》,第1746—1748页。

学信度相对更高。正如在我们的经验中，家谱所载历史地名的科学信度要远远高于同时期的历史人物和历史事件。所以，在历史地理研究中，大量运用口述历史地域记忆也相当重要。

这次考证中，我们在四个地方进行了大量长者的口述记忆印证，如在大足区高升镇太和坝人们的"静南记忆"，荣昌县盘龙昌州村的"昌元记忆"，荣昌县河包镇的"赖州记忆"都相当深刻，现在许多八十多岁的老人都认为他们孩提时所见老人就有这种记忆。只是我们要注意的是，在田野考察中，对地域记忆在询访对象的数量、性别、年龄、文化上尽可能遵循四个准则，即数量多、文化高、多访男、多访老。比如，这次我们为了考证昌州及静南县的位置，在相关采访询问中一般相同的问题会询问三人以上，尽量采访中老年男性，即使是在乡下，我们也尽可能采访一些有声望的长者。当然，我们仍需注意乡土历史记忆中存在科学性不高的问题，地域空间方面，也存在一些失忆或地域泛化的问题。

第二视阈：实地山川形势。史地田野考察中对山川形胜的观察尤为重要，这具体体现在两个方面，一是在历史文献中记载的一些山川是否精准需要实地考察印证，二是许多历史文献中没有记载的山川形胜，对我们做出科学判断也相当重要。不过，在我们观察山川形胜时一定要注意传统中国历史文献记载山川形胜的记载的感性化，传统文献对山川形势的记载并没有现代科学这样精准统一、分类系统，如对山的高低主要是用一些形容词来表达，如"高耸""雄险""悬绝"等用词，并不是用海拔来表述，所以往往相当感性，不同文献、不同作者之间的描述往往没有可比性。特别是对于河流的分合关系、名实所指往往相当凌乱，《水经注》中的河流分合、名实等很多方面就是一笔糊涂账。乾隆《大足县志》中谈到长桥河即今濑溪河，但认为赤水溪即始龙溪，[1]如我们在讨论中发现许多文献中将今濑溪河称为赤水溪，将流入濑溪河的窟窿河称为始龙溪，将今宝珠河称为赖婆溪，但有时文献将赖婆溪、始龙溪都统称为赤水，用主流名称统称支流，有时又将主流某一段另外命名，相关记载较为凌乱，令我们在定位时疑窦丛生。

所以，我们在田野考察中一定要注意历史文献中山川形势记载的相对性，对于山体大小高低、河流长短宽窄一定要放在田野考察中去比对，而不是仅从历史文献中去比对。如我们在考察时，从历史文献中并不能感受到河流的大小长短，我们正是在考察中发现了历史文献记载的赤水溪、始龙溪、赖婆溪、耶溪的区别，感受到"南凭赤水"的赤水应该是指河包镇的古赖婆溪。同样，之前我们在大足太和坝考察时，发现太和坝中张家坝也临高升河，周围的山体也有"长岩"的感觉，最初以为这就是文献中"南凭赤水，北倚长岩"的地方，但后来我们又考察河包镇、昌元镇、三溪镇后，在比较中发现太和坝的山体形势并不明显，河包镇更有"南凭赤水，北倚长岩"的形势。所以，在田野考察中尽可能考察所有地点后再进行山川形势比较相当重要。

第三视阈：文物胜迹支撑。考古学与历史地理学是在历史学中最有技术支持的学科，但我们更需要向考古学学习和借鉴。在坐实古代城址的研究中，最好是通过地下城址发掘来确定，用最能体现具体州县特征的文物来证明，如考古工作者在重庆刘家台发现

---

[1] 乾隆《大足县志》卷二《山川坊里》，乾隆十五年刻本。

的巴将军印为确定汉代北府城位置提供了具体依据。我们这次在研究时，虽然没有可能进行地下发掘而发现文物，但早在1984年重庆市博物馆和荣昌县文化馆曾在荣昌县盘龙昌州村狮子坝地下发掘大量水沟、灶台、墙基石，这对于确定唐代昌元县治地在狮子坝提供了较好的支撑。2019年，我们在田野考察中发现这个古昌州昌元县的遗址在昌州村狮子坝狮子林会龙桥旁，曾有土主庙，当地老乡专门让我们观察从老庙拆下来的大木柱修的民房，还发现一些老的条石、石礅等遗物。据说狮子坝地名也得名于城址内有一对石狮子。在大足高升乡太和坝，我们发现老乡们在张家坝一带田地中不时挖到古代的墙基石和瓦片，地面上附近的宝峰寺虽然残破，但据说寺庙中的明代石刻中有"静南乡"三字，均为确定静南县在高升镇太和坝提供了依据。

  在确定古代州县治所所在地时，城墙和房屋建筑相当重要，但无字墙砖和条石的具体年代鉴定困难，考古学在城镇发掘往往形同盲人摸象，大多数情况下一时难以发现城址城墙。不过，地面传统建筑中的寺庙道观、经幢碑塔都是重要的城市标志，如在河包镇金凤山的宋代白塔和斜经幢，显现了荣昌县河包镇历史的悠久。唐宋时期城镇附近除有大量佛道寺观外，民间信仰的寺庙较多且杂，名目繁多。到了明清时期，虽然信仰仍然繁杂，但是一些官府倡导的民间标准信仰出现，如城隍庙、土地庙、文昌宫、王爷庙、武庙、文庙及清代以来的移民会馆禹王宫、万寿宫、南华宫、天上宫等都有明显的年代特征。一般而言，由于州县治地的迁移，官府衙门、城墙等可能很快被破坏，但传统聚落中的信仰场所变化相对不大，所以在确定唐宋州治所时，分析寺观庙宇的时代特征也是一个重要方法。

第七章　历史地理区位地名考证与方法话语　493

## 二 唐宋历史记忆与巴蜀分界线复原[①]

我们常提的巴蜀分界概念,包含了三个层面的含义:第一是巴、蜀在先秦时期作为古代国家政权而出现的国家界线;第二是秦汉时期又作为巴郡、蜀郡这一政区分界概念;第三是后来人们认知的巴蜀文化区域线的概念。巴国与蜀国的边界线主要是受两国之间的军事角力的影响,可能本身变化较大,可称为巴蜀军事分界线;而巴郡与蜀郡的边界则主要是由中央王朝的行政区划而主导的,故称之为巴蜀政区分界线;而巴、蜀文化区的概念即是当时客观存在的现象,但是后人认知的主观文化认同,因为文化区域的边界都是模糊的、渐变的,[②]故巴文化区与蜀文化区之间的文化分界线则是一条模糊、渐变的、带状的。可以说,巴、蜀自身三个不同内涵导致了三条不同的巴蜀分界线。

关于巴国与蜀国之间的分界线,蒙文通先生早就做过巴蜀分界复原的尝试,他认为合川、射洪之间的涪江是重要的分界线,其中阆中、充国、垫江、江州、江阳以东属于蜀,江安、长宁、富顺、永川、大足、铜梁、安岳皆为巴地,以西为蜀地。[③]后来刘琳

---

[①] 此文系与陈俊梁合作,原刊于《四川师范大学学报》2020年2期。原名为《唐宋历史记忆与巴蜀分界线复原——兼论历史研究中的"后代记忆"的科学运用》。收入此书略作修改补充。

[②] 卢云:《文化区:中国历史发展的空间透视》,《历史地理》第九辑,上海人民出版社1990年版,第83页。

[③] 蒙文通:《巴蜀古史论述》,四川人民出版社,1981年,第22—27页。其中提及的阆中为今阆中市,充国在阆中西南六十里,垫江为今合川区,江州为今重庆市区,江阳为今泸州市。

在《华阳国志校注》中认为大致嘉陵江、涪江到泸州一线为巴蜀分界地带。[1]唐昌朴后来认为巴蜀之间的分界线并不明确,其中间还有许多小国分割,如蜀与巴之间在涪江流域有郪国独立其间。[2]段渝则对蜀国疆域进行过复原,认为蜀国东部边界以嘉陵江、渠江为界,结论相对较为模糊。[3]朱圣钟也对巴国疆域作过复原,画出了一条较为粗略的界线,但主要是用清代方志的历史记忆来进行讨论的,信度还可以进一步提高。[4]总的来看,利用文献来对巴蜀边界进行复原还不够系统和详细,特别是对一些分界的历史遗迹点没有科学的定位和讨论。实际上,由于有古代出土器物支撑,加上文化分界本身是带状的,所以今天我们复原巴蜀文化区的界线反而相对较为容易,而国家和政区界线由于相对线型,古代器物无法支撑,先秦两汉时期的相关历史文献记载少,故想要完全依靠时人记录,即秦汉时期的史料来复原巴国、蜀国或巴郡、蜀郡的分界线难度颇大。

不过,时近易考,地近易核,在唐宋人的记忆中对秦汉巴蜀的民族和职方记忆相对较精准,也能使我们对巴蜀分界线的复原有较大的帮助。特别是唐宋时期的各类地理总志中,遗存了大量对巴国、蜀国空间的记载,特别是个别有关分界的遗迹点,使我们可以通过这些唐宋时期的历史记忆来复原巴国和蜀国的空间范围,从而

---

[1] 刘琳:《华阳国志校注》,巴蜀书社,1984年,第25页。
[2] 唐昌朴:《先秦巴国都邑与疆域考议》,《巴渝文化》第三辑,西南师范大学出版社,1994年,第131—134页。
[3] 段渝:《先秦蜀国的都城和疆域》,《中国史研究》2012年第1期。
[4] 朱圣钟:《族群空间与地域环境:中国古代巴人的历史地理与生态人类学考察》,科学出版社,2019年,第99—141页。

得出一条更为清楚的巴蜀分界线。唐宋时期的地理总志，如《元和郡县图志》《太平寰宇记》《元丰九域志》《舆地广记》《舆地纪胜》《方舆胜览》对州、府、郡、县的记载中，都存有大量的巴国、蜀国的历史记忆，是本文依靠的主体史料。同时，本文对一些有关巴蜀分界的历史遗迹点进行实地考察而定位，再结合已经出土的相关文物进行验证，以期提高我们研究结论的信度。

这里要说明的是由于唐宋人们的记忆中，巴国与巴郡、蜀国与蜀郡之间的表述并不是界限明确的，而秦置巴、蜀二郡也基本上是对两国旧时范围的重新认定，变动应该并不是太大。如宋代《方舆胜览》在谈到巴蜀之交的普州时说"春秋、战国为巴、蜀之境。秦为巴、蜀二郡地"，[1]就明确了这种承袭关系。所以，我们在这里讨论分析时，仍然没将巴蜀国界与郡界区别开。

（一）唐宋文献中的巴蜀分界记忆

1. 唐宋巴岭山与巴国的最西北界线

巴蜀军事分界线的北段，应从兴元府[2]南郑县巴岭以南开始。兴元府在《元和郡县图志》有载"春秋时及战国并属楚"，[3]《方舆胜览》则记载其"春秋、战国属秦、楚"，[4]故兴元府在春秋战国时期并不在巴国、蜀国范围之内。而兴元府下南郑县的巴岭山在唐宋多有记载，如《元和郡县图志》记载："巴岭，在县南一百九

---

[1] 祝穆：《方舆胜览》卷六三《潼川府路》，中华书局，2003年，第1109页。
[2] 兴元府为今汉中市及下辖城固县和勉县的大致范围。
[3] 李吉甫：《元和郡县图志》卷二二《山南道》，中华书局，1983年，第557页。
[4] 祝穆：《方舆胜览》卷六六《利州东路》，第1147页。

里。东傍临汉江，与三峡相接。山南即古巴国。"①《太平寰宇记》也记载："大巴岭山，在县西南一百九里。《水经注》云：'廉水出巴岭山，北流经廉川。'又《周地图记》云：'此岭之南是古之巴国也'。"②两处记载虽一名"巴岭"、一名"大巴岭"，但两者记载都在南郑县南一百九里和县西南一百九里，其方位里程基本一致，两者应为同一座山，故包括之后提及的小巴岭和大巴岭都应为巴岭的别称。《舆地纪胜》之中有三处关于巴岭的记载。第一处为："巴岭，《元和郡县志》云：在南郑县南一百九里，与三峡山相接，山南即古巴国。今属廉水县管。"第二处为："大巴岭。《晏公类要》云：'在化城县北岭之南，古巴国也。'"第三处为："小巴岭。《周地图》云：'此山之南，即古之巴国。其岭上多云雾，盛夏有积雪。'"③其中一条巴岭记载在兴元府下，另外两条记载则在巴州下。可见，在兴元府与巴州都占据了巴岭的部分，故才有对巴岭的共同记录。关于巴岭之南为古巴国的描述在诸多文献中都保持一致，所以巴岭不仅为巴州与兴元府之间边界，也是古巴国之北端界山。唐宋时期的巴岭山实际上就是今天南郑以南、南江、通江以北的一段大巴山，也称米仓山。也就是说，米仓山以南，古为巴国，而唐宋时期为巴州，那么唐宋历史记忆中的巴蜀分界线，就应当从巴州以西开始。

---

① 李吉甫：《元和郡县图志》卷二二《山南道》，第558页。
② 乐史：《太平寰宇记》卷一三五《山南道》，中华书局，2007年，第2612页。
③ 王象之：《舆地纪胜》卷一八七《利东路》，四川大学出版社，2005年，第5303、5479、5480页。

## 2. 巴州与利州[1]：古代巴蜀中段分割遗留

巴州以西为利州。在唐宋人的记忆中，巴岭之南为巴州，巴州即为古巴国地。《通典》有载："巴州今理化城县。古巴国。秦、二汉属巴郡。"[2]《舆地广记》也有记载："巴州，春秋、战国为巴地。秦、二汉属巴郡。"[3]《太平寰宇记》《舆地纪胜》《方舆胜览》也记载巴州为"古巴国地"[4]"古巴国之地"[5]。可见，除《元和郡县图志》缺失之外，唐宋时期的地理总志中都有巴州为古巴国地的记载。巴州得名也是"盖取古巴国以为名"[6]。巴州内还有许多与巴字相关的历史记忆，如其《舆地纪胜》中巴州景物中有记载的巴江、东巴山、大巴岭、小巴岭，这些以巴字命名的山川河流，也从侧面印证了巴州为古巴国之地。

但在唐宋人的记忆中，巴州西面紧邻利州则为蜀国旧地。关于利州为蜀国地的记载也出现在诸多文献中。如《通典》云："利州今理绵谷县。春秋、战国时为蜀侯国。"[7]《太平寰宇记》中记载："利州，土地所属与金州同。春秋、战国时其地并属蜀侯，此郡为蜀之北境矣。"[8]《太平御览》引《十道志》记载："利州益昌郡，土地所属与金州同。春秋、战国时，其地并属蜀侯，汉葭萌县

---

[1] 巴州为今巴中市及其下辖南江县、通江县、平昌县的大致范围，利州为今广元市及下辖旺苍县的大致范围。
[2] 杜佑：《通典》卷一七五《州郡五》，中华书局，1988年，第4586页。
[3] 欧阳忞：《舆地广记》卷三二《利州路》，四川大学出版社，2003年，第958页。
[4] 乐史：《太平寰宇记》卷一三九《山南道》，第2703页；王象之《舆地纪胜》卷一八七《利东路》，第5469页。
[5] 祝穆：《方舆胜览》卷六八《利州东路》，第1185页。
[6] 乐史：《太平寰宇记》卷一三九《山南道》，第2703页。
[7] 杜佑：《通典》卷一七六《州郡六》，第4621页。
[8] 乐史：《太平寰宇记》卷一三五《山南道》，第2646页。

地。"①《舆地广记》《舆地纪胜》《方舆胜览》也有利州"春秋、战国为蜀地"②的相同记载。以上记载，都充分说明利州属于蜀国范围。后利州又分置出大安军，在关于大安军的表述中也有关于蜀国的历史记忆。《方舆胜览》与《舆地纪胜》均有大安军"春秋、战国为蜀地"③的记载，这也从侧面说明了利州旧时为蜀国之地。我们发现宋代文献中有利州"自城以南，纯带巴音；由城以北，杂以秦语"④的话语，说明利州应与巴国相接，才会有巴音在其区域出现。利州下辖有葭萌县，昔"蜀王别封弟葭萌于汉中"⑤，也应是蜀地。司马错伐蜀，"蜀王自于葭萌拒之"⑥，秦灭蜀之战由此地开始，可见此处也是蜀国北境，正好与巴国北境巴州相对应。所以，巴蜀军事分界线应北起于利州与巴州的边界线，而向南延伸。从交通格局来看，古代金牛道南下利州后，一般在今昭化一带分成东西两道，西路从剑阁入蜀故地，东路沿嘉陵江入巴故地，所以，利州这个枢纽之地昭化巴蜀之风兼有。所以，我们在宝轮院发现的船棺并不完全是与蜀地相似，而是与巴地的船棺十分相似。⑦

巴州下辖难江县、恩阳县、曾口县、通江县四县，其中难江县在"州北一百六十里"⑧，与利州接壤。难江县下有"难江水，

---

① 李昉:《太平御览》卷一六七《州郡部十三》，中华书局，1995年，第815页。
② 分别参见欧阳忞:《舆地广记》卷三二《利州路》，第948页；王象之《舆地纪胜》卷一八四《利州路》，第5341页；祝穆《方舆胜览》卷六六《利州东路》，第1154页。
③ 祝穆:《方舆胜览》卷六八《利州东路》，第1197页；王象之《舆地纪胜》卷一九一《利州路》，第5633页。
④ 王象之:《舆地纪胜》卷一八四《利州路》，第5349页。
⑤ 任乃强校注《华阳国志校补图注》，上海古籍出版社，1987年，第126页。
⑥ 任乃强校注《华阳国志校补图注》，第126页。
⑦ 蓝勇:《西南历史文化地理》，西南师范大学出版社，1997年，第219页。
⑧ 王象之:《舆地纪胜》卷一八七《利东路》，第5470页。

源出县东小巴岭，南流经县东二十里，入盘道界"①，小巴岭以南为古巴国，难江县也是在古巴国范围之内。利州下有绵谷县、葭萌县、昭化县、嘉川县，其中葭萌县在"州南一百一十里"，昭化县在"州南三十五里"，葭萌县比昭化县更南、与阆州接壤，而嘉川县则载"州西二百二十里"②，此处乃《舆地纪胜》引用《太平寰宇记》中嘉川县的记载而产生的谬误。在《太平寰宇记》中，嘉川县是"永泰元年割属集州"③，而于"咸平四年自集州来隶"④，故关于嘉川"州西"的记载应为集州之西。利州的嘉川县（今旺苍县嘉川坝）和葭萌县（今剑阁县江口）则与东边的巴州、阆州相接。

3. 阆州巴岳山与剑州⑤：巴蜀的中段北线的分割

巴州西南方向为阆州。不过，《元和郡县图志》中有关阆中内容缺佚，但《通典》与《文献通考》记载阆州为巴郡地，而在唐宋其他地理总志中记载阆州为巴国地。如《太平寰宇记》载："阆州，禹贡梁州之域。春秋时为巴国之地。按《华阳国志》：'巴子后理阆中。'秦为巴郡地。"⑥《太平御览》也有"春秋为巴国之地"⑦的记载。在《舆地广记》《舆地纪胜》《方舆胜览》均记载阆州"春秋、战国为巴地"⑧"春秋为巴地"。⑨阆州下辖有阆中县，

---
① 乐史：《太平寰宇记》卷一四〇《山南西道》，第2720页。
② 王象之：《舆地纪胜》卷一八四《利州路》，第5345、5346页。
③ 乐史：《太平寰宇记》卷一四〇《山南西道》，第2720页。
④ 王象之：《舆地纪胜》卷一八四《利州路》，第5346页。
⑤ 阆州为今阆中市及广元市苍溪县、南充市南部县的大致范围，剑州为今广元市剑阁县及绵阳市梓潼县大致范围。
⑥ 乐史：《太平寰宇记》卷八六《剑南东道》，第1712页。
⑦ 李昉：《太平御览》卷一六七《州郡部十三》，第816页。
⑧ 欧阳忞：《舆地广记》卷三二《利州路》，第952页。
⑨ 王象之：《舆地纪胜》卷一八五《利东路》，第5379页；祝穆《方舆胜览》卷六七《利州东路》，第1173页。

《华阳国志》有载:"巴子时虽都江州,或治垫江,或治平都。后治阆中。其先王陵墓多在枳",①阆中县曾是巴子五都之一。另,《舆地纪胜》还记载:"阆中县,倚郭。本秦故县也。《华阳国志》:'周顺王五年,张仪伐蜀,因取巴王以归,分其地位三十一县,此城为……。'"②以上记载了张仪灭巴之后以巴国旧地而置三十一县,阆中县即为其中之一,也证明了阆中县为巴国旧地。

阆州以西北接剑州,西南接梓州。剑州为蜀国之地,其记载主要集中在《舆地广记》《舆地纪胜》《方舆胜览》三本地理总志之中,都有其"春秋、战国为蜀地"③的记载。剑州下辖剑门县,剑门关即在此县。剑门关为入蜀要地,"诸葛武侯相蜀,于此立剑门,以大剑山至此有隘束之路,故曰剑门",④所以才有关于剑州"而两川咽喉,守土之寄重焉《剑门集·郡守题名序》。入蜀之邦此为第一"⑤的描述。故阆州与剑州之间的州界线可能也应与巴蜀军事分界线的部分相对应。

阆州与剑州(隆庆府)东西相接,唐五代剑州有临津县,在今剑阁香沉坝。据记载,隆庆府,废临津县,"在府东一百三十里。本汉梓潼县地。南齐置胡原郡。隋改临津县。本朝熙宁五年废为浆池镇,而真地分隶普安、普成、剑门诸县"。⑥《太平寰宇记》中记

---

① 任乃强校注《华阳国志校补图注》,第27页。
② 王象之:《舆地纪胜》卷一八五《利东路》,第5382页。
③ 欧阳忞:《舆地广记》卷三二《利州路》,第955页;王象之:《舆地纪胜》卷一八六《利州路》,第5425页;祝穆:《方舆胜览》卷六七《利州东路》,第1164页。
④ 乐史:《太平寰宇记》卷八四《剑南东道》,第1676页。
⑤ 王象之:《舆地纪胜》卷一八六《利州路》,第5431页。
⑥ 王象之:《舆地纪胜》卷一八六《利州路》,第5439页。

第七章 历史地理区位地名考证与方法话语 501

载:"临津县,本邑西阆州之界壤也。"①以此来看,废临津县又直接与阆州接壤。阆州下有七县,其中苍溪县在"州北四十里",西水县在"州西一百二十里",②即南部县保城场。今苍溪县和西水县(南部县保城场)就应为阆州与利州和隆庆府相接的县级政区。

  正好,在有"界壤"之称的临津县(今剑阁香沉坝)东十公里之处正是唐宋的巴岳山,正是巴蜀分界的历史记忆遗留。故这里要重点谈一下阆州下辖苍溪县的巴岳山。据《太平寰宇记》记载:"苍溪县,本汉阆中县地,后汉永元中于今县北巴岳山侧置汉昌县。……十八年改汉昌为苍溪县,因县界苍溪谷为名。"③这里的巴岳山以"巴"字命名,也应是巴文化影响的结果导致。应该说,这个巴岳山是四川盆地中带"巴"的历史记忆地名较早而最靠西的一个。今天,我们经过实地考察发现,从当地的地望来看,这个巴岳山可能有三种可能。第一种可能是旺苍县向西南到苍溪北的一个深丘山系,即今东河以西的从北向南的九龙山、雷家山、鸡鸣山、五龙山、龙门山一带,海拔在1000—1400米左右,在盆地丘陵中显得较为突兀,巴岳山的南点就是今苍溪县北的禅林乡的旧汉昌县故址。这个巴岳山应该是东西向的巴岭山向西南突出的一条纵行山岭,其西为蜀的旧地,其东则为巴的旧地,实际上是四川盆地内最北的巴蜀分界山。第二种可能是紧邻汉昌县故址苍溪禅林乡青山观村斜对面的碧家山,符合"巴岳山侧置汉昌县"之意。第三种可能是指汉昌县旧在青山观村背靠龙门山,汉昌县旧址在其山麓,其

---

① 乐史:《太平寰宇记》卷八四《剑南东道》,第1679页。
② 王象之:《舆地纪胜》卷一八五《利州路》,第5383、5384页。
③ 乐史:《太平寰宇记》卷八六《剑南东道五》,第1716页。

山海拔849米左右，是汉昌县旧址附近最高的山丘。不论哪一种结论，这个巴岳山所在的苍溪县西北地区，正好是巴蜀分界的重要地区，是可以成立的。

4. 梓州永泰县与阆州、果州[①]：巴蜀中段界线

梓州在春秋战国时也为蜀国范围，除了《元和郡县图志》《通典》《文献通考》有其地为蜀郡的记载外，其他地理总志也有梓州为蜀国地的记载。《太平寰宇记》中记载："梓州，禹贡梁州之域。秦为蜀国盐亭之地，二汉属广汉、巴二郡。"[②]《舆地广记》《舆地纪胜》《方舆胜览》也均有梓州（潼川府）"春秋、战国为蜀地"的记载。[③]梓州虽记载为蜀地，但其下辖的永泰县则是由巴郡地划入。《元和郡县图志》有载："永泰县，本汉巴郡充国县地也。武德四年分置，地号永泰，因以为名。"[④]《太平寰宇记》记载更为详细："永泰县，本汉充国县之地，唐武德四年巡检黄甫无逸以四境遥远，人多草寇，遂以当州盐亭县、剑州普安县、阆州西水县三县界析置此县，因以永泰为名。"[⑤]充国县属巴郡，永泰县也应在巴郡范围之内。所以在复原巴蜀分界线时，特别注意这种州县调整而导致的误差。旧永泰县在今盐亭县东永泰乡，可以说，永泰县旧址正当梓州与阆州、果州的界线上，也是巴蜀分界线的一个地理坐标，由

---

① 梓州为今绵阳市三台县、盐亭县及德阳市中江县、遂宁市射洪市的大致范围，果州为南充市及下辖西充县和蓬安县的大致范围。
② 乐史：《太平寰宇记》卷八二《剑南东道》，第1647页。
③ 欧阳忞：《舆地广记》卷三一《梓州路》，第902页；王象之：《舆地纪胜》卷一五四《潼川府路》，第4615页；祝穆：《方舆胜览》卷六二《潼川府路》，第1089页。
④ 李吉甫：《元和郡县图志》卷三三《剑南道下》，第843—844页。
⑤ 乐史：《太平寰宇记》卷八二《剑南东道》，第1654页。

此可以看出巴蜀分界从巴岳山向西南延伸到今嘉陵江继续向西南延伸进入涪江流域东部。

梓州东南地接果州。关于果州也有颇多其为巴国旧地的记载。虽《元和郡县图志》果州部分缺失，《十道志》则有记载："果州南充郡，禹贡梁州之域。春秋、战国并属巴子国。"①《通典》亦有载："果州今理南充县。亦巴子国地。秦、二汉并属巴郡。"②《太平寰宇记》《舆地广记》《舆地纪胜》《方舆胜览》几本地理总志也均有果州"春秋、战国为巴子地"，"春秋、战国为巴子国"③的记载。除此之外，《方舆胜览》与《舆地纪胜》中有果州为"巴子旧封"的记载："本安汉城。巴子旧封。"④"巴子旧封，充城乐土。江水秀润，民物阜繁。"⑤从侧面证明了果州在春秋、战国时期为巴国地范围。从永秦县向南曾是宋代的东关县，是与果州的重要交界处。据《太平寰宇记》记载，宋代乾德四年，曾在后蜀梓州招茸院的地方，取"古东关地之名"置东关县，在今盐亭县金鸡镇。这个地方在宋代以前称为东关，可能就是指梓州的东部边地，正好与果州界连接，也可能是古代巴蜀间的一个重要界点。

故梓州永泰县与阆州、果州相交的界线，梓州东关县与果州相交的界线，也可能就是此段巴蜀的重要分界线。

---

① 王谟辑《汉唐地理书钞》，中华书局，1961年，第274页。
② 杜佑：《通典》卷一七五《州郡五》，第4593页。
③ 乐史：《太平寰宇记》卷八六《剑南东道》，第1708页；欧阳忞《舆地广记》卷三一《梓州路》，第907页；王象之：《舆地纪胜》卷一五六《潼川府路》，第4698页；祝穆：《方舆胜览》卷六三《潼川府路》，第1102页。
④ 祝穆：《方舆胜览》卷六三《潼川府路》，第1103页。
⑤ 王象之：《舆地纪胜》卷一五六《潼川府路》，第4702页。

5. 合州巴岳山与遂州[①]：巴蜀中南的分界线

梓州东南则接遂州，而遂州以与果州、合州相接。遂州在唐宋记忆中一直为蜀国地，《舆地广记》中有载："遂州，春秋、战国为蜀地。秦属蜀郡。二汉及晋属广汉郡。"[②]《舆地纪胜》和《方舆胜览》也提到遂州（遂宁府）"春秋、战国为蜀地"[③]。除此之外，其他唐宋文献中，遂州多为蜀郡的历史记忆。

而对于合州为巴国故地的记载则较多。如《元和郡县图志》载"合州，禹贡梁州之域。春秋时为巴国，秦灭之，以为巴郡"；[④]《太平寰宇记》载"合州，按郡地即巴国别都"；[⑤]《舆地广记》载"合州，春秋战国为巴地。秦属巴郡。二汉、晋因之"；[⑥]《舆地纪胜》与《方舆胜览》也提到合州为"古巴子之国"。[⑦]总之，与遂州相接的果州、合州，均为巴国故地。特别要说明的是，合州为汉代巴郡之垫江，垫江则曾为巴国的都城。对此，《华阳国志》早就记载："巴子时虽都江州，或治垫江，或治平都。后治阆中。其先王陵墓多在枳。"[⑧]《太平寰宇记》也记载："合州，按郡地即巴国别都。"[⑨]两条史料相互印证了合州为巴国都城一事。曾作为

---

① 合州为今重庆市合川区、铜梁区及广安市武胜县大致范围，遂州为今遂宁市及下辖蓬溪县和重庆市潼南区大致范围。
② 欧阳忞:《舆地广记》卷三一《梓州路》，第906页。
③ 王象之:《舆地纪胜》卷一五五《潼川府路》，第4661页；祝穆:《方舆胜览》卷六三《潼川府路》，第1099页。
④ 李吉甫:《元和郡县图志》卷三三《剑南道下》，第855页。
⑤ 乐史:《太平寰宇记》卷一三六《山南西道》，第2655页。
⑥ 欧阳忞:《舆地广记》卷三一《梓州路》，第916页。
⑦ 王象之:《舆地纪胜》卷一五九《潼川府路》，第4809页；祝穆:《方舆胜览》卷六四《潼川府路》，第1114页。
⑧ 任乃强校注《华阳国志校补图注》，第27页。
⑨ 乐史:《太平寰宇记》卷一三六《山南西道》，第2655页。

巴国都城的合州，自然遗留了大量与巴国相关的历史记忆。如合州石镜县内有"巴子城，在县南五里"；①《蜀中广记》则进一步记载巴子城"乃周武王封其支庶处"。②此处巴子城记载为周武王分封其支庶处，应该是在合州最早的巴国城市遗址，也是巴子别都的遗址。合州下辖有巴川县，其县名中带有巴字，因是受巴国历史所影响。合州境内的巴水、巴岳山命名受到巴国影响，而以巴字命名。合州境内巴水，"一名宕渠水，郦道元谓之潜水，又谓之渝水，俗谓渠江"。③除了巴水、巴岳山外，合州境内还有双墓。据记载："双墓。在钓鱼山，涪水之北。各高三寻，有石羊。李文昌《图经》云：'巴王、濮王会盟于此，酒酣，击剑相杀，並墓而葬。'《新图经》云：'石羊类近世葬令，所用非古也。'"④双墓自身并非古巴国所遗留的墓穴，但双墓所反映的巴王、濮王故事，却是巴国给当时人所留下的关于巴国的历史记忆。故遂州与合州接壤的分界线，也应为巴蜀分界线的部分。

合州境内的巴岳山也是一个重要的地理坐标。在《元和郡县志》《太平寰宇记》中记载的牛斗山，后来又称为巴岳山，历史上又称为泸昆山，如《舆地纪胜》有载"泸昆山，一名巴岳山，在巴川县南十五里"，⑤南宋度正曾在巴川县"读书巴岳山中"。⑥此处

---

① 李吉甫：《元和郡县图志》卷三三《剑南道下》，第856页。
② 曹学佺：《蜀中广记》卷一八《上川东道》，《景印文渊阁四库全书》第591册，台湾商务印书馆，1986年，第219页。
③ 王象之：《舆地纪胜》卷一五九《潼川府路》，第4815页。
④ 王象之：《舆地纪胜》卷一五九《潼川府路》，第4822页。
⑤ 王象之：《舆地纪胜》卷一五九《潼川府路》，第4821页。
⑥ 度正：《性善堂稿》卷一三，涪州"教授陈孚由墓志铭"，《景印文渊阁四库全书》第1170册，台湾商务印书馆，1986年，第257页。

的巴岳山和阆州苍溪县的巴岳山都是受巴文化影响，而同以"巴岳"为名。合州巴川县的巴岳山现为铜梁县、大足区内的巴岳山，其名仍得以保留至今。今人所编《铜梁县志》有载："东南部为狭长的低山，系华蓥山支脉南延至县，构成了西温泉山和巴岳山。"[1]潼南、大足巴岳山的得名早在宋代就出现，也应该是巴与蜀的一个重要分界线。但是，由于这个巴岳山西南的昌州和普州在唐宋的历史记忆中也曾是巴地的地域，所以，可能在历史上巴国、巴郡都曾越过今天的铜梁巴岳山，巴岳山可能只是历史上巴与蜀一段时间内的分界标志。

南宋遂宁府东与顺庆府和合州相接，遂宁府下有小溪县、蓬溪县、长江县、青石县、遂宁县。其中，遂州北部则是由蓬溪县与顺庆府相接。顺庆府下有南充县、西充县、相如县、流溪县。其中，西充县在"府西七十五里"，[2]其应为顺庆府与潼川府、遂宁府相接壤之县。流溪县在"府南七十里"，[3]其应为顺庆府与遂宁府相接壤之县。故顺庆府以西以西充县（今西充县）和流溪县（今南充市嘉陵区新场乡）与属于蜀国的遂州蓬溪县（今蓬溪县西北明月镇）相接。遂宁县是"景龙二年割青石县置"，[4]而青石县在《元和郡县图志》记载为"本属巴郡"，[5]遂宁县由青石县分置而出，就应与青石县一样之前属于巴郡旧地。青石县与小溪、蓬溪二县相交的边界，也应是古代巴蜀的一个重要界线。宋代遂宁县在潼南大佛坝、青

---

[1] 铜梁县志编修委员会编《铜梁县志》，重庆大学出版社，1991年，第70页。
[2] 王象之：《舆地纪胜》卷一五六《潼川府路》，第4700页。
[3] 王象之：《舆地纪胜》卷一五六《潼川府路》，第4701页。
[4] 李吉甫：《元和郡县图志》卷三三《剑南道下》，第853页。
[5] 李吉甫：《元和郡县图志》卷三三《剑南道下》，第852页。

石县在今潼南县青石坝。不过，下面将谈到巴蜀分界在龙多山。所以，我们估计这一段的巴蜀分界在历史上发生过较大的游离变化，在这一段向西一度发展到涪江为界。

李吉甫《元和郡县志》卷三十三记载："赤水县，本汉垫江县地，隋开皇八年分石镜县于今县西二里置县，因水为名。"[1]因垫江县为巴郡旧地，所以，后来的赤水县也应该是旧巴地。唐代的赤水县在今铜梁县安居镇西，所以，唐代北宋时期的赤水县西可能是巴蜀分界的东线。

6. 青石山（龙多山）：记载矛盾与巴蜀分界线

在历史上，遂州与合州的边界与历史上的巴蜀分界线关系密切。因为在历史上不论是巴蜀两国或是巴蜀两郡，其界线留下的具体痕迹并不是太多，但其中今合川、潼南、蓬溪一带的青石山、龙多山就是其中的一个相当重要的历史记忆，但是学术界对历史上的青石山与龙多山的名实与青石山的位置考证上仍然有太多的疑惑。

在此之前，我们已经通过长期对历史文献的梳理，进行了大量的实地考察，最终发现，青石山本是今龙多山汉唐时期流行的山名，当时龙多山的西北相连有九节岭（今潼南区九岭岗）。唐代开始青石山有了龙多山之名，特别是唐代孙樵《龙多山录》以后，龙多山声名大振，而同时由于北宋青石县（今潼南区玉溪镇青石坝）在元代划入小溪县后，青石山失去了名称的依托，山名从而逐渐淡出。只是囿于乡土地理认知的粗疏，宋代以来历史文献中一直误将

---

[1] 李吉甫：《元和郡县图志》卷三三《剑南道下》，第857页。

青石山、龙多山分别记载，使青石山反而无法确指。①

当我们确定了青石山就是龙多山之后，也证明龙多山确实是历史上留下来的少有的巴蜀分界记忆之山。只需要注意的是，这里的巴蜀争界，并未说明是巴国与蜀国争界，还是巴郡与蜀郡争界。但据其后"汉高帝八年，一朝密雾，石为之裂，自上及下破处，直若引绳焉，于是州界始判"的记载，②说明巴蜀分界纷争应在汉高帝八年所平定，但巴国与蜀国的边界纷争不会遗留到汉朝的时候来解决，而且古代国家之间的边界纷争更多依靠军事力量来决定，而不会因"石裂为界"这种传说来划定边界。所以，此处的巴蜀争界，可能更多是巴郡与蜀郡之间的边界纷争。因此，关于青石山的记载中均有"因此定遂、合二州之界"，③"遂分郡界，至今犹以为界焉"，④"州界始判"⑤等的分界记录，此处分界应当为巴郡与蜀郡、遂州与合州之间的郡界、州界分界线。不过，我们前面谈到巴郡和蜀郡的设立应该是考虑了当时巴蜀两国的地域现状及文化认同的，这条界线也可能是巴蜀在先秦时期的重要界线。

应该看到，秦汉时期的这次巴蜀界争基本上划定了巴郡与蜀郡的中部边界，后来成为唐宋遂州与合州的边界线。不过，因青石县亦巴亦蜀，《太平寰宇记》卷八十七记载为广汉之地，似应为蜀

---

① 蓝勇、陈俊梁：《古代巴蜀界山：青石山、龙多山异同考》，《中华文化论坛》2019年第6期。
② 乐史：《太平寰宇记》卷一三六《山南西道》，第2657页。
③ 李吉甫：《元和郡县图志》卷三三《剑南道下》，第852页。
④ 杜佑：《通典》卷一七五《州郡五》，第4590页。
⑤ 乐史：《太平寰宇记》卷一三六《山南西道》，第2657页。

地;但《舆地广记》卷三十一记载属于巴西郡之地,[①]似为巴地。所以,青石县的西界可能一度曾以涪江为界,青石县涪江也可能为巴蜀分界,故巴蜀分界可能不是一直都以青石山(龙多山)为界的。

7. 昌州和普州[②]:"巴、蜀之境""巴郡之西境"显现的巴蜀分隔的混沌

遂宁和合州以南均与昌州相接,昌州乃是六州边界处所设的新州。《元和郡县图志》有载:"昌州,本汉资中县之东境,垫江县之西境,江阳县之北境,皇朝乾元元年,左拾遗李鼎祚奏以山川阔远,请割泸、普、渝、合、资、荣等六州,界置昌州,寻为狂贼张朝等所焚,州遂罢废。"[③]

在唐宋的历史记忆中,昌州为巴、蜀之境。如《舆地纪胜》记载中则提到了"昌州,春秋、战国为巴、蜀之境。秦属巴、蜀二郡。二汉及晋属巴、犍为二郡"[④]。这里提到了昌州为巴、蜀之境,可巴可蜀,并不明确,显现了唐宋人们认知的混沌不清。在唐宋人们记忆之中,普州也是在巴蜀之境,可巴可蜀。如《通典》中载:"普州今理安岳县。秦时巴郡之西境及夜郎国之地。汉犍为、巴郡之境。"[⑤]《舆地广记》中则记载普州:"春秋、战国为巴、蜀之

---

① 乐史:《太平寰宇记》卷八七《山南西道》,第1728页;欧阳忞:《舆地广记》卷三一《梓州路》,第907页。
② 昌州为今重庆市大足区、荣昌区、永川区大致范围,普州为今资阳市乐至县及安岳县大致范围。
③ 李吉甫:《元和郡县图志》卷三三《剑南道下》,第867页。
④ 欧阳忞:《舆地广记》卷三一《梓州路》,第912页。
⑤ 杜佑:《通典》卷一七五《州郡五》,第4594页。

境。秦属巴、蜀二郡。二汉属巴、犍为二郡。"①另,《舆地纪胜》和《方舆胜览》也有普州为"巴、蜀之境"的记载。这些皆显示了唐宋人们对此一带巴蜀归属的认知较为混乱。这可能与这一带在历史上因犍为郡从蜀郡中分割而出所造成的历史记忆较混乱有关。后来昌州因"李鼎祚奏以山川阔远"②而从几州边界分置出来,也使昌州在巴蜀历史记忆中更为混乱。

具体来看,唐代昌州所辖四县为静南、昌元、永川、大足。静南县是以"普州普康县地置"。③普康县,据记载:"周武帝建德四年置永康县,属普安郡。隋开皇三年罢郡,县属普州;十九年移居伏疆镇,改为永康,又以县重名,改为隆康,犯唐玄宗名,改为普康。"④后来,普康县于"皇朝乾德五年入安岳"。⑤安岳县在《太平寰宇记》中载为"汉犍为、巴郡地"。⑥故静南县(今大足区太和坝)应为旧巴地、蜀地之间的地域。昌元县为资州内江县分置而成,而内江县"本汉资中县地,周武帝天和二年于中江水滨置汉安成;其年改为中江县,因其北江,乃以中江为名。隋避讳改为内江,开皇二年徙内江于汉安古城,即今县也"。⑦内江县属资中县,《太平寰宇记》有载资中县"秦并蜀,为蜀郡"。⑧所以,昌元应为蜀郡分置而出,为蜀郡旧地。永川县在《舆地广记》记载为"永

---

① 欧阳忞:《舆地广记》卷三一《梓州路》,第910页。
② 李吉甫:《元和郡县图志》卷三三《剑南道下》,第867页。
③ 欧阳忞:《舆地广记》卷三一《梓州路》,第912页。
④ 乐史:《太平寰宇记》卷八七《剑南东道》,第1731—1732页。
⑤ 欧阳忞:《舆地广记》卷三一《梓州路》,第911页。
⑥ 乐史:《太平寰宇记》卷八七《剑南东道》,第1730页。
⑦ 乐史:《太平寰宇记》卷七六《剑南西道》,第1541页。
⑧ 李吉甫:《元和郡县图志》卷三一《剑南道上》,第784页。

川县,本泸州泸川县地。唐置,属昌州。亦得渝州璧山县地",①永川县应由璧山县和泸川县各划部分分置而成。泸川县"本汉江阳县地,属犍为郡"。②江阳县为巴郡旧地,后分置犍为郡时而划入犍为郡。《元和郡县图志》有载:泸州,"春秋、战国时为巴子国。秦并天下为巴郡地。……今州即犍为郡之江阳、庆符二县之地"。③璧山县,"本巴县、江津、万寿三县地,四面高山,中央平田,周回约两百余里"。④大足县,"本合州巴川县地,唐置,属昌州",⑤应该是巴的旧地。

综合以上,昌州内部四县,昌元为蜀郡旧地,永川、大足为巴郡旧地,静南亦为巴郡、蜀郡相交之地。故昌州之内,巴郡与蜀郡分界线应在大足、龙水、永川一线上。应该看到,前面我们谈到这条线,除永川在宋代在巴岳山以东外,龙水、大足都是在巴岳山的西北地区。这一则与历史记忆的混乱有关,一则在历史上巴与蜀分界在这一带可能本身有交结游动有关。

普州在《元和郡县图志》中记载有六县,为安岳、普康、安居、普慈、崇龛、乐至。到《舆地纪胜》的记载中,仅有安岳、安居、乐至三县,其中普康并入安岳,崇龛并入安居,普慈并入乐至县,其中安岳为"汉垫江县地,属巴郡"。⑥但《太平寰宇记》记载安岳县"汉犍为、巴郡地"⑦,说明并不是完全在巴的范围内,也

---

① 欧阳忞:《舆地广记》卷三一《梓州路》,第913页。
② 乐史:《太平寰宇记》卷八八《剑南东道》,第1740页。
③ 李吉甫:《元和郡县图志》卷三三《剑南道下》,第864页。
④ 乐史:《太平寰宇记》卷一三六《山南西道》,第2663页。
⑤ 欧阳忞:《舆地广记》卷三一《梓州路》,第912页。
⑥ 欧阳忞:《舆地广记》卷三一《梓州路》,第911页。
⑦ 乐史:《太平寰宇记》卷八七《剑南东道》,第1730页。

可能有在蜀郡分出的犍为郡的范围内。特别是在《方舆胜览》中对普州的历史记忆，多是"东蜀""蜀东"①，并没有巴的记忆。而从区位地缘来看，安岳在安居西南，也不可能深处蜀地而成为巴地。所以，普州安岳县可能还是属于蜀的范围内。此外，安居县"汉牛鞞县地，属犍为郡"②，乐至县"汉资中县地，属犍为郡"③，在唐宋人们的记忆中明确是在蜀地。可见，在唐宋人们记忆中，普州中安岳县、安居县与乐至县都属于蜀郡范围。综合以上的分析来看，从宋蓬溪县南下经青石县、遂宁县、赤水县（今铜梁区安居镇西甘坝子）、大足、龙水（今大足区龙水镇）、永川一线，为巴蜀分界带。南宋以来的巴岳山东西一带应该是遂州、昌州一带的巴蜀分界地域。从地理环境来看，今大足一带为一小平坝，平坝以西三驱镇一带丘陵相对升高，形成一个天然分界，今也为重庆大足区与四川安岳县的分界线。

8. 泸州、富顺监与荣州、戎州④

昌州以南为泸州、富顺监。富顺监原为富义监，因避宋太宗讳而更名，而富义监又是北宋乾德四年以泸州富义县所置。所以，我们首先应该考察泸州在历史上的归属。

泸州在历史上整体上一直被视为巴国旧地，关于其巴国旧地的记载颇多。如《元和郡县图志》记载"泸州，禹贡梁州之域，春

---

① 祝穆：《方舆胜览》卷六三《潼川府路》，第1110页。
② 欧阳忞：《舆地广记》卷三一《梓州路》，第911页。
③ 欧阳忞：《舆地广记》卷三一《梓州路》，第911页。
④ 泸州为今泸州市及下辖合江县、宜宾市江安区、遵义市赤水市和习水县大致范围，富顺监为今自贡市及下辖富顺县和内江市隆昌市大致范围，荣州为今自贡市荣县及内江市威远县大致范围，戎州为今宜宾市及下辖屏山县和高县大致范围。

第七章　历史地理区位地名考证与方法话语　513

秋、战国时为巴子国。秦并天下为巴郡地";①《通典》也载"泸州今理泸川县。古巴子之国。秦属巴郡。汉属犍为郡,后汉因之";②《太平寰宇记》《舆地纪胜》《方舆胜览》也均有泸州"春秋、战国为巴子国"③的记载。富顺监从泸州分置而出,也有关于其"春秋、战国为巴地"④的记载,使其与泸州为巴国地相互印证。我们注意到,江阳是从原来巴郡分割出的成为犍为郡的部分的地域,汉晋犍为郡是由蜀和巴郡分别划出的地域而设立的。

富顺监以西与荣州和戎州相接。荣州在《太平寰宇记》中记载为古夜郎国及犍为郡,"荣州,禹贡梁州之域。古夜郎之国,汉武开西边道,,为南安县地,属犍为郡";⑤在《舆地广记》记载为蜀国地及蜀郡,"荣州,春秋、战国为蜀地,秦属蜀郡";⑥《舆地纪胜》《方舆胜览》也提及荣州(绍熙府)"秦属蜀郡";⑦而在《通典》《元和郡县图志》《太平御览》《文献通考》仅记载荣州为犍为郡。荣州下辖五县,旭川、应灵、资官属汉南安县地,威远属汉资中县,公井县属汉江阳县,其中南安县、资中县应为置犍为郡前的蜀郡地,江阳县为置犍为郡前的巴郡地,故公井县西境应为汉时巴郡、蜀郡之分界线较为明确。也就是说,今自贡市区可能正是巴蜀

---

① 李吉甫:《元和郡县图志》卷三三《剑南道下》,第864页。
② 杜佑:《通典》卷一七五《州郡五》,第4586页。
③ 乐史:《太平寰宇记》卷八八《剑南东道》,第1738页;王象之:《舆地纪胜》卷一五三《潼川府路》,第4579页;祝穆《方舆胜览》卷六二《潼川府路》,第1084页。
④ 祝穆:《方舆胜览》卷六五《潼川府路》,第1141页。
⑤ 乐史:《太平寰宇记》卷八五《剑南东道》,第1698页。
⑥ 欧阳忞:《舆地广记》卷三一《梓州路》,第918页。
⑦ 王象之:《舆地纪胜》卷一六〇《潼川府路》,第4851页;祝穆:《方舆胜览》卷六四《潼川府路》,第1118页。

的一个重要分界点，以西为蜀郡之地，以东为巴郡之地。

泸州、富顺监以西均以戎州相接。《元和郡县图志》和《通典》有记载"戎州，禹贡梁州之域。古僰国也"，①"戎州今理僰道县。故僰侯国，汉属犍为郡"；②《太平寰宇记》《舆地广记》《舆地纪胜》《方舆胜览》《文献通考》也均有戎州为僰侯国或犍为郡的记载。《太平寰宇记》还记载有："秦惠王破滇池，此地始通五尺道。汉武开置，故使唐蒙理道，如此而破牂柯、夜郎，立犍为郡，因置僰道县以属焉。"③犍为郡应是在汉朝开通僰道之后才设立的，犍为郡设立之前，僰道应不在蜀郡控制范围内，但受蜀的影响远比巴更大一些，故今宜宾一带应该在蜀的控制范围之内。

这里的问题是泸州西与戎州的巴蜀分界带在何处，需要考察川南几县在唐宋人们眼中的归属，但遗憾的是，唐宋时期对于川南几县的巴蜀地域归属大多缺失。造成这种状况的主要原因是，川南地区今天的区县大多是非巴非蜀的状况，秦汉时期宜宾一带属于僰人的范围区域，泸州虽然称为巴子国所属，但大多数地区到了唐宋时期仍然是泸夷之地。如《元和郡县志》记载泸州江安县，"本汉江阳县地也，李雄乱后，没于夷僚"，④但对西接的南溪县，称"本汉僰道县地"，⑤《太平寰宇记》《舆地广记》等也有类似的记载，从中可以看出江安县与南溪县交界处应该是旧巴蜀相交之地。具体以历史边界来看，可能在长江以北以江安安乐北到富顺赵化一线，再往

---

① 李吉甫：《元和郡县图志》卷三一《剑南道上》，第790页。
② 杜佑：《通典》卷一七六《州郡六》，第4613页。
③ 乐史：《太平寰宇记》卷七九《剑南西道》，第1589页。
④ 李吉甫：《元和郡县图志》卷三三《剑南道下》，第865页。
⑤ 李吉甫：《元和郡县图志》卷三一《剑南道上》，第791页。

北的界线较为模糊矛盾，如果如前面所考自贡的贡井、富顺属于巴的地域，但东面的荣昌又属于蜀的地域，则可能在今自贡到荣昌南面有一条巴蜀的东西向的界线存在，到荣昌东再向北延伸。至于长江以南的今长宁、珙县、兴文、叙永、纳溪等地，先秦到汉唐两宋都主要是夷人控制，在宋代是作为泸州的羁縻州，故在宋以前可能受到巴的影响更大一些。

（二）历史研究中的"后代记忆"的科学运用

综合以上来看，唐宋时期人们记忆中的巴蜀分界应该是一种带状分布，即界线一直处于游动之中。所以可以作这样的归纳：其东线位于难江县（今南江县）西—苍溪县西巴岳山（在今苍溪县禅林乡青山观村附近龙门山）—西充县（今西充县）—流溪县（今南充市嘉陵区新场乡）—青石县青石山（今合川区龙多山）—赤水县（今铜梁区安居镇西甘坝子）西、大足县巴岳山（在今铜梁到大足双桥之间巴岳山）—昌元县（今荣昌区）—江安县（今江安县）西；西线在嘉川县（今旺苍县嘉川镇）北—葭萌县（今剑阁县江口镇）—临津县（今剑阁县香沉镇）—西水县（今南部县保城乡）—永泰县（今盐亭县永泰乡旧县坝）—东关县（今盐亭县金鸡镇）—蓬溪县（今蓬溪县西北明月镇）—青石县（今潼南区玉溪镇青石坝）—遂宁县（今潼南区大佛坝）—大足县（今大足区龙岗镇）—公井（今自贡市贡井区）—南溪县（今宜宾市南溪区）东。以今天的地望来看，就是在最北的旺苍县米仓山向沿东河南下苍溪县境东河以西的从北向南的九龙山、雷家山、鸡鸣山、五龙山、龙门山、碧家山一带（唐宋巴岳山南为汉昌县故址），这个

516 话语提炼与中国历史研究

巴岳山是巴岭山向西南突出的一条纵行山岭，其西为蜀的旧地，其东则为巴的旧地；再向南今南部县保城乡（西水县）、盐亭县永泰乡（旧永泰县）、今西充县以西、蓬溪县一带；再南到今潼南大佛坝和青石坝与九岭岗、龙多山（唐宋青石山）之间一带；再南下则在今铜梁安居以西进入涪江流域，往南或者沿巴岳山（宋明巴岳山）向西南推移，或经过大足、龙水、邮亭以南一带向西到达今自贡以东一带再向南进入南溪、江安之间长江北岸安乐过长江后向西南推移。这条界线可以看出，从苍溪以南的整个嘉陵江、从遂宁青石坝以南的涪江、富顺以南的沱江都是在巴的地域范围内，而以西为蜀的范围。我们再运用春秋战国秦汉的文化遗存的地域差异来印证这个范围。因为从理论上讲，巴蜀文化从考古器型上的空间差异对我们的考证是一个很好的检验和印证。这里我们用兵器上的巴蜀柳叶剑的蜀式和巴式来看，一般来看，蜀式剑短而巴式剑更长。我们发现，25厘米以下的短剑主要发现在成都、大邑、峨眉、犍为、永川、芦山、宣汉、渠县一带，主要在蜀的空间内；而40厘米以上的长剑主要在巴县、开县、涪陵、云阳、万州、巴东、荥经、犍为、峨眉、大邑等地，其中绵阳地区的同类剑一般在30—40厘米之间，[①]处于一个过渡带上，看出涪江流域是巴蜀文化的一个重要分界线。又比如巴蜀戈中无胡戈是蜀式的主要特征，而蜀式戈主要分布在成都、芦山、渠县、绵竹、绵阳、宝兴、峨眉一带，在东部仅在巴县、忠县、巫山三地

---

[①] 朱世学：《巴式柳叶剑的考古发现与研究》，《三峡大学学报（人文社会科学版）》2015年5期。

有分布，主要在川西地区。[①]而我们以前在广元昭化发现的巴式船棺可表明，嘉陵江流域巴文化的影响可以北至广元一带，显现了古代文化在流域内影响的强大。总体来看，在绵阳下的涪江、嘉陵江流域之间，巴蜀文化的影响相互浸润，但都影响有限，我们在这个地区发现的春秋战国秦汉时期遗址和葬中，有关巴蜀式的青铜兵器都很少，更多的是有关生活的陶器，整体上巴蜀的发达文明和主要战争交结都是在长江、岷江、嘉陵江主流上。所以，在盆地中部巴蜀分界线本身是相当模糊、带状的、游动的。

本文虽然对巴蜀分界线进行了复原，但我们注意到巴国与蜀国在春秋、战国时期的疆域边界是处于一种动态变化之中，由秦时所置巴郡、蜀郡，在汉初就分置出了广汉郡和犍为郡，存在时间较短，历史的记忆本身在后来较为模糊起来。

从史源学角度讲，时人记时事最为可信。所以，历史研究最好是用同一个朝代的史料来证明同一个时代的问题最佳。但是在很多情况下，由于各方面的限制，同时代的史料往往有捉襟见肘之态，特别是对于上古、中古时期的一些问题，我们只有通过后人的一些历史记载来说明问题。后人或者后代的记载中可能是对前代历史记载的相承，也可能有对前朝前人故事的记忆的文本化，这种文本化的历史记忆从时近易核的原理来看，如果配合一些前代前人资料和考古材料，也不失为是我们研究上古、中古时期历史问题的重要方法。

---

[①] 朱世学：《巴人地区青铜戈考古发现与研究》，《长江师范学院学报》2017年第2期。

巴蜀分界线复原示意图

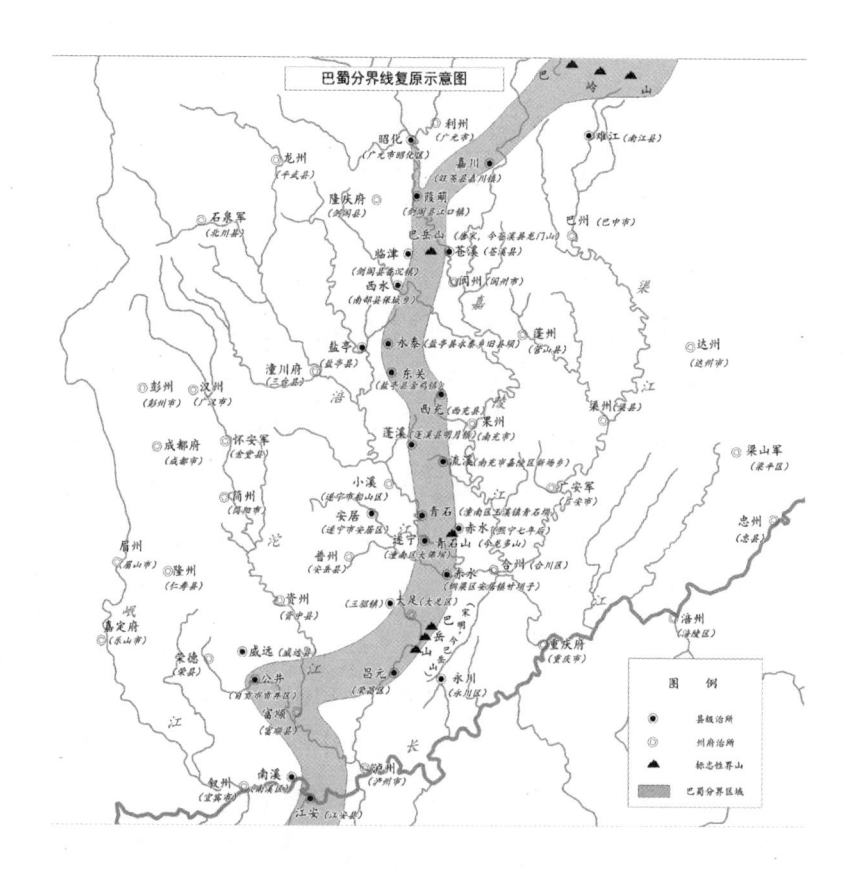

当然，对于不同的研究问题，在运用后代记忆时，其路径和方式是应该有一些差异的。一般来说，前代记忆越是久远，后代的历史记忆往往科学信度和精度就会大大削弱，而后人离回忆年代时间越长，这种历史记忆的科学信度和精度也就会越来越差。同时，后代记忆可以分成地域记忆、时间记忆、事件记忆、制度记忆、风土记忆、人物记忆六大类。后人在保持这些记忆时，失真率相对较低的可能是地域记忆和风土记忆，因为地域风土的东西往往历代相承，变数相对不大，故记忆的保持相对更精准。所以，在历史地理的研究中，运用后代记忆对前代地域的认同也是一种重要的研究途径。唐宋时期，离战国秦汉时期在时间上相对更近，时人对本地域的空间历史认同的历史记忆更为精准。具体原因可能有两个方面。第一是唐宋时期本土生活的人群本身在日常生活中可能还保留秦汉历史的地域记忆更多更准，所以，在唐宋时期的《元和郡县志》《通典》《太平寰宇记》《元丰九域志》《舆地广记》《舆地纪胜》《方舆胜览》《通鉴纲目》《太平御览》中大都有这种历史记忆，如记载某地在春秋战国秦汉"为蜀地""为巴地"以及"属蜀郡""属巴郡""属于犍为郡"等话语成为唐宋地理文献中的标准话语。第二，唐宋时期有许多今天我们看不到的地方文献存在，如在宋代存在的有关巴蜀的方志重要的有近百部，[①]可能对于认定有关于巴蜀分界的方志就有《江阳志》《新潼川志》《普慈志》《静南志》《垫江志》《长宁志》《富顺志》《潼川图经》《果州图经》《梓州路图经》《利州路图经》《遂宁志》《祥符昌州图经》《祥符合州图经》《隆庆图经》《祥符剑州图经》《蓬州图经》《长宁图经》《祥符普州图经》《祥符泸州图经》《普州志》《利州旧志》《长宁续志》《蓬州志》等，但现在宋代方志除了《永乐大典》泸字保存的《江阳谱》残本留世外，没有一部保存下来，所以唐宋时期的人们有通过文本来对现实中的历史地域认同作佐证的可能，故有较高的信度。

当然，后代记忆也存在其局限性，历史记忆的失真度会随着时间的发展而加大。所以，我们在运用后代记忆来研究历史地理时，

---

① 蓝勇：《西南历史文化地理》，第153页。

一定要与时人记录、地理环境、考古资料比对起来研究。比如我们在研究巴蜀分界时，在参考大量唐宋总志的同时，还充分参考《九州要记》《华阳国志》《周地图记》《水经注》等离两汉较近的文献，同时先后对合川龙多山、潼南青石坝和飞跃乡九岭岗、铜梁安居赤水县遗址、铜梁大足巴岳山、苍溪汉昌县址和巴岳山、大巴山米仓山等地做了大量实地考察，从山川形便和历史文物角度为我们的界线判断提供了支撑。

## 三　从古代巴蜀界山异同认知看传统地理认知"虚拟定位"的局限

在历史上不论是巴蜀两国或巴蜀两郡的界线留下的具体痕迹并不是太多，其中今合川、潼南、蓬溪一带的青石山和龙多山就是其中的一个历史记忆，但是学术界对历史上的青石山与龙多山的名实与青石山的位置考证上仍然有太多的疑惑，需要梳理历史文献并结合实地考察来考定。

历史上青石山的记载远远早于龙多山，《华阳国志》虽没有直接记载青石山，但在广汉郡的德阳县却有记载"德阳县有青石祠"。[1]《太平寰宇记》载"《华阳国志》以为青石神是也，水旱祈请，颇为灵验"，[2]又记载青石山上"有祠甚严"[3]和"山上有古神祠"，[4]《太平寰宇记》引《九州要记》还记载"此山，天下青石，

---

[1]　任乃强校注《华阳国志补图注》，上海古籍出版社，2009年，第166页。
[2]　乐史：《太平寰宇记》卷一三六《山南西道》，中华书局，2007年，第2656页。
[3]　乐史：《太平寰宇记》卷八七《剑南东道》，第1728页，第1728页。
[4]　乐史：《太平寰宇记》卷一三六《山南西道》，中华书局，2007年，第2657页。

无佳于此,可为钟磬"。

《元丰九域志》中也记载了青石县与青石山。[1]《舆地纪胜》《方舆胜览》等也将《华阳国志》中青石祠的记载纳入青石山的记载处。如《舆地纪胜》载:"《华阳国志》以为有青石神是也。"[2]《方舆胜览》也记载:"青石山在青石县,有祠甚严。《九州要记》云天下青石无加于此,可为钟磬。"[3]

实际上,《元和郡县图志》《太平寰宇记》《元丰九域志》《舆地广记》《舆地纪胜》《方舆胜览》《大明一统志》《蜀中广记》等地理志中有关于青石山的记载,主要援引《华阳国志》《九州要记》和《益州记》中的内容,如引《益州记》中则记载了青石山两部分的内容,一是关于巴蜀分界的记载,称"昔巴蜀争界,而久不决。汉高帝八年,一朝密雾,石为之裂,自上及下破处,直若引绳焉,于是州界始判。山上有古神祠,甚灵",[4]二是关于青石山上青石岭的记载,称"青石岭有九折,亦名九节岭,九岭之溪水出焉"。[5]

从地理位置上来看,《元和郡县图志》所记载的青石山在遂州青石县,称遂州"今州又为广汉郡之广汉县地,后分广汉为德阳

---

[1] 王存等:《元丰九域志》卷七《遂州》,中华书局,1984年,第322—323页。
[2] 王象之:《舆地纪胜》卷一五九《潼川府路》,四川大学出版社,2005年,第4821页。此处虽有缺失,但据《太平寰宇记》《蜀中广记》中同样引用《华阳国志》的记载,此处也应是为青石神。
[3] 祝穆:《方舆胜览》卷六三《潼川府路》,北京:中华书局,2003年,第1100页。
[4] 乐史:《太平寰宇记》卷一三六《山南西道》,第2657页。
[5] 曹学佺:《蜀中广记》卷一八《上川东道》,钦定四库全书影印本。

县，东晋分置遂宁郡，周保定二年立为遂州，后因之"。①《元和郡县图志》卷三十三就记载了青石山的具体位置，并沿袭了《益州记》有关巴蜀分界的传说：

> 青石山，在（青石）县东南，水路五十九里，旧巴蜀争界，累年未分，一朝密雾，石为之裂，破从上至下，直若引绳，因此定遂、合二州之界。涪水，经县南，去县一里。九节溪，出县东三十六里，滩有九节，因为名。②

后来《太平寰宇记》卷八七青石县"以界内有青石山为名"，③《舆地广记》也记载"青石县，属巴西郡……后又曰青石，隋唐因之，有青山，出青石，可以为磬"，④可见遂州是由广汉郡之德阳县分置而出，故遂州青石县的青石山也应在广汉郡之德阳县的范围内。

我们注意到龙多山最早见于孙樵《龙多山录》："梓潼南鄙越五百里，其中有山崛起中天。"⑤但在唐代的《元和郡县图志》与《通典》中并无龙多山的记录，后来在宋代文献中形成青石山、龙多山各为一山，且记载方位较为杂乱，令人费解。

---

① 李吉甫：《元和郡县图志》卷三三《剑南道下》，中华书局，1983年，第851页。
② 李吉甫：《元和郡县图志》卷三三《剑南道下》，中华书局，1983年，第852—853页。
③ 乐史：《太平寰宇记》卷八七《剑南东道》，第1728页。
④ 欧阳忞：《舆地广记》卷三一《梓州路》，四川大学出版社，2003年，第907页。
⑤ 孙樵：《孙可之文集》卷五，上海古籍出版社，2013年，第53页。

如《舆地纪胜》中："龙多山，在赤水县北五里。有唐孙樵《龙多山录》云：'山负一道宫，曰至道观。东有大池，即唐武后时放生池，又有天宝十四载韦藏锋祭山题名。中峰有鹫台院，东为佛慧院，院有万竹轩，竹径围尺，暑为之却扇。有东岩，广五十丈，多唐人刻字。又有灵山院，泉自岩出，潴为方池，大旱不竭。其山高明窈深，变态万状。有贺鹤轩，下视涪水如带，烟云出没，山之伟观也。'[①]但同时也记载："青石山，在青石县，有祠甚严。《九州要记》云此山天下青石无佳于此，可为钟磬。《郡国志》昔巴蜀争界历岁不决，汉高帝八年，一朝密雾山为之自裂，从上至下开数尺，若引绳以分之，于是始判。其山高九丈，遂为二州之界，蜀之民惧天谪罚，乃息所争，因共立祠，民将采石必先祀之。"[②]在宋代文献《方舆胜览》中也有类似的记载。

到明代李贤《大明一统志》中也对青石山和龙多山分别记载："青石山在蓬溪县南一百七十里，山有青石可为钟磬，采石者必先祀其神。唐青石县以此山名……龙多山，在蓬溪县南二百二十里"，[③]"龙多山，在合州西北一百里，其山高明深窈，变态万状。青石山，在合州西二百四十里，昔巴蜀争界久而不决，汉高帝八年，一朝密雾石为之裂，自上及下破处，直若引绳，于是州界始

---

① 王象之：《舆地纪胜》卷一五九《潼川府路》，四川大学出版社，2005年，第4819页。此处虽有缺失，但据《太平寰宇记》《蜀中广记》中同样引用《华阳国志》的记载，此处也应是为青石神。
② 王象之：《舆地纪胜》卷一五九《潼川府路》，四川大学出版社，2005年，第4671页。此处虽有缺失，但据《太平寰宇记》《蜀中广记》中同样引用《华阳国志》的记载，此处也应是为青石神。
③ 李贤：《大明一统志》卷七一《潼川府》，三秦出版社，1990年，第1098页。

判。"①正德《四川志》卷十八《潼川府》记载："青石山，在（蓬溪县）治南一百七十里，山有青石可为钟磬，采石者必先祀其神，唐以名县……龙多山，在治南二百二十里。"正德《四川志》卷十三《重庆府》："龙多山在（合州）治西北百里，其山高明深幽，变态万状。青石山在（合州）治西二百四十里，昔巴蜀争界久而不决，汉高时年，一朝密雾石为之裂，自上及下破处，直若绳引，于是州界始判。"嘉靖《四川总志》《蜀中广记》中也有类似的记载。万历《合州志》卷一中既记载了龙多山："龙多山在州治西北一百里，山最高，委迤如龙蟠，故名，冯盖罗常修道于此。"同时也记载青石山"在州二百四十里，昔巴蜀争界久而不决，汉高帝八年，一朝密雾石为之裂，自上及下破处，有若引绳，予州治始判。"

明末清初顾祖禹《读史方舆纪要》卷六十九："龙多山，在州西北百里，涪江经其下。山远且高，逶迤如龙蟠。志曰：铜梁、龙多，州境之大山也。"②顾祖禹《读史方舆纪要》卷七十一："青石山，县南七十余里。山出青石最佳，可为钟磬。《益州记》：'青石岭有九折，亦名九节岭，九岭溪水出焉。山下有九节镇，其东麓入合川界。'……龙多山，在县南二百二十里。山绵亘深远，下有放生池，相传武后常令放生于此。其南亦接合州界。"③直到清代，许多地方志中仍然是将两座山作为两座不同的山记载，如乾隆《合州志》卷三《职方志》："龙多山，州西北一百里……青石山，州西北二百四十里，接蓬溪县界。"④康熙《蓬溪县志》卷之上："青石

---

① 李贤：《大明一统志》卷六九《重庆府》，第1078页。
② 顾祖禹：《读史方舆纪要》卷六九《四川》，中华书局，2005年，第3287页。
③ 顾祖禹：《读史方舆纪要》卷七一《四川》，第3346页。
④ 乾隆《合州志》卷三《职方志》，乾隆五十四年刻本。

第七章 历史地理区位地名考证与方法话语 525

山,治南百里许,与遂宁相对……龙多山,见祠庙……龙多寺,治东南七十里……属合州……"

从以上记载可以看出,在宋元明清时期,人们认为龙多山、青石山是各为一山,且距离相差50—140里之遥,且巴蜀分界之事一直记载是在青石山上,而不是在龙多山上的。最为重要的是龙多山在历史上位置一直可考明确,如果青石山与龙多山各为一山,青石山的具体位置在哪里,却至今不能确指,成了一桩疑案。对此早在道光时期已经有人对青石山位置记载提出质疑,道光《蓬溪县志》卷二:

> 龙多山,县东南二百里,接合州界,绵亘深远,峰峦秀拔,为蜀名山。唐天宝间勅旨醮祭土,有龙多寺。山东有大池曰放生池,武后时放生处也。有岩曰石仙岩,广五十丈,前人题咏甚多。有泉自岩出曰圣泉潴为方池,虽大旱不竭,祈雨辄应。又有驾鹤轩,下视涪江如带烟,云出没变态万端。晋时广汉人冯盖罗炼丹于此,永嘉三年举家十七人仙去,遗迹尚存。唐孙樵有《龙多山录》……青石山,县东南二百里,与重庆合州接界,产青石故名……按《旧志》云,山在县南百里许,与遂宁相对,旧置青石县盖亦以山名。颇兹疑义,据《元和志》山在青石县东南水路五十九里,可知山远于县,而青石废县与今县又相去一百二十里,何仅言百里许?今以疆域考之青石山,确在珠玉溪上,与遂宁下县坝相对,下县坝为遂宁旧县,非今之遂宁也。旧志以山有青石之名误,以为青石置县之地,且明称其与合州接界矣。而又止以百里计,似于建置之沿革,

今昔之里道未合。"

这里，道光《蓬溪县志》不仅认为青石县在珠玉溪流经，而且青石山也在附近，但今天我们在潼南青石坝附近并不能找到所谓青石山。据我们实地考察，重庆潼南区青石坝发现唐宋县址的古井、安稳寺遗址、传统居民点还存在，但珠玉溪、青石坝一带多为海拔300米以下的土丘，也没有青石山的名称。在青石坝涪江对面今有海拔较高的董家岩，山体中间有砂岩层，但砂岩似不可能做钟乐，二是相隔涪江在地域和交通上也似不可能的。所以，我们还是相信《元和郡县志》认定的青石山并不在青石县城附近，而是在东南59里处。只是记载水路行程，使人疑惑不解。

现在看来，最早记载青石山即龙多山的文献是光绪年间熊详谦所纂《蓬溪县续志》。该书卷一《疆域》："德阳亦处涪两涯而东南极于青石之山，唐以来龙多山也……东乡之名山曰龙多，亦曰青石，在蓬溪合州之间，巴蜀分都以来疆所画边。"并认为青石县在槐花场，在东乡，有珠玉溪，又称小溪。到了民国《潼南县志》卷之一《舆地志·青石山考》称：

李膺《益州记》云："青石岭有九折，亦名九节岭，溪水出焉，其东麓入合州界"。《记》又云："昔时巴蜀争界久而不决，汉高八年一朝密雾，山为之裂，自上及下破处山若引绳，于是州界始判。"《元和志》云："青石山在青石县，东南水路五十九里"。《寰宇记》云："青石山有祠，甚严。"《蓬旧志》云："山在蓬南百里许，与古遂宁相对。"《九州要记》云："天下青石无佳于此，可为钟磬，其山高九丈，一朝石裂，巴蜀之民惧天责罚，因共息争，立祠，民将采石，必先祀之。"吴章祁志谓："与合州接界，又云青石山确在珠玉溪上，与遂宁废治下县坝相对。"今就诸说考之九节岭今无其地，珠玉溪下姬家坝虽有九节寺，而岭溪均无从指实。今与下县坝相对者亦无著名大山可指为青石者。《益州记》《寰宇记》均言巴蜀争界事记，志又有与合州接界之说，《方舆纪要》于合州下亦注云："青石山在州西二百二十里。"以诸说考之，其殆龙多山乎。盖青石废县以下大山与合州交界者惟龙多山，蜀东北分界即在此山，与巴蜀争界之说合，与《益州记》东麓入合州界之说亦合。前记谓山有祠甚严，似指今龙多寺。惟上有青石可为钟磬，则今异于古所云耳。建德周味西先生修《蓬溪续志》直云："龙多一日青石，在蓬溪合州之间，巴蜀分郡以来疆之所画也，扫去众说，确有见地，可谓先得我心，惜未条列众说发明折衷之理，由兹故详着之，庶后来谈地理者免再疑误尔。文甫成，接采访唐君澍来稿亦云青石山即龙多山，此山蜀东北各属一半，石为之裂，尚有形迹可查云云。附志于此，自幸所见不谬。"①

也就是说民国四年的《潼南县志》中，青石山不再作为独立的条目进行记载，而是一文《青石山考》取代了青石山的记载，得出"青石山即龙多山，此山蜀东北各属一半，石为之裂，尚有迹可查

---

① 民国《潼南县志》卷一《山水》，民国四年刻本。

云云"①的结论。后来刘富成、吉成轩所作《青石山考》也对青石山所在的几种说法进行了考证,又得出"龙多山即青石山、青岩山即青石山之说均不确切"。②其文主要依据对青石山与龙多山,青石山与青岩山的所在里程不合,推翻了青石山即龙多山和青石山即青岩山的说法。不管以上两种说法是否准确,我们可以得到的确切一点,就是在光绪民国之后的文献资料中,已经遗失对青石山的记录,但其山具体所在仍然不能确定。

不过,如果青石山就是龙多山,为何近千年以来种种文献都记载为两座山呢?实际上在历史地理文献中,长期以来,虽然从宋代的记载来看,龙多山的地理方位古今一直较为清楚,但是历史上青石山一直是只有一个大约的方位,《元和郡县志》卷三十四记载青石山在青石县东南59里,显然是不在青石县青石坝附近的。确实,今青石坝到龙多山一带直线距离在40多里,与记载的距离59里也较为吻合。可能正是青石山的历史记载较为模糊,而龙多山经过唐代孙樵《龙多山录》的影响而名声更大,宋代以来人们反而将龙多山的原始名称青石山忘记了,将一山误认为两山。

不过,如果青石山即龙多山,山上真的有九节岭吗?

据《元和郡县志》卷三十三记载:"九节溪,出县东三十六里,滩有九节,因为名。"是滩有九节得名之始。但是《太平寰宇记》遂州青石县下有记载"九节溪,源出县东二十九里九节岭。李膺记:'岭有九节故也'",③这里谈的是山有九节。后《蜀中广记》

---

① 民国《潼南县志》卷一《山水》,民国四年刻本。
② 四川省潼南县志编纂委员会编纂《潼南县志》,四川人民出版社,1993年,第104页。
③ 乐史:《太平寰宇记》卷八七《剑南东道六》,第1729页。

又载"李膺《益州记》云：青石岭，有九折亦名九节岭，九岭之溪水出焉。《碑目》云：青石县，九节镇金地院有孝童孝女碑志云：九节镇在县东南百里与合州联界"，《蜀中广记》将青石岭与青石山放在一处叙述，都以青石为命名，且又记九节岭下有九节镇，也于合州连界。①这里九节岭与青石山，在命名上有相同点，同时也都在蓬溪县与合州交界之处，可见九节岭不一定就在青石山上，但一定与青石山相距不远。后《蜀水经》有载"《益州记》谓青石岭有九折，因名九节岭。其石青色可为钟磬，采者必先祀其神"，②《蜀水经》对青石岭青石一名进行了解释，其得名与青石山得名一致，并将青石山"巴蜀分界"一事在青石岭下进行记载。可见《蜀水经》已经将青石岭与青石山归为一地，在孙琪华所著《益州记辑注及校勘》中也认为青石岭与合川青石山同为一地。③民国四年（1915年）的《潼南县志》中虽没有青石山的记载，却依然保留着"九岭岗，山形复叠，中有九峰，故以此名之"，④此处的九岭岗就应是九节岭，两者名称虽有差异，都是指九条山岭之处，应为一地。

民国《潼南县志》中谈了潼南姬家坝有九节寺，如果九节岭在其地，与今龙多山相去较远，且其处并无大的山丘。而据我们实地考察发现，今潼南县古溪区飞跃乡还真的保留着九岭村和九岭岗的地名，且与龙多山相当近。据《四川省潼南县地名录》记载："九

---

① 曹学佺：《蜀中广记》卷三〇《川北道》，钦定四库全书影印本。
② 李元：《蜀水经》卷一五《涪江》，巴蜀书社，1985年，第933页。
③ 孙琪华著，蒙默、黎明春整理《益州记辑注及校勘》，巴蜀书社，2015年，第45页。
④ 民国《潼南县志》卷一《山水》，民国四年刻本。

岭岗，九条山岭相连。"①在《四川省潼南县地名录》中所附潼南县地图中，九岭所在位置也在潼南与合川交界之处，也印证九节岭为之前蓬溪县与合州相交界一说。我们进行实地考察表明，今飞跃乡确实存在九岭村，附近也真有九岭岗的山体。不过，山体只有海拔三四百米左右，离龙多山距离在三四公里之遥。但其山体好像通过类似的几个山体与龙多山西北角联系在一起，成为龙多山的一个余脉，故形成一个整体起伏的地貌。同时我们发现，飞跃乡附近还有飞仙洞，洞子本是汉魏以来的崖墓，后来人们将其与龙多山飞仙传说联系在一起了。

  但是我们发现历史上的龙多山与现代九岭村、九岭岗在空间区位上相差三四公里，并不在今龙多山上。目前我们只可能有两种解释，第一，据我们实地考察发现，九岭岗与龙多山虽然有一定距离，大约七八里之遥，但处于一个整体的小丘陵地貌上，九岭岗等小山丘作为龙多山的余脉，可能古代的九岭是包括今龙多山在内的九个山岭。九岭的地名可能确实是一种历史传承和历史记忆，都是处于历史上遂州与合州的分界点上，反而留了下来。第二，实际上，从汉唐《益州记》记载青石岭上有九岭以后，由于青石山的位置本身都没有确定，所以从来没有文献能确认这九岭，只是到了民国初年《潼南县志》、民国《新修合川县志》将青石山与龙多山认定在一起后，九岭位置可能是近百年来当地人对历史记载的一种重新命名的景观，就如民国才将原来记载在青石山上的巴蜀分界故事重新塑造命名在今龙多山上，而龙多山才出现了多处分界石一样。

---

① 四川省潼南县地名领导小组编印《四川省潼南县地名录》，1983年，第93页。

现在当地百姓有指太平门外一裂石、迎恩门外试剑石和山顶石缝三种说法，而我们发现"飞仙石"与四川话"分界石"谐音，也可能是一种说法，实际都可能是近百年才将历史文献中的青石山巴蜀分界的典故重新在龙多山上植造有关。

总的来看，这桩历史的疑案可以做出这样解释：青石山本是今龙多山汉唐时期流行的山名，当时龙多山的西北相连有九节岭（今九岭岗）。唐代开始青石山有了龙多山之名，特别是唐代孙樵《龙多山录》以后龙多山声名大振，而同时由于北宋青石县（今潼南青石坝）在元代并入小溪县后，青石山失去了名称的依托而山名逐渐淡出。囿于乡土地理认知的粗疏，宋代以来历史文献中误将两山分别记载而使青石山反而无法确指。感慨的是，宋代以来乡土地理的认知如此粗疏，记载了近千年的青石山位置一直没有落实却无人怀疑？而记载青石山上的石料可以为乐器，至今整体龙多山方圆五十里的空间内都是紫色土浅丘，岩石多是砂岩似难以为钟磬，所以，历史文献中的这个记载仍然是一个谜！

最后，当我们确定了青石山就是龙多山之后，确实也是历史上留下来的少有的巴蜀分界的记忆之山。只是需要注意的是，这里的巴蜀争界，并未说明是巴国与蜀国争界，还是巴郡与蜀郡争界。但据其后"汉高帝八年，一朝密雾，石为之裂，自上及下破处，直若引绳焉，于是州界始判"①所记，巴蜀分界纷争应在汉高帝八年所平定，巴国与蜀国的边界纷争不会遗留到汉朝的时候来解决，而且古代国家之间的边界纷争更多是依靠军事力量来决定的，而不

---

① 乐史：《太平寰宇记》卷一三六《山南西道四》，中华书局，2007年，第2657页。

会因"石裂为界"这种传说来划定边界。所以此处的巴蜀争界,更多是巴郡与蜀郡之间的边界纷争。所以关于青石山记载中均有"因此定遂、合二州"、① "逐分郡界,至今犹以为界焉"、② "州界始判",③ 此处分界应当为巴郡与蜀郡、遂州与合州之间的郡界、州界分界线。不过,我们认为巴郡和蜀郡的设立在当时应该是考虑了当时的巴蜀两国的地域现状及文化认同的,也可能是巴蜀在先秦时期的重要界线。

关于青石山的巴蜀争界的原因,蒙文通认为是因为分巴入广汉,所以才有争执。④《太平寰宇记》也有记载"遂州,禹贡梁州之域。……东极巴郡之青石,与巴郡为界",⑤ 此处的提到"巴郡之青石",也侧面印证青石县及青石山旧属巴郡,后划分入广汉,也是印证了蒙文通之说。但"分巴入广汉"一说也只是说明了汉时巴郡与蜀郡的边界之争,而在此之前巴国与蜀国时期,此处是否还存在争界一事还尚未可知。青石山的巴蜀争界原因,除"分巴入广汉"一说外,我们认为还可能有以下两点原因,原因之一是在秦伐蜀灭巴之前,蜀国的实际控制范围并未到达青石山附近,在秦灭蜀国设蜀郡之后,蜀郡范围才逐渐扩张到青石山一侧。唐昌朴也认为巴国之西疆,与蜀国领界,部族交错杂居,或属巴,或归蜀所管

---

① 李吉甫:《元和郡县图志》卷三三《剑南道下》,第852页。
② 杜佑:《通典》卷一七五《州郡五》,中华书局,1988年,第4590页。
③ 乐史:《太平寰宇记》卷一三六《山南西道四》,中华书局,2007年,第2657页。
④ 蒙文通:《巴蜀古史论述》,四川人民出版社,1981年,第24页。
⑤ 乐史:《太平寰宇记》卷八七《剑南东道六》,第1725页。

辖，亦或两者不管之独立部落"王国"。[①]所以在巴国与蜀国之间，存在一些独立的部落，即巴蜀边界的留白区域。青石山虽无独立部落的历史记忆，其也极有可能是巴国与蜀国交界处的空白地带。在唐宋几本地理总志之中，都有关于合州和遂州的巴国、蜀国的历史记忆，合州在《元和郡县图志》《太平寰宇记》《舆地广记》《舆地纪胜》《方舆胜览》之中均记载合州为巴国地，故合州为巴国地的历史记忆，基本前后保持一致。而遂州在《元和郡县图志》《舆地广记》《舆地纪胜》《方舆胜览》之中都记载为蜀国或蜀郡旧地，如在《元和郡县图志》中提及"遂州，禹贡梁州之域。秦为蜀郡地，汉分置广汉郡，今州又为广汉郡之广汉县地"，所以巴蜀争界原因之一应为，秦灭蜀并设蜀郡之后，蜀郡巴郡也可能存在郡界的分割矛盾所致。原因之二可能是巴郡与蜀郡两地居民为争夺青石山上的石材资源。青石山上的青石有"天下青石，无佳于此"[②]的记载，可见青石山上的青石质地上层，其用处除了制作钟磬之外，在日常生活中也是重要的建筑石材，所以双方居民都意图对此山的石材进行开采，其边界纷争的重点内容就应是青石山的整个归属问题。为了平息此次边界纷争，利用青石山上石头破裂之机，乃定下边界范围。使得遂州与合州各占青石山一部分，所以在《太平寰宇记》《舆地纪胜》《蜀中广记》《大明一统志》《（雍正）四川通志》等记载中，遂州与合州均有关于青石山的记载。同时还编造故事以威慑百姓勿起冲突，设立祠堂以规范民众的采石活动，所以才有后

---

① 唐昌朴：《先秦巴国都邑与疆域考议》，《巴渝文化》第3辑，重庆出版社，1989年，第132页。
② 乐史：《太平寰宇记》卷八七《剑南东道六》，第1728页。

"巴、蜀之民惧天责罚，乃息所争，因共立祠。民将采石，必先祀之"。①至此，巴蜀争界才得以平息。应该看到，秦汉时期的这次巴蜀界争基本上划定了巴郡与蜀郡的中部边界，后来成为唐宋遂州与合州边界线。

## 四 中国古代空间认知虚拟性与区位重构[②]

在中国古代的地理认知中，远古代山川定位确指尤为困难，特别是《禹贡》《山海经》两部文献，惹得后人去殚精竭虑，花费大量精力去考证其中的地名方位。其实，中国古代的地理科学远非我们想象的那样发达，由于传统地理学技术的根本局限，在上传统时代，我们的地理空间认知都是处于一种虚拟而模糊的认知状态。所以，在大多数情况下，这种考证不过是一个"以其昏昏，使其更昏"场景。

实际上就是到了唐宋元明清时期，我们的许多山川地理认知仍然是昏昏然而不断出现"山川漂移""地名漂移"，以至今天我们不仅读《水经注》困惑无数，就是读清代《读史方舆纪要》《水道提纲》《蜀水经》《蜀水考》等比对现代地图时仍然是矛盾重重而百思难解，仍令我们今天对唐宋明清许多山川难以确指，也惹得今天为开发文化资源各地为争名山、名川而费尽心力考证。

以蜀道研究为例，四川盆地北部蜀道中金牛道在宋以前是四

---

① 乐史：《太平寰宇记》卷八七《剑南东道六》，第1729页。
② 原标题为《中国古代空间认知虚拟性与区位重构——以金牛道川陕交界段路线体系变迁为中心》，刊于《中国历史地理论丛》2021年第4期。

川盆地与外部交通的最重要的通道，历史时期广元以北通陕西的通道由于地理环境、政治格局、生产技术等方面的影响，道路多有变化，相关的州县治地也在不断变化之中。到今天由于历史文献记载的缺失或不清，许多州县治地、关隘位置、道路走向都多有不清楚或互相矛盾的地方，所以，很有必要在系统实地考察的基础上对这个地区的相关问题做一些系统研究。

从历史地理的方法论来看，历史文献、民间记忆、历史器景、现实环境是我们研究考证的四大视阈。其中历史文献的记载有"时人环境感受"和"前人方位认同"两种认同途径。"时人环境感受"指当时人们亲自经历地理景观后的描述，这种描述往往相对较为客观，如古人的游历游记、相关诗赋、相关纪传。不过，大量诗文由于受文学夸张、音韵比对的制约和影响，可能会影响历史地理方位里程的记载的科学性。"前人方位认同"是指同时代及后来历代后人的方位里程和具体方位认同，主要见于传统中国的地志中，包括地理总志、省区县方志等文献的具体记载，但由于传统中国科学里程记载的天然缺陷，仅仅是依靠文献中的里程记载按图索骥也是会失之千里。所以，通过田野考察来调查民间的历史记忆，发现当地的相关历史文物，观察山川形便中的现实环境也相当重要。

秦汉以来广元段的金牛道实际是有一个道路体系的变化过程，在历史上存在嘉陵江道、白水关道、神宣中子道、藁本山道四条最重要的通道，其中白水关道在汉魏最为重要，嘉陵江道在唐宋为主线，到元明清时期神宣中子道成为主线，藁本山等其他三道都成为次要通道。

（一）金牛道川陕交界段路线体系变迁

在历史上，古代交通往往多沿河筑路，一方面可以同时利用水路交通运输，一方面沿河陆路相对较为平直，可避免道路回曲之艰辛，如明月峡栈道在南宋以前一直是使用的，只是到了南宋才开辟出翻越朝天岭的碥路的。特别是在汉唐时期，沿江取道更是普遍。从唐宋以来的金牛道沿线的重要县城、关隘、驿站都是位于今阳平关以南到广元昭化之间的嘉陵江边，唐宋时期的主要人文历史遗址也在嘉陵江边，所以，我们可以肯定，唐宋时期的金牛道主线应该是取嘉陵江路线的。

1. 唐宋主线：嘉陵江道

（1）三泉县故址

据《元和郡县志》卷二十二记载："三泉县，次畿，东北至府二百五十里，本汉葭萌县地，蜀先主改为汉寿县，武德四年置南安州，又置三泉县，八年州废，以县属梁州。"[①]这里称在兴元府西南二百五十里，但并没有一个具体位置，为我们今天定位三泉县出了难题。《太平寰宇记》卷一三三又记载："三泉县，旧三乡，今□乡。本汉葭萌县地，后魏正始中分置三泉县，以界内三泉山为名，唐天宝元年自今县理西南一百二十里故县移理于嘉陵江东一里关城仓陌沙水西置，即今县理也。皇朝平蜀后，以此县路当津要，申奏公事，直属朝廷……东南至兴元府四百里，西南至利州三百五十里……龙门山，在故县西七十里。大寒水，在故县南十五里，西流

---

① 李吉甫：《元和郡县志》卷二二，中华书局，1983年，第560页。

至龙门山，入大石穴。三泉故城，唐武德四年置，以县北二十里山下有三泉水为名，属利州，在州东北一百五十里。"①

如果仅从以上两条史料来看，天宝元年以前的三泉县应该在利州东北一百五十里、兴元府西南二百五十里、阳平关西南一百二十里的位置，以此位置关系来看，天宝以前的三泉县应该在广元北与宁强县交界之处，可能在嘉陵江的广元市朝天区大滩至三滩间。但记载县西七十里有龙门山，县南十五里有大寒水又与之不合。据《方舆胜览》卷六八大安军下记载"龙门山，去军城五里"，按旧县在其龙门山东七十里论之，旧三泉县应该在今阳平关以东七十里的位置来考虑，南面十五里有一条河流。如果按此方位考察，唐代天宝元年以前的三泉县可能在宁强大安镇（驿）一带。据说大安驿一带就有一个土城遗址，汉江支流在其南，似乎更像唐代天宝元年以前的三泉县治。但此方位与前面记载的利州、兴元府、天宝后三泉县位置冲突较大，也与古代绵谷县分出的空间区位相去较远。

李元《蜀水经》卷十二引清初阎若璩《尚书古文疏证》称："唐三泉县有三，一义宁二年置以彭原县西南三泉故城为名，后更名同川。一武德四年置以山下有三泉水为名，在嘉陵江之西。一天宝元年后移于嘉陵江东一里，乐史所谓，即今县理是也。宋三泉县有二，一即唐故治，后至道二年建大安军，县遂废，一重置于今沔县东，即今大安驿，盖绍兴三年改置大安军于此，复置县以隶焉，同在嘉陵江之东。"②可见清初人们对唐武德四年的故三泉县也不清楚，只知在嘉陵江之西。之前广元李明显也认为唐代天宝元年以前

---

① 乐史：《太平寰宇记》卷一三三，中华书局，2007年，第2619—2620页。
② 李元：《蜀水经》卷一二，巴蜀书社，1985年。

的三泉县应该在朝天镇北三滩村。①若此，我们现在也只有两相比较得出天宝元年以前三泉县可能在广元市朝天区嘉陵江边大滩至三滩间更妥的结论。

至于唐代天宝元年以后的三泉县在今宁强县阳平关南擂鼓台处，已经成为共识，不别做考证。

（2）五盘岭故址

1989年我在《四川古代交通路线史》一书中就提出唐宋时期的五盘岭应在广元九井滩上，临嘉陵江边。②20多年后，宁强县孙启祥又撰文进一步指出，唐宋时期的五盘岭应在嘉陵江边，而不是在今天的七盘关上。③但是五盘岭的具体位置在哪里呢？

我们先从有关诗文来看唐宋人们眼中的五盘岭的位置和环境。

《舆地纪胜》卷一八四："五盘岭，杜甫诗云：五盘虽云险，山色佳有余。"④《方舆胜览》卷六六："五盘岭，杜甫诗：五盘虽云险，山色佳有余。仰凌栈道细，俯映江水疏。地僻无网罟，水情反多鱼。好鸟不妄飞，野人半巢居……岑参《早上五盘岭》诗：'平旦驱驷马，旷然出五盘。江迥两崖斗，日隐群峰攒……松疏露孤驿，花密藏回滩。'"⑤仅从杜甫、岑参的诗歌来看，唐代五盘岭山崖相拥，栈道相连，下可看江水，肯定是在大江边。不过，在唐宋时期的文献中并没有五盘岭位置的具体记载，如以上的《舆地纪

---

① 李明显：《始建三泉古县遗址初探》，《朝天记胜》，2001年，《广元市朝天区文史资料》，第6辑，第33—36页。
② 蓝勇：《四川古代交通路线史》，西南师范大学出版社，1989年，第14页。
③ 孙启祥：《杜甫、岑参诗中五盘岭地名考释》，《中国韵文学刊》，2010年2期。
④ 王象之：《舆地纪胜》卷一八四，四川大学出版社，2005年，第5352页。
⑤ 祝穆：《方舆胜览》卷六六，中华书局，2003年，第1156页。

胜》和《方舆胜览》中并无方位里程。到元代的《大元混一方舆胜览》中仍然只是记载："五盘岭，杜甫有诗"，①并无具体的位置指示。

我们注意到曹学佺《蜀中广记》卷二四中是最早记载五盘关的具体位置的，其记载："又八十里为九井驿……（九井滩）其上为七盘关，乃秦蜀分界处。"②显然，明代已经有人明确认为七盘关（五盘关）在九井滩上，并不在今天远离嘉陵江黄坝西南的营盘关上。

九井之地对金牛道交通十分重要，早在五代《王氏闻见录》就记载秦蜀通道上有九井之地。宋代九井滩的知名度相当高，可能与其当五盘岭下水陆交汇的重要交通节点有关。宋《九井滩记》称："九井滩有大石三，其名鱼梁、龟梁、芒鞋，觜尾相差，相望于波间，操舟之人力不胜舟，而辄为石所触，故抵于败。诚令绝江为长堤，度其南，别为河道，以分水势，则北流水益减，而石出矣……。"③据笔者2020年在广元考察发现，至今九井滩中仍有一些巨石。

从明代开始，对九井滩的里程记载多了起来，因为明代开始九井滩明确有了设立水站的记载。如明代嘉靖《保宁府志》卷二《舆地》记载："九井滩，在县北二百里。"④明代正德《四川志》卷十四记载："九井水驿，在治北一百八十里。"又称"九井滩，在治北一百八十里，一名空舻滩。"⑤其他《寰宇通志》《天下郡国利

---

① 刘应李：《大元混一方舆胜览》卷中，四川大学出版社，2003年，第302页。
② 曹学佺：《蜀中广记》卷二四《名胜记》，四库全书本。
③ 王象之：《舆地纪胜》卷一八四，四川大学出版社，2005年，第5643页。
④ 嘉靖《保宁府志》卷二《舆地》，明嘉靖二十二年刻本。
⑤ 正德《四川志》卷一四，明正德十三年刻本。

病书》、嘉靖《四川总志》、万历《四川总志》《读史方舆纪要》及明代的商人路引中也多有类似的记载。显然，唐宋五盘岭应该在现代的九井滩上寻找。对此，孙启祥专门从唐宋三泉县位置临嘉陵江边，宋三泉州县令宋中有《太薄铺》一诗有"路转五盘知地远，铺名太薄见人情"一句，更证明五盘岭与三泉县为近。而且认为五盘岭应该在广元大滩镇至燕子砭之间的水观音、刘家山、九井湾、穆家坡、郭家湾、对棋子之间。2020年4月，我们在这一带作了系统考察，从九井滩以上嘉陵江两岸陡险，古代行旅多不走峡谷中而翻山越岭，当地66岁的老乡穆培志告诉我们，九井湾经红藤梁、沈家梁、土地垭、严家湾、黑庙、青边河、沈家碥、竹坝河、三棵石、燕子砭、阳平关一线为昔日广元九井滩往来阳平关的重要陆路。我们在考察中发现，这条路上唯土地垭最高，从土地垭到九井滩多处都有可以鸟瞰嘉陵江、下视道路盘曲之景。据当地乡亲讲，以前垭口有土地庙，是来往燕子砭、九井滩之间商旅息脚之地。此地位置大约海拔在1004.5米左右，处东经106°10′8″，北纬32°41′44″。九井滩，海拔在475.4米左右，在东经105°54′8″，北纬32°41′45″。可见，从历史记载区位和实地景观地形来看，今九井滩以上的红藤梁、沈家梁至土地垭一带应该就是唐宋五盘岭的具体地望，视阈之内高下落差在500米左右。

从前面明代历史文献记载来看，九井滩在广元北一百八十里至二百里之间，五盘岭也应该在这二百里里程约数内，而今九井滩上土地垭以南也正好在这样的里程空间内。

不过，也是到了明代，五盘岭逐渐与七盘关的地名纠缠在一起，而且位置定点也越来越不清而不能具体定位，只有一个县北

第七章 历史地理区位地名考证与方法话语　541

一百六十里到一百七十里的虚指。如《大明一统志》卷六八记载："七盘岭，在广元县北一百七十里，一名五盘岭"，[1]后面仍然直接引杜甫、岑参咏叹五盘岭的诗文。《寰宇通志》卷六三："七盘关，在广元县北百六十里。"[2]对此，正德《四川志》卷十四、嘉靖《四川总志》卷六、万历《四川总志》卷十一也有类似的记载。总的来看，明代的地理总志和省志中，虽然定位七盘岭在县北一百七十里至一百六十里，但还没有七盘关当川陕交界的概念的提出，位置关系并不明确。

但从明代府州县志中已经开始将七盘关明确定在秦蜀或川陕交界之处了，如嘉靖《保宁府志》卷二《舆地》："七盘关，一名五盘关，在县北百七十里，境界沔县。"在卷六中谈到广元十二景中的"七盘拱锁"，录石屏张天纯诗谈到五丁峡，[3]似已经明确指出唐石盘岭在今天的中子的七盘关了。《读史方舆纪要》卷六八："七盘岭，在县北百七十里，与陕西宁羌州接界，一名五盘岭，自昔为秦、蜀分界处。有七盘关。"[4]乾隆《广元县志》卷三《关隘》认为七盘关在县北一百四十里远离嘉陵江的广元东北的大山中，[5]而道光《保宁府志》卷六《舆地》在："五盘岭，在县北一百七十里，一名七盘关，旧与陕西宁羌州接界，为秦蜀分界处。"[6]

可见，明清之交已经明显将七盘关定在今天的川陕公路七盘

---

[1] 李贤等：《大明一统志》卷六八，三秦出版社，1990年，第1057页。
[2] 陈循等：《寰宇通志》卷六三，玄览堂丛书续编本，第62册。
[3] 嘉靖《保宁府志》卷二《舆地》、卷六《名胜》，明嘉靖二十二年刻本。
[4] 顾祖禹：《读史方舆纪要》卷六八，中华书局，2005年，第321页。
[5] 乾隆《广元县志》卷三《关隘》，清乾隆二十二年刻本。
[6] 道光《保宁府志》卷六《舆地》，清道光二十三年刻本。

关上了。在空间里程认知上，已经认知在广元县北一百七十里到一百六十里之间。如按明代《士商类要》卷之二记载，从黄坝驿到利州是190里，减去黄坝驿到七盘的16—20里，计166—160里。[1]以严如熤《三省边防备览》卷四引《额威勇公行营日记》记载黄坝驿到广元180里，减去黄坝到七盘关的16—20里，应该是160—164里之间。[2]以清代《四川全省各要地水陆程站》里程来计算，广元到明清七盘关是167里。[3]但明清时期人们也认识到当时的七盘关"不甚险阻"，[4]所以，今天我们在七盘关一带并不见大江，也没有险关的那种狭窄悬切之险，故没有唐宋诗文描述的那种险状。

（3）潭毒关（清风峡）故址

有关潭毒关的记载最早出现在宋代，《舆地纪胜》卷一八四记载："潭毒关，在州北九十里，江西仙观山有御前军屯驻。潭毒关，下瞰大江，路皆滑石，登陟颇艰。异时撒离合破兴元，兴元帅刘子羽尝屯兵于此以悍蜀口，亦蜀之险要。又云潭下渊岸有一铁索，见则兵动，绍兴间常见，开禧元年又见，果有用兵之应。"[5]而《方舆胜览》卷六六的记载相差不大，其记载："潭毒关，在州北九十里，有御前军屯驻于此，下瞰大江，路皆滑石，登陟颇艰。异时撒离合破兴元，帅刘子羽尝屯兵于此，以悍蜀口，亦蜀之险要。又其下深

---

[1] 程春宇：《士商类要》卷之2，杨正泰《明代驿站考》，上海古籍出版社，2006年，第347页。
[2] 严如熤：《三省边防备览》卷四引《额威勇公行营日记》，蓝勇主编《稀见重庆地方文献汇点》，重庆大学出版社，2013年，第300页。
[3] 清代佚名：《四川全省各要地水陆程站》，清刻本。
[4] 严如熤：《三省边防备览》卷六《险要》上，蓝勇主编《稀见重庆地方文献汇点》，重庆大学出版社，2013年，第323页。
[5] 王象之：《舆地纪胜》卷一八四，四川大学出版社，2005年，第5353页。

有一铁索，见则兵动。"①从这两则记载可说明，唐宋的潭毒关是在今嘉陵江岸边，从里程来看，应该是在清风峡的东岸，西岸有仙观山。所以《元一统志》卷五记载："潭毒关，在绵谷县百余里，逾朝天，溯嘉陵江而上，下瞰大江，路皆滑石，登涉颇艰。"②更是明确了潭毒关的具体位置应该是在朝天以北的嘉陵江边山上，具体里程为一百多里。当然，就是在宋代对于潭毒关的位置也存争议，如《方舆胜览》卷六八《大安军》就记载："潭毒山，系年要录，绍兴三年，撒离喝入兴元，刘子羽退守三泉县，以潭毒山形势斗拨，其上宽平有水，乃筑垒于是，军势复振。"③又《舆地纪胜》卷一九一《大安军》也认为："潭毒山，在大安军三泉县。"④

如果我们按利州北一百里到九十里的位置而又近嘉陵江的形势来看，潭毒关可能在今清风峡上面，今清风峡东岸的山就是潭毒山。为此清代李元《蜀水经》卷十二认为："（朝天龙洞）旧设潭毒关屯军，以捍蜀口。"⑤所以，在今清风峡至龙洞南口一线可下瞰嘉陵江，应该是唐宋潭毒山、潭毒关所在，可用龙洞屯兵存粮，西北可控嘉陵江主线，也东北可控从中子、神宣一路间道。

实际上明代开始人们对潭毒关的位置记载就混乱不清起来，一般只是沿用宋代《舆地纪胜》和《方舆胜览》的记载，如《大明一统志》卷六八、在《寰宇通志》卷六十三、正德《四川志》卷

---

① 祝穆：《方舆胜览》卷六六，中华书局，2003年，第1157页。
② 孛兰肹等：《元一统志》卷五，中华书局，1966年，第513页。
③ 祝穆：《方舆胜览》卷六八《大安军》，中华书局，2003年，第1198页。
④ 王象之：《舆地纪胜》卷一九一《大安军》，四川大学出版社，2005年，第5640页。
⑤ 李元：《蜀水经》卷一二，巴蜀书社，1986年。

十四、嘉靖《保宁府志》卷四、《读史方舆纪要》卷六八。当然明代开始人们对潭毒山和潭毒关有一个虚拟的空间里程，如《大明一统志》卷六八记载"潭毒山，在广元县北九十里。"[①]正德《四川志》卷十四记载："潭毒山，在治北一百一十里"，[②]嘉靖《四川总志》卷六则记载"潭毒山，广元北九十里。"[③]

但到了清代就完全将潭毒关位置错误地确定在远离嘉陵江的东岸大山中，即确定在今广元两河口何家山了。如乾隆《广元县志》卷之二《山川》："潭毒山，县北九十二里，即石垭栈。"卷三《关隘》："潭毒关，县北八十里，入蜀故道，即今石垭栈，山下有潭广袤数十亩，静深莫测，人莫敢近，形似有毒，故曰潭毒，旧志云潭下有一铁锁，见则兵动，先朝鲁有御前军屯此以捍蜀口。"[④]并认为可由潭毒关石垭栈、柏扬栈、大小漫天上的老鼠关到广元关隘。到了民国马以愚《嘉陵江志》也认为石垭栈为潭毒关。[⑤]当下广元仍有许多人认为潭毒关在今广元两河口乡何家村，今天称为观音岩（即卡子上、关口上、铺子岭），远离嘉陵江。实际上在清代有关潭毒关的位置争议仍然很大，如严如熤《三省边防备览》卷七《险要》下谈到有潭毒关在沔县西八十里和广元北的两种说法，但认为在沔县西无悬峻之地，而在广元离兴元府太远。

实际上，从唐宋直到明清时期，从广元经朝天驿向北沿嘉陵江进入陕西一直是水陆两路都在取用，在一些峡谷早期可能曾有栈道

---

① 李贤等：《大明一统志》卷六八，三秦出版社，1990年，第1059页。
② 正德《四川志》卷一四，明正德十三年刻本。
③ 嘉靖《四川总志》卷六，明刻本。
④ 乾隆《广元县志》卷之2《山川》、卷三《关隘》。
⑤ 马以愚：《嘉陵江志》，商务印书馆，1946年，第136页。

第七章　历史地理区位地名考证与方法话语　545

取用，后来栈道破坏后又翻山越岭而过，如历史上的千佛岩、明月峡、清风峡都是如此。除明月峡栈道外，在清风峡至今还存有大量栈孔，其时代应该与明月峡一样，为汉唐时期就开通的道路设施。清风峡本来有"淳熙丙午年仲春，桥阁官刘君用改修"的石刻，说明了栈道存在改修的时间。①2020年我们在清风峡考察时发现一块可能是宋元时期的石刻人像残碑，证明清风峡一带在古代可能与明月峡一样是一个重要通道。除了清风峡沿江的栈道外，清风峡一直存在翻山陆路，从营盘梁、寨子岩而过，可能就是以前翻越潭毒山的道路。同样，我们发现从广元天蓬岭到军师村一线，嘉陵江两岸陡险难行，除水路外，古代陆路只能翻山岭而行。据我们在军师村调查杨枝翠、杨枝国两位老人，知道从樟木树垭口、古井湾、大坪头、梅家河、夏家湾、碾子坝、天古堂、陈家营、猫儿滩、沙溪子、手扒岩、李家河、水观音可到九井湾。

综合前面的考证，可以看出唐宋时期的潭毒山应该是指今朝天北的清风峡上面的一带大山，潭毒关也在其上，位置与形势都符合"逾朝天，溯嘉陵江而上，下瞰大江"的记载，而清风峡的地名出现相当晚，可能只是在潭毒关的名实不清或位移后才出现的新名。

（4）朝天岭与明月峡

我们注意到宋代今明月峡仍称朝天峡，并无明月峡的名称。虽然《太平寰宇记》卷一三五记载："三峡，谓巫峡、巴峡、明月峡，

---

① 我们在2013年和2020年两次考察清风峡都没有发现此石刻，估计是修公路时被破坏，现可能已经被封埋于栈孔上的公路石坎中。

唯明月峡乃在此州界。"①《方舆胜览》卷六六《利州》下也记载："明月峡，晏公类要：巫峡、巴峡、明月峡，三峡惟明月峡在此界。"②但我们注意到《晏公类要》的三峡中明月峡实际上是指在重庆以下的三峡地区，这可能是宋人不明错引之误。所以，《舆地纪胜》卷一八四《利州》有记载："朝天岭在州北五十里，路径绝险，其后即朝天程，旧路在朝天峡栈道，遂开此道，人甚便之。"③可见宋人仍称为朝天峡，而无明月峡之称。在宋代，朝天岭又称漫天岭，见后面详考。

现在看来可能元代正式有明月峡的名称，如《大元混一方舆胜览》卷中广元路下才列有明月峡，称"在郡界"。④后正德《四川志》卷十四称："朝天峡，在治北八十里，一名明月峡。"⑤不过，从范成大、文同的诗文中可以看出，北宋初年朝天峡栈道就已经被破坏而改走朝天岭碥路翻山。⑥

以前有人认为，北宋时朝天关上建有哨所、营盘、神女庙。南宋淳熙三年，关下建有上关铺，元代建关楼、炮楼、哨楼，实际上毫无史料可以支撑。对于朝天岭上的有关建制，我们目前只能认知到清代，如褒忠祠、关帝庙、皇恩寺、关楼等多是出现在明清时期。⑦据乾隆年间的广元地图显示，当时朝天关是一个关城，

---

① 乐史：《太平寰宇记》卷一三五，中华书局，2007年，第2648页。
② 祝穆：《方舆胜览》卷六六，中华书局，2003年，第1157页。
③ 王象之：《舆地纪胜》卷一八四《利州》，四川大学出版社，2005年，第5351页。
④ 刘应李：《大元混一方舆胜览》卷中，四川大学出版社，2003年，第301页。
⑤ 正德《四川志》卷一四，明刻本。
⑥ 蓝勇：《四川古代交通路线史》，西南师范大学出版社，1989年，第25—25页。
⑦ 赵联明：《朝天关与明月峡》，《朝天记胜》，《广元市朝天区文史资料》第6辑，2001年。

第七章 历史地理区位地名考证与方法话语 547

有南北两门，城墙内房屋栉比，所以"北门天街"名不虚传。据《三省边防备览》卷十《军制》谈到朝天关汛，有把总一员，步兵64名。[1]清代也确实在朝天岭附近建有上关铺，但绝不是在宋代。1986年，我实地考察朝天岭时发现关楼城门已经塌毁破坏，但关门石料多堆于关门处，关门附近田地中的道光二十八年修路碑和功德碑两块，其他遗址已经不复存在。

（5）石亭县、深渡驿、大小漫天岭、望喜驿

石亭县与石亭戍，据《水经注》卷二十："汉水又西迳石亭戍，广平水西出百顷川，东南流注汉。又有平阿水出东山，西流注汉水。汉水又迳晋寿城西，而南合汉寿水，水源出东山，西迳东晋寿故城南，而西南入于汉水也。"[2]魏收《魏书》卷一六〇《地形志》记载东晋寿郡所属四县中有石亭县，[3]一般认为石亭县因石亭而置，但石亭戍在今天在何处，唐宋文献中很少谈及，明清以来人们才开始推测，如《读史方舆纪要》卷六八："石亭戍，在县西北，《水经注》汉水自武兴城东南流迳关城北，又西径石亭戍，又径晋寿城西。梁天监四年，魏将邢峦取汉中诸城戍，晋寿太守王景胤据石亭，峦遣将李义珍击走之，因置石亭县，寻废。"[4]《嘉庆重修一统志》卷三九一记载："石亭戍，在广元县北，《魏书·地形志》东晋寿郡领石亭县。"[5]看来清代前期人们也只能认知在广元县北的位

---

[1] 严如熤：《三省边防备览》卷一〇《军制》，蓝勇主编《稀见重庆地方文献汇点》，重庆大学出版社，2013年，第357页。
[2] 郦道元：《水经注》卷二一，陈桥驿校注，浙江古籍出版社，2001年，第316—317页。
[3] 魏收：《魏书》卷一六〇《地形志》，吉林人民出版社，1985年，第1545页。
[4] 顾祖禹：《读史方舆纪要》卷六八，中华书局，2005年，第3213页。
[5] 《嘉庆重修一统志》卷三九一《保宁府》，四部丛刊本。

置,具体在何处呢? 只有清代乾嘉时期的李元《蜀水经》卷十二明确认为:"石亭戍,今为沙河驿,唐之望喜驿也。"①据我们考察表明今沙河镇东南连威凤山、飞仙观,北连望云铺,背靠石亭梁,一般认为蜀汉在此置昭欢县,晋置邵欢县,北魏在石亭戍置石亭县,即今天的广元县沙河驿。

对于历史上的深渡驿与大小漫天岭当下的观点是大小漫天是指元明以来的藁本山,即今大小光坡,但最大的无法解释的是大小漫天之间本有深渡驿之地,从历史文献记载来看,也应该在嘉陵江边,而今大小光坡远离嘉陵江,相连处也无大河大江。

据《资治通鉴》五代唐同光三年记载:"魏王继岌、郭崇韬伐蜀,蜀主以王宗勋、王宗俨、王宗昱为三招讨,将兵三万逆战,从驾兵自绵、汉至深渡,千里相属。"胡三省注:"深渡在利州绵谷县北大漫天、小漫天之间。"②另李焘《续资治通鉴长编》卷五《太祖》记载:"王全斌以蜀人断栈,大军不得进,议取罗川路入蜀。康延泽潜谓崔彦进曰:'罗川路险,众难并济,不如分兵修栈,约会大军于深渡可也。'彦进遣白全斌,全斌许之。不数日,阁道成,遂进击金山寨,又破小漫天寨,而全斌亦进以大军由罗川至深渡,与彦进会。蜀人依江而阵,彦进遣步军都指挥使张友万等击之,夺其桥,会暮夜,蜀人退守大漫天寨。明日,彦进、延泽、万友分兵三道击之。蜀人悉其精锐来拒,又大破之,乘胜拔其寨……追奔至利州北。"③再据《宋会要辑稿》兵七《讨叛》记载:"崔彦进、康延

---

① 李元:《蜀水经》卷一二蜀书社,1986年。
② 司马光:《资治通鉴》卷二七三纪二,同光三年十月,中华书局,1982年,第8940页。
③ 李焘:《续资治通鉴长编》卷五太祖,中华书局,1980年,第138页。

泽等逐蜀军过三泉，杀戮虏获甚众，遂至嘉川，进击金山寨，又破小漫天寨，至深渡。蜀人依江列阵，以待我师。彦进遣张友万等击之，夺其桥，会天暮，蜀人退保大漫天寨。"①

以上宋元的历史文献中并没有对大小漫天位置作具体记载，我们只有先尝试考证深渡的位置来反推大小漫天。以前我们注意到早在唐代张说就有《深渡驿》一诗，但我们无法确定张说的《深渡驿》之驿是指今广元附近的深渡。《蜀中广记》卷七六《神仙记》："蜀永平四年，利州刺史王承赏奏，深渡西入山二十里道长山，杨谟洞在峭壁之中，上下悬险，人所不到，洞中元有神仙，或三人或五人服饰黄紫，往往出见。"②这里"西入山二十里"从语气上讲，深渡应处于平坝或江边而言。我们发现沙河镇西清代正好有著名的玄坛观，道长可能与此相关。《读史方舆纪要》卷六八："深渡，在县北大小二漫天之间，即嘉陵江也。后唐同光三年，王衍将游秦州，到利州，闻唐兵将至，令王宗昱等逆战，时从驾兵自绵、汉至深渡，千里不绝，皆怨愤不欲前。宋乾德三年王全斌伐蜀，别将崔彦进破小漫天砦，至深渡，与全斌会击蜀兵，破之，夺其桥是也。"③从这两则记载我们可以肯定深渡是在大江边的，显然大小漫天应该在离嘉陵江不远的地方寻求。所以，我们发现《王氏见闻录》中记载前蜀王氏从秦州送牡丹到成都所经地名中，望云、九井、七盘、九折等都是在嘉陵江边，显然，大小漫天也应该在离嘉陵江较近的位置才合理。从宋人的记载来看，大漫天岭离利州较

---

① 徐松：《宋会要辑稿》兵7讨叛，中华书局，1957年，第6883页。
② 曹学佺：《蜀中广记》卷七六仙记，文渊阁四库全书本。
③ 顾祖禹：《读史方舆纪要》卷六八，中华书局，2005年，第3212页。

近,且近嘉陵江,可能在今沙河驿以南较为合理。对此,李元《蜀水经》卷十二认为:"汉水又南经石亭戍,受沙水,沙水源出广元县东北鸣水洞,会渔洞水入汉。"①如果这里深渡是指今沙河驿一带来看,宋代的小漫天岭即在今沙河驿北的渔洞溪以北的嘉陵江边山上,而大漫天岭可能在今沙河驿至飞仙关之间的山上黎树坪一带。对此李元《蜀水经》卷十二记载:"汉水又南经飞仙岭,受涤溪,涤溪源出藁本山,南环金山而右出为云溪,溪又东入汉……此当为大小漫天岭。"②因上面已经谈到沙河驿会入渔洞水,即今鱼洞河。因在飞仙岭一带并无较大溪流从东注入嘉陵江,涤溪是指哪条河溪河,暂时无解。但可以肯定的是李元认为飞仙关上面的高山就是大小漫天岭,藁本山可能是大漫天东的一个较大的山体,是为飞仙关一带涤溪的发源地。这里,李元谈到的金山可能就是宋代文献中的在攻破小漫天岭时金山寨,也自然相合。我们注意到李元曾任昭化县知县,可能当时对附近山川多有考察,观点较为可信。他的观点自然也证明了我们考证的宋人的漫天岭在今沙河驿、飞仙关的南北近嘉陵江边处,并不在今大小光坡一带。其实宋代《舆地纪胜》引《皇朝郡县志》已经明确记载:"朝天岭,即漫天寨",③北宋墓志铭中也有"因改漫天岭为朝天岭"之说。④所以,我们基本可以肯定宋代小漫天岭即今天朝天岭,而大漫天岭应该在沙河镇以南的嘉

---

① 李元:《蜀水经》卷一二,巴蜀书社,1986年。
② 李元:《蜀水经》卷一二,巴蜀书社,1986年。
③ 王象之:《舆地纪胜》卷一八四《利州》,四川大学出版社,2005年,第5351页。
④ 《大宋故内酒坊使银青光禄大夫检校吏部尚书兼御史大夫上柱国权知扬州军府事张府君(秉)墓志铭并序》,《洛阳出土历代墓志辑绳》,中国社会科学出版社,1991年,第743页。

陵江边诸山。

我们发现元代《大元混一方舆胜览》中只在漫天岭条下引用了《续资治通鉴长编》的记载,并没有具体方位的记载。现在看来将大小漫天岭的位置定于今天大小光坡可能始于明代。如《大明一统志》卷六八:"漫天岭,在广元县东三十五里,山极高耸,有大漫天、小漫天二山,唐罗隐诗:西去休言蜀道难,此中危峻已多端。到头末会苍苍色,争得禁他两度漫。一名蒿本山。"①其他《寰宇通志》卷六三、正德《四川志》卷十四、嘉靖《四川总志》卷六、万历《四川总志》卷十一、嘉靖《保宁府志》卷二、《蜀中广记》卷二四都有类似的记载,显然,明代人已经集体认知大小漫天岭在广元东北三十五里的蒿本山。

清代完全沿袭了明人的认知,而且将其具体化,如乾隆《广元县志》卷之二:"蒿本山,县东北十里起,上小漫天岭、大漫天岭,迤逦四十里上白杨栈,至虎狼沟,上高岩、麦子坪、黎树垭、登广尔山至土地,下山交汉中府宁羌州界,与幡冢山相接,统名蒿本山。其中悬岩万丈,与古洞幽邃莫测者不可胜数,土人持以为险。"②道光《保宁府志》卷六《舆地》:"漫天岭,在县东北三十五里,一名藁本山。"③《三省边防备览》卷七《险要》:"漫天岭,县东北三十五里,峻出岭表,大小二岭相连,一名稿本山,蜀道之阻险者。"④据乾隆董邦达《广元县地图》中就在广元县东北绘有

---

① 李贤等:《大明一统志》卷六八,三秦出版社,1990年,第1057页。
② 乾隆《广元县志》卷之2《山川》,乾隆二十二年刻本。
③ 道光《保宁府志》卷六《舆地》,道光二十三年刻本。
④ 严如熤:《三省边防备览》卷七《险要》,蓝勇主编《稀见重庆地方文献汇点》,重庆大学出版社,2013年,第338页。

漫天岭，1936年的《广元县地图》中将藁木（本）山绘于红土关、石板上、赵家场、白羊站（栈）之间。但2020年4月我们沿此线考察，被视为大小漫天岭的大小光坡却是在红土关西南，清代文献中甚至出现大小漫天岭在朝天关以北的说法显然有误，[①]明清以来的所谓藁本山为漫天岭的认知本身方位、名实错乱不清。

望喜驿是唐宋诗文中经常谈到的驿站，但由于相关记载较少且矛盾，位置一直存有昭化古镇和沙河镇两种说法，争论较大。

首先我们从时人描述特征来看，唐元稹《使东川·望喜驿》，没有地理信息和表述，李商隐在《望喜驿别嘉陵江水二绝》一诗中说："嘉陵江水此东流，望喜楼中忆阆州。若到阆中还赴海，阆州应更有高楼。千里嘉陵江水色，含烟带月碧于蓝。今朝相送东流后，犹自驱车更向南。"表明唐人眼中望喜驿的嘉陵江是东流的。唐代诗人薛能在《雨霁宿望喜驿》一诗中也没有明确的地理信息表述。宋代诗人宋祁在《次望喜驿始见嘉陵江得予友天卓张文袼西便日》一诗有"江流东去各西行，江水无情客有情"之句。从以上诗的表述来看，此驿应在嘉陵江边，江水向东流去，但现在古昭化城和沙河镇一带嘉陵江总体上小生境都是向南流，可能只是唐人的大格局认知嘉陵江是东流的。所以，仅从诗歌描述的自然区位背景来看，我们并不能做出明确的判断。

不过，我们发现江少虞《事实类苑》卷六二《风俗杂志》谈到："天圣中，李虞部出知荣州，予自京师从行以归，至望喜驿，纲

---

① 齐召南：《水道提纲》卷一一，乾隆刻本。

角满前，才能通人过往。"①可知从金牛道从北向南到望喜驿才渡江而行，好像有渡桔柏渡到望喜驿感觉，望喜驿确实在昭化渡西南的昭化古城似的。另罗泌《路史》卷三六也谈到："方鸿渐之作乐于利州望喜驿，见猨鸟之感，乃大叹。"②《太平御览》卷八三《乐部》也记载："及鸿渐出蜀至利州西界望喜驿入汉川矣，自西南来始至嘉陵江，颇有山景致，至夜月色又佳，乃与从事杨崖州杜亚辈登驿楼望月行觞。"③从以上两条材料可以看出，望喜驿应该是四川盆地丘陵地貌与山地地貌相交的地段，蜀道到至此可见嘉陵江，山地有鸟猨之野兽。我们知道金牛道从成都到剑阁一直远离嘉陵江，只是到了昭化南的牛头山天雄关一带才始见嘉陵江，也从此进入山地地带，从此记载来看望喜驿好像正是在今昭化古城似的。不过，我们发现北宋《元丰九域志》卷八昭化县有昭化、望喜、白水三镇，④似望喜驿更应在今昭化区境内。不过，按《元丰九域志》的规范，一般治城有镇之设的排在第一的为治城之镇，显然，望喜镇可能确实在昭化区境但并不在今天的昭化古城内，与上面有关望喜驿在昭化古城的结论相当矛盾。

从前人的地理认知来看，《方舆胜览》卷六六有望喜驿条，但仅是录入李商隐的诗句，并没有方位表述。⑤不过，到了嘉靖《保宁府志》卷六《名胜》："望喜旧驿，在县北四十里"，⑥后来《读史

---

① 江少虞：《事实类苑》卷六二《风俗杂志》，上海古籍出版社，1981年，第830页。
② 罗泌：《路史》卷三六《发挥五》，文渊阁四库全书本。
③ 李昉：《太平御览》卷五九三《乐部》，中华书局，1960年，第2630页。
④ 王存：《元丰九域志》卷八，中华书局，1984年，第355页。
⑤ 祝穆：《方舆胜览》卷六六，中华书局，2003年，第1158页。
⑥ 嘉靖《保宁府志》卷六《名胜》，嘉靖二十二年刻本。

方舆纪要》卷六八:"又县北四十五里有望喜驿,唐名也,今曰沙河马驿。"①似在今沙河镇,只是没有提供任何根据。我们注意在沙河北清代有望云铺,是否为古代望喜驿之误。因《大明一统志》卷六八中记载:"望云关,在广元县北四十五里,山势高耸,有若望云。"②乾隆《广元县志》卷三记载:"望云驿,在县北四十里……望云关,在县北四十五里,山势相耸,与云霄相接。"③嘉靖《保宁府志》卷六古迹:"望喜旧驿,在县北四十里。"④这里,望云驿与高喜驿的里程完全一致,估计这里是明人将望云驿与望喜驿弄混之故,故留有望喜驿在沙河镇之说。

总体上,望喜驿可能在今昭化古城的可能最大,但仍有许多矛盾之处,其具体的位置看来还需要进一步考证。

2. 汉晋要道:白水关道

现在学术界一种观点认为秦汉南北朝时期的金牛道是经过白水关入蜀的,所以白水关的位置和功能的确定就相当重要。

《后汉书》卷十三《公孙述传》:"述遂使将军侯丹开白水关,北守南郑",⑤说明沿白水关的道路可能在汉代已经开通,但当时并不是最重要的通道。《三国志·法正传》称:"鱼腹、关头实为益州祸福之门。"⑥法正认为当时进入蜀只有两条大路,一是东沿长江取鱼腹(奉节)可入蜀,二是北从陆路取汉中亦可入蜀。因而守

---

① 顾祖禹:《读史方舆纪要》卷六八,中华书局,2005年,第3213页。
② 李贤等:《大明一统志》卷六八,三秦出版社,1988年,第1059页。
③ 乾隆《广元县志》卷三《驿铺》《关隘》,乾隆二十二年刻本。
④ 嘉靖《保宁府志》卷六《古迹》,嘉靖二十二年刻本。
⑤ 范晔:《后汉书》卷一三《公孙述传》,中华书局,1982年,536页。
⑥ 陈寿:《三国志》卷三七《蜀书》7《法正传》,中华书局,1982年,959页。

住鱼腹、关头是福,失掉鱼腹、关头必然有祸。据晋代张莹《汉南记》记载:"蜀有阳平关、江关、白水关,此为三关",[①]此就是汉晋出现的"蜀汉三关"来源。在历史上有记载刘备"起馆舍,筑亭障,从成都至白水关四百余区",[②]《华阳国志》记载白水县设有关尉,[③]说明三国时期白水关相当重要。汉晋的阳平关即指今勉县西的关头,即汉代阳平关,其他江关在重庆江北,白水关一般就是指原青川县营盘乡五里垭。

据《青川县建置沿革志》介绍,五里垭白水关当地称"关头山",山上平坦处称"营盘梁"。[④]我们到白水关考察时发现,白水关故址都家坝今天已经淹入白龙湖水库,但关的垭口五里垭仍在水上。白水关实际上是一个四通之关隘,首先是扼从文县而下白龙江出入昭化的关隘,还是控扼古葭萌沿白龙江经今广坪镇或者青木川北上历史上勉县的关隘,清代也是南渡白龙江到白水街(沙州)到青川的关渡。所以,清人记载"金山寺,昭化所管,至宁羌柳树垭,亦川陕小道"。[⑤]据我们2019年考察中采访80岁的都仁孝老人,得知有从都家坝经五里垭、块家垭、田家嘴、大坪、毛垭子、王家坪可达姚渡镇的老路,同时也有从五里垭经曹家扁、张家坪、何家坪、刘家场、张家扁、安家坝、界牌、姚湾店到金山寺(草鞋沟)

---

[①] 张莹:《汉南记》,王应麟《玉海》卷二四理·关塞》引。
[②] 丘悦:《典略》,王应麟《玉海》卷二四理·关塞》引。
[③] 常璩:《华阳国志》卷二《汉中志》,刘琳《华阳国志校注》,巴蜀书社,1984年,第152页。
[④] 青川县志编纂委员会:《青川县建置沿革志》附《白水关故地考》,第51—53页。
[⑤] 严如熤:《三省边防备览》卷六《险要》,蓝勇主编《稀见重庆地方文献汇点》,重庆大学出版社,2013年,第338页。

到广坪的老路。同时，都家坝也可沿白龙江经七里碛（马鸣阁、鲁班岩）、三堆到昭化。

所以，我们在历史文献中发现从多个方向的道路取道白水关的。现在看来，白水关在汉代最初主要是控扼从陇南沿白水江到巴蜀的重要关口，如建武六年（30年），隗嚣从天水伐蜀，就是取此道出入。汉安帝永初二年（108年），羌人据阴平郡，郡人退守白水关，也是取此道退守的。①同时，此道从勉县阳平关西南到白水关，虽然路线曲折遥远，但从燕子砭经广坪、金山寺或青木川到白水关沿途相对平缓，也多为平时商旅和军事上出入所取用。历史上确实多有沿此道出入巴蜀关中的，如我们《后汉书·李固传》记载李固白水关解绶还汉，《后汉书·廉范传》记载廉叔度白水关抱父沉柩等。②其他建安年间刘备自葭萌经白水关入蜀、景元四年钟会从关口昭化入成都、永和三年恒温降李氏都可能是取此道通行。③

3. 元明清主线：神宣中子道

新编《广元县志》认为从广元北经磁窑铺、沙河、望云驿、朝天驿、神宣驿、中子铺、转斗、七盘关进入宁强县为北大道，为金牛道的主线。④应该承认可能这条道路在汉晋时期就开始被取用了，所以，我们在这条道路沿线发现有中子铺营盘山遗址、汉代花

---

① 蓝勇：《四川古代交通史路线》，西南师范大学出版社，1989年，第208—209页。
② 范晔：《后汉书》卷六三《李固传》、卷三一《廉范传》，中华书局，1982年，第2018、1101页。
③ 蓝勇：《四川古代交通史路线》，西南师范大学出版社，1989年，第11页。
④ 广元市地方志编委会：《广元县志》，四川辞书出版社，1994年，第499页，

纹砖、宣河凤凰嘴崖墓,[①]说明汉晋时期是可能就有大量聚落,道路也可能开通而有取用。不过,这条道路上许多金牛道历史记忆地名出现时间并不久远,如五丁峡、烈金坝等历史传说或历史记忆并不存在唐宋时期,大多是出现在明清时期,如五丁峡的传说出现在明代《雍大记》中。

现在看来,这条道路成为主线或者声名在外,主要是在明清时期,这主要与元代站赤镇宁站的设立和明代宁羌州的设立有关。为了开通经宁羌州到汉中的通道,据元代至元十七年(1280年)李祖仁《广元路古道记》记载,元统间,曾开通藁本山道路,但"山高涧深""工费倍"而不果,才开通朝天、镇宁(宁强)间的这条旧通道。[②]从《永乐大典·站赤》《析津志·天下站名》的记载来看,元代才形成我们熟悉的汉川站、褒城站、沔阳站、金牛站、罗村站、镇宁站、朝天站、宁武站、临江站路线。[③]可能这条道路上的诸多栈孔设施就是元代的历史遗留。所以,到了明代弘治年间,宁羌州守张公筒进行培修。元明清时期因这条道路成为金牛道的主线,人们更是将诸多金牛道的历史记忆附会这在条道路上,如五丁峡、五丁关、金牛峡等。对此如孙启祥也认为"但这仍未妨碍文人雅士附会一千多年前五丁开道的事故于此"。[④]前面谈到明代出现的神宣驿为筹笔驿的现象就是一个典型案例。

---

① 四川省文物考古所、西安美术学院中国艺术开与考古所:《蜀道广元段考古调查简报》,《四川文物》2012年3期。
② 嘉靖《保宁府志》卷一四《艺文志》录李祖仁《广元路古道记》。
③ 蓝勇:《四川古代交通史路线》,西南师范大学出版社,1989年,第27页
④ 孙启祥:《蜀道三国史研究》,巴蜀书社,2017年,第75页。

4.元明清间道：藁本山道

藁本山道最早见于元代记载。据元至元十七年李祖仁《广元路古道记》记载，元统间，为开通更近捷的蜀道，曾开通藁本山道路，但"山高涧深""工费倍"而不果，①但元代文献中并没有说明具体的地望，也没有将其与宋代大小漫天岭联系在一起。

我们发现藁本山这条道路与漫天岭结合在一起始于明代文献中，如《大明一统志》卷六八："漫天岭，在广元县东北三十五里，山极高耸，有大漫天、小漫天二山……一名藁本山。"②正德《四川志》卷十四记载："大漫天岭、小漫天岭，一名藁本山，二岭相连，在治东北二十五里。"③其他嘉靖《四川总志》卷六、万历《四川总志》卷十一、嘉靖《保宁府志》卷二《舆地》也有类似的记载。

不过，只是到了清代民国人们才将藁本山、漫天岭与今天大小光坡联系在一起，认为藁本山在广元南河以北唐家山至何家山一带。如严如熤《三省边防备览》卷六《险要》上记载："又广元藁川子北至宁羌关口坝三十里，广元曾家河至宁羌石垭子三十里，各路虽皆相通，鸟道羊肠，仅可攀援而过。"④卷七《险要》下"漫天岭，县东北三十五里，峻出云表，大小二岭相连，一名稿本山，蜀道之阻险者。"⑤马以愚《嘉陵江志》中也认为漫天岭藁本山即大小

---

① 嘉靖《保宁府志》卷一四《艺文志》录李祖仁《广元路古道记》。
② 李贤等：《大明一统志》卷六八，三秦出版社，1990年，第1057页。
③ 正德《四川志》·卷一四，明正德十三年刻本。
④ 严如熤：《三省边防备览》卷六《险要》上，蓝勇主编《稀见重庆地方文献汇点》，重庆大学出版社，2013年，第323页。
⑤ 严如熤：《三省边防备览》卷七《险要》下，蓝勇主编《稀见重庆地方文献汇点》，重庆大学出版社，2013年，第338页。

光坡。①

2020年我们实地考察中,根据两河村种俊、何从新先生讲,这条道路从宁强茅坝河起,经两河口、关口坝、中坝子、肖家垭、羊向子(石羊栈)、潭毒关(把关岭、卡子上)、大横垭、铺子岭、干岩子、张家坝、柳树垭、大院场、坳口上、两河口、徐家垭、烂池子、老鼠垭、麻柳石、阎王碥、赵家垭、麻柳树、水草坪、石板上、洪督关、一碗水、脚垫里到大光坡,也可从两河口经黄柏何家垭、石梁上、梁树垭、吊滩河(虎狼沟)、焦家营、白羊栈、伐木场、曾家河到麻柳场。为此,我们也沿此道路进行了一次考察。据有关驴友考察表明,具体路线是从广元120厂、黑石坡、雷打石、脚店里、小崖子、大光坡、大崖、三颗石、连三湾、一碗水、洪督关、驴卡洞、石板上、石崖子、柿坪、麻柳、白羊栈、汉王洞、焦家营、虎狼沟(吊滩河)等。不过,这条道路可以肯定可能只是在元代元统间才正式进行大整修,道路上的白羊栈、石垭栈等栈道可能就是这个时期才开修留下的。实际上在明清时期,这条道路已经沦为次要民间道路和军事上的间道。显然宋代大小漫天岭并不在这条道路上,只是因为前面谈到的位置不明由明清时期人们附会在这条道路上的,而宋代潭毒关更不是在此路上,也只是清人将其附会在石垭栈上。

(二)"虚拟空间认知"下的"区位重构"问题

从以上有关考证我们可以看出,从秦汉以来广元段的金牛道

---

① 马以愚:《嘉陵江志》,商务印书馆,1946年,第131页。

实际是有一个道路体系的变化过程，历史上存在的白水关道、嘉陵江道、藁本山道、神宣中子道四条道路中，白水关道在汉魏最为重要，嘉陵江道在唐宋为正道，到元明清时期神宣中子道成为正道，藁本山道等三道都成为次要的民间通道。从道路的空间体系中线路位置重要性趋势来看，存在路线主线随时代发展逐渐向东偏移的整体趋势。

我们由此发现的最重要的问题是，从金牛道的道路体系变化轨迹中可以看出由于历史时期主线的易位，许多原来主线的山脉、关隘、驿站名称完全被后人转移到新的主线上，或重新构建一些传说在东面的一些道路上，而原来正道上的关隘、山脉、驿站反而被历史遗忘而无法寻找了。如我们前面考证的唐宋在嘉陵主线上的五盘岭、潭毒关、筹笔驿、大小漫天岭，在明清时期都被附会到了东面主线神宣中子道和间道藁本山道上，如将五盘岭附会在今中子镇七盘关上，将筹笔驿定位在神宣驿，将潭毒关定位在今两河口的何家乡，将漫天岭定位在光坡，将本经过嘉陵江主线的唐宋文化名人、军事将领的故事都重新构建在元明清的主线道路上。这里，我们将这种地名的集体位移现象称为"地理认知的易位"，具体也可称"地名整体漂移"。

为何会出现这种整体"地理认知易位"现象呢？现在看来，这种现象在西南地区并不完全是孤立的现象。以前我们在研究长江三峡历史地理时就发现这种现象，如发现本来唐宋时期的赤甲山在今白帝城后面紫阳城后，而白盐山是指今天长江北岸的赤甲山，即我们称的桃子山或火焰山，而今所谓白盐山在历史上并无名称。产生这个误会最大的原因就是唐宋元明时期人们文献中白盐山、赤甲山只有虚拟的一个空间指向,如称白盐山在"府城东十七里""州城东十七里""东十里"之类,称赤甲山在"府城东北十三里""东北七里""东北十五里"之类,致使这样邻近府城的人文景观也早在宋代以后就发生了认知错位,到了明清时对这种错位更是无人怀疑。同样,我们发现唐宋元明清时期的巫山十二峰均在北岸,从《方舆胜览》、正德《夔州府志》、万历《三峡通志》到清代的各种游记都明确表明巫山十二峰均在北岸,从宋元以来的有关长江的地图也明确标明十二峰均在北岸。但到光绪年间一个叫周宪斌的文人在并不知道十二峰均在北岸的背景下在巫峡走了一次后认为巫山十二峰南北各六峰,于是民国以后这种南北各六峰的观点就一直流传下来在成为定论,并没有人怀疑过,[①]而十二峰均在长江北岸的历史反而小有人知道了。

　　再如历史上大巴山的孤云、两角山认定错乱现象,更是的"虚拟空间认知"的"区位重构"的典型案例。"孤云两角"一般认为最早见于《三秦记》中的一首汉代民谣"孤云两角,去天一握",后来《太平广记》三百九十七引王仁裕《玉堂闲话》记载了巴岭路上有"其绝顶谓之孤云两角,彼中谚云'孤云两角去天一握'",但宋代对于孤云山、两角山的记载也多是一个虚拟的空间定位,如《舆地纪胜》卷一八三、一八七、《方舆胜览》卷六八仅记载"两角山在难江县北九十里""孤云山在廉水县东南百七十里""孤云山,与两角山相连,在难江县北九十里",附近的截贤岭也"在难江县北

---

① 蓝勇:《三峡历史地理考证三则》,《重庆师范学院学报》1996年1期。

百余里"。①这个虚拟的空间让后人面对大巴山中山形似孤云两角的山举不胜举的情形，往往不知东西南北，只有随心指定孤云、两角山。如明人曹学佺《蜀中广记》卷二十五在南江县下引旧志"南三里，孤云、两角二山"，②后来顾祖禹《读史方舆纪要》卷六八记载孤云山在南江县，但卷五六又记载在褒城县南百二十里。③道光《南江县志》上卷《山》认为孤云山在县东十五里立鹄岭，也称归云岭，同书上卷《山》同时认为两角山在县北五十里。④在民国时期的地图中出现孤云、两舥在旺苍县之西的说法。近几十年内曾出现孤云、两舥在南郑县小坝香炉山、喜神坝牛脑壳梁、南江县东立鹄、大坝东饮水坝、米仓山草鞋坪、南江县坪河乡三角山、光雾山和九角山等众多的说法，可谓遍地孤云两角。近来因为旅游开发的需要更是在大坝北土卡门至官苍坪至间一山重新命名为孤云山。

现在看来出现这种的整体"地理认知易位"，根本原因在于中国地理空间认知的"虚拟空间认知"本身就难以具体定位，而一旦出现社会动荡后的"传承断层"或重大格局变化后而来的"区位重构"时出现的误差就会更大。

第一，在某和程度上讲，中国古代的地理空间认知多是一种"虚拟空间认知"，如"某某山、某某关在某县北多少里"的表述，是传统中国地理认知的一个标准范式，这种标准范式本身在两

---

① 王象之：《舆地纪胜》卷一八三《兴元府》、卷一八七《巴州》，四川大学出版社，2005年，第5308、5477、5479页。祝穆《方舆胜览》卷六八，中华书局，2003年，第1187页。
② 曹学佺：《蜀中广记》卷二五，文渊阁四库全书本。
③ 顾祖禹：《读史方舆纪要》卷六八，卷五六，中华书局，2005年，第3231、2674页。
④ 道光：《南江县志》上卷《山》，道光七年刻本。

个技术缺陷。

首先，以前我们已经谈到中国传统地理认知中的距离里数并不是一种直线实测距离，而是一种经验性的道路里程，由于道路坡度、弯曲度的差异，如果再加上体验性过程中体验者体力、负重的影响，感知的道路里程本身差异巨大。所以，我们在实地考察中发现，老乡认知的传统与实际里程误差很大。然后，中国古代方位识知极其模糊，传统的"四正""四隅"实际上是一个相当粗略的认知，而且由于山川大格局与小生境方位的差异有时巨大，有时往往使方位认知出现南辕北辙之状。[1]正是中国传统地理认知这两种缺陷，使我们本身要依靠这种"虚拟空间认知"来现场指认相当困难。

也就是说如果依靠中国历史文献中记载"某某山，在某县北多少里"的标准表述范式来实地指认山川风物，如果没有其他自然特征、人文建筑的特征记忆来界别，或没有一直传承正确认知的当地人指明，仅仅由外人依靠这种标准范式来指认是尤为困难的。就是在今天交通、地图资讯这样发达的背景下，我们如果仅以"某某山，在某县北多少里"来让我们找到某某山也是相当困难的，更何况在交通梗阻、地图资讯困乏的古代，更可能只能完全依靠猜测认定。特别是在交通闭塞人口稀少的西南山区，这种"虚拟空间认知"的指认确定就会更为困难，理论上虚拟的程度就会更强化，在地理区位重构中出现"地理认知易位"或"地名整体漂移"的可能性就会更大。

---

[1] 蓝勇：《文献与田野三视阈：中古州县治城位置考证方法研究》，《历史地理研究》2020年第1期。

第二，一般来说，如果一个社会由于各种原因造成政治经济格局巨变或文化中断和新文化进入，前代的地理认知会出现较多中断，后人往往会重新进行"区位重构"，这种"虚拟空间认知"就会更使这种"区位重构"中往昔真实的山川风物地名空间信息难以保存。

我们知道正是在中国政治经济东移南迁的大背景下，金牛道的主线在不断东移，如汉魏白水关最为重要，唐宋嘉陵江成为主线，元明清东移神宣中子成为主线。这种变化在传统的交通、通信背景下很容易使"虚拟空间认知"的缺陷表现得更充分，往往在"区位重构"过程中出现"地理认知易位"或"地名整体漂移"，将原来前代主线上的山脉、关隘、驿站附会在新主线上。同样，三峡夔门一带"地名整体漂移"，也与唐宋夔州、奉节城的治地不断变化，使相关的山川的参照物发生变化有关。这种大格局的变化造成的"地名整体飘移"事件强化的现象在地理环境较为复杂的山区更加明显。

再则历史上曾经出现重大战乱造成人口大损耗而形成新的移民大量进入，往往会出现原住民地理认知记忆的大量遗失，而新的移民进入后的重新认知产生的"区位重构"的变异会更明显。以巴蜀地区来看，受元末战乱和明末清初的战乱的影响，巴蜀地区人口大损耗，拥有原始地理认知的土著大量消失，就会出现地理认知记忆上的"传承断层"。而随之而来元末明代和清代前期两次重大的移民运动，即我们所说的"湖广填四川"移民运动进入的移民，又会因为"传承断层"往往会出现重新认知地理的必要，就出现了大量"区位重构"现象，即新的移民进入后往往会对地理风物有一个重新认知定位。但这种缺少前人地理认知传承指导下,仅仅依靠"虚拟空间认知"的"区位重构"的局限就更明显。所以,我们发现广元以北金牛道道路体系的变化主要是在元明清时期,重大战乱和移民也是在明代和清代前期。这样,我们发现出现地理认知错误的时间上也是呈现明代迷乱,清代错误的现象。对此,长江三峡赤甲山、白盐山的变化也主要是在明代发生迷乱,清代出现明显的错误。从学术史来看,我们知道人们普遍认为明代学术较为粗疏,明代出现对地理认知的迷茫可能也与这种传统学风有关。

壹卷
YE BOOK

让 思 想 流 动 起 来

官方微博：@壹卷YeBook
官方豆瓣：壹卷YeBook
微信公众号：壹卷YeBook
媒体联系：yebook2019@163.com

壹卷工作室
微信公众号